HISTOIRE
DE LA
TERRE PRIVILÉGIÉE

ANCIENNEMENT CONNUE SOUS LE NOM

DE

PAYS DE KERCORB

Canton de Chalabre (Aude)

COUP D'ŒIL, NOTIONS ET DÉTAILS SUR LA CONTRÉE

NOTAMMENT SUR

LA COMMUNE DE RIVEL

PAR

CASIMIR PONT

Membre correspondant de la Société des Arts et des Sciences
de Carcassonne

AVEC UN PLAN DU CANTON DE CHALABRE
ET TROIS GRAVURES SUR VÉLIN

OUVRAGE COURONNÉ

Par la Société archéologique du Midi de la France

PARIS
DUMOULIN, LIBRAIRE-ÉDITEUR

13, QUAI DES GRANDS-AUGUSTINS

Tous droits réservés.

HISTOIRE
DE LA
TERRE PRIVILÉGIÉE
ANCIENNEMENT CONNUE SOUS LE NOM DE
PAYS DE KERCORB

Il a été tiré
De cet ouvrage
10 EXEMPLAIRES D'AMATEUR, NUMÉROTÉS
Sur papier vergé de Hollande
Prix : 30 fr.

EXTRAIT DU RAPPORT

DE LA

SOCIÉTÉ ARCHÉOLOGIQUE DU MIDI DE LA FRANCE

SUR

L'HISTOIRE DE LA TERRE PRIVILÉGIÉE

(Concours de 1872)

M. Casimir Pont a présenté à la Société un travail très-étendu sous le titre : *La Terre Privilégiée.* Ce volume, de près de 500 pages, renferme des notions historiques générales sur le petit pays de Kercorb, et une étude beaucoup plus complète et plus développée sur le canton de Chalabre, notamment sur la commune de Rivel.

La description des lieux, les détails de statistique, la recherche des souvenirs transmis par la tradition y sont traités avec une abondance qui pourrait parfois sembler toucher à la prolixité, si l'on ne savait que M. Casimir Pont a visé surtout à ne laisser échapper rien de ce qui offre quelque intérêt aux habitants de ces contrées.

Le sentiment de patriotisme ardent qui a guidé l'auteur dans son œuvre lui attirera certainement les sympathies; mieux que cela, la reconnaissance de ses concitoyens,

Mais ce qui est surtout remarquable dans le travail de M. Casimir Pont, c'est le soin minutieux avec lequel il a recueilli jusqu'aux moindres souvenirs conservés par la commune de Rivel. La portion du volume qu'il lui a consacrée abonde en renseignements de toute nature et offre tout l'attrait de la nouveauté. Grâce à lui, tous les récits qui ont occupé les veillées de ses compatriotes se transmettront fidèlement à leurs petits-enfants. On y trouvera aussi un tableau animé des anciennes mœurs des populations montagnardes, avec divers fragments de poésie languedocienne du meilleur goût, qui décèlent chez l'auteur une parfaite connaissance de l'idiome usité dans le canton.

Des sites pittoresques reproduits par la gravure, avec un plan du canton de Chalabre, viennent ajouter à l'attrait de cette œuvre.

La Société ne peut qu'applaudir aux efforts de M. Casimir Pont pour perpétuer chez ses concitoyens le souvenir d'un passé intéressant, et faire des vœux pour que d'autres communes de nos contrées aient l'heureuse chance de rencontrer un historien aussi dévoué et aussi consciencieux.

COMPTE RENDU

DU

MESSAGER DE TOULOUSE

REPRODUIT PAR LES JOURNAUX DE L'AUDE, DE L'ARIÉGE ET DE L'HÉRAULT

Parmi les ouvrages couronnés cette année par la Société Archéologique du Midi de la France, on a particulièrement remarqué une série de savantes recherches sur l'ancien pays de Kercorb, situé, comme chacun sait, sur les confins de l'Aude et de l'Ariége et désigné, avant la grande Révolution, sous la flatteuse dénomination de Terre Privilégiée.

La petite ville de Chalabre en a été considérée de tout temps comme le centre et le chef-lieu.

Cette œuvre pleine d'intérêt, et qui est le résultat de patientes investigations, ne pouvait manquer d'être appréciée, comme elle le mérite, par une société aussi compétente que la Société Archéologique du Midi de la France.

Les écrivains qui s'occupent de l'histoire de nos contrées reconnaîtront l'importance et l'utilité de pareilles recherches : ils y trouveront, sous une forme humoristique et dans un cadre pittoresque et plein de couleur locale, le récit des événements les plus remarquables qui se sont produits dans la contrée.

L'auteur, passionné pour son pays natal, n'a rien omis, dans son œuvre, de tout ce qui peut intéresser ses compatriotes. La commune de Rivel, devenue le sujet de prédilection de ses attrayants récits, sera désormais d'autant plus fière de son histoire qu'elle en sera redevable à l'un de ses enfants.

De nombreuses adhésions ont déjà prouvé à M. Casimir Pont, lauréat du concours, combien son œuvre excitait l'intérêt des hommes de la science, tout en exaltant le sentiment patriotique de ses concitoyens.

PRÉFACE

Les populations méridionales sont celles qui conservent le plus religieusement, en France, le culte du passé, les souvenirs du pays natal avec ses traditions, ses mœurs et ses légendes. Dans le Languedoc et dans la Provence on est tout surpris de rencontrer des habitudes patriarcales, des usages auxquels le temps n'a rien changé. Interrogez les braves habitants de quelque paisible village, ils vous conteront fidèlement l'histoire du toit qui les a vus naître ; ce n'est point seulement leur histoire personnelle, c'est celle de toute la contrée : rien ne manque à ces récits où le cœur semble aider la mémoire.

Quels que soient les progrès de la civilisation, au milieu de ces vallons aimés que le soleil inonde de ses rayons bienfaisants, ils ne pourraient en effacer toutes les traces du passé ni leur enlever leur figure distinctive. Le vieux patois se parle, le curé ne le dédaigne pas dans sa chaire; le costume a conservé son caractère primitif; c'est quelque chose que cette physionomie nationale, et l'on comprend que le pays tienne à la conserver au milieu des grandes transformations du siècle.

N'oublions pas que notre esprit, inquiet et mobile, ne s'arrête que peu d'instants aux choses présentes. La vie se compose de regrets et de désirs, et comme nous sommes plus riches de souvenirs que d'espérance, il nous est plus facile de retrouver derrière nous un rayon de nos félicités évanouies que de découvrir l'aurore de nos joies futures.

Pour nous, l'amour du clocher ne nous quittera pas; il fera battre notre cœur jusqu'à la dernière minute.

Rivel est la modeste bourgade où nous sommes né, où s'est écoulée notre enfance; ne lui appartiendrions-nous que par la puissance de ce souvenir, que ce serait déjà un lien étroit, indissoluble; mais, à part les charmes et les attraits particuliers qui nous attachent à ce petit coin de terre qui fut le berceau de nos pères et où reposent leurs cendres, nous ne saurions rester insensible à l'écho lointain des grands événements qui se sont accomplis dans notre province et au récit de tout ce qui intéresse la gloire et la grandeur de nos contrées.

Dans sa religieuse passion pour l'histoire, un savant chroniqueur du XIIIe siècle (1) s'écriait : « L'homme sans mémoire des choses passées retombe en quelque

---

(1) **Mathieu Paris** (cité par Brossard de Ruville).

sorte à la condition des brutes, et sa vie doit être regardée comme la sépulture d'un homme vivant. » Admirable figure, empreinte d'une grandeur biblique !

« Quel singulier plaisir, ajoute un vieil auteur poitevin, éprouveront ceux qui viendront après nous, quand ils sauront d'où ils sont venus... qu'il n'y aura pays, ville, village, abbaye, château, terrier, fontaine, soit chaude ou froide, douce ou salée, prés, bois, vignes, etc., qui n'aient tous leur histoire... Faites donc, faites, amis, faites force livres et mémoires ; qu'il n'y ait marbre ni autre pierre qui ne parle ; n'épargnez parchemin ni papier. Écrivons tous, savans ou non savans, dans un but utile, etc. » (1).

Faire l'histoire de notre pays était donc notre rêve le plus doux ! La tâche n'était pas sans difficulté, n'ayant pas eu de travaux antérieurs dont nous pussions faire notre profit. Aussi se figurera-t-on difficilement les recherches que nous a occasionnées cette œuvre encore imparfaite.

Bien des détails nous manquent sur la vie sociale de nos anciennes provinces et de nos vieilles bourgades ; mais il ne faut en accuser que la violente rupture qui s'est opérée à la fin du siècle dernier entre la tradition et nous ; et plus d'un vieillard de cette génération, pour nous servir de l'expression d'un auteur éminent (2),

---

(1) Bonaventure des Périers, *Discours non plus mélancoliques que divers.* Poitiers, 1557.
(2) Brossard de Ruville, auteur d'une précieuse *Histoire sur la ville des Andelys.* 2 vol. gr. in-8, Paris, 1863.

chercherait en vain depuis ce temps à retrouver la minute de son modeste état civil.

C'est aujourd'hui une mission pieuse de tâcher de combler cette déplorable lacune, en interrogeant les souvenirs des derniers témoins de ce grand cataclysme; de ceux surtout qui, par leur âge, ont été à même de voir avec les yeux de la raison le vieux monde et le monde nouveau ; en fouillant avec soin les dépôts publics où sont venues se réfugier tant de précieuses dépouilles; enfin, en reconstruisant, autant que possible, à l'aide de tous ces matériaux épars, l'histoire perdue de la plupart des villes de notre patrie. »

C'est ici le lieu de remercier les personnes dont le bienveillant concours a servi à alléger notre tâche.

Payons publiquement notre tribut de reconnaissance à la mémoire de M. Gayraud de Saint-Benoit, dont chacun connaît l'esprit judicieux et la profonde érudition en ce qui touche les faits relatifs à l'histoire primitive de nos contrées.

M. le marquis de Mauléon a bien voulu nous permettre, avec une confiance qui nous honore, de fouiller dans les riches archives du château de Chalabre, où nous avons trouvé, parmi de vieux parchemins qui mettent hors de doute les titres et les hauts faits de son illustre maison, tant de précieux matériaux pour l'histoire particulière de notre commune et celle des localités environnantes dont l'agglomération constituait jadis le pays connu sous le nom de *Terre Privilégiée*.

PRÉFACE.

Nous avons souvent été guidé, dans nos investigations, par la remarquable sagacité du regretté M. Dusan, autrefois directeur de la *Revue archéologique du Midi de la France*.

De fréquents voyages dans les diverses provinces de la France, et plus particulièrement dans celles du Midi, nous ont mis à même de recueillir quelques épaves précieuses de nos vieilles chroniques qui sont venues, à notre grande satisfaction, augmenter et corroborer nos premiers renseignements.

L'accueil flatteur dont notre manuscrit vient d'être l'objet de la part d'une de nos premières sociétés savantes (1), cet accueil, disons-nous, joint aux nombreuses marques de sympathie que nous a acquises notre dernière publication (2), nous engagent puissamment à mettre notre œuvre au jour, à l'offrir en témoignage de reconnaissance à nos chers compatriotes, aux membres de nos Sociétés savantes et des divers Conseils qui témoignent tant de sollicitude pour tout ce qui touche aux intérêts de notre département, aux enfants de Rivel, de Chalabre, de Sainte-Colombe, de Puivert et de toutes ces rives amies enclavées dans le réseau de notre petite patrie, au sein de la grande patrie française.

Nous serons récompensé au centuple de nos efforts si, en lisant ces pages que nous vous dédions, chacun

---

(1) *Société Archéologique du Midi de la France*, dont le siége est à Toulouse, reconnue établissement d'utilité publique, par décret du 10 novembre 1850.

(2) *Histoire de Jean Pont Fillol*, 1 vol. in-18, Paris, 1871.

de vous, chers Compatriotes, trouve de nouvelles raisons de s'attacher plus fortement encore, s'il est possible, au pays où nous sommes nés et où nous désirons tous mourir. Alors nous redirons avec bonheur cette pensée du romancier écossais : « Oui, celui-là est heureux qui peut conserver par ses écrits la simple demeure de ses pères, et intéresser aux traditions toutes locales de son berceau la mémoire de ses compatriotes et celle du voyageur étranger. »

CASIMIR PONT.

Nota. Voir, à la fin du volume, la liste des souscripteurs à l'*Histoire de la Terre Privilégiée*.

HISTOIRE

DE LA

TERRE PRIVILÉGIÉE

TEMPS PRIMITIFS

Précis historique sur les premiers peuples qui ont habité les rives de la Garonne, de l'Ariége et de l'Aude.

Les premiers peuples qui occupèrent le versant septentrional des Pyrénées sont désignés, à l'origine de l'histoire, sous la dénomination générique d'Euskes ou Auskes. Ils étaient de la race des Ibères, la même qui avait déjà abordé dans la péninsule hispanique (1).

Poussés sans cesse en avant par leur humeur aventureuse, ces tribus euscariennes, ou, comme on dit vulgairement, ibériennes, vinrent s'établir dans la contrée qui s'étend entre l'Océan et la Garonne et qui plus tard fut désignée sous le nom de pays d'Aquitaine.

Une autre race aussi ancienne couvrait, à la même époque, les provinces du centre : c'était celle des Galls ou Gaëls, Gaulois primitifs, divisés en un grand nombre de peuplades indépendantes. Un de ces groupes avait acquis

(1) Voir Henri Martin.

une telle importance dans la Gaule, que son nom a été attribué à la race gauloise tout entière : c'était la fameuse Confédération des Celtes.

Insatiables d'aventures et de conquêtes, ceux-ci engagèrent résolûment la lutte avec leurs voisins, qui furent refoulés vers les monts Pyrénéens. Mais les landes, les forêts d'Aquitaine, les plages marécageuses de l'Aude et de l'Hérault, les côtes rocheuses de l'Ariége n'offrirent que peu d'attraits au vainqueur, tandis que le beau climat de l'Ibérie, dont les écrivains de l'antiquité font un tableau enchanteur, semblait appeler l'invasion. Enorgueillis par leur récent succès et pleins d'une confiance aveugle dans leur bravoure traditionnelle, les Celtes résolurent de porter leurs armes victorieuses au delà des Pyrénées. Après diverses alternatives de succès et de revers, les Ibères, subjugués par le flot toujours croissant de l'invasion, finirent par se fondre, au moins partiellement, avec les envahisseurs, sous la dénomination de Celtibères. Le nom de Galice est encore un témoignage vivant de cette expédition des Galls en Ibérie.

On rapporte la date de ces événements vers le XVIe siècle avant l'ère chrétienne.

L'histoire de nos contrées jusqu'à la conquête des Gaules par les Romains ne peut être précisée, à cause de l'invasion successive d'un nombre infini de peuplades barbares que la commotion imprimée par les deux grandes races avait nécessairement déplacées. Citons entre autres les Ligures, d'origine ibérienne, qui profitèrent de l'éloignement des Celtes pour descendre dans leurs contrées, où ils firent un instant cause commune avec les Euskes Aquitains, qui, pour la même cause, avaient regagné leurs anciennes frontières.

Presque en même temps, une colonie de Phocéens vint fonder la ville de Massilia (Marseille), et apporter dans ce coin de la Gaule le germe de la civilisation (600 ans av. J.-C.).

Une tribu celtique, celle des Cimbres, sous la conduite d'Hésus le Fort, prêtre, législateur et guerrier, faisait aussi irruption dans la Gaule par les provinces du Nord. Leur passage fut signalé par des actes d'une férocité inouïe; mais leur marche se trouva bientôt entravée par l'apparition de nouvelles hordes guerrières venues de la Germanie et qui pénétrèrent jusque dans les régions voisines des Pyrénées : ce furent les Volces Arécomiques et les Volces Tectosages.

En ce moment, Rome atteignait l'apogée de sa grandeur. Aucun ennemi au dehors n'avait pu résister à son système d'envahissement. Il ne lui manquait plus, pour couronner son édifice, que la soumission des Gaulois. Cette nation guerrière, qui avait fait si souvent trembler le Capitole, étant pour les maîtres du monde un sujet continuel d'ombrage, les Romains résolurent de porter la guerre au cœur de ses provinces encore inaccessibles, et de subjuguer ses tribus, que de continuelles émigrations, des guerres lointaines et des discordes intestines avaient considérablement affaiblies.

Un siècle avant notre ère, Marseille avait malheureusement imploré le secours des Romains contre les Ligures, qui compromettaient les intérêts de la colonie. Mais après la prompte expulsion de son ennemi, elle dut payer de sa soumission à la République romaine les services qu'elle en avait obtenus. Pour consolider sa première conquête dans les Gaules, ou plutôt son usurpation, Rome porta ses armées victorieuses jusque dans le pays d'Aquitaine, occupé par les Volces Tectosages, qui avaient montré une préférence marquée et presque exclusive pour la possession des rives de la Garonne et de l'Aude. On leur attribue la fondation de la cité de Tolosa (Toulouse). Ce qu'il y a de certain, c'est qu'ils occupaient à la même époque Carcasso (Carcassonne), dont aucun historien n'indique la véritable origine.

Cédant à de vaines idées de conciliation plutôt qu'au

sort des armes qu'ils n'osèrent tenter, les Volces accueillirent le vainqueur comme un allié, et Rome, pour les maintenir, à l'aide de ce titre, sous la dépendance de la République, fonda au milieu de leur territoire l'importante colonie militaire de Narbonne (117 ans avant J.-C.).

Mais, d'autre part, les naturels du pays, impatients de voir au milieu d'eux des étrangers qui disposaient de leurs biens et les accablaient d'impôts onéreux, formèrent une immense coalition pour se soustraire à leur domination. La révolte se propagea rapidement dans toutes les provinces ; les représentants des peuplades, rassemblés dans un dernier conseil au sein des forêts sacrées, jurèrent sur leurs étendards l'extermination des oppresseurs. Mais l'ordre et la discipline des Romains, la savante tactique de leurs généraux et le génie de César surent triompher de tous leurs efforts. La soumission de l'Aquitaine, insurgée la dernière, marqua la fin de cette longue et terrible guerre. La Gaule était noyée dans le sang, dévastée, incendiée : onze cent mille hommes avaient péri sur les champs de bataille et dans les massacres.

Cependant, après son triomphe, César ménagea les vaincus, que son ambition avait accablés de maux, et par une administration équitable, modérée, il sut se les attacher et leur faire presque oublier leur défaite. Rome néanmoins, en habile politique, s'attacha à affaiblir le sentiment national des Gaulois, en donnant une nouvelle division à leur territoire : elle le partagea d'abord en quatre grandes régions, qui furent bientôt divisées en dix-sept provinces. Dans l'une de ces dernières, appelée la Gaule Narbonnaise Première, était renfermé tout le pays occupé par les Volces Tectosages, correspondant en majeure partie au Languedoc et au Roussillon.

Les Volces se trouvaient partagés en plusieurs peuplades,

parmi lesquelles on remarquait : les *Tolosates*, ayant Toulouse pour capitale ; les *Atacins*, ainsi nommés de la rivière Atax (Aude) qui arrosait la majeure partie de leur territoire, occupant Narbo-Martius (Narbonne), Carcasso (Carcassonne), Biterræ (Béziers), etc. ; les *Sardons*, dans la contrée correspondant aux Pyrénées-Orientales, villes principales Ruscio (Castel-Roussillon), Perpignan, Illiberis, puis Helena (Helne), Portus-Veneris (Port-Vendres).

Une autre peuplade, dont l'origine et les destinées se confondent avec celles des premiers peuples qui occupèrent ce coin des Gaules, se maintenait sur les rives de l'Ariége, notamment dans la partie sud ; elle empruntait son nom à la cité de *Consorans*, leur capitale, aujourd'hui Saint-Lizier. Ils étaient voisins des *Convènes*, de même origine, qui occupaient la partie sud-est des Hautes-Pyrénées et le sud-ouest de la Haute-Garonne.

La petite contrée dont nous avons entrepris d'écrire l'histoire et qui nous apparaît, bien après ces époques primitives, sous la dénomination particulière de Kercorb, dut être comprise dans les possessions des Consoranni et servir de limite au nord de leur territoire, compris, avec celui des Convènes, dans une des divisions de l'Aquitaine, la Novempopulanie, tirant son nom des neuf principaux peuples qui l'habitaient.

Toutefois, le moment était venu où cent peuples barbares allaient se disputer les dépouilles de l'univers amassées à Rome depuis dix siècles. Ruinée par ses vices et les superstitions du paganisme, la reine des nations avait fait fuir la vertu, et la honte avait tué la gloire ; l'égoïsme y avait pris la place du dévouement et le despotisme celle de la liberté. De terribles ennemis, dont elle ignorait même le nom : Goths, Vandales, Gépides, Alains, Suèves, Burgondes, Francs, Hérules, Huns, etc., races à demi sauvages, la plupart faisant partie de la grande famille germanique, vinrent successivement élever leurs enseignes au haut du Capitole et annoncer au monde le changement des races.

Les plus remarquables de ces peuples et peut-être les moins farouches furent les Visigoths, l'une des branches de la famille gothique. Ils eurent bientôt fait de s'emparer de nos provinces méridionales. Carcassonne devint leur quartier général, sous le règne de Théodoric, leur grand roi. Aucun peuple ne fit un aussi long séjour dans ces parages; aucun aussi ne s'était montré plus jaloux de défendre sa conquête. Leur triomphe sur les rives d'Atax et dans la belle contrée des Tolosates leur faisait considérer comme éternelle la possession de ces pays, quand leurs vexations envers les catholiques excitèrent le ressentiment de Clovis, converti depuis peu au Dieu de Clotilde. A la tête d'une armée formidable, le roi des Francs vint à leur rencontre, et défit leur roi Alaric, qu'il tua de sa propre main à la mémorable bataille de Vouglé (508).

Les vaincus se replièrent précipitamment vers Carcassonne, leur première place forte, où ils transportèrent tout ce que leur immense trésor de Toulouse renfermait de plus précieux (a). Clovis les y suivit aussitôt, espérant les forcer dans leurs derniers retranchements et s'emparer de leurs richesses; mais la vigoureuse résistance des assiégés, la forte situation de la place l'arrêtèrent dans l'exécution de ses vastes projets. Il dut s'en retourner les mains vides. Cependant, malgré son échec, il n'en avait pas moins affaibli l'influence des Visigoths, qui durent renoncer pour toujours à la possession de Toulouse, leur ville de prédilection.

La portion de leur territoire, en y comprenant la ville de Narbonne, qui n'avait pu également leur être enlevée,

---

(a) Ces lettres renvoient aux notes qui sont à la fin de l'ouvrage.

se trouvait resserrée entre les Corbières et la mer. Elle fut désigné sous le nom de Septimanie, à cause des sept villes principales qui limitaient leurs possessions (1). Pendant plus de deux cents ans, ils y maintinrent leur domination. Mais au commencement du VIII° siècle, les Arabes, qu'on a désignés sous le nom de Maures et de Sarrasins, vinrent les chasser de leur dernier asile.

Enorgueillis par leurs premiers succès dans les Gaules, les Arabes montèrent imprudemment vers les provinces du Centre. Charles Martel, à la tête de ses Francs, marcha à leur rencontre et les défit à la sanglante bataille de Tours. Les nuées de cavaliers orientaux, armés de cimeterres, se brisèrent contre les bataillons impénétrables des fantassins du Nord, armés de piques et de franciques. Au bruit des clameurs effroyables qui s'élevaient de toutes parts et à la vue des flammes qui dévoraient leur camp, les Arabes prirent la fuite, laissant un immense butin et le champ de bataille couvert d'une multitude de cadavres, parmi lesquels celui de leur chef Abdérame (732).

Cette victoire sauva la Chrétienté du fanatisme des Musulmans. Les fuyards se replièrent vers la Septimanie, d'où ils ne purent être chassés qu'en 759 par Pépin le Bref. L'invincible épée de Charlemagne devait leur interdire à jamais l'entrée de la Gaule.

La mémoire de l'invasion des Arabes n'est pas encore effacée dans les pays pyrénéens. On montre çà et là les ruines de plusieurs postes fortifiés qui servaient à protéger leur marche et à maintenir leurs communications avec l'Espagne. On reconnaît quelques-uns de ces forts à l'étymologie de leurs noms, et plusieurs de ces retranchements que l'on rencontre au sommet des collines sont

---

(1) Narbonne, Elne, Carcassonne, Agde, Maguelonne, Nîmes et Uzès.

regardés par la tradition populaire comme leur ouvrage. L'histoire nous apprend, en outre, qu'ils cherchèrent dans le pillage et l'incendie une triste compensation à leur défaite. Il n'est point en effet de village dans le réseau du département de l'Aude qui, en désignant telle ruine, ne l'attribue à ces fanatiques adorateurs du Coran.

L'ardente imagination des peuples du Midi semble se complaire dans les légendes et les récits exagérés de ces époques éloignées. L'histoire du fameux siége de Carcassonne, par Charlemagne, au temps de la domination musulmane, intéresse encore les habitants de nos contrées. C'est pour montrer jusqu'à quel degré nos pères élevèrent la fiction, que nous reproduisons ici l'intéressante fable de Philomena, historiographe de Charlemagne, rapportée par Catel dans ses judicieux *Mémoires sur l'histoire du Languedoc*.

On voyait au siècle dernier, sur la porte principale de la ville, un bas-relief représentant le buste d'une grande femme vêtue en amazone, et au-dessous on lisait ces deux mots : *Carcas sum*, je suis Carcas. Voilà une excellente étymologie : de *Carcas sum* à *Carcassum*, qui a été une des formes du nom qui nous occupe, il n'y a qu'un pas. Qu'était donc cette Carcas ?

Du temps que les Sarrasins occupaient la Gaule Narbonnaise, Carcassonne était en leur pouvoir.

Charlemagne, qui avait résolu de les chasser au delà des Pyrénées, vint assiéger cette ville et fut retenu devant ses murs pendant cinq longues années. Cette résistance étonnante à l'invincible empereur et à ses vaillants paladins était l'œuvre de notre héroïne, de la dame Carcas, Sarrasine qui joignait au plus haut degré la ruse au courage, comme on en peut juger. En effet, les vivres n'avaient pu durer cinq ans, tous les habitants étaient morts, moins Carcas. Cette femme extraordinaire n'en fut point découragée, mais elle garnit les murs de mannequins armés, puis, faisant le tour des remparts, elle tirait des flèches sur les ennemis, étonnés de voir toujours si nombreuse et si vigilante garnison. Comme elle voulait aussi ôter à Charlemagne l'espérance de prendre la ville par la famine, elle eut recours à une autre invention : elle fit manger un boisseau de blé à un porc et le précipita du haut des remparts; naturellement le porc se brisa en pièces et son ventre gonflé se creva. Quelle ne fut pas la stupeur des assiégeants en voyant que, dans cette place, on nourrissait les animaux de basse-cour avec le plus pur froment! cela supposait des provisions inépuisables. Charlemagne, en homme sensé, abandonna un siège inutile, mais non sans se retourner pour voir une dernière fois cette place, objet de tant de dépenses perdues. O merveille! une des tours s'incline et le salue ; depuis ce temps, elle s'appelle tour de Charlemagne, et l'on dit même qu'elle ne s'est pas redressée de son salut. Cependant Carcas, satisfaite d'avoir joué l'empereur d'Occident, le rappela, lui ouvrit les portes et le reconnut pour son seigneur. Mais Charlemagne, admirant ses stratagèmes et son courage, voulut que la ville portât son nom et fût appelée Carcassonne.

Il est bien dommage que ce nom existât déjà du temps des Romains. Mais il faut que cette légende ait eu de la consistance au moyen âge pour que la ville en ait placé le symbole sur sa principale porte, comme un emblème d'écusson, à voir à tout venant. Pas n'est besoin d'ajouter que le siège de cinq années par Charlemagne, et le reste, est de l'histoire, à peu près comme les quatre fils Aymon ou le Roland furieux (1).

(1) Consulter Malte-Brun.

Quand Charlemagne eut assuré l'empire aux races du Nord, il donna à ses frontières, qu'il divisa entre ses plus dévoués capitaines, des gardiens vigilants et d'énergiques défenseurs. Mais bientôt ceux-ci portèrent impatiemment le joug de la domination carlovingienne, et quand la main du héros se fut pour toujours fermée sur cette boule symbolique qu'on peut voir encore dans les caveaux d'Aix-la-Chapelle, la féodalité se constitua, l'immense empire fut démembré, et les seigneurs, désormais aussi puissants que le souverain, se taillèrent de petits royaumes dans les vastes États du grand empereur des Francs.

Nous ne saurions passer outre sans donner un aperçu général du progrès successif que fit dès lors le régime féodal et de la hiérarchie qui s'établit entre les grands du royaume.

Au premier rang de la féodalité se trouvait le roi; il conservait au-dessus des seigneurs la supériorité, du moins nominale; la province qu'il gouvernait avait la première place parmi les autres fiefs, et s'appelait toujours le *royaume;* mais, hélas! quel royaume!... quand les États de tel de ses vassaux lui étaient bien supérieurs en étendue, ou que, tout suzerain de premier ordre qu'il était, il devenait lui-même vassal d'un de ses subordonnés pour les fiefs qu'il pouvait posséder dans la circonscription de ce dernier.

Les seigneurs les plus puissants eurent le titre de *duc*, qui était très-ancien, et donnèrent aux provinces dont ils s'emparèrent, ou qu'ils reçurent à titre de fief, la qualification de *duché*. C'est ainsi que se formèrent les grands fiefs appelés duchés de Normandie, d'Aquitaine, de Gascogne, de Bourgogne, de France, etc. Le duc (1) commandait tous les chevaliers et autres gens d'armes relevant de son duché, ainsi que ses vassaux immédiats, comtes ou barons; sou-

---

(1) Du latin *ducere, conduire.*

vent aussi, en l'absence du roi, il était chargé du commandement général d'une armée.

Le *marquis* avait en fief les *marches* de l'État, c'est-à-dire les pays limitrophes, soit qu'ils longeassent le rivage des mers, soit qu'ils fussent situés sur les frontières de pays étrangers.

Les *comtes* (1) recevaient leur fief sous la condition d'accompagner le prince dans ses guerres et voyages, ou de se tenir ordinairement à sa cour et auprès de sa personne, pour y exercer quelque charge ou office. Quelques comtes agrandirent leurs États en forçant, par la voie des armes, d'autres comtes, leurs voisins, à relever d'eux et à devenir leurs vassaux, quoiqu'ils fussent égaux d'origine.

On appela *barons* les seigneurs subalternes qui relevaient immédiatement d'un suzerain dont la seigneurie s'étendait sur toute une province, et qui était le plus souvent un duc ou un comte. Les vassaux de ces barons n'eurent aucun titre de dignité. En général, tout possesseur de fief avait puissance et autorité sur les hommes *roturiers* ou *vilains* domiciliés dans son fief, et qu'il appelait *ses sujets*.

Enfin, dans le principe, les simples *chevaliers* étaient pour l'ordinaire des fils cadets de familles féodales, lesquels, n'ayant pas de fiefs, servaient à cheval dans les armées du prince, lorsque les circonstances le demandaient.

La féodalité forma donc une chaîne d'obligations qui, descendant du roi jusqu'au dernier sujet, enveloppa toute la nation française. Cet ordre de choses se soutint et se fortifia, grâce à la faiblesse des descendants de Charlemagne. Bientôt la puissance exorbitante et égale à l'autorité royale que s'arrogèrent les grands vassaux rendit ce gouvernement le plus nuisible à la monarchie et le plus oppressif

---

(1) Du latin *comites*, compagnons, d'où est venu le nom de *connétable*, *comes stabuli*.

pour le peuple. En effet, les grands, au lieu de cet esprit de justice et de bien public qu'ils puisaient ci-devant dans la délégation royale, se voyant investis par l'hérédité d'une autorité sans frein et sans contrôle, changèrent souvent cette autorité en une domination dure et tyrannique. Pour pouvoir se livrer impunément à leurs habitudes de guerre et de déprédations, il y eut nécessité pour eux de construire leurs demeures dans des lieux sauvages et escarpés, de les environner de fossés, de tours et de murailles, afin de mieux repousser les attaques et d'avoir une retraite assurée contre la violence et les excursions de leurs voisins. De là cette multiplicité de châteaux forts qui s'élevèrent de toutes parts sur le sommet des rochers et des montagnes, et dont les ruines font aujourd'hui l'étonnement du voyageur. Il est naturel de croire que ces fossés, ces remparts, ces donjons firent nécessairement obstacle aux idées comme aux ennemis, et que la civilisation eut autant de peine que la guerre à les percer et à les envahir. Il ne faut donc pas s'étonner que les progrès aient été plus lents et plus pénibles parmi les peuples de l'Europe tant que la féodalité fut à l'apogée de sa puissance. Enfermés dans leurs châteaux, forteresses inexpugnables, entourés de gens de guerre qui ne se soutenaient que par les rapines et le pillage, réunissant dans leurs mains tous les pouvoirs, ils multipliaient partout les vexations, la violence ; établissaient sur les rivières et sur les routes des droits de péage arbitraires ; rançonnaient les voyageurs qui passaient sur les terres de leur dépendance, et n'agissaient, en un mot, que sous la seule inspiration de *leur bon plaisir.*

Voilà le côté offensant et odieux du régime féodal. Mais quoique des écrivains passionnés aient traité la féodalité avec une rigueur souvent injuste, il n'en est pas moins vrai que ce fut à la subordination féodale que la France dut la conservation de son unité. Quelque grandes que fussent la puissance des seigneurs et l'étendue de leurs domaines, ils n'en respectèrent pas moins la foi jurée qui les attachait à la royauté française comme à leur centre ; toute faible qu'était cette royauté, elle n'en représentait pas moins un principe auquel venaient se rattacher tous les membres de la féodalité. Ce sont donc les tenures féodales qui, en maintenant les relations mutuelles du tout avec les parties, ont aussi maintenu ce sentiment de patrie qui sauvegarda la nationalité de la France au milieu de ces siècles de ténèbres et de barbarie.

Les notions du droit privé et par suite l'esprit de liberté se perpétuèrent, grâce à la réciprocité des obligations entre le seigneur et son vassal, et de cette relation naquit ce sentiment particulier de respect, d'attachement personnel à l'égard du souverain, que nous nommons *fidélité*. Dans des âges où l'on ignorait les droits politiques de la communauté, ce sentiment fut le plus grand principe conservateur de la société ; de nos jours même, n'est-il pas encore indispensable à la tranquillité et à la stabilité de tout gouvernement? Sous un point de vue moral, la fidélité n'a peut-être pas moins de tendance à épurer et à élever le cœur que le patriotisme lui-même ; et elle peut être regardée comme le terme moyen d'une progression qui embrasserait les motifs des actions humaines, depuis l'intérêt personnel le plus grossier jusqu'à cet amour sublime de nos semblables, qui n'a d'autre objet en vue que le bonheur général, d'autre règle que les desseins de la Sagesse infinie.

Mais revenons à l'histoire de la province dans laquelle se trouve circonscrite la petite contrée qui fait l'objet particulier de nos études.

La Septimanie, gouvernée par les ducs jusqu'au xe siècle, passa sous la domination des comtes de Toulouse, qui s'étaient, eux aussi, rendus indépendants ; leur suzeraineté s'étendait même jusque sur le pays de Foix, qu'ils possédaient en 779, et dont ils firent, trente ans plus tard, l'apanage de la branche de Carcassonne. Celle-ci en était encore maîtresse vers l'an 1000 ; et c'est à cette époque que, dans les chartes, les terres voisines de Chalabre apparaissent pour la première fois bien distinctes des contrées environnantes, sous la dénomination spéciale de Caircorb, Chercord, Chercorps, plus tard Kercorb, Querecorb, Queirecourbe, Kercorbez.

On n'y peut voir que notre pays, quel que soit le nom sous lequel fut désignée, à diverses époques, cette gracieuse contrée, comprise aujourd'hui dans la partie sud-ouest du département de l'Aude, dominée au midi par les premiers contreforts des Pyrénées, et resserrée entre la rivière de Lers à l'occident et une chaîne de rochers qui, à l'orient, forme la ligne de partage des affluents de l'Aude et de l'Ariége (*b*).

Peu remarquable par son importance actuelle, ce petit pays, dont l'industrielle Chalabre est devenue le chef-lieu, offre à l'historien et à l'archéologue des sujets d'étude aussi intéressants que variés : c'est à ce titre que nous essayerons de tracer le tableau des vicissitudes auxquelles il a été soumis, à partir du moment où nous lui voyons prendre une part active dans les événements généraux de l'ancienne province du Languedoc (1).

(1) *Languedoc, langue d'oc.* Au XIIIe siècle, on donnait ce nom à tout le pays au sud de la Loire, où l'on disait *oc* (du latin *hoc*) pour dire *oui ;* et l'on appelait *langue d'oïl* (du latin *illud*) le pays situé au nord du même fleuve.

L'ancienne province du Languedoc correspondait aux départements de l'Aude, de l'Hérault, du Gard, de la Haute-Garonne, du Tarn, de la Lozère, de la Haute-Loire et de l'Ardèche.

Les pays de langue d'*oc* suivaient le droit écrit ou le droit romain ; ceux de langue d'*oïl* suivaient le droit coutumier.

CHATEAU DE PUIVERT

PREMIÈRE PARTIE

CHAPITRE PREMIER

I. Recherches historiques et critiques sur le pays et le château de Kercorb. — Acte d'engagement de 1167. — Raymond de Trencavel. — Relation de M. Gayraud de Saint-Benoît, sur les anciennes localités du pays. — II. Guerre des Albigeois (1209). — Premiers succès des Croisés. — Le comte Simon de Montfort et le vicomte Roger. — Sire Pons de Bruyères le Châtel entreprend la conquête du Kercorbez. — Siége et prise du château de Puivert; de l'origine de cette forteresse.

I. La fondation de la plupart des villes du midi de la France remonte à la plus haute antiquité. L'histoire, qui nous parle des premiers peuples connus qui habitèrent Carcassonne, Limoux, Foix, Pamiers, Mirepoix, etc., ne nous fixe aucune date précise de leur origine (c). Les nombreuses recherches de nos archéologues, les études approfondies d'une foule de savants que ces mêmes contrées ont vus naître n'ont pu faire jaillir la lumière sur ce point. Il a donc fallu se livrer à des suppositions, à des conjectures que le hasard peut bien faire tomber sur la vérité, mais qui ne seront jamais un témoignage suffisant de certitude.

Cette lacune dans nos annales s'explique en partie, quand on considère que telle ville qui, par son importance, occupe le premier rang aujourd'hui, ne fut qu'une simple bourgade à son origine, sans le moindre prestige, soumise aux caprices de la grande cité voisine ou au sort de la forteresse qui la dominait. Ses actes, dès lors, passaient naturellement inaperçus, quand, d'autre part, les rivalités des tribus, les invasions successives des peuples barbares et leurs luttes sanglantes occupaient tous les esprits, remplissaient toute l'histoire. En admettant même que l'époque de leur création ait été soigneusement enregistrée alors, ces documents pouvaient-ils arriver jusqu'à nous à travers tant de siècles et de révolutions?

Le silence des premières époques sur des questions qui nous intéressent ne doit donc point nous surprendre, quand de nos jours, pour constater l'authenticité de tel fait du siècle dernier, par exemple, l'historien se trouve en face d'innombrables difficultés. Ajoutons toutefois que nos investigations sur l'histoire primitive de nos contrées nous ont amené à des résultats que nous étions loin d'espérer.

C'est déjà pour nous une haute satisfaction que de pouvoir constater l'existence de Chalabre, Montjardin, Saint-Benoît, Villefort, Sainte-Colombe, Rivel, la Calmète, etc., à une époque antérieure à l'an 1000. L'histoire du Languedoc les dénonce à cette date comme les principales localités du pays de *Kercorb*, viguerie particulière dans le Toulousain, s'étendant à la partie méridionale du pays de Mirepoix, sur la rive droite de la rivière de Lers (1).

Par sa position topographique, cette petite contrée, servant de limite, d'un côté, aux riches possessions des comtes de Foix, et de l'autre à celles des comtes de Carcassonne, dut devenir un perpétuel objet de convoitise pour les deux grandes maisons qui se partageaient le pays, sous la puissante suzeraineté des comtes de Toulouse. On ne saurait donner d'autre cause aux nombreuses citations qui, dans les

---

(1) *Hist. du Languedoc*, 2ᵉ vol., page 136. — *Preuves*, p. 160.

actes de l'époque, ont trait au château et pays de Kercorb, Queirecourbe ou Kercorbez (1).

L'an 1002, nous voyons Roger I*er*, comte de Carcassonne, et Eudes, son frère, se céder mutuellement leurs droits, en cas de prédécès, sur ce même pays (2). L'usage de ces conventions réciproques était alors général. Il avait pour but de conserver les domaines dans les grandes familles. Quelque temps après, le Kercorbez devint l'apanage de la maison des Trencavel, vicomtes d'Albi et de Nîmes, qui, par alliance, avaient acquis des droits légitimes sur la vicomté de Béziers et de Carcassonne (3). Après les comtes de Toulouse, c'était la plus puissante maison de la province du Languedoc, sinon en dignité, du moins en domaines. Quoique vassaux des comtes de Toulouse, les Trencavel exerçaient les droits régaliens, faisaient battre monnaie, rendaient la justice, soit par eux-mêmes, soit par leurs officiers.

Les comtes de Foix, descendus d'une branche puînée de la maison des anciens comtes de Carcassonne, étaient supérieurs aux Trencavel en dignité, mais ils leur étaient beaucoup inférieurs en étendue de possessions.

En 1152, Raymond de Trencavel, en lutte avec le comte de Toulouse, pour se faire des partisans intéressés à le soutenir, démembra une partie de ses domaines, entre autres le Kercorbez, et en forma plusieurs fiefs destinés à récompenser les services des plus braves. Il donna le château de Chalabre à Roger de Saint-Benoît : *Anno M. C. L. III, ego Raymondus Trencavellii, Biterrensis viccomes, dono tibi Rogerio de S. Benedicto ac tuæ posteritati meum castellum Eisalabra.* Cette donation se trouve clairement stipulée dans

---

(1) *Hist. du Languedoc*, 2*e* vol., pages 191, 287, 327, 365, 454 et suiv.
(2) *Ibidem* (ancienne édition), 2*e* vol., p. 89.
(3) *Ibidem*, 2*e* vol., p. 287. — *Preuves*, p. 337.

l'hommage de Bernard de Congost, qui avait reçu, pour sa part, un simple emplacement au château de Villefort, « pour y bâtir, à condition qu'il administrerait le pays (1). »

Fait prisonnier par Raymond V, son redoutable suzerain, le vicomte n'obtint sa liberté qu'en lui rendant de nouveau hommage comme son feudataire. Mais en jurant fidélité, Trencavel brûlait déjà de recommencer la lutte. Ce fut en prévision de nouveaux revers qu'il donna, par testament, à sa fille Cécile, tout le pays de Kercorb (2). Ce qui ne l'empêcha pas, pour subvenir aux frais de la nouvelle guerre, d'engager bientôt, conjointement avec son fils Roger, cette même terre à Miron de Tonnens, moyennant la somme de onze mille sols melgoriens. Cet acte, signé le dernier jour du mois de juillet 1167, nous fournit de précieux renseignements sur le pays que nous étudions, puisqu'il nous fait connaître, pour la première fois, d'une manière distincte, les principales localités (*villæ*) qui en faisaient partie (3).

En effet, nous lisons : *In quâ terrâ de Cheircorb sunt istæ villæ scilicet : Cambels, Cuculenna, Montgardens, et Eisalabra, et Sancta-Columba, et vallis Aniort, et Eisoice, et Aviels, et Pendels atque Calmeta et Saltes, et Villafort, et Fonsfrigidus et Auriag, istas villas et omnes alias quæ in terrâ Cheircorbensi habemus, et castrum de Balaguerio* (4).

A la simple lecture de cette citation, on reconnaît le nom de certains lieux qui subsistent encore ; nous indiquerons le changement que les autres ont éprouvé depuis. Développant ensuite cette même citation, qui, on le comprend, est

---

(1) *Hist. du Languedoc*, 2e vol., p. 472. — *Pr.*, p. 541.

(2) *Ibidem*, 2e vol., p. 472. — *Pr.*, p. 550.

(3) Outre son acception ordinaire, le mot *villæ* était employé, à cette époque, pour désigner toutes les localités, quelle que fût leur importance.

(4) *Hist. du Languedoc*, 3e vol., p. 17. — *Pr.*, p. 116.

de la plus grande importance pour notre sujet, nous dirons à quelle époque et pour quelle cause les dénominations actuelles de certaines localités ont succédé à celles mentionnées dans l'acte précité.

Mais continuons l'historique du Kercorb. Nous ne devons point oublier l'intervention de Cécile de Trencavel dans les derniers actes du vicomte, son père, qui l'instituait héritière de cette partie de ses domaines. La jeune châtelaine en avait fait sa terre de prédilection, et grâce à ses bienfaits, elle comptait, non sans raison, sur le dévouement et l'affection des habitants du Kercorbez. Ayant donné sa main à Roger Bernard, comte de Foix, elle dut se résoudre à quitter le fameux château de Balaguer, où elle avait passé ses jeunes années, en compagnie de son père, qui en avait fait sa résidence habituelle (1). Le souvenir de sa terre natale continua néanmoins, de loin comme de près, à provoquer les faveurs de la pieuse comtesse envers ses premiers et fidèles sujets. Le regret de les avoir quittés vint souvent troubler son cœur jusque dans les fêtes et les réjouissances de la somptueuse cour des comtes de Foix.

Après la mort de Trencavel, lâchement assassiné dans la cathédrale de Béziers, au milieu des principaux seigneurs de sa cour, son fils Roger se ligua avec le roi d'Aragon. Aidé de ce puissant secours, il marcha contre ses ennemis et crut apaiser les mânes paternels par le massacre des Bitterrois, qui lui avaient ouvert leurs portes sans méfiance. Il mourut en 1194, après une existence des plus agitées, léguant à son fils encore en bas âge les vicomtés d'Albi, de Béziers, de Carcassonne, du Razès, etc., qu'il avait su conserver intactes par une politique habile, mais trop souvent astucieuse.

(1) Le baron Trouvé, *Mémoires sur l'hist. du Languedoc.*

Interrompons un instant notre récit historique pour donner place à une vieille tradition de nos montagnes nous révélant les curieux incidents qui entraînèrent la fin tragique du comte Raymond de Trencavel dans la cathédrale de Béziers. Ce récit, que nous reproduisons sur le témoignage autorisé d'un de nos compatriotes, M. Louis Chaubet, de Chalabre, considéré à juste titre comme l'un des hommes les plus intelligents et les plus érudits de nos contrées, intéresse surtout au plus haut point les habitants de Corbières et de Balaguer. Prévenons seulement nos lecteurs que l'extrême exaltation de ces rudes montagnards nous laisse quelques doutes sur la véracité des souvenirs qu'ils sont si fidèles à se transmettre de père en fils.

A la suite d'une de ses lointaines expéditions, le comte Raymond de Trencavel, escorté des principaux feudataires du Kercorbez, regagnait triomphant sa demeure de prédilection, le fameux *castrum* élevé comme un nid d'aigle sur le pic de Balaguer. La foule empressée des serfs et des vilains groupés aux pieds de la colline venait d'acclamer le retour du maître et seigneur. Déjà, selon la coutume, ils se mettaient en devoir de charger sur leurs épaules le riche butin que traînaient les gens de sa suite, pour le monter au château. Dans le but d'alléger son fardeau, un des manants avait eu l'idée de se faire accompagner par sa bête de somme au lieu du rendez-vous. Grâce à ce secours, il reçut en partage la pesante valise du comte, et, placé à la tête du défilé, il s'engagea fièrement dans l'étroit sentier du château, frayé à travers les escarpements de la montagne. Mais à mi-côte, soit par caprice ou par fatigue, peu soucieux d'une charge si belle, l'âne s'arrête court et, malgré les injonctions réitérées de son maître, refuse d'avancer. Un des archers préposés à la garde du trésor, pensant avoir raison de l'obstination du baudet, lui fait aussitôt sentir la pointe acérée de sa pique; mais, sur le coup, notre entêté répond par une furieuse ruade qui fait tomber la bride des mains du conducteur. L'archer accentue de plus belle son invitation; l'animal, furieux, fait un écart, perd l'équilibre sous le pesant fardeau qui l'entraîne, tombe par la rive et roule de rocher en rocher jusqu'au fond du précipice.

Les archers, terrifiés de l'aventure, songent à se disculper, tout en accusant la maladresse du conducteur. Sur leur insidieuse déposition, le comte, irrité, lui fait administrer sur-le-champ une forte correction; puis il le contraint à descendre dans le ravin par le même chemin que l'âne avait suivi dans sa chute, le menaçant de le faire écorcher vif s'il ne lui rapportait sa valise.

Le patient, sans murmurer, se cramponne aussitôt aux aspérités de la rive et entreprend la périlleuse descente. Doué d'une vigueur et d'une souplesse peu communes, il arriva sain et sauf à l'endroit où son vieux compagnon de fatigue, tout en lambeaux, râlait son dernier souffle. Il lui jeta un dernier regard de compassion et d'adieu; puis, déliant la fatale valise qui tenait encore après le bât, il l'attacha sur ses épaules et se mit à escalader les rochers à la vue du seigneur et de toute sa suite, témoins impassibles et dédaigneux de ses efforts inouïs.

Le robuste montagnard, surmontant tous les obstacles, atteignit heureusement le but. Mais la vengeance ou plutôt la cruauté du seigneur n'était pas complétement satisfaite. Sans laisser au malheureux le temps de déposer son fardeau pour reprendre haleine, il ordonna qu'on le poussât sans aucun ménagement jusqu'au sommet de la côte. A peine arrivée, la victime, épuisée de fatigue et ployant sous le faix, tomba sans connaissance. Sur un signe du maître, quatre hommes d'armes l'emportèrent dans l'intérieur de la forteresse. Au même moment, les sons de trompe du veilleur annonçaient du haut du grand donjon l'arrivée du noble cortége.

Les manants avaient fini leur corvée : défilant un à un devant le seigneur, en mettant un genou à terre, ils redescendirent l'âpre sentier de la colline, en s'apitoyant en secret sur le sort de leur malheureux compagnon, tandis que ce dernier se réveillait entre les quatre murs d'un cachot humide et ténébreux. Aussitôt la haine et la vengeance lui arrachèrent du fond de l'âme un cri de fureur qui se traduisit par un inflexible serment.

Quelques jours après, à l'occasion des assises que le comte allait tenir en sa ville de Béziers, le manant de Balaguer recouvra sa liberté. De son côté, Trencavel s'était mis en route pour inaugurer la grande assemblée annuelle.

Le jour et l'heure de la cérémonie étaient arrivés, et chaque feudataire, suivant son rang et son *honneur*, renouvelait son hommage de fidélité au puissant suzerain, assis sur le trône resplendissant qu'on lui avait élevé dans le chœur de la cathédrale, quand un des vassaux, qui ne s'était point encore fait remarquer, s'avance fièrement pour prononcer à son tour le serment d'usage. Ses vêtements, mal appropriés à ses formes athlétiques, excitent la curiosité générale, le souverain lui-même le voit approcher avec une certaine appréhension. Arrivé à deux pas du trône, l'étrange chevalier, faisant mine de s'incliner à l'instar de ses compagnons d'armes, bondit soudain sur le prince comme un tigre sur sa proie, et, l'étreignant à la gorge d'une main de fer, lui plonge de l'autre une dague dans le cœur.

L'assassin, on le devine, n'était autre que le manant de Balaguer. Il s'était introduit furtivement dans la ville la nuit du jour où le comte y avait fait son entrée triomphale, et le lendemain, après s'être mis au service d'un grand seigneur dont il revêtit à propos et tant bien que mal les habits dorés, il se faufila aisément dans le cortége, et, sans exciter la moindre défiance, entra avec la foule des chevaliers dans le lieu où devait se tenir l'imposante assemblée. On connaît le reste.

A la suite de cet émouvant récit, que les habitants de Corbières et de Balaguer nous sauront gré d'avoir relaté dans cet ouvrage, M. Louis Chaubet, nous tenant sous le charme toujours croissant de sa parole, a complété son intéressante narration par des détails fort instructifs, au point de vue de l'archéologie, sur les ruines qui couvrent la côte de Balaguer et sur les nombreuses découvertes qui ont été faites sur le domaine privilégié de Raymond de Trencavel, faisant aujourd'hui partie de ses possessions.

Reprenons maintenant la suite des événements.

Le premier acte du jeune héritier des Trencavel, resté sous la tutelle de Bertrand de Saissac jusqu'à l'âge de quatorze ans, fut une donation, en cas de mort, de la totalité de ses domaines, à Raymond Roger, comte de Foix, pour la somme de quinze mille sols melgoriens. Dans l'acte de cession furent compris « le château de Balaguer et tout le reste du pays de Kercorb » (1). Ce qui ne l'empêcha pas d'engager immédiatement ce dernier lot à Izarn de Fanjaux (2).

Jaloux de perpétuer le glorieux souvenir de ses pères en renouvelant leurs exploits guerriers, le vicomte Roger illustra sa jeunesse par les actes du plus grand courage et de la plus haute bravoure, qui le recommandèrent à l'estime et à l'admiration de ses sujets plus encore que les charmes surprenants dont la nature prodigue avait embelli sa personne. L'ensemble admirable de ses qualités physiques et morales

---

(1) *Hist. du Languedoc*, 3ᵉ vol., p. 114. — *Preuves*, p. 190.
(2) *Ibidem*, 3ᵉ vol., p. 114. — *Pr.*, p. 191.

faisait présager pour notre jeune seigneur la plus brillante des carrières, quand, tout à coup, éclata la terrible guerre des Albigeois, qui devait semer tant de ruines et déposséder à la fois vassaux et souverains.

Les divers auteurs qui ont écrit l'histoire de nos contrées n'ont pu indiquer d'une manière précise la position qu'occupait le château de Kercorb. La plupart le placent sur un pic voisin de Balaguer, hameau situé près du village de Courbières ou Corbières. « En cet endroit, dit le baron Trouvé, se voient encore les vestiges d'un château où Raymond de Trencavel établit sa résidence favorite (d). » N'était-ce pas celui de Kercorb, ainsi que le ferait croire la relation visible de ce nom avec le mot Corb-ières, formé, ce semble, du premier par la suppression du radical *Ker*, et devenu le vocable du village actuel ? Le manoir de Kercorb a donc évidemment couronné le pic de Balaguer. On en sera convaincu, si on remarque que cette dernière dénomination se présente au moment où celle de Kercorb disparaît. Si des actes admettent une distinction entre le territoire de Balaguer et celui de Kercorb, d'autres, bien plus nombreux, renferment ces mots : « Le château de Balaguer et tout le reste du pays Kercorb. » Que conclure, en effet, autre chose de ces affirmations, et surtout de cette dernière formule si clairement exprimée ? Dans ses études historiques sur les monuments du midi de la France, le vicomte de Juillac ajoute : « Le château de Kercorb ayant été détruit, ou du moins jugé trop faible pour soutenir des attaques sérieuses, un autre fort couronna le rocher de Balaguer et ne donna son nom qu'à un territoire peu étendu, mais enclavé dans le Kercorbez, appellation conservée au pays, malgré la déchéance de l'ancien chef-lieu. »

Les mêmes assertions se trouvent confirmées par le spirituel auteur de la *Revue archéologique du midi de la France*,

M. Bruno Dusan, qu'une mort prématurée vient d'enlever à l'estime de ses nombreux admirateurs. C'est également l'opinion de M. Gayraud de Saint-Benoît, l'un des premiers archéologues du Midi, dont le mérite ne nous a été révélé, sa vie durant, que sous le speudonyme de l'Ermite de Saint-Benoît, modestie d'autant plus extraordinaire que son rare talent, autant que les titres de sa vieille noblesse, l'autorisait, de plein droit, à publier son nom véritable.

Quant à l'origine et à la signification du mot Kercorb, un des meilleurs historiens de nos contrées, M. Garrigou, a ouvert sur ce sujet une savante discussion dans sa précieuse *Histoire du comté de Foix*. Nous accordons comme lui à ce vieux terme une étymologie celtique ou ibérienne, s'appliquant à une contrée hérissée de rochers, condition géologique dans laquelle se trouvent précisément les environs de Chalabre.

Il importe de faire remarquer que l'histoire du Kercorbez se confond toujours avec celle d'un pays limitrophe du nom de *Keille*, autre viguerie du Toulousain, s'étendant sur la rive gauche de Lers (e), tandis que le Kercorb se trouve à sa droite, comme nous le révèle, sans contestation aucune, la position des différentes localités citées dans l'acte d'inféodation de 1167.

Voici maintenant, au sujet de ces mêmes lieux, les renseignements que nous avons sollicités et obtenus de la bienveillance de M. Gayraud de Saint-Benoît, le jour où, désireux de livrer nos propres appréciations à la publicité, nous tînmes à honneur d'avoir l'assentiment d'un homme si érudit et si compétent en pareille matière.

« Je connais à peu près, nous dit-il, tout ce que les historiens anciens et modernes ont écrit sur le Kercorb, et j'ai étudié avec le plus grand soin l'acte de 1167 et les quinze endroits (*villæ*) qu'il énonce ; c'est même ce qui me donna l'idée de rétablir la géographie de ce pays au moyen âge. Or, voici comment je procédai : Je fis d'abord la carte du canton de Châlabre au moyen des plans du cadastre que je réduisis.

« Vous savez que, dans l'acte de 1167, il y a des noms de localités qui n'ont pas varié, d'autres sont altérés, d'autres enfin ont totalement changé ou disparu. Mais une chose que je remarquai, c'est que ces noms de lieux sont écrits dans l'ordre qu'ils occupent aujourd'hui sur le terrain.

« Ainsi, partant : 1° du *castrum de Balaguerio*, qui était le chef-lieu, ce que vous appelez le château de Kercorb, où se trouvent les restes de la tour de Balaguer, près du hameau de ce nom, dans la commune de Corbières, nom composé de l'ancien nom de Kercorb ; partant, dis-je, de ce point vers Montgardens, lui qui n'a pas changé de nom, on trouve l'église de Roubichoux et, près de là, les restes d'une ancienne tour carrée qui sert aujourd'hui de grange. L'église sert pour les hameaux de Roubichoux et du Bousquet, dans la commune de Sonac, qui est toute moderne : c'est donc à l'église que doit être fixé 2° *Cambels*, bien que ce nom soit différent de ceux des deux hameaux qui l'avoisinent.

« Mais continuons. Le lieu qu'on trouve ensuite, en se dirigeant toujours sur Montgardens, est le hameau de Couquillous, qui a quelque ressemblance avec 3° *Cuculenna* par le redoublement de la première syllabe du mot. Vient ensuite 4° *Montgardens*, qui reste le même ; puis 5° *Eisalabra*, que les paysans prononcent encore Eisalabre (Chalabre). 6° *Sancta-Columba* n'a pas non plus changé de nom. On trouve ensuite 7° *vallis Aniort ;* ce n'est pas évidemment Campoulheries, puisque le Kercorb ne dépassait pas Lers ; ce ne peut être que Campsaurine ; de même que *Eisoice* doit être Coumesourde, parce que ces hameaux sont dans la commune de Sainte-Colombe, ainsi que Rivals, désigné par 8° *Aviels*. Les noms de famille Aniort et Échausse sont assez connus dans le pays ; ils ne peuvent venir que de ces anciens lieux Aniort et Eisoice qui ont disparu.

« Quant aux noms de 10° *Pendels*, de 11° *Calmeta*, ils désignent bien Rivel et la Calmète, qui ne font qu'une même commune, dans laquelle se trouve encore 12° *Saltes*, en latin, pays boisé, représenté par les Métairies-des-Bois. La position topographique de ces trois endroits se trouve assez expliquée par l'étymologie des termes sans qu'on ait besoin de consulter l'ordre de la carte géographique pour les reconnaître.

« Vient ensuite 13° *Villafort*, nom qui n'a pas changé. De là, on va à 14° *Fonsfrigidus*, qui est Fontrouge, dans la commune de Saint-Benoît, puis à 15° *Auriag*, qui est Saint-Benoît, même malgré la différence du nom. Le nom d'Auriag signifie en effet *oris aquæ*, bord de l'eau ; ce qui convient parfaitement à Saint-Benoît, placé sur les bords de Lambronne, limite nord du Kercorb. De Saint-Benoît on peut se rendre par la vallée de Janicou *ad ipsum castrum de Balaguerio*, et l'on aura parcouru les quinze localités principales du Kercorb. »

M. Gayraud continua :

« En attendant que je complète vos renseignements sur l'ancien château de Pendels et les causes de sa ruine, voici les faits que j'ai recueillis au sujet du changement de nom des localités :

« Pendant la guerre dite des Albigeois, les villes étaient plus ou moins maltraitées, suivant le degré de résistance qu'elles opposaient aux croisés, ou suivant les griefs qu'on élevait contre elle.

« Auriag était un lieu assez considérable. Il avait plusieurs fois servi aux assemblées des Albigeois, et l'un des ministres de la secte, Bernard Frezel, y avait quelque temps prêché sa doctrine (1). Aussi, après un combat qui se donna près de la Colne, métairie de Saint-Benoît, Auriag fut totalement rasé. On ne conserva que l'église, dont le patron était saint Benoît et qui était desservie par des bénédictins. Dans la suite, des maisons vinrent s'élever auprès de ce monument, et le nom du patron de l'église demeura celui du village de Saint-Benoît.

« Pendels subit les mêmes rigueurs de la part des croisés, à cause de la résistance de ses habitants ; et lorsque les nouveaux seigneurs firent réédifier les maisons auprès du petit ruisseau (en latin *rivulus*, par corruption *Riveillou*), le lieu nouveau lui emprunta son nom, et voilà l'origine de Rivel.

« J'ai cherché à me procurer les actes qui viennent à l'appui de ce que j'avance. Je n'ai accepté les traditions populaires, le plus souvent dénaturées, que lorsqu'elles se rapportaient bien évidemment à l'histoire.

« Mais assez sur ces faits que vous désiriez savoir. Je les signe pour vous les certifier véritables.

« Ce 26 avril 1867.
  « GAYRAUD DE SAINT-BENOÎT. »

La relation qui existe entre les trois termes : *Pendels atque Calmeta et Saltes*, ressort essentiellement de leur étymologie et de l'ordre logique qu'ils occupent dans la phrase. Ainsi le premier, Pendels, du latin *pendere*, exprime une idée de pente, d'inclination, conditions dans lesquelles se trouvait de toute façon le village d'autrefois. Le deuxième, Calmeta, de *culmen*, désigne une élévation, un endroit dominant ; c'est juste la place qu'occupe la Calmète au-dessus de Rivel. C'est par corruption, ce qui arrive fréquemment

---

(1) *Hist. du Languedoc*, 3ᵉ vol. — *Preuves*, p. 436.

dans la transmission des noms, que la première syllabe de *Cal*meta et celle de *Cul*men n'ont pas la même consonnance. En amont de la Calmète se trouvent les Métairies-des-Bois, désignées par le troisième terme *Saltes*, qui, en latin, ne signifie autre chose qu'un pays boisé. Là s'élèvent, en effet, de hautes futaies, qui entourent et dominent les chétives masures de nos montagnards. On remarquera, en outre, que ces trois termes sont les seuls dans la phrase qui soient unis par la conjonction *atque*, marquant en latin la relation qui existe entre les mots qu'elle relie.

Une parfaite conformité de mœurs et de langage a toujours existé entre les habitants de Rivel, de la Calmète et des Métairies-des-Bois; aussi leur destinée a-t-elle toujours été confondue. Leur entente cordiale, que n'est jamais venu troubler le plus petit nuage, a fait de tout temps l'admiration des voisins et parle éloquemment encore en faveur de leur communauté d'origine, de leur intelligence et leur sociabilité.

Chaque fois que nos regards, de près ou de loin, plongent dans le sein de ces collines agrestes qui enclavent tous ces poétiques hameaux dans un commun réseau d'affection, nous nous sentons heureux et fier de leur appartenir!

> Ce val recevant dans son sein
> Ces petites cités si belles,
> Les conjoignit, presque à dessein
> De s'aimer comme sœurs jumelles.
>
> (Quatrain du XVII° siècle.)

II. A la fin du XII° siècle, de nombreux sectaires, imbus, la plupart, des doctrines manichéennes, se répandirent dans les provinces du midi de la France, où ils s'accordèrent à mépriser l'autorité de l'Église, à combattre l'usage des sacrements et à renverser l'ancienne discipline. Le nom d'Albigeois qui fut donné d'abord particulièrement aux hérétiques qui habitaient dans les domaines de Raymond Roger, vicomte d'Albi, de Béziers et de Carcassonne, s'étendit bientôt après à tous ceux qui se trouvaient dans les Etats de Raymond VI, comte de Toulouse, dans le reste de la province et dans les pays voisins.

La vigilance du pape Innocent III, pour conjurer le danger qui menaçait à la fois la société domestique, politique et religieuse, opposa d'abord aux sectaires la prédication des missionnaires, parmi lesquels on remarqua saint Dominique. Mais tous leurs efforts furent impuissants pour ramener les hérétiques au giron de l'Église. On accusa même Raymond VI, comte de Toulouse, d'avoir fait assassiner le légat du Saint-Siége, Pierre de Castelneau, qui l'avait excommunié. Ce meurtre décida Innocent III à faire prêcher une croisade contre les sectaires, invitant les peuples à prendre les armes, leur promettant les mêmes indulgences qu'on avait accordées autrefois aux croisés d'outre-mer.

Pour conjurer l'orage qui le menaçait, le comte de Toulouse feignit d'abjurer ses erreurs et de se réconcilier avec le pape; mais Raymond Roger, vicomte de Béziers et d'Albi, neveu du comte pénitent, refusa obstinément d'obéir aux ordres de Rome et continua à propager dans ses États les nouvelles doctrines. Aussi fut-il le premier attaqué.

L'armée des croisés, sous le commandement de Simon de Montfort, marcha sur Béziers, sa capitale, qui ne put soutenir l'effort des troupes étrangères. La ville fut emportée d'assaut, et les vainqueurs, enivrés par ce premier succès, firent un impitoyable massacre des habitants, sans distinction d'âge, de sexe et même de religion, s'il faut en croire certains auteurs dont on conteste la véracité.

Après cet échec, le jeune Trencavel se hâta de concentrer

ses forces dans la ville de Carcassonne, dont les retranchements presque inexpugnables lui permettaient d'opposer au vainqueur une plus longue résistance. Les croisés vinrent aussitôt investir la place, qui se défendit avec le plus grand courage. Le brave vicomte, à la tête de ses troupes, fit contre l'ennemi de furieuses sorties et lui disputa vigoureusement les approches de la cité. Mais, victime d'une affreuse trahison, il tomba au pouvoir des croisés, qui l'enfermèrent dans une prison, où il mourut quelque temps après, « non sans soupçon, dit don Vaissette, qu'on avait abrégé ses jours. » Fâcheux préjugé contre Simon de Montfort, qui eut le tort de l'aggraver encore, en s'appropriant l'héritage de l'infortuné Roger. On dit bien qu'il ne l'accepta que sur le refus du comte de Nevers et du duc de Bourgogne; mais la facilité avec laquelle il céda aux prières du légat Milon prouve qu'il ne cherchait qu'un prétexte pour se rendre avec honneur.

Au moment où éclata cette guerre à jamais maudite, les principaux vassaux de l'héritier des Trencavel dans le pays de Kercorb étaient : Izarn de Fanjaux, siégeant au château de Balaguer; les du Puy, possesseurs de Sainte-Colombe, si renommée par les richesses de son église, devenue tour à tour un des plus beaux apanages des abbayes de Camon, d'Alet et de Cluny (1). Chalabre ainsi que Rivel et la Calmète étaient au pouvoir de la famille Roger de Saint-Benoît, qui les tenait directement de Raymond de Trencavel; de même que les fils de Bernard de Congost commandaient encore à Villefort, où l'on voit quelques rares vestiges du château qu'ils durent habiter. La plupart des églises du Kercorbez relevaient du chapitre de Toulouse, des abbayes de Saint-Pons, d'Alet ou de Camon. Les ruines imposantes que l'on

---

(1) *Hist. du Lang.*, 2ᵉ vol., p. 350. — *Pr.*, p. 365 et 409.

rencontre dans ce dernier endroit nous peuvent donner une idée de l'importance du monastère qui, pendant tant de siècles, a fait, à juste titre, l'orgueil et la gloire de nos contrées.

Elu chef de la conquête, Simon de Montfort établit son quartier général à Carcassonne et, de ce centre d'opérations, fit rayonner ses troupes vers tous les points d'un vaste cercle.

La ville de Limoux, capitale du Razès, se rendit volontairement et obtint la confirmation de ses priviléges (1). Néanmoins le chef des croisés ne put consentir à laisser subsister son château, assis sur la colline voisine. La ville même fut occupée par une forte garnison, sous le commandement de Lambert de Turey, chevalier plein de bravoure et de prudence, qui prit le nom de Lambert de Limoux. Mais entraîné, selon le goût du siècle, par son humeur chevaleresque, il trouva la mort dans une expédition en Terre sainte. Un nouvel officier de l'armée des croisés vint le remplacer à Limoux : ce fut l'illustre Pierre de Voisins, qui devint le chef d'une des plus puissantes familles de la province.

Les fameux châteaux de Cabaret, de Termes, de Saissac furent pris tour à tour et leurs seigneurs spoliés (*f*).

Le dévouement et la fidélité des vassaux de l'infortuné Roger de Trencavel se reportèrent, après sa mort, sur la personne de son fils, encore en bas âge, que le comte de Foix, son parent, avait recueilli à sa cour. Avec la protection de ce puissant allié et le secours du roi d'Aragon et du comte de Toulouse, les Albigeois ne désespéraient point du succès de leur cause. L'enthousiasme des soldats croisés excité par leurs récents triomphes, le fanatisme des vaincus exalté par les revers faisaient prévoir une lutte longue et opiniâtre.

---

(1) Archives de la ville de Limoux, *Acte* de 1288.

Quelle fut la part des habitants du Kercorbez dans les événements qui se succédèrent alors dans la province du Languedoc?

Simon de Montfort, jaloux d'étendre sa conquête, forma un corps de six mille hommes et mit à leur tête l'intrépide Pons de Bruyères le Châtel, l'un de ses plus habiles lieutenants, avec mission d'aller s'emparer de tout le pays de Kercorb, où s'était réfugié un nombre considérable d'Albigeois (1).

Sous la conduite de ce chef, déjà renommé par sa haute bravoure et ses talents militaires, de nouveaux triomphes allaient être assurés à la cause des croisés.

La petite armée se mit en campagne en remontant la rive gauche de l'Aude : aucun obstacle ne vint d'abord s'opposer à sa marche ; mais, en se rapprochant de la chaîne des Corbières, aux environs de Coustaussa, l'aspect redoutable d'un château fort, perché comme un nid d'aigle sur un rocher bordé de précipices, arracha tout à coup un cri de surprise aux soldats. L'audacieux capitaine s'approchait de sa personne jusque sous les créneaux de la forteresse, pour en étudier le côté faible, méditant déjà son plan d'attaque, lorsque des paysans des environs vinrent lui annoncer que ces murs n'avaient plus un seul défenseur. Les Albigeois, trop inférieurs en nombre, l'avaient en effet déserté pendant la nuit (2).

Après y avoir placé une faible garnison, de Bruyères, impatient de rencontrer l'ennemi, franchit précipitamment les collines qui se dressent à l'ouest et marcha droit sur Puivert, où il savait que les hérétiques avaient concentré toutes leurs forces et réuni leurs troupes à celles du roi d'Aragon, qui y tenait garnison.

---

(1) Vaulx-Cernay, *Hist. de la guerre des Albigeois.* — La Chesnaye des Bois, *Diction. de la noblesse.*

(2) Vaulx-Cernay, *Hist. de la guerre des Albigeois.*

Assis sur la croupe d'un rocher escarpé, se mirant avec orgueil dans les eaux d'un immense lac qui s'étendait à ses pieds, confiant dans l'épaisseur de ses hautes murailles, le château de Puivert bravait comme un fier géant la colère des plus redoutables ennemis.

L'armée de Pons de Bruyères, débouchant au levant, du côté de Quillan, tourna les faibles collines de droite, dans la direction de Villefort, et vint placer son camp au nord de la forteresse, le seul endroit accessible aux attaques et aux surprises.

Un premier assaut fut donné. Il dura jusqu'à la nuit, sans succès pour les croisés, qui furent repoussés avec une énergie sans égale. Un nouvel engagement, dans la matinée du troisième jour, n'eut pas de meilleur résultat.

Déjà le découragement commençait à s'emparer des assiégeants, quand de Bruyères, habitué à vaincre, s'irrite d'une telle résistance. Il ne saurait douter un instant de sa bonne étoile. Coup sur coup et sans donner aux assiégés le temps de se reconnaître, il s'élance plusieurs fois à la tête de ses soldats de réserve, brandissant sa hache d'armes. Il monte enfin le premier à l'escalade, encourageant les siens du geste et de la voix. L'exemple de l'intrépide commandant entraîne cette fois ceux qui ont déjà pris part au premier assaut, tandis que les assiégés, à bout de forces et surpris par cette brusque et nouvelle attaque, perdent de leur ferme contenance. L'ennemi les presse, les force sur plusieurs points. Enfin la place est enlevée au cri de : « Mort aux Albigeois ! »

Si l'on en croit la même tradition, les défenseurs répondirent à ce cri de triomphe par une immense clameur de mépris. Ils se replièrent précipitamment au cœur de la forteresse, puis ils disparurent à travers une large brèche pratiquée dans les murs du grand donjon.

Cependant les croisés, exaltés par la haine et la vengeance, se précipitent sur leurs pas, immolent les retardataires et s'engagent à leur suite dans le donjon. Mais, en faisant irruption dans la salle basse de la tour, ils sont comme terrifiés par la subite disparition des assiégés !

Par quel infernal sortilége « ces chiens d'hérétiques » se sont-ils dérobés au tranchant de leurs épées !.....

Muet de surprise, immobile d'étonnement et d'effroi, chaque soldat interroge des yeux l'intrépide de Bruyères, qui arrive prendre sa part du massacre des Albigeois...... Mais celui-ci hésite à son tour, et, pendant ce temps, ses victimes s'échappent à travers les méandres d'un immense souterrain qui débouche au loin dans la plaine !

Furieux d'une telle mystification, le farouche vainqueur fit tomber tout le poids de sa colère sur les malheureux blessés qui n'avaient pu suivre leurs compagnons dans leur retraite. Leurs corps affreusement mutilés furent pendus, encore pleins de vie, aux créneaux du donjon; d'autres furent brûlés vifs. Tel était du reste le supplice réservé d'habitude à ceux qui avaient été chargés de la garde des châteaux et qui avaient été trahis par la fortune.

Ainsi tomba au pouvoir des croisés, après trois jours de siége, la première place forte de la contrée, dernier refuge des partisans de Trencavel, sur les limites du haut Kercorbez (1210) (1).

Dans nos fréquentes excursions aux ruines du château de Puivert, l'énorme excavation qu'on aperçoit dans un coin de la salle basse du donjon nous a toujours mis en mémoire l'épisode du souterrain qui déroba les défenseurs de Puivert à la vengeance des croisés. Une fois entre autres, je fis part à mon guide des impressions que je ressentais en

---

(1) Vaulx-Cernay, *Hist. de la guerre des Albigeois.* — Dom Vaissette, *Hist. du Languedoc,* t. III, pag. 202. — Archives du château de Chalabre, *Titres origin.*

présence de cette ouverture béante. Celui-ci m'assura que de tout temps elle avait été considérée comme l'entrée d'un souterrain dont la sortie principale se trouve aux environs de Nébias.

« Je l'ai suivi dans mon jeune âge, ajouta-t-il, à plus d'un kilomètre ; mais depuis une trentaine d'années, les éboulements des parois intérieures le rendent tout à fait impraticable, et personne n'ose plus s'y aventurer. »

Tout le monde, à Puivert, me confirma la déposition du vieux guide.

La prise de cette place, réputée jusqu'alors imprenable, fut, pour Pons de Bruyères, l'heureux augure du succès de son entreprise. Aussi habile stratégiste que vaillant capitaine, il comprit sur-le-champ tous les avantages qu'il pourrait tirer de cette admirable position, et s'empressa d'y établir son quatier général. Mais la grande effervescence des esprits et l'indignation des montagnards, en face des cruautés inouïes du vainqueur, ne devaient point le laisser longtemps jouir en paix du fruit de sa victoire.

Dans les premiers jours qui suivirent la prise de Puivert, un engagement qui eut lieu dans les environs, entre l'avantgarde des croisés et quelques jeunes gens résolus de Pendels, apprit à de Bruyères quels efforts et quels sacrifices allait lui coûter la résistance des habitants du Kercorbez.

Avant d'entrer dans la nouvelle phase de la guerre qui entraîna l'entière soumission de la contrée, ajoutons quelques précieux renseignements sur l'origine de Puivert.

On doit avoir remarqué que ce lieu ne se trouve point mentionné, dans l'acte d'engagement de 1167, parmi les localités du Kercorbez. C'est à cause de ce silence que plusieurs auteurs ont cru devoir mettre en doute son existence à cette époque reculée. Mais ils ont ignoré qu'avant l'arrivée des croisés en ce pays, la redoutable fortesse était comprise dans les possessions du roi d'Aragon, le fidèle ami des Trencavel, et que, par conséquent, elle ne pouvait, en aucune manière, figurer dans l'accord de 1167, pas plus que dans les diverses donations des vicomtes de Béziers et de Carcassonne. L'abandon gratuit mais momentané que, suivant les éventualités de la guerre, les alliés se faisaient réciproquement de telle place forte qui limitait leurs domaines ou se trouvait voisine du théâtre de la lutte; cet abandon, disons-nous, a pu faire croire que Puivert, se trouvant justement dans ces conditions, faisait alors partie du pays de Kercorb et appartenait au vicomte de Carcassonne.

A peine est-il fait mention de cette forteresse par les chroniqueurs de la Croisade. Il n'en paraît aucune trace dans les chartes des XIe et XIIe siècles. Mais les événements qui viennent de s'y passer, en la rendant le centre stratégique et administratif du pays d'alentour, vont lui donner une double importance.

D'après Fauriel, auteur de l'*Histoire de la poésie provençale,* le nom de ce château apparaîtrait vers 1150.

Voici le texte de l'auteur :

« Le plus ancien concours de poëtes ressemblant à une académie dont il soit fait mention, bien que d'une manière fugitive, dans les traditions provençales, est celui qui est désigné comme ayant eu lieu au château de Puy-Verd, dans la partie méridionale du diocèse de Toulouse. C'est à propos d'une pièce de vers de Pierre d'Auvergne qu'il en est parlé dans un des manuscrits où cette pièce se rencontre ; elle est signée comme ayant été composée au « Puy-Verd, dans les as« semblées aux flambeaux, où l'on récite nouvelles et fabliaux « en jouant et en riant. » C'est avant 1150 que l'on trouve des traces de Pierre d'Auvergne dans les cours du Midi. J'ai vu sa signature dans un acte de 1147. »

Quelques historiens ont voulu enlever au Puivert des

montagnes de l'Aude le prestige que donne à ses murs la mémoire du chantre d'Ermengarde de Narbonne. Mais les jeux de la poésie et les cours d'amour du château de Puivert ne se trouvent-ils pas suffisamment attestés par les ornements symboliques d'une de ses plus belles salles? La sculpture a représenté sur la pierre des instruments de musique et des symphonistes en costume du moyen âge : le premier tient une rote à cordes pincées ou une sorte de saltère, les autres semblent accompagner des chansons guerrières, des lais d'amour ou des sirventes moqueuses sur le luth, la guiterne, la gigue, le tambourin, la vielle ou viole et la harpe ; sous le feuillage, un berger entonne une cantilène rustique, tandis qu'expirent plus loin les derniers sons de la cornemuse.

Isolé sur un rocher aride, derrière ses tours et ses créneaux multipliés, ne voyant le ciel, les eaux limpides du lac, la verdure et les noirs sapins qu'à travers des meurtrières ou des grilles épaisses, le seigneur de Puivert oubliait certainement quelquefois la tristesse de ces sombres murailles, devant la fête continuelle que semblaient lui donner ces musiciens de pierre.

Tout autre paraît avoir été l'usage de la salle inférieure. Sa voûte élevée, aux nervures nombreuses, ses grandes fenêtres annoncent une chapelle, et l'examen des détails ne détruit pas cette première impression. A la clef de voûte, Dieu le Père, tenant une boule surmontée d'une croix, pose une couronne sur la tête de la Vierge aux mains jointes; sur le côté, saint Michel terrasse le Dragon. Ailleurs, supportant les retombées des nervures, un ange paraît entraîner au ciel une femme. Des personnages aux longs cheveux et à la longue barbe, vêtus de robes et tenant des banderoles autrefois chargées d'inscriptions, ont la même signification religieuse. On se demande si c'est au service du culte qu'a pu servir cette sorte de niche aux fines moulures, aux sveltes colonnettes, dont une tête ailée, à la bouche béante, et des rigoles au-dessous faisaient évidemment une fontaine.

Sur la porte haute et large, l'œil est attiré par deux sculptures entre lesquelles se forme son ogive. On y voit, à droite, un buste d'homme en cotte de mailles et casqué, des écussons sur lesquels la forme fantastique du lion des Bruyères ressort en relief... A droite, une figure de femme écartant son voile et tenant un faucon sur le poing. Les armoiries qui les entourent nous disent assez quels personnages le sculpteur a voulu représenter : les images de Thomas Ier de Bruyères et d'Isabelle de Melun, son épouse, scellées à cette place, il y a cinq siècles, sont encore là, intactes, comme contemplant les ruines de leur antique demeure, et nous parlant, avec une muette éloquence, des poétiques usages d'un autre temps

Au pied des remparts se groupent quelques chétives maisons, restes de l'ancienne ville de Puivert. Sur la déclivité du sol, de vieilles murailles marquent la place de fortifications avancées et d'une chapelle. Plus bas, sur les rives du Blau, s'étend le nouveau village. A l'horizon, par-dessus les hauteurs, surgissent de grandes ruines : ce sont les châteaux de Puylaurens, de Montségur, de Lagarde, de Sibra et d'autres encore. A l'orient apparaissent les contours superbes et la cime nue du pic de Bugarach. A l'opposite brillent les nuages éternels du Tabe. Les forêts de Bélesta, de Rivel et de Sainte-Colombe drapent de leurs noirs sapins les pentes du midi ; et, vers le nord, s'abaissent graduellement les ondulations du terrain.

De ce lieu, où le seigneur contemplait, le soir, avec un secret orgueil ces bois, ces champs et ces villages qui lui appartenaient tous, de cette place de laquelle les rois d'Aragon pouvaient défier les plus puissants feudataires du Languedoc, de laquelle les barons de Puivert, les Bruyères, les Voisins, les Lévis, les Joyeuse, chefs redoutés des plus grandes familles du pays, cherchaient en vain à mesurer du regard l'étendue de leurs domaines, nous avons vu de pauvres ménétriers jeter au vent les notes allègres de leurs naïves mélodies, tandis que les villageois dansaient gaiement dans ce préau encore verdoyant, à l'ombre de ces murs que, tour à tour, laboureurs et soldats, leurs pères, gardèrent avec un sentiment de respect et de crainte (1).

S'aidant de ces débris, de l'étude des chartes et du témoignage des vieillards, que la pensée reconstruise pour un instant cette féodale demeure, et aussitôt devant elle se dressera l'évocation du passé, étrange, complète, faisant éprouver à l'âme le saisissement de la réalité!

(1) Voir Bruno Dusan, *Revue archéologique du midi de la France.*

CHAPITRE DEUXIÈME

I. Héroïque résistance des habitants du Kercorbez. — Le combat de Roupudés. Prise et incendie de Pendels. — Drame du Campo-Beato : supplice des habitants d'Ourjacquet. — Les potences ou fourches patibulaires. — II. Inféodation du pays conquis, à sire de Bruyères. — Baronnies de Puivert et de Chalabre. — Origine de la maison Pons de Bruyères le Châtel. — Dissertation sur le château de Pendels. — Description topographique.

I. Après la prise du château de Puivert, les croisés, continuant leur marche victorieuse, s'emparèrent de vive force de la ville de Pendels, qu'ils livrèrent au pillage et à l'incendie. Leur haine avait été poussée à son comble par un brillant succès que la jeunesse de ce pays avait remporté sur leur avant-garde, aux environs de Mouiche, dans la plaine désignée depuis sous le nom de *Roupudés* (en français *rompues*, sous-entendu *lances*).

Le château de Pendels, que les habitants n'avaient point défendu, fut seul épargné. De Bruyères y plaça une forte garnison, se promettant de tirer par la suite un grand avantage de son admirable position.

Sur ces entrefaites, quelques hardis croisés, ayant poursuivi les fuyards dans la direction des Saltes (1), tombèrent

(1) *Saltes, Métairies-des-Bois*, comprenant non-seulement les deux principaux hameaux désignés quelquefois sous le nom de *Majestés* et *Jalets*, mais encore le *Causinier*, les *Matalis* et toutes les masures disséminées sur le penchant de la colline.

dans une embuscade, où ils furent impitoyablement massacrés par les montagnards, qui désignèrent depuis le lieu du sanglant sacrifice sous le nom de *Campo-Beato*, en souvenir de leur *heureux* succès. Mais les croisés, ivres de rage, apaisèrent bientôt les mânes irrités de leurs compagnons par le honteux supplice qu'ils infligèrent aux habitants d'un petit village voisin de Pendels, du nom d'Ourjacquet.

Telle est l'histoire exacte des faits mémorables auxquels donna lieu, dans notre pays, la guerre dite des Albigeois, en 1210.

Les documents authentiques qui ont servi à M. Gayraud de Saint-Benoît pour coordonner l'histoire particulière des localités du Kercorb, et dans lesquels nous avons largement puisé, à sa prière; ces documents, disons-nous, ne nous indiquent malheureusement pas les noms des chefs qui balancèrent dans nos contrées la fortune du renommé Pons de Bruyères. Ils sont également muets sur ceux des braves montagnards qui battirent ses guerriers à la plaine de Roupudés, et arrêtèrent leur œuvre de destruction à l'heureuse rencontre du Campo-Beato, à la Calmète. Quoi qu'il en soit, le souvenir des maux inouïs qui accablèrent nos aïeux émeut encore aujourd'hui nos âmes et nous fait trouver une compensation, faible sans doute, à nos douleurs, dans le récit que les traditions du pays semblent accumuler à plaisir pour exalter leur héroïque résistance.

Les vieux récits ont entouré la prise de Pendels d'une foule de curieux détails dont la narration excita l'orgueil des premiers Rivelois et entretint dans les longues veillées d'hiver la verve des aïeules, tout en aiguillonnant le courage de la jeunesse. Mais le temps, cet impitoyable ennemi du passé, a fini par ne laisser que quelques épaves de tous ces souvenirs d'autrefois. Nous nous empressons de les relater ici, au moment où ils tendent à s'effacer complétement de la mémoire des populations riveloises, persuadé qu'après avoir excité l'orgueil de nos aïeux et occupé délicieusement leurs loisirs et les nôtres, ils trouveront encore un brillant et sympathique écho dans l'âme de nos arrière-neveux.

A la nouvelle de la prise de Puivert, les nombreuses bourgades échelonnées sur les coteaux voisins, privées pour la plupart de moyens de défense, se virent donc à la merci d'un ennemi qui ne respectait dans sa haine ni vieillards, ni femmes, ni enfants. Elles durent de force chercher un refuge dans l'épaisseur des bois ou sur le sommet inaccessible des montagnes. Mais les habitants de Pendels, confiants dans leur bravoure et dans la force de leurs murailles, résolurent de tenir tête aux envahisseurs.

Ils abandonnèrent le projet de se défendre derrière les créneaux de leur forteresse, qui eût réclamé toutes les forces vives de la cité et livré les habitations à la fureur des barbares. Ils décidèrent à l'unanimité que ceux qui ne pourraient participer à la défense seraient conduits dans un lieu de refuge, tandis que le reste des habitants se dévouerait pour la cause commune.

Au milieu des pleurs et des gémissements qu'arrachèrent de tous côtés de touchantes scènes d'adieu, une douzaine de jeunes gens désignés par le sort conduisirent leurs malheureux compatriotes dans les hauts parages de l'ancien Saltes. La nature, en cet endroit, semblait avoir ménagé aux fugitifs une retraite sûre et presque impénétrable. Une immense caverne dont la profondeur s'étend à plusieurs kilomètres dans les flancs de la montagne, et dont l'entrée peut être avantageusement défendue par un seul homme, les reçut un à un, grâce aux efforts inouïs de leurs jeunes et braves conducteurs. Les enfants gravirent assez lestement les aspérités du mont, mais les femmes et les vieillards ne pouvant par eux-mêmes opérer l'ascension, nos jeunes gens les chargèrent sur leurs robustes épaules, et appuyés sur le moyeu de leur hache, dont ils ne se séparaient jamais, ils les portèrent un à un sur le plateau où ils n'avaient plus à courir aucun danger. Cette rude besogne terminée, deux d'entre eux restèrent pour défendre, à l'occasion, l'entrée de la caverne ; les autres reprirent le chemin de Pendels. Mais, arrivés à la Calmète, au lieu de suivre la route tracée alors sur les bords de Riveillou, nos jeunes braves, cédant à leur humeur aventureuse, poussèrent une pointe jusque sur les hauteurs de Mouiche, dans le dessein de surprendre les manœuvres des croisés qui, la veille, s'étaient rendus maîtres de Puivert. Chemin faisant, ils s'adjoignirent quelques campagnards de bonne volonté qui vinrent grossir leur troupe. Mais au moment où ils redoublaient de précautions pour échapper aux regards de l'ennemi, ils furent subitement assaillis par un corps de troupes placé en embuscade dans les taillis qui couvrent ces parages. Déconcertés par cette attaque imprévue, nos braves se défendent tant bien que mal, puis, feignant de plier sous le nombre, ils s'enfuient précipitamment dans une même direction ; leur but était de concentrer leurs forces et d'attirer l'ennemi sur un terrain plus favorable.

Comme on devait s'y attendre, les croisés s'acharnent à leur poursuite. Ils se flattent déjà d'une victoire facile, quand, soudain se retournant comme un seul homme, la hache au poing, nos montagnards se ruent sur leurs adversaires avec une telle impétuosité, qu'ils les forcent à leur tour à battre en retraite. Ils n'osent néanmoins les poursuivre trop avant, de peur de tomber dans quelque nouveau piége, ou d'avoir à lutter contre des forces supérieures.

Cependant les guerriers de Simon de Montfort, honteux d'avoir reculé devant une poignée de vilains et entrevoyant déjà l'accueil qui les attend à leur retour au camp, se décident à recommencer l'attaque. Ils marchent résolûment serrés les uns contre les autres, protégés par leurs longues lames qu'ils portent en avant. Mais cette fois les montagnards les attendent de pied ferme. Armés de ce tranchant terrible qui, la veille encore, pourfendait les chênes et les sapins de la forêt, ils se précipitent en avant, et, dès le premier choc, les lances sont *rompues* (1) ; l'épée les remplace, mais elle vient se briser dans le tourbillon vertigineux que chaque montagnard imprime à son arme favorite, que rien ne peut entamer et dont chaque blessure est mortelle.

Pour la seconde fois, l'ennemi est forcé de reculer, la rage au cœur, laissant une trentaine de morts sur le terrain.

Parés des dépouilles des croisés, les vainqueurs regagnèrent aussitôt le chemin de Pendels.

Le combat avait eu lieu sur un plateau voisin de Mouiche, appelé depuis « la plaine de Roupudés », dénomination significative, inspirée par les circonstances, et qui perpétuera à jamais le glorieux souvenir de ce brillant fait d'armes.

Interrompons ici notre récit pour parler d'une découverte de la plus haute importance qui a été faite à l'endroit même où se livra le combat.

Le sieur Soula, de Puivert, occupé à tracer un sillon dans la plaine de Roupudés, déterra, à l'endroit désigné par la tradition, vingt-cinq à trente corps rangés les uns à côté des autres dans une fosse commune. Il fut constaté que les mâchoires étaient encore garnies de toutes leurs dents, ce qui prouverait qu'elles ont appartenu à des hommes jeunes. Ces squelettes n'étaient autres, sans doute, que ceux des soldats croisés qui avaient succombé dans la rencontre dont nous venons de parler. Cette découverte, faite le 13 du mois de mars 1843, eut un grand nombre de témoins, parmi lesquels : M. Manceau, médecin de Chalabre, le sieur Roques,

---

(1) D'où vient le nom *Roupudés*, *Rupudés* ou *Roumpudos*, comme prononcent indifféremment les paysans.

de Puivert, et les frères Druls, de Mouiche. En outre, M. Gayraud de Saint-Benoît nous en a garanti l'authenticité par écrit.

Nous sommes heureux que cette découverte soit venue, après tant de siècles, confirmer la vérité de nos anciennes traditions.

Pons de Bruyères, exaspéré de l'échec que venait de subir une partie de son avant-garde à la vue de toute son armée qui n'avait pu lui porter secours, résolut d'en tirer une prompte vengeance. Il se mit aussitôt à la tête de ses troupes, franchit, au couchant, la colline qui le séparait de la cité de Pendels, et vint cerner les habitants dans leurs murs. Assuré par le combat de la veille de la résistance qui lui serait opposée par ces redoutables montagnards, il ordonna sur-le-champ une attaque générale avec toutes ses troupes, leur promettant pour prix de leur victoire le pillage de la ville.

Devant un pareil déploiement de forces, les assiégés perdirent un peu de leur premier enthousiasme. La vue de tant de guerriers couverts de fer, habitués à l'assaut et commandés par des chefs expérimentés, leurs cris de guerre, leurs affreuses vociférations, ébranlèrent la résolution que tous avaient formée de vaincre ou de mourir. D'un autre côté, le souvenir de leurs pères, de leurs femmes et de leurs enfants réfugiés dans la montagne et qu'une défaite livrerait à la merci des barbares, finit par l'emporter sur leurs instincts belliqueux. Ils se décidèrent à hisser sur les murs un drapeau blanc en signe de paix et de soumission.

Ce fut en vain ; l'ennemi, sans pitié, refusa toute conciliation. Le signal de l'attaque était donné; en un instant la place envahie retentit du terrible cri : « Mort aux Albigeois! »

La lutte fut des plus acharnées ; mais les assiégés, accablés par le nombre, furent forcés de plier. Ils se serrèrent néanmoins en colonne et tentèrent résolûment le passage de la principale porte. Ils la **franchirent** sous une grêle de pierres que le vainqueur fit pleuvoir sur leurs têtes du dedans et du dehors des murs. Cependant le plus grand nombre réussit à se sauver. Quant aux malheureux qui tombèrent entre les mains de l'ennemi, ils furent jetés sans pitié au milieu des flammes qui enveloppaient déjà la cité.

Ajoutons, à ce propos, que les nombreuses découvertes qui ont eu lieu de tout temps dans les diverses parties du village, de poutres carbonisées et d'autres matières calcinées, enfouies à un et deux mètres sous le sol, viennent confirmer la véracité de nos vieux récits.

Les fuyards, disséminés sur les hauteurs voisines, assistèrent tout en larmes et le désespoir au cœur au spectacle de leurs habitations dévorées par l'incendie. Ce fut à la lueur de l'embrasement qu'ils gagnèrent, à travers les côtes rocheuses, les hauts parages de la Bouiche, où les attendaient dans une cruelle anxiété l'objet de leur amour : femmes, enfants, pères et mères blottis sous les parois humides de la grotte du Roc de l'Homme-Mort.

Les croisés, instruits de la direction qu'avaient prise les fuyards, n'osèrent néanmoins s'aventurer dans cette contrée hérissée de rochers et si propre aux embûches. Toutefois les plus hardis, malgré la défense de leurs chefs, poussèrent jusqu'à la Calmète, bourg voisin de Pendels, qu'ils supposaient être le point de ralliement.

Tant de témérité ne devait point demeurer impunie.

Les montagnards, prévenus de leur marche, les attendent cachés derrière les rochers qui bordent, au midi, les dernières masures de la Calmète, et, au moment où les aventuriers, le fer d'une main et la flamme de l'autre, se préparaient à continuer leur œuvre de destruction, ils furent cernés de toutes parts et immolés à coups de hache et de bâton.

Pas un ne revit l'armée des croisés.

Le lieu du sanglant sacrifice fut et a été depuis désigné sous le nom de « Campo-Beato » (champ heureux).

Un fait digne de remarque et qui montre combien les habitants de la Calmète ont toujours eu à cœur de perpétuer le souvenir de leur victoire, c'est que jusqu'au dernier siècle, comme le prouve un grand nombre d'actes particuliers, le surnom de Beato fut toujours donné à chaque nouveau possesseur de cette terre (1). Le dernier qui l'a porté est un des membres de la famille Huillet, représentée de nos jours par maître Jean ou mieux Jeannot, type heureux des fières allures, de la vigueur et surtout de la finesse traditionnelle des habitants de la Calmète.

A droite du Campo-Beato est un passage étroit, pratiqué dans un rocher, dont une partie s'élève en pyramide et surplombe sur Riveillou roulant ses eaux à une profondeur de cent mètres environ. Ce passage, qui est comme la porte d'entrée de la montagne, a reçu le nom de *Pas de Mouna*. Ce doit être le nom d'un des possesseurs des quelques lopins de terre qui l'avoisinent, ou bien encore de celui qui fit percer le rocher. Le sentier auquel il donne accès est de trop fraîche date pour qu'on puisse soupçonner que ce nom de Mouna (2) lui vienne d'un des braves qui exterminèrent au pied du roc les audacieux croisés.

A gauche, sur l'immense table de granit que les pluies du nord ont rendu blanc comme l'albâtre, on distingue parfaitement les traces de l'ancien chemin des Saltes ; c'est à

---

(1) Papiers de famille communiqués par le sieur Jeannot Huillet, de la Calmète.

(2) Il ne serait point encore impossible que le mot *Mouna* ne dérivât du grec μόνος, qui veut dire *seul*, et ne fût appliqué à l'étroit passage taillé dans le rocher, et qu'une *seule* personne avait peine à franchir, du moins à l'origine.

sa naissance que s'élève aujourd'hui une croix de fer au millésime de 1612. Cette croix aux bras démesurément étendus, ornée de fleurs de lis aux extrémités, a surmonté jusqu'en 1829 le modeste oratoire de Sainte-Cécile de Rivel. On ne craignit pas à cette époque de l'enlever à sa première destination, pour remplacer, à l'entrée du Campo-Beato, la vieille croix de chêne plantée dans les temps anciens en mémoire de ceux que la mort y était venue surprendre.

C'est pour perpétuer cette sainte coutume, qu'au sein de nos montagnes, où l'esprit de foi a pris de si profondes racines, l'on continue, de nos jours, à indiquer par la présence du signe rédempteur l'endroit où est survenu quelque accident malheureux.

Mais reprenons le cours des événements.

Pendels n'était plus qu'un monceau de ruines ! Pons de Bruyères, profitant de l'effroi que sa troupe semait sur son passage, s'empara facilement des autres villes du Kercorbez, dont la résistance devenait désormais impossible. Pour échapper à une ruine certaine, les châteaux de Villefort, de Chalabre, de Sainte-Colombe, etc., durent ouvrir leurs portes au vainqueur. On sait le sort que subit Auriag (Saint-Benoît) pour avoir voulu résister : les habitants qui survécurent au grand désastre de la cité, réduite en cendres, errèrent longtemps, sans asile, invoquant, comme ceux de Pendels, l'assistance des bourgades voisines.

Mais avant de pousser plus loin leur course dévastatrice, les croisés voulurent laisser au sein de nos montagnes un éternel souvenir de leur férocité inouïe.

Dans le rayon de Pendels, un petit bourg situé sur le monticule qui a aujourd'hui à ses pieds le moulin de l'Évêque, fut accusé de complicité avec la cité rebelle. Son seul crime était son voisinage : en conséquence, il fut condamné à subir le même sort que Pendels.

L'endroit où s'élevaient ces quelques habitations, dont on remarque fort bien les fondements, porte dans les anciens actes de la commune les noms divers de *Orgeac, Ourjac* et plus communément *Ourjacquet* (1).

Ce fut en vain que ses pauvres habitants protestèrent de leur innocence. Les croisés, qui avaient à apaiser les mânes de leurs compagnons immolés au Campo-Beato, profitèrent d'une nuit obscure pour les surprendre pendant leur sommeil. Une heure après, à la lueur des flammes qui dévoraient leurs masures, ils les conduisirent sur le sommet de la colline, où ils furent tous pendus. Au point du jour, le soleil vint éclairer cette scène de deuil, dont le souvenir s'est perpétué d'âge en âge jusqu'à nos jours.

C'est avec un sentiment mêlé de tristesse et d'effroi que l'on montre encore du doigt, dans toutes les localités des environs, *las Poutencios, las Fourcos* (les Potences, les Fourches) où les malheureux habitants d'Ourjacquet furent attachés.

Il n'est pas besoin de commentaire pour être édifié sur la signification du mot Poutencios ; elle est évidente dans le terme français correspondant Potences. Quant au second, las Fourcos, qui se traduit par celui de Fourches, outre ses acceptions modernes, il désignait au moyen âge l'instrument du supplice connu plus tard sous le nom de gibet, dont l'office particulier était de mettre les suppliciés en spectacle sur une éminence, et où leurs corps étaient

---

(1) Les paysans prononcent généralement *Ourjac, Ourjaquet.* D'après l'état des redevances et censives des agriers de ladite terre, sa production consistant principalement en grains d'*orge*, plusieurs ont cru voir dans ce terme l'étymologie d'*Orgeac;* d'autres, se basant de préférence sur la prononciation patoise, croient trouver dans *Ourjac* un dérivatif modifié du mot *bourg*. Par conséquent *Ourjacquet* en serait le diminutif et voudrait dire petit bourg.

dévorés par les oiseaux de proie. Ces deux termes représentent par conséquent une même idée ; ils nous rappellent le même souvenir, et c'est pour cela que les gens de Rivel, à leur insu, désignent indifféremment du nom de Fourcos ou Poutencios la haute colline où leurs frères d'Ourjacquet râlèrent leur dernier cri de vengeance.

Ce cri, les survivants de Pendels l'entendirent, et la revendication ne se fit pas attendre.

Ajoutons que ce fut sur la même élévation, qui servait comme de point de mire à la majeure partie des populations du Kercorbez, que les seigneurs du pays firent exécuter par la suite leur suprême sentence, comme il est stipulé dans plusieurs dénombrements établissant le droit de haute, moyenne et basse justice dont ils étaient investis.

Les moines de la célèbre abbaye de Camon, les chanoines de l'église de Sainte-Colombe, dont on vantait partout la richesse, possédaient certains droits sur les fourches patibulaires d'Ourjacquet. Ainsi, nous lisons dans une transaction de 1322, passée entre messire Thomas de Bruyères et le Père Jordan de Rochefort, prieur de Camon, « que les fourches demeureront dans les terres dudit Thomas de Bruyères à l'endroit d'Ourjac, et que le prieur, en faisant l'entier abandon de ses droits sur icelles, sera libre d'en élever en lieu et place qu'il sera en son aisance dans la terre de son prieuré (1). »

D'après cette clause, il n'y a pas à se méprendre sur l'emplacement du village d'Ourjacquet, du moment que la place des fourches patibulaires nous est parfaitement connue. Et en effet, outre les deux dénominations appliquées à la côte d'Ourgeac, malgré les années et les révolutions, il nous reste une preuve irrécusable de leur existence, en cet

---

(1) Archives du château de Chalabre, *Pièce origin.*

endroit, dans les ruines bien conservées des trois tours rondes qui supportaient la potence ou gibet. Elles étaient encore debout au commencement de ce siècle. Leur élévation est évaluée à 4 mètres environ. Nous ignorons pour quelle cause les sieurs Basque dit Quillo et Bernard Delpech dit Cambajou, propriétaires riverains, les démolirent (1). Leurs regards se trouvaient-ils offensés par ces restes impuissants de la tyrannie féodale? Quoi qu'il en soit, on est surpris que les républicains de 93 les aient respectés, alors que, comme chacun sait, ils faisaient table rase de tout ce qui leur rappelait les institutions seigneuriales.

Les trois tours rondes, massives, bâties en maçonnerie, mesurent chacune, à leur base, 1 mètre 20 cent. de diamètre, et sont disposées en triangle ayant 3 mètres 80 cent. de côté. On devine à la simple inspection des lieux que la surface plane sur laquelle se montrent leurs restes a été nivelée à dessein. Cette surface, ayant 7 mètres de largeur sur 16 mètres de longueur, est entourée d'un mur délabré qui s'arrondit aux extrémités. Ce mur s'élevait à une certaine hauteur des tours pour en défendre l'accès. Nous savons en effet qu'après la triste besogne du bourreau, des hommes de garde renfermés dans l'enceinte veillaient jour et nuit pendant un temps déterminé sur les corps des suppliciés, pour empêcher les parents ou les amis de venir les enlever. Mais presque toujours, de vive force ou à prix d'argent, ces derniers parvenaient à arracher les cadavres à l'exposition publique et à la voracité des oiseaux de proie.

Trois poutrelles garnies de crocs en fer se trouvaient enchâssées au sommet des trois tours et décrivaient dans l'air le funèbre triangle, horreur et effroi de toute la contrée.

(1) Rapport des sieurs Jean Bergé dit Jean del Mil et Pierre Brangé dit Perreto, habitants de Rivel.

Ajoutons, en quittant ces funèbres parages, un dernier mot sur les ruines d'Ourjacquet. Les briques, les moellons amoncelés sur ses hauteurs, la terre et la maçonnerie alternant dans les assises, de nombreux fragments de poterie, la pierre de taille en telle quantité qu'elle a fourni, à la construction du moulin de l'Évêque et des usines qui l'avoisinent, plusieurs fragments de pierres sculptées que nous avons tenus entre nos mains, la découverte incessante de pièces de cuivre à l'effigie des Césars que nous comptons en particulier par centaines (1), toutes ces choses sont bien de nature à nous persuader que ces lieux furent habités par les Romains. Toujours est-il que les vestiges de leur séjour dans cette contrée sont bien plus nombreux que ceux laissés par les Gaulois. Nous signalerons plus loin des traces non moins visibles de leur passage dans la construction du castellum de Pendels, élevé en face d'Ourjacquet, sur la crête d'une colline située seulement à quelques secondes à vol d'oiseau.

D'après le témoignage de nos octogénaires, les trois bassins en cuivre jaune dont se sont longtemps servis les marguilliers de l'église Saint-Jean pour faire leur quête furent découverts dans les environs des fourches patibulaires l'an 1650. Nous nous souvenons encore des différents attributs religieux qui s'y trouvaient ingénieusement repoussés au marteau. Faut-il le dire? nous craignons qu'ils ne soient venus, pour quelque modique somme, enrichir la collection de quelque avide amateur. C'est du reste ainsi que, dans nos campagnes ignorantes, la plupart des paroisses se laissent trop facilement déposséder des objets les plus rares et les plus précieux.

(1) D'après une vieille tradition qui a pris de tout temps une grande consistance au village, un trésor se trouverait enfoui dans les parages d'Ourjacquet.

II. Pons de Bruyères le Chatel annonça l'heureux résultat de son expédition à Simon de Montfort, qui, pour le récompenser de ses services et l'attacher plus étroitement à sa cause, lui inféoda tout le pays conquis, divisé en deux baronnies : Puivert et Chalabre, avec leurs dépendances (1).

Dans les contrées voisines du Kercorbez, en remontant le cour de Lers jusqu'aux bords de l'Ariége, la lutte contre les Albigeois se poursuivit avec le même acharnement : Guy de Lévis, autre lieutenant de Montfort, s'empara des domaines des anciens seigneurs de Mirepoix, qui lui furent inféodés de la même manière. Tous les historiens de l'époque sont unanimes pour exalter les vertus guerrières de Guy de Lévis. Son admirable dévouement à la cause des croisés et son zèle infatigable pour le triomphe de l'Église, zèle inspiré par une conviction profonde, élevèrent son courage jusqu'à l'héroïsme et lui valurent le titre de Maréchal de la Foi (g).

Nos deux vaillants capitaines étaient venus en Languedoc à la suite de Simon de Montfort, dont ils étaient alliés et voisins. Les domaines de Pons de Bruyères le Châtel étaient situés dans la forêt d'Ivelisse, en l'Ile-de-France, aujourd'hui département de Seine-et-Oise.

Au commencement du XIe siècle, on trouve dans le comté de Bourgogne un Pons de Bruyères cité parmi les plus grands seigneurs de cette province. On voit en 1147, par un acte de chevaliers français qui suivirent le roi Louis VII en Terre sainte, qu'un de Bruyères était du nombre des croisés. Vingt ans plus tard figure encore, dans une donation, Nicolas de Bruyères, que nous considérons comme le père de Pons de Bruyères le héros de Puivert. Mais comme il n'existe aucune preuve de filiation authentique entre ces divers membres jusqu'audit Pons de Bruyères, on ne

---

(1) La Chesnaye des Bois, *Dict. de la noblesse.* — Archives du château de Chalabre. — Archives du château de Léran.

commence la descendance de cette maison qu'à l'époque de son établissement en Languedoc.

Pons de Bruyères, déclaré seigneur et maître de tout le pays conquis, n'eut qu'un regret en regagnant son nouveau domaine, celui de l'avoir si maltraité. Il établit sa résidence au château de Puivert; et, à l'exemple de César, dont la mansuétude fit presque oublier aux Gaulois vaincus les rigueurs inouïes dont il les avait accablés, le baron de Puivert s'empressa d'étendre sa protection sur toute cette malheureuse contrée, presque ensevelie sous les ruines. Il envoya de tous côtés des hérauts d'armes publier ses édits de paix, tandis que d'autres avaient mission de parcourir les campagnes pour y soulager l'infortune et l'indigence.

Les habitants de Pendels, qui avaient essuyé tous les maux de la guerre et auxquels il ne restait plus pour refuge que quelques pans de murs calcinés, devinrent surtout l'objet de sa plus constante sollicitude. Après leur avoir assuré les moyens d'existence, il les occupa à reconstruire leurs habitations, excitant leur émulation en leur faisant entrevoir un avenir prospère dans les bienfaits d'une paternelle administration. De plus, pour que la nouvelle cité oubliât jusqu'au souvenir de ses dernières calamités, il lui enleva son ancienne dénomination de Pendels; et ce fut alors que ce lieu reçut le nom de *Rivel*, emprunté, comme nous l'avons déjà dit, au petit ruisseau, en latin *rivulus*, et par corruption *Riveillou*, qui coule au pied des maisons.

Les serfs des coteaux voisins accoururent aux ordres du nouveau seigneur prêter le secours de leurs bras aux malheureux incendiés, et la nouvelle cité s'éleva insensiblement sur les ruines de l'antique Pendels, dont le nom ne devait plus servir qu'à désigner le castellum qui restait encore debout.

L'existence des nombreux châteaux forts qu'on rencontre

si fréquemment dans nos contrées se trouve assez expliquée par la nature et la situation des lieux. Après la conquête des Gaules, les Romains, maîtres de nos provinces, et voulant y assurer leur domination, durent, pour en défendre l'accès à l'ennemi, élever des forteresses sur presque toutes les collines qui dominent les défilés des frontières. Plus tard, le long séjour que les Visigoths, les Sarrasins et les Francs firent dans ces mêmes contrées, dut modifier singulièrement les dispositions prises par leurs devanciers et nécessiter bien des changements. Une nouvelle stratégie, conséquence naturelle des diverses révolutions et des caprices des conquérants, exigea la ruine de tel fort ou l'édification de tel autre dans des positions différentes. De là cette grande difficulté d'indiquer d'une manière précise l'époque et les auteurs de ces constructions, quand on n'a d'autres guides et d'autres bases d'appréciation que quelques pans de mur en ruines ensevelis sous les ronces et le lierre.

Que conclure, en effet, aujourd'hui, sans le secours de l'histoire, des simples vestiges que le temps semble nous avoir laissés, comme par pitié, du fameux château qui couronna le pic de Balaguer, de la redoutable forteresse de Villafort, de l'aire presque inaccessible de Montségur, de l'admirable château de Sainte-Colombe-la-Riche, des retranchements de Pâris et du castellum de Pendels ?... Ici notre réponse sera la même que celle que nous avons faite au sujet de la fondation des villes de notre province. Sans une étude attentive corroborée par l'histoire, on se perd en de vaines suppositions qui ne sauraient apporter les moindres éléments de certitude. On ne peut et on ne doit rien assurer comme certain sans en fournir des preuves irrécusables. La vérité fuit l'ombre même du doute, elle s'offusque également des écarts de l'imagination et des vaines recherches d'esprit d'une science aux abois.

Quant à nous, puisqu'il entre dans le cadre de notre histoire de parler du vieux château de Pendels nous prévenons d'avance nos lecteurs que les lignes que nous lui consacrons ne sont que la pure et simple constatation de faits écrits en caractères indélébiles sur les faibles restes de cette vieille construction. S'abstenant comme nous de conclusions trop affirmatives, nos compatriotes du moins pourront, en inspectant ces lieux, livre en main, se rendre un compte exact de nos assertions que nous livrons, sans parti pris, à leur juste discernement.

Le château de Pendels s'élevait, comme tous ses voisins, majestueux et fier, sur le sommet d'une colline qui, par sa position topographique, servait d'objectif à une grande partie des populations du Kercorbez. En effet, c'est de ce point culminant que les regards tournés vers le midi voient se dérouler une à une, au fond de la vallée, les modestes habitations de Rivel; plus loin, dans la même direction, se succèdent plusieurs côtes ardues, sillonnées par de petits sentiers aboutissant à de modestes hameaux. On compte de là tous les toits de Luxault, des Bouichous et toutes les petites masures et cabanes qui tapissent la grande côte dont les pieds se baignent dans Riveillou. En inclinant vers la gauche, un sombre défilé indique la direction des Métairies-des-Bois; cette gorge noire, au milieu de laquelle serpentent les eaux de notre petite rivière, est dominée au loin par les premiers contreforts des Pyrénées, couverts à plusieurs lieues d'étendue par l'une des plus belles forêts que l'on connaisse. Des rochers infranchissables et déchiquetés par la foudre, sauvage royaume des aigles et des oiseaux de proie, y montrent de place en place leurs crêtes éblouissantes de blancheur. Au levant se dessine dans un ciel sans nuages le fameux donjon de Puivert, encore superbe et menaçant au milieu de ses ruines.

On se sent comme subjugué à l'aspect de cette nature grandiose, imposante, et la vue éprouve, après coup, le besoin de se reposer sur des tableaux moins sévères, sur des sites plus gracieux.

Le décor change soudain en tournant les yeux vers le nord. Quel contraste!... D'un côté, les riantes prairies de Sainte-Colombe, sillonnées par le cours poétique des eaux verdâtres de Lers, qui alimentent plusieurs usines échelonnées sur sa rive ; au-dessus, les massifs toujours verdoyants des campagnes de Léran, que couronnent dans le lointain les clochetons gracieux du château du même nom ; à droite, de faibles collines, formant les premiers chaînons des Corbières, se succèdent avec tant de symétrie qu'on croirait que quelque Titan s'est plu à en graduer les hauteurs pour escalader les nues. Mais en s'éloignant comme à regret de cet horizon qui se confond avec le ciel, la vue aime à suivre une dernière fois encore les capricieux méandres que tracent dans les bas-fonds les eaux vives de Fontestorbe, à travers des labyrinthes de peupliers que surmonte dans une gorge étroite le clocher de Saint-Pierre de Chalabre.

Où trouver plus vaste et plus délicieux panorama? Que de merveilles ne devait-on pas contempler jadis du sommet de la plus haute tour de Pendels!... Ces spectacles ne charment pas seulement les yeux, mais ils élèvent l'âme et saisissent le cœur! C'est que l'homme y trouve mille analogies avec sa nature, sa situation et ses destinées. Rien de ce qui frappe le regard n'est donc fait pour s'arrêter là, tout doit aller jusqu'à l'âme, et l'âme doit tout élever à Dieu.

Des élévations qui enclavent le village, difficilement on pourrait découvrir ailleurs une aussi vaste étendue, et surveiller plus aisément les défilés de la montagne. C'est ce qui explique pourquoi le maître, voulant tirer avantage de cette position exceptionnelle, l'avait choisie de préférence à toute autre pour y construire sa demeure.

Les ruines de la forteresse sont désignées au village sous le nom de *Casteillassés* : cette dénomination dérivant de *castellum*, révèle de suite une idée de vieux château délabré. Les habitants l'appliquent par extension à toute la colline, bien qu'elle désigne particulièrement l'éminence rocheuse sur laquelle on aperçoit encore quelques pans de mur solidement construit. Ce mur constituait les assises d'une grande tour carrée dont on admirait les restes au commencement de ce siècle. L'espace qu'il enclave mesure 150 mètres de superficie. C'était celui de la tour.

Le sieur Louis Bézard, alors possesseur de la côte, fit abattre ses restes dans le but d'ajouter quelques pouces de plus à ses maigres dépaissances.

Des deux côtés de ce mur, le sol présente une surface plane de cinq mètres environ d'étendue ; cet étroit espace a été pratiqué de part et d'autre dans la roche vive, comme il est facile de le constater par les larges entailles sillonnant les blocs de granit qui servent de parois.

Un terrassement de quinze mètres de long sur huit de large s'étend uniformément au midi devant la partie principale de la tour, faisant face au village. Ce terrassement est retenu par un mur d'appareil régulier assez bien conservé, mais complétement enseveli sous des monceaux de ruines. Il va se prolongeant vers le nord à plus de quarante mètres et devait circonscrire l'enceinte de la forteresse proprement dite en se reliant aux fortifications du versant opposé. On ne peut se méprendre sur l'existence de ces dernières par les quelques vestiges que les pluies et les vents du nord n'ont pu faire disparaître complétement. Les points de jonction des deux murs semblent, en effet, se trouver indiqués, du moins dans la partie gauche, par un renflement assez prononcé du terrain ayant la forme d'un bastion ; les pierres de fondation, unies avec du mortier, y sont encore apparentes ; les interstices sont garnis de morceaux de tuiles et de briques comme tout le reste des constructions.

C'est à quelques pas de cette tour ou bastion, sur la rive du champ qui borde l'ancien vignoble de Jean Pont Fillol, que se trouve le fameux puits du château dont il est tant parlé dans les vieilles légendes du village. Nous en précisons l'endroit, en indiquant le petit enfoncement entouré sur ses quatre faces d'un petit mur à pierre sèche. L'orifice n'est qu'à quelques centimètres de profondeur, comme nous avons pu le constater naguère, en compagnie de deux personnes (1) témoins des fouilles qu'y fit exécuter le même Louis Bézard, dans l'espoir d'y découvrir un trésor.

Au-dessous du premier mur d'enceinte, sur le côté nord, existait une nouvelle ligne de retranchements soutenus de distance en distance par des contreforts dont on constate la présence au gisement régulier de leurs ruines qui percent sous le gazon. L'existence de ce second mur, quelquefois contestée, se trouve atténuée à cause du peu d'élévation de la colline qui, de ce côté, eût rendu trop facile l'accès de la grande tour.

En dehors de l'enceinte, sur la déclivité du sol, au nord-ouest de la côte, gisent les ruines de deux tours rondes d'où les archers du seigneur surveillaient nuit et jour le sentier du château et guettaient l'ennemi au passage.

Tel est l'état actuel des lieux où s'élevait le castellum de Pendels. C'est tout ce qui reste de cette redoutable forteresse, dont les différents engagements, d'après les actes précités, nous révèlent l'importance en assimilant ses destinées

---

(1) Jean-Pierre Izard, ancien garde champêtre de la commune, et Marianne Sylvestre, femme Pierroutou.

à celles des fameux castrum de Balaguerio, de Villafort, de Sancta-Columba, de Pâris et de tant d'autres encore. Seul le beau manoir d'Eisalabra est demeuré debout, quand il ne reste plus de ses voisins que les ruines, ruines, disons-le cependant, mêlées de glorieux et immortels souvenirs !

En étudiant les quelques pans de mur que l'âge a laissés debout au milieu des décombres de notre forteresse, on constate une différence marquée dans le genre et le caractère des diverses constructions. Dans celles confrontant le midi, les murs, bâtis avec des pierres inégales non taillées et posées en remplissage sans observation d'assises, présentent toutes les particularités de l'*opus incestum* des Romains. L'étendue de la première enceinte, l'ampleur et la gravité des terrassements au-dessus desquels se dressait majestueusement la grande tour carrée, en un mot l'aspect imposant de l'ensemble, à quelque point de vue que l'on se place, nous font incliner de plus en plus vers cette opinion ; tandis que la présence des contreforts sur le versant opposé, l'existence des tours et des bastions rappelleraient les constructions du moyen âge.

Que conclure de cette opposition évidente de style ? si ce n'est que l'ouvrage attribué aux Romains, se bornant, dès l'origine, à la partie que nous leur attribuons, dut perdre de son importance et fut jugé trop faible à une époque où, les forces de la défense augmentant en raison des progrès que suivaient les moyens d'attaque, le premier mur qui enclavait la tour du côté nord dut être jugé insuffisant pour la protéger, et l'addition du second, à quelques mètres plus plus bas, fut jugée indispensable.

Pour n'oublier aucune particularité, ajoutons, au sujet de la citerne du château, que les ouvriers occupés à la déblayer, par ordre du sieur Bezard, en retirèrent, à une profondeur de 20 mètres environ, des morceaux de fer aux trois quarts rongés par la rouille, parmi lesquels on crut reconnaître des tronçons d'armes anciennes, plus une quantité d'ossements humains : ce qui viendrait encore à l'appui de la tradition, racontant qu'à la dernière prise du château, le vainqueur se servit de la citerne comme d'une fosse commune et en fit le tombeau de ses victimes!

On comprend que cette découverte ait pour nous le même intérêt que celle des squelettes dans la plaine de Roupudés.

Un instant, les chercheurs crurent avoir mis la main sur une partie du prétendu trésor. Ils venaient en effet de découvrir un objet brillant, dont personne ne put d'abord déterminer la nature ni l'emploi. Or, c'était, chose bizarre, un fragment de peigne en or, comme il fut depuis constaté par un grand nombre de témoins oculaires. Nous douterions encore de cette curieuse trouvaille qui nous a été signalée, il y a vingt ans environ, sans une nouvelle et expresse confirmation de maître Baptiste Rives, l'intelligent esquillé qui a eu entre ses mains cet objet, dont il nous indique encore la forme et les ornements.

Les nombreuses crevasses qui se déclarèrent aux parois du puits firent cesser les fouilles, et le sieur Bezard dut renoncer à son trésor. La citerne fut de nouveau comblée, et, depuis, l'herbe qui croît en ces lieux la dérobe à tous les regards.

A droite de la citerne, sur la déclivité du sol, on remarquait à cette époque plusieurs petits compartiments casematés, aux trois quarts défoncés où, chaque dimanche, les enfants du village se donnaient rendez-vous en attendant l'heure du catéchisme. Les monceaux de pierres qui, sous le nom de *Maoureils* (1), avoisinent la petite cabane dite d'*en Patris*,

(1) *Maoureil, Maureil, Maure-eil.* Quelques écrivains de l'idiome languedocien ont cru voir dans ce terme, qui désigne un amoncellement de pierres, un diminutif du mot *Maure*, appliqué à ces débris en souvenir des ruines qui marquèrent dans nos contrées le passage de ce peuple barbare.

proviennent de leur démolition. C'est dans le voisinage de ces espèces de souterrains qu'on a découvert une cinquantaine de barres de fer recourbées à leurs extrémités, ayant évidemment servi à sceller de grosses pierres; plus deux statuettes mesurant 60 centimètres environ de hauteur (1). On ignore ce que ces dernières sont devenues depuis, et personne aujourd'hui ne saurait en déterminer le caractère et le style.

On montait au château par deux chemins opposés; le premier, encore pavé de dalles inégales, contourne légèrement la montagne au midi, pour diminuer l'excessive rapidité de la côte. Il prend naissance au-dessous des premières maisons que bâtirent nos pères au pied de la colline de Pendels et qu'on doit considérer comme le berceau de Rivel. Leur agglomération constitue de nos jours le quartier désigné sous le nom de *Barri-Petit*. Cette dénomination lui vient du nombre restreint de chétives masures qu'habitèrent les serfs et les vilains sous le bon plaisir du seigneur et maître retranché derrière les épaisses murailles de la forteresse qui surplombait sur leurs têtes. Le sentier conduisait directement à la grande tour, comme l'indique la désignation particulière de *Cami de la Tour*, qu'il a conservée de tout temps.

Grâce au génie de notre langue usuelle, nous pouvons préciser l'endroit où se trouvait le guet du château, destiné à défendre l'entrée du chemin de la tour. Personne, en effet, n'ignore au village que l'ancien champ de Jean Pont Fillol, au-dessus des maisons du Barri-Petit, a toujours été et est encore appelé le *Pas de la Guatèto*, en français: le pas du guet. Nous avons pu constater nous-même l'existence des restes de cette fondation, dont les grosses pierres ont servi à la cons-

---

(1) Rapport authentique des demoiselles Albine Labeau et Cécile Pont, auteurs de cette découverte, et du sieur Izard dit Farou, garde champêtre, témoin oculaire.

truction du mur qui retient les terres de l'enclos. Les héritiers du Fillol y ont souvent fait éclater la mine, pour disjoindre les quartiers de roche qui servaient d'assises naturelles au guet et sur lesquels les plantations n'avaient jamais pu prendre racine.

Le second sentier qui conduisait au château, sur le versant opposé, avait son entrée sur l'ancien chemin de Chalabre et était défendu par les deux tours rondes que nous avons déjà signalées de ce côté comme remplissant l'office du guet. En temps d'orage et durant les pluies d'hiver, ce chemin se trouvait inondé par les eaux de la colline, qui venaient se jeter dans Riveillou, en traversant l'endroit si connu sous le nom de *Rec de Tiro-Fennos*.

Curieuse appellation, plaisamment interprétée par la jeunesse, et que nous trouvons on ne peut plus poétique. On en devine l'origine et la signification à la seule inspection des lieux qu'elle désigne, quand on se représente ces derniers dans leur état primitif et avant le tracé du grand chemin de Rivel au pont de l'Évêque. C'est ce que nous allons démontrer dans le chapitre suivant.

CHAPITRE TROISIÈME

I. La revendication : défaite des Croisés. — Insurrection du Kercorbez. — Révolte des habitants de Rivel. — Ruine du château de Pendels. — Nouvelle pacification du Languedoc. — Épisode du siége et de la prise de Monségur. — Les châteaux de Lagarde et de Puylaurens. — II. Antiques traditions. — Légendes et superstitions : le Rec de Tiro-Fennos, le carillon merveilleux, la dame Blanche, la maison de la Peur et l'intrépide aventurier. — Un précieux souvenir de famille.

Le pays de Kercorb tout entier subissait la domination de Pons de Bruyères, trônant en souverain au château de Puivert.

Un de ses lieutenants occupait en même temps la forteresse de Pendels, avec une forte garnison, ayant pour mission de protéger les malheureux incendiés de la côte, tout en surveillant les passages de la montagne. Mais les infortunés villageois, bien qu'exempts provisoirement de toute redevance vis-à-vis de leur nouveau seigneur, qui mettait tout en œuvre pour alléger leur triste sort, ne se défiaient pas moins de la présence de tous ces gens armés, retranchés derrière les créneaux de leur forteresse, grossiers soudards dont ils avaient plus d'une fois éprouvé l'arrogance et essuyé même quelques mauvais traitements. Ils méditaient donc en secret des projets de vengeance et n'attendaient qu'une occasion pour donner cours à leur ressentiment.

Elle ne tarda pas à se présenter.

Les seigneurs du pays, vaincus, mais non découragés,

venaient de faire un dernier appel aux courageuses populations de nos contrées pour secouer le joug des usurpateurs. Raymond Roger, comte de Foix, soutenant les justes prétentions du jeune Trencavel, son pupille, et se prévalant, en outre, des droits qu'il avait reçus en commun avec ce dernier sur le Kercorbez, fut le premier à lever l'étendard de la révolte. Un cri d'indépendance retentit d'un bout à l'autre de ses Etats, et des milices armées s'organisèrent de de toutes parts, pour marcher de nouveau à la rencontre des croisés.

Pierre d'Aragon, à la tête d'une nombreuse armée, vint prêter son concours à la cause des révoltés du Languedoc.

Bientôt après, le jeune Trencavel put espérer de reconquérir le patrimoine de ses pères, à la nouvelle de la mort de Simon de Montfort, tué sous les murs de Toulouse, par une pierre qui, selon l'expression naïve du chroniqueur, « vint frapper juste à l'endroit où il fallait » (1218).

Pons de Bruyères et Guy de Lévis, les premiers intéressés dans le pays à la cause de Montfort, s'empressèrent de reconnaître son fils Amaury comme leur suzerain, et volèrent lui prêter main-forte avec le reste des croisés qu'ils avaient encore sous leurs ordres. Mais l'incroyable résistance de Raymond, comte de Toulouse, jeta le découragement dans l'âme d'Amaury, nature indécise et dépourvue des capacités remarquables et des vertus guerrières qui avaient élevé si haut la gloire de son père.

Les Albigeois triomphaient sur tous les points.

L'heureuse nouvelle de leurs succès se propagea rapidement au fond de notre province. Les montagnards du Kercorbez l'accueillirent avec enthousiasme, et les habitants de Rivel, en particulier, crurent enfin le moment propice de secouer le joug de leurs oppresseurs. Bien que le baron de Puivert, en les réintégrant sur leurs terres, les cût prudemment dépouillés de cette hache terrible qui avait fait tant de fois merveille au détriment des siens, ils eurent bientôt choisi leurs armes. Chacun prit en effet, dans ses instruments de travail, celui qu'il jugea le plus propre à l'attaque et à la défense, et attendit le signal convenu.

S'il faut en croire la même tradition qui nous a fait assister aux péripéties émouvantes de la prise de Pendels, tradition que nous trouvons heureusement confirmée par les précieuses découvertes que nous avons signalées, la garnison du château, témoin des préparatifs faits par ces redoutables vilains et forcée de se défendre seule, en l'absence de ses chefs, qui avaient volé au secours d'Amaury, se hâta de demander du renfort au camp de Puivert, le quartier général, jugeant que cette place forte était, par son admirable position, plus à même que toute autre de résister aux attaques des montagnards.

Mais malheureusement pour la garnison, le héraut chargé de cette périlleuse mission tomba entre les mains des Rivelois, sans cesse aux aguets dans les gorges de la colline. Or, cette heureuse capture, faite en pleine nuit, leur suggéra aussitôt une ruse de guerre qui fut couronnée du plus grand succès.

En effet, le héraut, bâillonné et garrotté, fut porté au milieu des villageois en armes, qui lui promirent la vie sauve s'il consentait à exécuter de point en point les ordres qui lui seraient prescrits.

Le pauvre diable accepta par crainte de la mort.

On le délia donc, et, quelques heures après, profitant de l'obscurité de la nuit, les plus résolus d'entre les Rivelois franchirent en silence, ayant le héraut en tête, la colline qui fait face au château du côté de Villefort, et marchèrent droit à la porte de l'enceinte.

A la voix du traître, qui, par trois fois, échangea le mot

d'ordre avec l'archer debout sur les murs, ce dernier, convaincu qu'il introduisait dans la place le renfort demandé au camp de Puivert, s'empressa d'ouvrir les portes à la troupe nocturne.

Il fut le premier sacrifié.

La garnison, surprise sans défense pendant son sommeil, n'eut pas le temps de se reconnaître ; elle fut assommée sur place et sans bruit, à la lueur des torches que quelques villageois avaient allumées en entrant.

Pas un des soldats croisés ne fut épargné !

Les corps des victimes pendus aux créneaux de la grande tour carrée, en face même des fourches patibulaires, apaisaient enfin les mânes des malheureux habitants d'Ourjacquet.

Les vainqueurs s'applaudirent de cet acte de vengeance, véritable loi du talion.

On voit que si les croisés outragèrent souvent, par leur conduite, les lois de l'humanité, de la justice, de la religion, qu'ils voulaient faire triompher, les Albigeois usaient aussi, à l'occasion, de semblables représailles envers leurs ennemis. De part et d'autre on s'arma sans scrupule du fer des meurtriers et des bourreaux, de part et d'autre l'humanité eut à déplorer les plus coupables excès (1) !

De tout temps, le château de Pendels avait été un sujet de convoitise pour les seigneurs des environs et, par conséquent, une cause de guerres continuelles, dont les habitants, quel que fût le vainqueur, supportaient les funestes effets. Maîtres aujourd'hui de leurs destinées, les Rivelois comprenaient que demain peut-être, de gré ou de force, il faudrait se résoudre à rentrer sous le joug d'un maître quelconque, dont l'humeur cruelle ou bizarre contrôlerait, comme par le passé, leurs moindres actions, et à tout instant du jour leur

---

(1) Michaud, *Hist. des Croisades.*

imposerait les caprices de sa volonté souveraine. La richesse, la force, l'indépendance avec tous les droits qu'elles entraînent, s'offraient en spectacle à leur misère, et une voix leur criait qu'il était temps enfin d'échapper à ces hommes de proie qui rendaient si amère leur servitude.

Mais que faire pour cela ? Encore s'ils possédaient les remparts de leur antique cité, il leur resterait quelque chance de faire échec au tyran retranché dans son aire presque inaccessible ; mais, hélas ! à peine si les murs de leurs nouvelles habitations s'élèvent à fleur de terre !... Toutes ces considérations irritent leurs esprits, en se mêlant à des idées de vengeance et d'émancipation impossible. C'est alors qu'ils forment le dessein de ruiner le château. L'heureux succès de la nuit leur inspira l'audace d'exécuter leur projet sur l'heure.

Les habitants, groupés en foule au bas de la côte, sous les murs du guet, déjà occupé par les révoltés, apprirent l'heureuse issue de l'expédition par le moyen de feux allumés, après coup, sur le sommet de la grande tour. Tous se mirent aussitôt à gravir la colline, en poussant des cris de joie et de triomphe. Aux premiers rayons du soleil commença l'œuvre de destruction. Les murs de la vieille forteresse, sapés sans relâche pendant plusieurs jours, s'écroulèrent en partie au milieu d'un enthousiasme indescriptible ! La grande tour fut démolie jusqu'aux premières embrasures, et les corps des croisés qui y étaient accrochés, mutilés dans leur chute, furent traînés au milieu des décombres et jetés pêle-mêle dans les profondeurs de la citerne.

Ainsi fut ruiné le château de Pendels, l'an 1219, huit ans après le grand désastre de la cité du même nom. A partir de cette date, l'histoire ne fait plus mention de cette forteresse ; ses ruines, en témoignant de son importance et de son ancien prestige, annonçaient en même temps que son rôle était fini.

Depuis, il n'est parlé que deux ou trois fois desdits lieux (Casteillassés), dans quelques reconnaissances et actes privés du xviie siècle (1).

L'exemple des Rivelois encouragea la révolte des localités environnantes. A leur exemple, elles traquèrent les croisés comme des bêtes fauves. Le Kercorbez reprit son ancienne existence politique, au retour des anciens seigneurs que les comtes de Foix et de Toulouse réintégrèrent dans leurs fiefs.

Mais toutes les ambitions n'étaient point satisfaites.

Le fils de Simon de Montfort, ne pouvant soutenir plus longtemps la lutte, se vit forcé d'abandonner le riche héritage de son père. Il se retira à la cour du roi de France et lui légua tous ses droits sur les conquêtes du Languedoc, moyennant l'épée de connétable. De son côté, le pape voyant le fils de son puissant auxiliaire dans les provinces du midi de la France dépossédé par les hérétiques, songea à mettre aussitôt à profit les dispositions belliqueuses de Louis VIII pour faire de nouveau triompher la cause de l'Eglise.

Une nouvelle croisade fut résolue, l'an 1226. Le roi de France entra dans le Languedoc, à la tête de deux cents mille combattants, qui le rendirent maître des possessions de Simon de Montfort, mais après avoir subi des pertes considérables.

Pons de Bruyères et Guy de Lévis furent aussitôt réintégrés dans leurs baronnies, et le roi les combla de faveurs et de dignités, pour les récompenser des signalés services qu'ils lui avaient rendus durant le cours de cette expédition. Il confirma spécialement la donation faite à Pons de Bruyères par le chef des croisés (2).

---

(1) Actes particuliers : Étude de M. Vergès, ancien notaire de Rivel ; Louis Olive, successeur.

(2) Le vicomte de Juillac, *Églises et Châteaux du midi de la France*, 1er et 2e livr.

Dorénavant, le seigneur de Puivert relevait immédiatement du roi de France et pouvait en attendre une protection efficace. Il fut néanmoins inquiété par le comte de Foix, qui avait racheté le Kercorbez des mains d'Izarn de Fanjaux, le dernier feudataire des Trencavel au château de Balaguer, et l'avait, en outre, reçu en don irrévocable du vicomte de Carcassonne, son pupille. Mais enfin, fatigué de prolonger une lutte inutile, ce comte se soumit aux conditions imposées à Raymond de Toulouse, naguère son allié.

Dès ce moment, la possession de sa terre ne fut plus disputée à de Bruyères. Mais il n'était pas à l'abri des attaques des derniers hérétiques, retranchés, non loin de ses domaines, sur les hauteurs presque inaccessibles de Montségur (1). De cet asile, les sectaires fondaient tout à coup sur le territoire des sires de Lévis et de Bruyères, égorgeaient leurs hommes d'armes, brûlaient leurs châteaux et disparaissaient en marquant leur passage par des traces de sang et de feu.

Enfin la chute du dernier boulevard des hérétiques vint assurer pour toujours la tranquillité des nouveaux seigneurs.

Voici ce dernier épisode de la guerre des Albigeois.

Le château de Montségur s'élevait dans une des gorges des Pyrénées, à l'extrémité méridionale du Toulousain, sur les confins du Razès et du comté de Foix. Là s'étaient retirés les seigneurs spoliés de Mirepoix et de Peyrèle, beaucoup d'autres vaillants chevaliers chassés de leurs domaines et environ deux cents hérétiques *vêtus*, c'est-à-dire déclarés publiquement hérétiques, avec leur évêque Bertrand Martin. Du haut de cette aire de vautours, les chevaliers déshérités s'élançaient sans cesse dans la plaine et harcelaient de leurs attaques désespérées les maîtres étrangers, les

---

(1) *Mons securus*, élévation où l'on se trouvait en sécurité.

tyrans qui les avaient proscrits. Durant l'absence de Raymond, comte de Toulouse, l'archevêque de Narbonne, l'évêque d'Albi et le sénéchal de Carcassonne résolurent de détruire « ce public refuge de tous les malfaiteurs, de tous les ennemis de Dieu », et en effet ils vinrent l'assaillir avec des troupes nombreuses. Mais les assiégés firent une héroïque résistance, jusqu'à ce qu'une bande de montagnards, animés par le fanatisme, eurent escaladé de nuit les rocs inabordables qui protégeaient et dominaient le château. Dans cette extrémité, la garnison se rendit, et le vainqueur promit la vie sauve aux hérétiques qui consentiraient à se convertir. Hommes et femmes, les Albigeois refusèrent d'un commun accord. On les enferma alors dans une clôture faite « de pals et de pieux » et on les brûla tous avec leur évêque, ainsi que la noble damoiselle Esclarmonde de Peyrèle, fille d'un des seigneurs de Montségur (mars 1244) (1).

En face de la redoutable forteresse de Montségur, au milieu des vallées de Lers et de la Lectouire, s'élevait aussi le magnifique château de Lagarde, tombé au pouvoir de l'illustre Guy de Lévis.

De cette superbe habitation féodale, qui passait à juste titre pour un des plus beaux châteaux du midi de la France, et que nos paysans, en désignant ses ruines, appellent encore la *Merveille*, il ne reste plus aujourd'hui qu'une grande tour carrée en pierres de taille assez bien conservée, qui sert d'habitation. Il faut y joindre un grand corps de logis délabré, bâti en pierres et en briques; une enceinte de fossés comblés en grande partie de ruines et de débris; deux ponts; une cour ou place d'armes, entourée de meurtrières, et les restes d'une enceinte de murs flanqués de tourelles. Ce château joua en outre un certain rôle dans les guerres

(1) Voir Henri Martin.

de la Ligue. Ce fut pour se précautionner contre les agresseurs du seigneur de Lagarde que celui de Sibra fit bâtir sur une colline encore plus élevée un château dont on voit poindre de fort loin les restes délabrés. On parle encore dans nos campagnes d'une très-belle statue de la Vierge en argent massif qui se trouvait dans la chapelle de ce dernier château. L'un et l'autre furent complétement ruinés lors de la grande Révolution.

Ces châteaux trouvaient leur pendant dans l'imposante forteresse de Puylaurens, située en droite ligne sur un mamelon de la chaîne des Pyrénées qui marque, à l'ouest du département de l'Aude dont il fait partie, les lignes de démarcation de celui des Pyrénées-Orientales. Il subsiste encore presque en entier, mais il est complétement abandonné. Il dut être autrefois de la première importance. C'est en son genre un monument fort curieux, avec des tours aux angles et une esplanade considérable dans son enceinte. On y a entretenu jusque vers le milieu du siècle dernier une compagnie de vétérans.

On rapporte qu'un des seigneurs de Puylaurens, trop épris de la rare beauté de la fille d'un de ses tenanciers, encourut l'anathème des moines du voisinage qui se trouvaient scandalisés d'une pareille conduite. Mais le seigneur, d'un air contrit, feignant de céder à leur remontrance, imagina dès lors d'envelopper avec du drap les sabots de sa haquenée, afin d'amortir le bruit de ses pas et passer ainsi de nuit inaperçu sous les fenêtres de l'abbaye qu'il ne pouvait éviter pour aller voir sa belle. Le stratagème lui réussit, et, dès ce moment, les moines, convaincus de son repentir, s'endormirent sans méfiance sur les deux oreilles (1).

---

(1) Communiqué par M. Pech, de la Tour-de-France (Pyr.-Orient.).

II. Il est dans chaque pays des usages, des habitudes que l'on suit aveuglément, sans chercher à en pénétrer la cause et l'origine. Ainsi, dans notre village, chaque dimanche, après l'office, les jeunes filles, la joie au cœur, la gaîté épanouie sur leur frais visage, s'élancent par bandes sur le grand chemin et, comme autant d'essaims gracieux, voltigent, tourbillonnent sous le frais ombrage des platanes qui forment la superbe allée du moulin de l'Evêque; mais leur entrain diminue insensiblement à l'approche du calvaire. Le grand Christ qui s'élève sur les bords de la rivière, au-dessus des cyprès qui l'environnent, limite d'habitude leurs joyeux ébats et fixe le terme de leur promenade. Chacune s'efforce de devenir sérieuse en s'agenouillant sur les degrés qui supportent le signe rédempteur. Enfin, après une courte invocation, nos vierges, se signant deux fois, retournent moins bruyantes sur leurs pas; leurs groupes se reforment, elles regagnent le village en chantant à l'unisson quelques strophes d'un cantique aimé, que répète l'écho multiple des collines.

Jadis, l'endroit où s'élève le modeste calvaire était, comme de nos jours, le rendez-vous privilégié de la jeunesse des deux sexes. Or, si les vierges d'autrefois valaient bien celles d'aujourd'hui, pourquoi ces dernières n'imiteraient-elles point leurs aînées dans leurs divertissements comme dans leur prudence ? Mais elles ignorent, nos gentilles Riveloises, qu'au temps où ces parages résonnaient du cliquetis des armes et des chansons amoureuses ou guerrières qu'entonnaient les pages et les écuyers du château, les vierges de Pendels eussent regardé comme un crime de s'oublier, après le coucher du soleil, dans ce site enchanteur qu'on baptisa à leur intention du nom de « Rec de Tiro-Fennos ».

Une source aux fraîches eaux, limpides comme le cristal, coulait au pied du rocher qui bordait, à droite, l'étroit sentier d'Eisalabra. Une passerelle en planches permettait de franchir à pied sec le faible courant que formaient les eaux en se déversant d'une longue pierre creuse appelée *la Pialo del Casteil*, et que nous pouvons bien traduire, connaissant sa destination, par : l'abreuvoir du château. A son arrivée, chaque jeune fille avait hâte de puiser dans le creux de sa main l'eau de la fontaine merveilleuse, dans laquelle elle trempait ses lèvres avec délices. Plus d'une aimait à se mirer dans sa limpidité ; d'autres passaient et repassaient sur la tremblante passerelle, qu'elles se plaisaient à faire ployer sous leur poids en se balançant. Les plus courageuses, et elles étaient nombreuses, retroussant leurs jupes, allaient se pencher sur la rive escarpée de Riveillou pour voir et entendre les eaux rapides du torrent se briser avec éclat contre les saillies du rocher qui contrarient, sans le barrer entièrement, leur cours en cet endroit. Enfin l'heure arrivait où les beaux écuyers du château descendaient la colline avec grand fracas, montés sur les mulets richement harnachés qu'ils menaient boire à la fontaine... Mais hâtons-nous de dire que, si pas une des joyeuses compagnes n'eût voulu quitter ces lieux avant leur arrivée, pas une aussi n'eût osé échanger la moindre œillade avec les gens du château, par crainte et par respect pour le maître et seigneur.

Après le départ des écuyers, qu'elles suivaient des yeux jusqu'au premier détour du sentier, comme les derniers rayons du soleil venaient les inviter à la retraite, vite elles emplissaient tour à tour leur cruche à la naissance de la source et regagnaient en longue file le village, songeant déjà au rendez-vous du lendemain.

On se rend compte facilement de la préférence marquée qu'elles avaient pour ce site charmant où beaux garçons et belles eaux semblaient s'être donné le mot pour les *attirer*. De là le nom de *Tiro-Fennos*, en français *Attire-Femmes*, donné au ruisseau et qui ne saurait être conçu en dehors de cette naturelle interprétation.

Au reste, la tranchée que nécessita le nivellement du sol en cet endroit lorsqu'on fit le grand chemin, mit à découvert les restes de pieux en bois de chêne qui avaient certainement servi à soutenir la passerelle ; on y trouva aussi quantité de fers de mulets, et plusieurs empreintes de ces fers que la rouille avait laissées entre les couches argileuses.

Le Rec de Tiro-Fennos est recouvert aujourd'hui d'un solide viaduc en pierres de taille. Quant aux eaux de la source, les différentes améliorations qu'on a fait subir à cet endroit de la route les ont forcées à prendre une autre direction. Un seul filet s'est néanmoins fait jour à la naissance du pont, comme pour attester la présence de la vieille fontaine du château. Il faut joindre aujourd'hui à ce souvenir l'attrait nouveau que le modeste calvaire qui lui succède offre aux dignes et vertueuses héritières des premières vierges de Pendels.

Notre langue usuelle, on le voit, vient en aide à l'histoire et à la tradition; l'emploi de certaines expressions consacrées par l'usage perpétue les souvenirs de l'ancien temps en s'appliquant, comme autant de stigmates indélébiles, sur les choses qu'elles représentent ou sur les lieux qu'elles désignent. Ainsi le temps, qui entraîne tout dans sa course rapide, va bientôt effacer sous le pied des troupeaux et la houlette des bergers jusqu'aux derniers vestiges de notre antique forteresse. Les chênes croissent et se multiplient sur la colline; l'herbe et la mousse recouvrent les fondations de la grande tour carrée et l'orifice de la citerne ; à la place du guet s'élève une superbe plantation d'arbres fruitiers ; les chemins sont enfoncés ; le silence et le calme ont succédé aux chants guerriers, aux cris d'alarme ; plus rien ne demeure debout ; tout a disparu, tout, excepté les noms, les noms seuls de ces lieux, en dépit des siècles et des cataclysmes! Et, en effet, qui pourrait aujourd'hui se méprendre sur la véritable signification de « las Fourcos ou Poutencios, des Casteillassés, del Cami dé la Tour, del Pas dé la Guatéto, del Roc dé Tiro-Fennos, dé la Yéro de la Rendo, etc., etc.? »

On ne lira pas sans quelque intérêt les légendes qui ont trait à notre vieux château. Puissent-elles toutefois montrer que nos imaginations méridionales feraient bien quelquefois de céder le pas au bon sens et à la raison!

Ainsi, il paraît qu'autrefois, à la Noël, les dévots du village s'acheminaient, après la messe de minuit, vers les ruines du château, afin d'y écouter les accords d'un merveilleux carillon produit par les cloches enterrées de temps immémorial au fond du puits.

Le puits existe en réalité; nous en avons dernièrement encore mesuré l'orifice. Quant aux prétendues cloches qui s'y trouvent enfouies, il nous faudrait les voir pour y croire, et cependant le fameux carillon existe toujours, et chacun, à loisir, peut se rendre compte de cet étrange phénomène. Seulement hâtons-nous d'ajouter qu'on n'a pas besoin, pour cela, d'attendre la nuit de Noël, ni d'être en état de grâce.

Les sons mystérieux s'y renouvellent à toutes les heures du jour et de la nuit; mais... mais ils ne sont autres que ceux de la grosse cloche de la paroisse, se répercutant sur la colline rocheuse en face de laquelle s'élève le château! Là, en effet, par un admirable jeu d'acoustique, ils se décomposent en courant à travers les poétiques méandres des coteaux et viennent mourir à l'endroit de la forteresse où s'élèvent quelques vieux pans de mur, juste à la place où se trouve le puits.

Que de contes n'a-t-on pas encore débités sur une prétendue dame Blanche — car c'est toujours une dame Blanche — qui apparaissait, la nuit de chaque vendredi, au milieu de lueurs phosphorescentes, sur les ruines de la grande tour carrée. Elle poussait des cris plaintifs et déchirants jusqu'à ce que quelque bonne âme désignée par le sort lui eût apporté un pain de beau froment et une pinte de vin, qu'elle devait déposer, en se signant trois fois, sur une large dalle élevée à l'extrémité du chemin de la tour.

Nous ne refusons pas d'ajouter foi à cette vieille légende, pourvu qu'on nous permette de substituer à la poétique dame Blanche quelque rusé vagabond exploitant habilement à son profit la crédulité des villageois superstitieux, et se procurant à peu de frais les moyens d'entretenir sa paresseuse existence.

Plusieurs personnes du village, et elles sont si nombreuses que nous renonçons à les citer ici, nous ont donné les détails les plus circonstanciés sur des faits plus récents, que la plupart d'entre elles s'obstinent encore à regarder comme surnaturels. Il y a cent à parier contre un que les futures générations riveloises en feront l'objet d'une de leurs plus curieuses légendes. Nous allons en relater une entre autres, sans égard pour la date à laquelle elle eut lieu, à seule fin de ne point revenir plus tard sur le chapitre de nos superstitions.

Nous voulons parler de ce qui se passa dans la maison ayant appartenu au sieur Rives Lange. L'immeuble, d'assez vieille construction, avait été fort maltraité par la grêle du 7 juillet 1767, de funeste mémoire, et cela, à l'heure où de gais et de nombreux convives y célébraient les épousailles du fils de la maison. Or, par une coïncidence que nous ignorons, on y entendit le lendemain un bruit confus de chaînes mêlé à des voix sépulcrales qui durèrent plusieurs jours.

L'archiprêtre Bausil, guidé par son esprit de foi et de piété, vint, dans la semaine, asperger les quatre murs et réciter maintes oraisons pour chasser les âmes errantes qui s'y donnaient rendez-vous. Mais le diable, dit-on, se moqua de l'exorcisme et continua de plus belle ses ébats.

Rives Lange ne put plus y tenir; il déserta la maison, qui resta désormais ouverte à toutes les intempéries des saisons.

En prêtant une oreille attentive à la porte d'entrée, on entendait, même le jour, le bruit régulier de la navette d'un vieux métier à tisser qui était relégué dans la pièce du fond. Les moins craintifs se hasardaient parfois à ouvrir précipitamment la porte en s'écriant : « Justice ! justice ! » Et ces mots étaient renvoyés aussitôt par des voix inconnues avec un effroyable ricanement qui déconcertait les plus intrépides.

Et cependant la navette allait toujours son train, et lorsque les voix mystérieuses avaient cessé de se faire entendre, la porte se refermait violemment d'elle-même, sans qu'il fût possible de voir la main qui l'avait poussée.

Bientôt les femmes et les enfants n'osèrent plus fréquenter ces parages maudits, quel que fût le plaisir qu'ils éprouvaient naguère à aller respirer la fraîcheur du soir sous les rameaux touffus d'un orme séculaire qui s'élevait en ces lieux.

Que l'on juge donc de l'étonnement mêlé de dédain des Rivelois, quand un jour on annonça que l'immeuble allait être vendu, car enfin, je vous le demande, qui eût consenti dans le village à acheter la maison de la Peur ?

Personne n'en voulut à aucun prix.

Un temps se passa, et la maison continuait de tomber en ruines, quand, à la nouvelle requête de M° Verdier, un des villageois, plus hardi que les autres, annonça qu'il s'en rendrait volontiers acquéreur, mais seulement après inspection faite des lieux.

Au jour fixé, à l'heure dite, un dimanche après la

grand'messe, l'audacieux aventurier, en dépit du diable et des revenants, entre bravement dans la maison de la Peur, en présence d'une foule ébahie qui lui prédisait les plus grands malheurs.

Chacun trépignait d'impatience, après le dénouement qu'on supposait devoir être tragique.

Cependant le visiteur, sans éprouver la moindre crainte, parcourait la maison, de la cave au grenier. Pas un chat ne vint le troubler dans ses minutieuses investigations. Il entra en dernier lieu dans la pièce où se trouvait le vieux tellier couvert de moisissures et comme enseveli sous les toiles d'araignée. Il en décrocha sans trembler la navette perturbatrice et la mit dans sa poche ; après quoi, se félicitant de son exploration, il regagna la porte à pas lents.

En le voyant reparaître avec sa physionomie ordinaire, calme et souriant, la foule poussa une immense exclamation de surprise ; elle n'eut guère été plus étonnée si elle eût vu le revenant lui-même.

« Eh bien ! eh bien ! quelle nouvelle? lui cria-t-on de toutes parts ; dites, qu'avez-vous vu ?

— J'ai vu, répond l'intrépide montagnard, debout sur le seuil, j'ai vu... que la maison est en fort mauvais état, qu'elle est ouverte aux quatre vents mieux qu'aux esprits follets, et qu'en somme elle ne vaut pas même cent cinquante pistoles.

— Cent cinquante pistoles ! s'écria soudain du milieu de la foule une voix que l'on reconnut pour celle de Rives Lange... La prendriez-vous pour cent ?

— Comment dites-vous cela ?

— Cent pistoles !

— *Téni* (1) ! » répliqua vivement Fillol.

(1) *Téni*, en patois, a la même signification que les mots : *Je tiens, je prends, j'accepte.*

Ainsi se nommait le sensé villageois qui avait osé affronter les prestiges de la maison de la Peur, et au même moment sa main élevait en l'air la navette endiablée qui, la veille même, semblait donner l'élan et marquer la mesure au tapage infernal qui se faisait dans la maison maudite.

Le même jour, M° Verdier passa l'acte de vente, qui eut tout le village pour témoin.

« Et les revenants ? ajouta le notaire après la signature du contrat.

— Les revenants ! répliqua le Fillol en souriant et tout joyeux de sa nouvelle acquisition, les revenants... je les défie bien de venir annuler ton paraphe, et surtout d'acquitter à ma place les droits de l'enregistrement. »

Après s'être ainsi rendu acquéreur de la maison de la Peur, le Fillol la fit en partie démolir et solidement réédifier avec des angles en pierres de taille provenant des ruines du château de Pendels.

Inutile de dire qu'on y attend en vain la réapparition des revenants, contre lesquels nous rassure une prescription de plus de soixante années.

C'est dans ce bel immeuble que le Fillol passa les dernières années de sa vie. A sa mort la maison devint l'héritage de Jean-Étienne Pont, son dernier et vingt-deuxième enfant (1), celui qu'il appelait et qui fut en effet son Benjamin. — Seul survivant aujourd'hui, vieillard à son tour, mais frais et

---

(1) Le Fillol eut vingt-deux enfants ; les registres de la commune en font foi. Cette rare fécondité ne dut guère, de son vivant, lui donner de soucis pour la perpétuité de sa race et de sa mémoire. En effet, nous nous étudiions un jour à compter, dans notre village, tous les membres qui, de près ou de loin, se rattachent à la famille du Fillol, et dans tous les quartiers, dans chaque rue, dans chaque maison presque, si nous ne pouvions nous flatter d'y presser la main d'un cousin ou d'une cousine, du moins étions-nous sûr d'y rencontrer un souvenir de notre aïeul et, à cause de cela, un cœur d'ami pour le plus jeune de ses petits-fils.

bien portant, en dépit de ses quatre-vingt-cinq ans, nous lui souhaitons, avec toute l'énergie de notre tendresse, la bonne santé et les années du vieux Fillol!

Encore une particularité sur l'existence de la maison de la Peur, que nous n'avons garde d'oublier :

Au coin de la façade principale, qui regarde le couchant, se trouvait fixée dans le mur, depuis un temps immémorial, une petite croix que le Fillol s'empressa de placer sur la nouvelle muraille, dans une petite niche pratiquée à cet effet. Son ancienne dénomination de *Croux d'en Ribos* a fait place depuis à celle de *Croux del Fillol.*

En s'agenouillant, chaque dimanche, au pied de ce symbole de notre foi, nos villageois regrettent de ne plus voir, comme autrefois, dans l'intérieur de la niche, un petit tableau qui, pendant plus d'un demi-siècle, a charmé leurs regards et entretenu leur dévotion. C'était un des rares émaux des Lauden, de Limoges, représentant la naissance de Notre-Seigneur dans la crèche de Bethléem. La famille de Jean Pont Fillol se flattait de l'avoir reçu en hommage des anciens seigneurs de Chalabre. Un de ses petits-fils l'ayant emporté au petit séminaire de Narbonne pour le montrer à ses condisciples, l'oublia dans cet établissement, à la fin de l'année scolaire de 1855, et lorsque, plus tard, il songea à réparer son étourderie, personne, à Narbonne, ne put lui donner des nouvelles de ce précieux souvenir de famille.

En y comprenant son vieux cadre doré, ce tableau mesurait sur ses côtés de 15 à 20 centimètres. Une légère rayure sur l'émail dans sa partie inférieure n'enlevait rien de son mérite et de son prix.

LA TERRE PRIVILÉGIÉE

CHAPITRE QUATRIÈME

I. Ère nouvelle : la Terre Privilégiée. — Jean Ier de Bruyères ; ses titres et priviléges. — Immunités de ses vassaux. — Rupture du lac de Puivert. — Cataclysme de Mirepoix. — Légende de la reine Blanche. — II. Thomas Ier de Bruyères et ses successeurs. — Le partage. — Préférences de Philippe Ier de Bruyères pour « sa bonne ville de Rivel », chef-lieu de la baronnie et siége de la demeure seigneuriale. — La peste noire et le deuil de Larroque d'Olmes. — III. Documents relatifs à la reconstruction de Rivel : nouveaux quartiers. — Chemins primitifs.

I. Il fut permis à Pons de Bruyères et à Guy de Lévis d'envisager avec confiance l'avenir de leurs maisons, dans ce pays du Languedoc, où ils n'avaient plus rien à redouter des populations abattues par une longue lutte. Comprenant combien leur union importait à leur sécurité, ils résolurent de la resserrer encore par les liens du sang. Pons de Bruyères donna en mariage à Guyot de Lévis la fille qui lui était née d'Anne de Moulin, devenue sa femme, en 1216, et de laquelle il avait aussi un fils continuateur de sa race.

Ce fils était JEAN Ier de Bruyères, déjà fiancé à la fille du baron de Mirepoix, Eustachie de Lévis, qui lui apporta en dot une partie des terres de sa maison (1).

(1) Le P. Anselme, *Hist. des grands officiers de la couronne;* La Chesnaye des Bois: autres généalogistes.

Les registres de la sénéchaussée de Carcassonne font mention du baron de Puivert comme ayant occupé une place d'honneur aux assises tenues en cette ville, en 1270. La même année, Jean de Bruyères transigeait avec le prieur de de la célèbre abbaye de Camon au sujet de certaines rentes.

A l'exemple de son père, il jugea que la douceur et la mansuétude lui feraient tout obtenir de ses vassaux, dont la plupart étaient encore pleins de ressentiment, au souvenir de leurs anciens désastres. Plein de cette idée, Jean parut ne plus se souvenir de leur dernière insurrection, qui avait si gravement compromis les intérêts de sa maison. Les habitants de Rivel eux-mêmes, considérés dans tout le Kercorbez comme les promoteurs de la rébellion, loin d'exciter sa défiance, semblèrent, au contraire, attirer plus particulièrement ses faveurs. C'était le plus sûr moyen de gagner leur affection et d'exciter leur dévouement. En effet, ils se soumirent peu à peu, sans murmurer, à la nouvelle administration, et la plus petite idée d'insubordination ne germa plus désormais dans leurs esprits. Ils reconnurent de fait l'autorité du baron de Puivert et de Chalabre, dont les allures franches et martiales sympathisaient avec leur caractère fier et résolu. Dès ce moment, les de Bruyères purent considérer leur implantation dans le pays comme un fait accompli.

Les preuves éclatantes de fidélité et de bravoure que le baron de Puivert donna à Philippe le Hardi, pendant le voyage que ce prince accomplit dans nos provinces méridionales, lui valurent des titres honorifiques et les priviléges les plus étendus. « En considération de ses services, le prince le créa d'abord son chambellan, lui accorda ensuite d'avoir ses vassaux taillables à sa volonté, en les déchargeant à perpétuité de toutes sortes d'impôts envers la couronne ; je déclara gouverneur-né de ses châteaux, lui en confia la garde par ses vassaux, créa de plus pour cette garde une compagnie de cinquante hommes d'armes dont il devait être le capitaine-né, et voulut en outre que tous ces priviléges fussent acquis à jamais à sa descendance (1). »

Ces exemptions et priviléges furent en effet confirmés à ses descendants par un grand nombre d'ordonnances royales ou lettres patentes. La plus remarquable est celle qui fut adressée par Henri IV à sire François de Bruyères. Tout en confirmant les priviléges de ses devanciers, le roi y fait le plus pompeux éloge de la bravoure et de la noblesse du baron de Chalabre (2).

Jean Ier de Bruyères peut être considéré à juste titre comme l'un des plus grands hommes que le Languedoc ait produits. Il ajouta, par ses rares vertus guerrières, à la glorieuse renommée de son père. Dans plusieurs transactions et actes de l'époque, il est qualifié de « haut et puissant seigneur, très-noble homme et chevalier, possédant les seigneuries de Puivert, Chalabre, Rivel, Sainte-Colombe, etc. »

Les priviléges qui lui furent accordés méritent de fixer notre attention d'une manière toute particulière, car ils furent pour la contrée l'ère d'une existence politique toute différente de celle de ses voisins. Ils amenèrent enfin le changement de l'ancien nom du pays en celui de TERRE PRIVILÉGIÉE qu'il a conservé jusqu'à la Révolution. Disons cependant que cette dénomination, faite pour exciter l'amour-propre des de Bruyères, dut longtemps paraître dérisoire à leurs vassaux, attendu que les obligations auxquelles ils étaient soumis étaient loin d'être en rapport avec les droits qui semblaient leur être conférés.

La maison de Lévis Mirepoix suivait avec non moins

(1) La Chesnaye des Bois, *Dict. de la noblesse;* autres généalogistes.
(2) Archives du château de Chalabre, *Pièce orig.*

d'éclat les glorieuses destinées de celle de Bruyères. Toutefois, en 1279, ses domaines furent frappés d'un effroyable désastre dont Jean de Bruyères fut l'auteur involontaire.

La ville de Mirepoix fut détruite de fond en comble par une inondation de la rivière de Lers, occasionnée par la rupture du grand lac qui existait à Puivert. Son manoir féodal, si connu dans l'histoire de nos contrées sous le redoutable surnom de Terride (1), fut seul préservé par sa position élevée. Les habitants qui purent s'échapper se réfugièrent sur la rive gauche de la rivière, où ils bâtirent la ville actuelle. Dans la Terre Privilégiée, Chalabre, Villefort, les plus rapprochés du cours ouvert au torrent, eurent moins à souffrir de ses ravages, grâce aussi à leur position élevée.

Le récit de cette catastrophe conservé par la tradition populaire se trouve d'accord avec celui de l'histoire; son jour commémoratif est indiqué sur les anciennes heures du *Psautier* du diocèse de Mirepoix, à la fête de saint Cyr. Il en est également fait mention dans la *Gallia Christiana* et dans le précieux recueil manuscrit de Doat.

Une vieille légende de nos montagnes mêle à cet événement l'histoire d'une princesse d'Aragon, connue sous le nom de reine Blanche, laquelle avait obtenu de sire Pons de Bruyères, lors de la prise du château de Puivert, la permission de finir sa vie dans l'antique manoir qui avait appartenu à ses pères et où elle-même avait reçu le jour.

(1) *Terride* : c'était au XVIe siècle le nom d'une baronnie apportée dans la maison de Mirepoix par l'union d'Ursule de Lomagne avec Jean, treizième seigneur de Mirepoix. La réunion du nom des deux familles était une des conditions du contrat, et le premier seigneur de Mirepoix-Terride s'acquit une telle célébrité dans son temps, que son double nom resta au château qu'il avait habité. Si l'édifice y gagna quelques souvenirs de plus, il y perdit aussi de son importance, car, à dater de cette époque, les seigneurs du lieu partagèrent leur séjour entre Mirepoix et Lagarde, autre résidence située à 4 kilomètres de là.

Notre reine n'était point de la première jeunesse ; elle avait depuis longtemps perdu l'usage de ses membres, ce qui ne l'empêchait pas d'avoir sa cour d'honneur et de vivre dans cet état d'opulence qui distingue les plus riches maisons souveraines. Une foule de serviteurs veillaient autour d'elle nuit et jour, obéissant à ses moindres caprices. Chaque soir, au déclin du jour, un héraut, monté sur la plus haute tour, annonçait à son de trompe, aux serfs et aux vilains de la côte, l'apparition de la châtelaine. Elle se montrait bientôt en effet, à l'entrée principale du château, mollement étendue sur un riche palanquin, que soutenaient quatre esclaves aux bras et aux épaules d'acier. Bien leur en prenait, car la princesse était d'un embonpoint extraordinaire. Deux pages aux habits de pourpre agitaient autour de leur royale maîtresse de grands éventails, pour chasser les insectes ailés qu'attirait le voisinage du lac s'étendant au pied de la colline. Avant de franchir la dernière enceinte du château, la reine se faisait comme un jeu des efforts et des prodiges de souplesse qu'exécutait la foule des manants pour gravir les rochers, afin de parvenir jusqu'à elle, car le premier qui embrassait le pan de sa robe flottante recevait de sa main une pièce d'or en récompense. Après que ce difficile exploit avait été accompli, la montagne retentissait de cris de joie, et les manants se dispersaient pour se partager, selon l'habitude, les libéralités de leur bienfaitrice.

Pendant ce temps, le héraut, toujours debout au sommet du donjon, regardait à droite et à gauche, semblant consulter le ciel à tous ses horizons, puis enfin, tournant ses regards sur le faîte des collines voisines, s'il apercevait la cime des sapins immobiles, si le dernier rayon du soleil se reflétait dans les eaux du lac tranquille, resplendissant de pourpre et d'or, un nouveau son de trompe avertissait le cortége qu'il pouvait continuer sa marche. Aussitôt les esclaves enlevaient leur pesant fardeau sur leurs robustes épaules, et descendaient sans broncher le rapide sentier qui conduisait sur les bords du lac.

La nature semblait avoir ménagé sur ces rives agrestes une place d'honneur à la vieille châtelaine. Un bloc de marbre s'élevant du sein des eaux s'allongeait jusque sur le bord, offrant une surface plane et unie. C'est sur ce trône naturel, garni de coussins moelleux, que l'illustre Aragonaise aimait à venir respirer les fraîcheurs du soir embaumées par le parfum résineux des sapins séculaires qui couronnent la montagne. Son regard se promenait avec délices sur cette grande nappe d'eau, où les tourelles du château, les rochers de la côte et les massifs de chênes se miraient comme dans une immense glace. Rien ne troublait le calme et la tranquillité de ces sites enchanteurs, si ce n'est le doux gazouillement de l'hirondelle ridant du bout de l'aile la surface de l'eau et le cliquetis argentin des petites cascades qui, à travers les escarpements de la rive, alimentaient sans cesse le vaste réservoir.

On comprend la préférence de la reine pour ce site délicieux, et pourquoi il avait été de tout temps le but privilégié de ses promenades. Parfois, en contemplant les reflets des étoiles, qui semblaient, au fond de l'eau, s'attacher à un nouveau firmament, une douce rêverie venait appesantir sa paupière; son entourage alors osait à peine respirer, dans la crainte de troubler ce léger sommeil; mais à l'heure marquée pour le retour, les jeunes pages effleuraient de leurs lèvres roses les doigts effilés de la dame, jusqu'à ce qu'elle eût ouvert les yeux. Aussitôt les esclaves s'approchaient, la reine était de nouveau soigneusement étendue sur le palanquin, et le cortége silencieux regagnait le château à la lueur des torches.

Personne n'eût osé s'asseoir sur le rocher de la reine

Blanche (c'est ainsi qu'on le nommait); les archers qui veillaient aux portes du château ne le quittaient pas des yeux. Ils eussent fait un mauvais parti à quiconque eût osé seulement en approcher.

Cependant les eaux du lac, gonflées par les pluies d'orage, envahissaient souvent le trône de marbre de la reine. La roche entière disparaissait pour plusieurs jours sous les eaux rougeâtres de la colline, dont les faibles ruisseaux s'étaient subitement changés en torrents. La reine et sa cour se rendaient ces jours-là, de noir tout habillées, à la chapelle élevée sous les auspices de Notre-Dame de Bon-Secours, et priaient la sainte madone d'apaiser les eaux du lac.

Or, un jour, l'un des pages, interrompant les pieux exercices, se précipita vers la reine et lui dit qu'il venait d'apprendre par révélation divine qu'en perçant à une certaine profondeur l'immense roche qui, au fond de la vallée, retenait les eaux du lac captives, le trop-plein, trouvant une issue, s'écoulerait sans interruption et conserverait toujours au lac son même niveau.

« Et voilà comment, ajouta le page en se signant, comme pour donner créance à sa révélation, et voilà comment la sainte madone préservera à tout jamais de l'envahissement des eaux le joli trône de notre auguste souveraine.

— Ainsi sera fait, par Notre-Dame de Bon-Secours, » conclut la reine en se signant à son tour; puis, frappant deux petits coups dans ses mains, la porte de la chapelle s'ouvrit, et les esclaves installèrent de nouveau la princesse sur le palanquin tendu de noir et la montèrent dans ses appartements.

Le lendemain fut annoncée à son de trompe une nouvelle corvée aux serfs de la côte, qui accoururent avec le plus vif empressement se mettre à la disposition de leur bienfaitrice. Contre son habitude, celle-ci se fit descendre jusque dans les profondeurs de la vallée. Le jeune page qui la suivait indiqua aussitôt à la foule empressée la partie du roc qui devait être attaquée, et bientôt, sous les coups redoublés de tous ces robustes montagnards, des quartiers de roche volèrent en éclats.

A la vue du faible jet d'eau tombant en cascade après s'être fait jour à travers la brèche ouverte en quelques minutes, la reine, émerveillée, tendit la main à son beau page, qui s'empressa de la couvrir de baisers. Mais, hélas! pendant que tout le monde se glorifiait de l'heureux succès de l'entreprise, soudain une violente secousse, suivie d'un bruit sourd, arrache un cri d'effroi à toute l'assistance! Les serfs épouvantés s'enfuient pêle-mêle, se cramponnant pâles et livides aux aspérités de la rive; la reine tombe évanouie dans les bras des esclaves, qui se hâtent de l'emporter, mais, tout d'un coup, un sinistre craquement déchire l'air, l'énorme rocher qui, depuis la création du monde, servait de barrière à l'immense lac, s'ébranle, déraciné dans sa base, et cède à l'immense pression des eaux.

Aussitôt celles-ci s'engouffrent en trombe impétueuse, effroyable, dans la gorge étroite de la vallée. Rien ne saurait lui résister. Des deux côtés la rive s'écroule, entraînant dans l'abîme les malheureux serfs surpris à l'improviste. Les esclaves qui s'enfuient chargés de leur précieux fardeau sentent le sol se dérober sous leurs pieds. C'est en vain que leurs voix anxieuses invoquent du secours, le sentier rocailleux qu'ils gravissent avec peine s'effondre sous leurs pas et les ensevelit, eux, la reine et toute sa suite, dans le gouffre que creuse et élargit sans cesse le torrent furieux.

Telle est la curieuse légende du lac de Puivert et de la fameuse reine Blanche, dont le souvenir tend à se perdre dans nos montagnes, malgré le nom de *chemin de la reine*

Blanche porté de tout temps par la voie qui passe près de l'ancien lit des eaux et qui semblerait devoir en éterniser le souvenir.

Les habitants de Puivert ont élevé au pied de la colline, sur le bord du chemin de Nébias, une petite chapelle sous le vocable de Notre-Dame de Bon-Secours. Est-ce en souvenir de la sincère dévotion de leurs pères en la sainte madone du château?

Des raisons plus sérieuses, selon nous, appuyées sur l'assentiment d'auteurs recommandables (1), déterminèrent le desséchement du lac.

Jean de Bruyères, médiocrement enthousiaste des sites pittoresques qui avoisinaient son château, et jugeant plus utile de créer de riches cultures au sein de ses domaines que d'y conserver un lac dont il ne pouvait tirer aucun avantage, résolut de le mettre à sec. Ajoutons seulement qu'il manqua de prudence dans l'exécution de cette difficile entreprise.

L'énorme rocher qui retenait les eaux et reliait les deux collines parallèles, au milieu desquelles se trouve aujourd'hui le pont de Puivert, était miné intérieurement par l'action incessante des eaux qui, en cet endroit, avaient une profondeur excessive. Il dut donc céder à leur immense pression et perdre en quelque sorte son équilibre, dès qu'on diminua la force de sa partie extérieure, dont l'aspect solide était loin de faire pressentir l'affaiblissement intérieur.

Nous ne saurions expliquer différemment la cause de la prompte irruption d'une masse d'eau capable d'inonder les campagnes à plusieurs lieues de son point de départ, et de conserver assez de force pour ruiner de fond en comble la ville de Mirepoix.

---

(1) M. Gayraud de Saint-Benoît; M. Dusan, directeur de la *Revue archéologique du midi de la France*; M. le vicomte de Juillac, etc.

Le lit que creusa alors le torrent porte encore les marques de ses ravages. Un petit cours d'eau désigné sous le nom de Blau y serpente aujourd'hui ; mais aux moindres pluies d'orage, ses eaux rougeâtres s'étendent subitement sur la rive et ne laissent point que d'inspirer des craintes sérieuses aux riverains. On les a vues quelquefois atteindre le niveau des boulevards inférieurs de Chalabre et inonder les deux rangées de maisons au milieu desquelles elles se trouvent encaissées.

Les noms des divers hameaux situés autour et au milieu du bassin de l'ancien lac indiquent la destination donnée par le seigneur aux terres abandonnées par les eaux. Il les partagea entre ses principaux hommes d'armes, qui devinrent autant de petits tenanciers réunis autour du château prêts à se lever au premier signal pour défendre leur seigneur.

Sadourny, Barbe-Rouge, Sylvestre, Saure, Ferrier, Peille, Brion, etc., furent les élus de la circonstance ; et le petit coin de terre que chacun reçut à condition de Jean de Bruyères fut désigné alors et est connu depuis sous leur propre dénomination. Ainsi on dit camp Sadourny, camp Barbe-Rouge, camp Peille, camp Ferrier, et ainsi des autres.

II. Jean de Bruyères laissait deux fils, l'un et l'autre appelés THOMAS. On ignore lequel des deux servit dans la guerre déclarée par Philippe le Bel à Edouard Ier, roi d'Angleterre. Ce qui est certain, c'est que le plus jeune devint le chef de la famille, en vertu de la substitution faite par leur père à celui de ses fils qui aurait des enfants mâles.

Le jeune baron de Puivert se distingua dans les guerres de Flandre et obtint de Philippe V la confirmation des priviléges accordés à ses devanciers, dans les terres de son ressort (1319). « Ces terres furent exemptées de toute subvention, capitation, taille et crue de sel que les habitants eurent pouvoir de prendre à Carcassonne ou ailleurs au prix de 106 sols le minot net de sac et de corde (1). »

A côté de la formule du serment de fidélité qu'il prêta au roi en la sénéchaussée de Carcassonne, on trouve le dénombrement de ses châteaux, terres et baronnies de Puivert, Chalabre, Rivel, Nébias, Saint-Jean de Paracol, Villefort, Montjardin, Sonac, Sainte-Colombe, Pâris, de Massario et Beaumont, avec tous les villages et dépendances qui constituaient alors la Terre Privilégiée (2).

Par le seul fait de son alliance avec les Melun, qui lui permettait d'unir son blason à celui d'une des plus grandes familles du royaume, on devine à quel degré de puissance était parvenue la maison des sires de Bruyères en Languedoc.

Les armes que Pons de Bruyères le Châtel transmit à ses descendants étaient : *d'or au lion de sable, la queue fourchue nouée et passée en sautoir*, avec cette devise : *Sola fides sufficit*. On les voit sculptées sur la clef de voûte de la principale salle du château de Puivert, unies à celles des Melun. Grâce au témoignage de ces pierres, nous devons, en toute certitude, attribuer à l'époux d'Isabelle de Melun l'érection des nouveaux murs, lui seul ayant un sérieux motif d'ordonner à ses imagiers d'y faire figurer le blason de son puissant allié.

Thomas de Bruyères mourut en 1360, laissant de son mariage avec Isabelle de Melun : Thomas II° du nom, auquel il avait déjà cédé la baronnie de Puivert; Philippe I*er*, et plusieurs filles, parmi lesquelles la belle Hélix, fiancée de Guiraud de Voisins.

Les mariages successifs de ces enfants divisèrent naturellement les intérêts de la maison de Bruyères. « Philippe,

---

(1) Archives du château de Chalabre, *Pièce orig*.
(2) La Chesnaye des Bois, *Dict. de la noblesse*.

le plus jeune, reçut en partage les riches baronnies de Rivel, Chalabre, Montjardin, Sainte-Colombe, Sonac, etc. ; il se désista, à la prière de sa mère, des droits qu'il pouvait avoir sur la moitié de la forêt de l'Agre, de Blau et Travanet, essences de sapin ; et cela, en faveur de Thomas, son frère aîné, qui fut maintenu, conjointement avec ses sœurs, dans la possession de la baronnie de Puivert, Nébias, Villefort, Saint-Jean de Paracol avec tous les hommes et sujets questables et taillables ; des fiefs nobles de Fontrouge, de Comelombe, etc., des trois quarts du fief de Marlas, et, en outre, de la terre de Quillan, dont il fit le dénombrement (1). »

A partir de ce moment, il exista une formelle distinction entre les membres de la famille de Bruyères.

Occupons-nous spécialement de la branche cadette, représentée par PHILIPPE Ier, qui établit sa résidence à Rivel, en déclarant cette localité le chef-lieu de ses baronnies (1350) (2).

Nous ferons remarquer ici que le titre de baronnie, à cette époque, était purement nominal pour certaines localités, puisqu'elles en étaient investies selon le bon plaisir du maître. Il n'est presque pas de village qui ne se flatte d'avoir joui de ce privilége. Les seigneurs ne se firent point scrupule d'étendre, selon les circonstances, sur telle localité de leur domaine, la valeur de l'ordonnance royale qui investissait seulement du titre de baronnie l'endroit où se trouvait d'habitude leur château. Nous ne sachons pas que Philippe de Bruyères, si souvent cité dans les actes de l'époque, et par tous les généalogistes, sous le titre de « baron de Rivel », ait obtenu pour son chef-lieu ces lettres d'érec-

---

(1) La Chesnaye des Bois, *Dict. de la noblesse;* archives du château de Léran : extrait du *Livre noir de la sénéchaussée de Carcassonne.*

(2) Généalogie de la maison de Bruyères, *Bibliothèque Richelieu.*

tion. Quoi qu'il en soit, Rivel peut se flatter d'avoir joui de tous les avantages et de toutes les prérogatives de ce titre.

Dans le partage de la maison de Bruyères, les Rivelois s'applaudirent du sort que leur assurait désormais la protection immédiate de Philippe, dont ils avaient déjà éprouvé les bienfaits durant les jours de trêve que lui avait laissés une paix momentanée.

Exercé de bonne heure au maniement des armes, Philippe était réputé, à vingt ans, pour l'un des plus valeureux officiers de Philippe de Valois, alors en guerre avec Edouard, roi d'Angleterre. Il se couvrit de gloire dans cette malheureuse campagne qui entraîna la défaite de l'armée française et la ruine de presque toute notre noblesse à la journée de Crécy (1346). Le sort des armes, si fatal à tant d'illustres compagnons d'armes, sembla respecter son héroïsme, comme pour lui réserver d'autres triomphes. Honoré des faveurs du prince, il regagna, couvert de blessures, le beau manoir de Puivert, où les soins empressés de sa sœur, la belle Hélix, l'air salubre des montagnes natales lui firent oublier ses grandes fatigues et hâtèrent la guérison de ses mombreuses blessures.

Ce fut alors que, libre de tout souci, l'illustre chevalier contracta alliance avec Marguerite de Capendu, dont la riche dot vint doubler ses revenus (1348) (1).

Entrant aussitôt en possession des domaines qui lui étaient échus en partage, Philippe de Bruyères, en compagnie de noble dame Marguerite, s'en vint fixer sa résidence en « sa bonne ville de Rivel », dont il prit de préférence le nom et le titre, comme on peut s'en convaincre quand on lit plusieurs chartes du temps, entre autres celle par laquelle le baron de Rivel permet aux consuls de Chalabre de lever

---

(1) La Chesnaye des Bois, *Dict. de la noblesse.*

un impôt sur les habitants dudit lieu, dont le produit est destiné à clore la ville de murs pour résister au besoin aux ennemis du roi (1).

Les premiers actes de Philippe, dans le chef-lieu de sa baronnie, furent autant de preuves de sa grandeur d'âme que de témoignages de sa paternelle sollicitude. Il renouvela et étendit les priviléges de la communauté, créa grand nombre d'institutions qui garantissaient les droits des habitants et réglaient les attributions de chacun ; il créa, le premier, des consuls ; nomma le juge et le baile de la baronnie, ne se réservant que le droit de haute, moyenne et basse justice, comme pour perpétuer les prérogatives de la pleine puissance et de l'entière souveraineté de ses aïeux. Tout, en un mot, concourut, sous sa sage administration, sans cesse inspirée par les douces et fécondes vertus de noble dame Marguerite, à augmenter le bien-être et la prospérité de la nouvelle cité qu'il s'appliqua à réédifier et à embellir.

C'est pendant l'exécution de ces nobles entreprises que le baron de Rivel fut une seconde fois obligé d'aller se mesurer avec les Anglais. Ce contre-temps dut péniblement affecter ses vassaux, bien qu'il les eût recommandés, en partant, à la tendre sollicitude de leur bien-aimée châtelaine.

En son absence, tous les officiers de la baronnie prirent le deuil, et les murs de nos églises furent entourés d'une bande noire jusqu'à son retour, comme il était alors de coutume.

On peut encore en distinguer facilement les traces sur les murs de Sainte-Cécile.

La défaite de notre armée à la bataille de Poitiers (1356),

---

(1) Généalogie de la maison de Bruyères, *Biblioth. Richelieu* ; archives du château de Chalabre ; *Notes diverses*.

causée par l'impatience du roi Jean, qui fut fait prisonnier, marqua le retour du baron de Rivel dans sa ville de prédilection. Depuis, rien ne devait plus troubler son existence, si ce n'est quelques démêlés avec la branche de Puivert, qui ne se perpétuait plus que par les femmes.

Après la mort de son frère, devenu chef de famille, il prétendit, à juste titre, conserver, sinon la propriété, du moins la garde et le gouvernement du château de Puivert, à seule fin de sauvegarder les droits compromis des filles de son frère contre l'ambition démesurée de Guiraud de Voisins, époux de sa sœur Hélix. L'autorité royale mit provisoirement un terme aux démêlés des deux familles (*h*), comme le prouvent les lettres de grâce qui furent accordées à de Voisins, l'an 1372 (1).

Sur ces entrefaites, la mort de Philippe vint plonger toute la contrée dans la plus grande consternation. Les larmes et le deuil prolongé des Rivelois témoignèrent de leurs regrets pour leur bien-aimé baron, qu'ils n'appelaient plus que leur père.

Le souvenir de ses sages institutions, de ses largesses et de ses magnificences, illustré par l'éclat de sa bravoure et de ses grandes vertus guerrières, après avoir changé en culte le respect, l'amour et le dévouement de nos pères, deviendra pour chaque génération riveloise un digne sujet d'admiration et de reconnaissance.

Pendant de longues années, le chapitre de Mirepoix fit célébrer chaque jour une messe pour le repos de l'âme du baron de Rivel, en mémoire des riches offrandes qu'il lui avait faites sa vie durant (2) et de l'abandon plus récent d'une forte rente qu'il percevait à Quillan (*i*).

Philippe de Bruyères laissa un fils du même nom que

---

(1) Archives du château de Chalabre, *Copie.*
(2) Ibidem, *pièces diverses.*

lui, lequel hérita de ses titres et de toutes les riches baronnies de la Terre Privilégiée, à part toutefois de celle de Puivert, qui, depuis l'extinction de la branche aînée, était devenue un continuel objet de convoitise pour les alliés de Thomas de Bruyères. Nous en trouvons l'énumération dans le dénombrement qu'en fit son glorieux père avant de rendre le dernier soupir. « Il déclara tenir la ville de Rivel, les châteaux et villes de Chalabre et de Sainte-Colombe, les lieux de Sonac, Montjardin, la Bastide, Montbel, Puech, la forest de la montaigne, des rentes à Quillan et la quatrième part du fief de Marlas (1). »

On rapporte à l'année du mariage de notre premier baron l'apparition du terrible fléau qui, sous le nom de peste noire, couvrit de deuil les provinces du Midi (1348).

La tradition a perpétué dans nos contrées le triste souvenir de cette affreuse épidémie, qui s'acharna plus particulièrement sur la Terre Privilégiée. Souvenir aussi durable que la coutume qui naquit alors d'exprimer ses souhaits à la personne qui éternue par ces mots : *Dieu vous bénisse.* C'est qu'en effet, la plupart de ceux qui étaient atteints de la maladie exhalaient leur dernier soupir en éternuant; aussi, au moindre bâillement, s'empressait-on de leur crier cette phrase devenue depuis universelle.

C'est au passage de ce terrible fléau qu'on attribue le principe de la décroissance successive de Larroque d'Olmes. Plus de six mille personnes y furent, dit-on, enlevées en fort peu de temps. On peut juger par ce nombre de victimes de l'importance et de l'étendue de cette cité. Elle comptait à cette époque plus de dix-huit mille habitants. Larroque est du reste d'origine très-ancienne, ainsi que

---

(1) Archives du château de Léran, extrait du *Livre noir de la sénéchaussée de Carcassonne.*

l'ont prouvé toutes les fouilles entreprises dans les environs, fouilles qui ont toujours mis à découvert des mosaïques et des restes d'édifices de divers âges. Elle a eu sa glorieuse part dans les guerres de religion : les calvinistes de la province en firent à plusieurs reprises leur centre d'opérations (1).

Il ne reste plus aujourd'hui à Larroque que le souvenir de son ancien prestige ; à peine compte-t-elle 1400 habitants. On y distingue quelques vestiges de ses anciennes fortifications. Elle possédait quatre églises, dont deux sont complétement en ruines. La grosse cloche de l'église du haut quartier est la première, assure-t-on, qui ait paru dans nos contrées.

Sur les bords de la Lectouire, où s'élève le village actuel, sont établies quelques fabriques de drap de certain renom qui finiront par faire oublier la principale industrie à laquelle s'adonnèrent ses premiers habitants : nous voulons parler de l'exploitation des ouvrages en jais ou jayet qu'on y fabriquait.

C'est dans ses environs que l'on rencontre les merveilleuses excavations de la *Peyro traoucado*, en français Pierre trouée.

Nous n'en finirions pas si nous voulions énumérer tous les prodiges que la nature a semés dans ces parages.

Avant de continuer l'histoire de nos barons et de poursuivre la longue filiation de nos seigneurs, donnons quelques détails importants sur les modifications successives que subit la cité de Rivel sous les descendants de Pons de Bruyères le Châtel et sur l'état florissant où elle fut laissée par notre premier baron.

---

(1) Consulter Castillon, d'Aspet, *Hist. du comté de Foix*; Olhagarai, *Hist. de Foix*; Garrigou, *Hist. du comté de Foix*, etc., etc.

III. A l'époque de la conquête du Kercorbez par les croisés, la cité de Pendels, en exceptant toutefois les chétives masures échelonnées sous le guet du château et s'avançant jusqu'au petit ruisseau qui porte le nom de *Pichareillo* (1), la cité de Pendels, disons-nous, d'après la relation des actes anciens, et sur les nombreuses constatations qui ont été faites, ne s'étendait pas au delà du réseau qui constitue de nos jours la principale agglomération désignée sous le nom de *Ville*. L'ensemble formait un carré parfait protégé par un rempart qui fut aux trois quarts ruiné par ordre de Pons de Bruyères, en vue de mettre la cité dans l'impossibilité de se révolter. Les immenses matériaux provenant de la démolition de ces retranchements servirent, sous ses successeurs, à reconstruire la ville et à élargir le cercle des habitations.

Sire Jean de Bruyères, fils et héritier de l'illustre héros de Puivert, excita par ses largesses la fiévreuse activité des Rivelois et leur fit continuer les grands travaux de construction que Philippe, son petit-fils, devait si heureusement terminer.

Les maisons qui dérobent, au couchant, le cours de Riveillou, furent élevées d'urgence les premières, parce qu'elles devaient avoir pour résultat l'assainissement de l'endroit, en faisant disparaître, de ce côté, des mares fétides alimentées par les débordements de la rivière.

Vint ensuite le tour de celles qui bordent au nord la rive gauche de la Pichareillo.

Quant au double cordon de bâtiments au milieu desquels coule le ruisseau du Casal, la voûte sous laquelle ses eaux

---

(1) *Pichareillo*, du patois *picha*, *pisser*, *couler*. S'il nous était permis d'inventer en français une expression analogue à celle de Pichareillo, nous choisirions le mot *Pissarelle* qui, par le sens de son étymologie qu'on devine, représente bien l'action du petit ruisseau qui épanche ses eaux petit à petit, en un simple filet, comme on dit.

disparaissent, le quartier des *Aveugles* (1), le faubourg d'*Amont*, ils furent en majeure partie l'œuvre de Philippe de Bruyères. Ce fut encore lui qui fit terminer le grand mur d'enceinte contre lequel se trouvaient adossées les maisons de la ville proprement dite. Ce mur mesurait un mètre d'épaisseur dans toute son étendue et s'élevait à la hauteur des habitations, dont il constituait la paroi extérieure. On peut se rendre compte de son importance par les quelques restes que le temps a laissés du côté nord. Il fut interdit aux habitants d'y pratiquer la moindre ouverture de plain-pied; quelques rares fenêtres en forme de meurtrières y figuraient dans la partie supérieure seulement, soit pour éclairer l'intérieur des ménages, soit pour en défendre, à l'occasion, l'approche à l'ennemi. Ces mêmes dispositions furent observées par les habitants de Chalabre lors de la construction de leur mur d'enceinte sous le gouvernement de Philippe Ier de Bruyères. Nous en avons la preuve dans le relevé des amendes payées au seigneur dudit lieu par les contrevenants (2).

Les portes élevées à l'extrémité de chaque rue étaient en bois de chêne de Plantaurel, solidement enchâssées dans des embrasures en pierres de taille. Elles étaient au nombre de cinq; trois existaient encore à la fin du dernier siècle, parmi lesquelles celle de Saint-Jean : celle-ci empruntait son nom à l'église, dont elle reliait l'angle nord aux murs de la maison de face. Elle fut démolie en 1822, lors de la réparation de la chapelle, du presbytère actuel et de la maison

---

(1) C'est de la difficulté qu'on éprouvait à franchir l'âpre sentier frayé sur la roche en cet endroit, difficulté qui rendait la marche peu sûre, chancelante comme celle des *Aveugles*, que ce quartier, assure-t-on, aurait pris sa dénomination.

Le quartier d'*Amont*, comme le dit son nom, se trouve dans la partie la plus élevée du village.

(2) Archives du château de Chalabre, *Pièces diverses*.

commune. La première de toutes et la plus importante était celle qui donnait accès au centre de la ville, en face de la maison dite de *Moussu* (1). A l'extrémité opposée s'aperçoivent encore les restes bien conservés du portail dit de la Place, à cause du voisinage du marché. On remarquait, dans ces derniers temps, sur la partie supérieure du mur extérieur, un cadran solaire habilement dessiné, que la pluie et le mauvais temps ont complétement effacé ; on y lisait, dans un exergue, cette sentence si connue du poëte latin : *Tempus irreparabile fugit.*

La garde des cinq portes fut confiée dès l'origine à la compagnie d'hommes d'armes, dont nos seigneurs étaient les capitaines-nés. Plus tard, comme il est spécifié sur plusieurs transactions, la surveillance en fut imposée aux habitants, sous la responsabilité directe des consuls. En temps de paix comme en temps de guerre, les portes se fermaient à l'entrée de la nuit, et les retardataires se trouvaient forcés d'aller demander l'hospitalité à leurs frères des faubourgs. Ils se donnaient alors communément rendez-vous à l'enseigne du *Cheval blanc*, désignant la première hôtellerie qui ait été ouverte à Rivel, à l'entrée du chemin de la Tour, à la place qu'occupent aujourd'hui les maisons de la famille Olive Lenfanton et les héritiers de l'ancien potier.

Mais la rigueur de cette consigne dut bientôt céder aux suppliques des habitants, que la culture des champs éloignés et les affaires du dehors forçaient à regagner tardivement leur logis. Comme cela se pratique encore dans nos places fortes, chaque gardien ou sentinelle se trouvait relevé de faction à une heure déterminée et rentrait au corps de garde, établi à l'extrémité inférieure du mur nord, dans les excavations de la maison qui voit couler aujourd'hui à ses pieds la

---

(1) Cet immeuble appartenait au seigneur qui était désigné au village sous le nom de *Moussu, Monsieur.*

petite fontaine désignée sous le nom de *Tanoc* (1). C'était du reste le côté de la ville le mieux fortifié, par la raison qu'aucune rue n'y donnait accès.

On apercevait encore au xvi° siècle, au-dessus des maisons confrontant au levant, un amoncellement de matériaux, restes des anciens retranchements de Pendels (2), d'où provenait l'excellent terreau qui emcombrait naguère les abords de la mairie. Au commencement de ce siècle, lors du pavage de nos rues, on aplanit du mieux qu'il fut possible les inégalités du sol formé de tous ces décombres, en arrêtant les éboulements de la rive par un mur de simple appareil. Une épaisse plantation d'acacias orna le terre-plein, à l'encontre des riverains, qui savaient avant l'utiliser, dans l'intérêt de leur ménage, en y plantant des choux et en y semant des pommes de terre. Ces détails nous sont confirmés par un grand nombre de témoins oculaires. Mais depuis, grâce à l'intelligence et à l'heureuse initiative de maître Sébastien Plantié, la rampe entière a disparu, le mur a été enlevé, le sol entièrement aplani ; une nouvelle allée d'acacias y a pris promptement racine, et a fait, de cette partie du village si difforme, la plus belle et la plus riante de nos promenades. Nous ne saurions lui trouver de nom mieux approprié que celui de *Cours de Sainte-Cécile*, puisqu'il se trouve tracé sur l'ancien chemin que suivirent nos pères pour aller prier leur bien-aimée patronne, et aussi en mémoire de la dévotion particulière que l'ingénieux charpentier qui a transformé ces lieux a conservée pour la vierge romaine.

(1) *Tanoc.* — Nom que l'on donne communément au petit nœud noir qui se détache des planches de sapin. C'est par dérision que les habitants de la Place ont ainsi qualifié ladite fontaine, à cause de ses formes exiguës, comme si celle qui coule dans leur quartier était d'un aspect monumental.

(2) Relation du sieur Bayleou et de Marie Boneaure, femme André Rives, de Rivol. (*Communiqué par le sieur Baptiste Rives.*)

Après ces quelques constatations topographiques qui nous dispenseront de revenir sur cette partie du village, achevons d'énumérer les grands travaux que notre premier baron fit exécuter dans « sa bonne ville de Rivel ».

Les jours d'orage et de grandes pluies, la violence du torrent connu de nos jours sous le nom de Casal, formé par les nombreux affluents de la Ruéro ; ce torrent, disons-nous, interceptait les communications de la ville avec le faubourg d'Amont et empêchait les habitants de la Calmète et des autres bourgs de regagner leurs demeures. Philippe songea à remédier à cet inconvénient en emprisonnant les eaux torrentielles sous une longue et large voûte, à leur entrée dans le village. Il vint parfaitement à bout de cette difficile entreprise. L'existence de l'aqueduc est admirablement dissimulée par la ligne de maisons qui le recouvrent. C'est de son parcours sous ces maisons que le ruisseau tira seulement alors sa dénomination de *Casab*, de *casa*, maison, mot roman ou de basse latinité.

Nous considérons cet ensemble de constructions comme le chef-d'œuvre d'art le plus complet que conserve notre village, après toutes les transformations qu'il a subies.

La voûte a résisté à l'impétuosité du courant dans les grandes inondations que relatent les archives de la commune (1). Pas une pierre ne s'est détachée de cette solide maçonnerie, et les maisons qu'elle supporte n'ont jamais éprouvé la moindre secousse. Elles sont là, debout depuis des siècles, bravant les orages, se moquant de l'onde noire qui roule sous leurs fondements, au milieu des blocs de pierre qu'elle entraîne et des troncs d'arbres qu'elle déracine dans sa course furibonde.

L'entrée du faubourg d'Amont et du sentier de la mon-

---

(1) Voir 2e partie, chap. des *Calamités et Désastres*.

tagne fut dès lors préservée des fureurs du torrent devenu captif.

Le grand emplacement que les eaux laissèrent désormais libre sur la rive droite donna aux habitants l'heureuse idée d'y élever une place ou marché couvert. Il subsiste encore au même endroit et dans les mêmes dispositions, sauf les mesures en pierre destinées jadis au mesurage des grains, et qui, comme chacun sait, furent seulement enlevées à la fin du siècle dernier. Les pilotis de vieux chênes qui soutiennent la toiture lui assurent une éternelle durée. La tradition, au village, les fait descendre des hauteurs de Plantaurel, l'interminable côte.

On doit s'être déjà demandé à quel endroit de notre village se trouvait située la demeure seigneuriale du premier baron de Rivel.

Voici :

La vieille dénomination de *Yèro de la Rendo*, ou Sol de la Rente, appliquée à la partie la plus élevée du village, ne nous fait point chercher ailleurs la maison dans laquelle le baile ou bailly, représentant du seigneur, recevait primitivement les censives ou rentes des vassaux, puisque le sol ou yèro, comme il est clairement stipulé dans toutes nos transactions et reconnaissances, « devait être enclavé dans l'une des propriétés seigneuriales. » Il est donc incontestable que cette dénomination, réservée de tout temps à cet emplacement de la commune, désigne bien le lieu où nos pères apportèrent, pendant des siècles, le plus pur de leurs revenus, c'est-à-dire de leurs peines et de leurs sueurs. Les diverses modifications qu'ont fait subir à l'ancienne maison du baile ses propriétaires successifs l'ont rendue tout à fait méconnaissable (1).

(1) A l'emplacement de la maison du baile s'élève de nos jours le bel immeuble de la famille Salvat, dit Jean Soulaïré.

Connaissant la maison habitée par le représentant direct du seigneur, nous avons longtemps hésité, lors de nos premières investigations, sur la question de savoir laquelle des deux maisons, qui ont même conformité de style et sont d'une égale importance (nous voulons parler de la vieille maison Garzelles, récemment habitée par le sieur Vives, dit le Bourt, et de la maison du sieur Vié, devenue la propriété de l'industrieux Louis Singès : la première, sise au quartier des Aveugles ; la seconde, au milieu de la Ville) ; laquelle de ces deux maisons, disons-nous, avait été occupée par Philippe de Bruyères et ses descendants. Mais de récentes et nombreuses découvertes, que nous signalerons en leur temps, ont fixé complétement nos idées sur la véritable destination des deux immeubles. Qu'il nous suffise de dire ici que ce fut dans la maison élevée au centre de la cité que notre premier baron plaça son lieutenant pour y rendre la justice en son nom. Quant à lui, ses préférences furent pour le quartier qui lui devait son entière édification. Sa demeure, bâtie sur le roc, au sommet du quartier des Aveugles, regardait d'un côté celle du baile, sise sur la côte opposée, en sorte que de ses fenêtres le seigneur pouvait à loisir inspecter les manœuvres de son représentant et avoir l'œil sur le sol ou yèro où chaque vassal apportait annuellement son tribut.

En considérant la position des trois immeubles seigneuriaux, on devine aisément l'intention du maître, qui renfermait ses sujets comme dans un triangle et les resserrait ainsi étroitement sous son unique et puissante juridiction.

La Terre Privilégiée comptait peu de villes ; les habitants imposaient bien ce nom à de gros bourgs de quelques centaines d'âmes ; mais peut-on reconnaître une ville dans la réunion d'une demi-douzaine de rues qui aboutissent à une petite place, où on laisse aller les poules, les oies, les agneaux, et dont rien ne trouble le silence et la solitude, si ce n'est le chant du coq et le cri des enfants?

Il ne faut point le regretter; les villes, où bourgeois et artisans se rapprochent et se ressemblent par les mêmes intérêts, ont une commune physionomie; le vrai caractère d'un pays vit et persiste dans les campagnes (1).

N'ayant point de ville, notre contrée était percée de peu de routes; elle n'en avait pas senti la nécessité. Aujourd'hui, elle est ouverte à jour dans tous les sens. Jadis, les paysans se contentaient, pour se rendre d'un bourg à l'autre, des chemins depuis longtemps frayés; comme ils possédaient dans leurs métairies tout ce qui sert à la vie, ils n'en sortaient qu'une fois par semaine, pour vendre au plus prochain village leurs œufs, leurs poulets et les produits de leurs industries. Chalabre, au centre de la Terre Privilégiée, fut le rendez-vous préféré où toutes les bourgades allaient opérer leur petit négoce.

Quand il s'agissait de se rendre au marché ou à une foire, une course de trois à quatre lieues devenait alors un véritable voyage. Déjà avec l'aurore les bergers se mettaient en marche, conduisant leurs troupeaux, suivis de près par les muletiers et les marchands de bœufs. Aux premiers rayons du soleil, la métairie s'agitait pour le départ; les colons s'assemblaient en caravanes nombreuses et variées. Sur la charrette à bœufs, où l'on avait entassé les provisions de toutes sortes, on apercevait, juchés au sommet, les enfants frais et rouges, aux gros yeux, mordant silencieusement dans leur galette de maïs, tandis que les femmes, enveloppées dans leurs mantes (minutes), accroupies sur leurs talons, disaient, en tricotant, leurs prières, ou roulaient leur chapelet entre les doigts.

---

(1) Consulter M. Eugène Loudun, *la Vendée*.

Les bouviers, attentifs, tendant leur ardillon, excitaient les couples, qui commençaient à défiler, tirant durement la charrette, s'avançant par la route cailloutcuse d'un pas lent et uniforme. Bientôt le pesant attirail s'enfonçait dans un chemin de traverse entre deux talus à pic. Déjà la crainte et l'émotion remplissaient tous les cœurs. Au-dessus, des haies fourrées font plus d'une fois baisser la tête aux voyageurs haut perchés. Par instant, la route tout d'un coup tourne, elle monte et descend par soubresauts ; on était en plaine, on se trouve suspendu sur une pente raide et âpre. Les ruisseaux ont déchiré le sol en crevasses et en stries, filons serpentants par où s'écoulent les eaux des collines.

Ailleurs, la route, sèche comme un squelette, est semée de pierres et de rochers : on dirait qu'un géant les a lancés à poignées du haut du coteau, et qu'ils se sont arrêtés là, faisant corps avec le sol.

Tout le monde est suspendu et tremble ; on attend, on suit chaque tour de roue, chaque mouvement des bœufs, on regarde au bout du sentier le lieu où le rocher va cesser. Enfin, guidée par le bouvier habile, la voiture arrive au carrefour, oscille un moment et s'arrête. On aperçoit sur la rive une simple croix de pierre ou de bois, qui marque le terme du voyage. Les voyageurs, les jambes engourdies, sont descendus un à un ; les femmes secouent leur tablier envahi par la poussière, s'ajustent de leur mieux et, donnant la main à leurs enfants, saluent le modeste calvaire, et tous ensemble, rayonnant de contentement, font leur entrée au village.

Telles étaient, dans la Terre Privilégiée, les habitudes des montagnards, tel était l'état des chemins primitifs.

Citons les plus fréquentés dans la circonscription de nos baronnies. Les habitants de Chalabre se rendaient à Sainte-Colombe en remontant le cours de Lers sur sa rive gauche, jusqu'au bourg de Campoulheries, qui communiquait avec Sainte-Colombe au moyen d'un pont en bois ou palanque qu'emportaient, à l'époque des grands orages, les eaux torrentielles de Lers. C'était au contraire la rive opposée que prenaient les habitants du chef-lieu pour aller à Rivel. Mais, en atteignant le détour du fleuve, en aval du moulin de l'Évêque, ils remontaient l'embouchure de Riveillou, et, en moins de quinze minutes, étaient rendus à destination.

C'est également en côtoyant la rive droite du Blau, passant par Villefort, que les Chalabrois gagnaient le donjon de Puivert.

Pour venir de ce dernier point sur Rivel, il fallait tout d'abord gravir la côte de Campeille, traverser les bois de chêne qui couvrent les hauteurs de Mouiche, longer la fameuse plaine de Roupudés, de glorieuse mémoire; puis descendre en droite ligne dans les bas-fonds de la *Ruero*, par une pente rapide, très-ardue, *rude*, comme le dit le mot patois. Après avoir décrit plusieurs zigzags, l'étroit sentier, où deux bœufs attelés trouvaient à peine place, côtoyait le sanctuaire de Sainte-Cécile et débouchait enfin au village devant la maison seigneuriale. Dix pas au-dessus de la porte latérale de l'église Saint-Jean, quatre marches en pierre de taille facilitaient aux passants l'accès du chemin, que les aspérités du rocher rendaient fort difficile en cet endroit. Au-dessus des marches, décrivant un angle droit, le chemin rasait la file des maisons supérieures jusque sur les bords de la Picharcillo; il passait derrière et non devant, comme on serait aujourd'hui porté à le croire, d'après la disposition des lieux; il passait, disons-nous, derrière le pâté de maisons que termine l'immeuble de la famille Pont Fillol. Là, tournant brusquement vers le ruisseau de la Pichareillo, que l'on traversait, comme aujourd'hui, au moyen de longues dalles à cheval sur les deux rives, il bordait le

Barri-Petit et filait à travers la côte de Pendels dans une direction parallèle à celle du cours de Riveillou. Plus loin, franchissant le Rec de Tiro-Fennos, dominant le four à chaux de Campanil, le sentier, en se rétrécissant, inclinait graduellement jusqu'au moulin de l'Évêque, où l'on arrivait au moyen d'une passerelle en bois jetée sur Riveillou, à la place du pont actuel. Enfin, c'est en aboutissant à la déviation de Lers, indiquée par le *Gourg de la Madono* (gouffre de la Madone), au pied de la roche dite de Rolland (1), qu'il échangeait sa première dénomination contre celle de chemin de Chalabre.

Deux sentiers conduisaient de Rivel à Sainte-Colombe, l'un et l'autre prenant naissance sur les bords de Riveillou : le premier, à la chaussée du moulin de l'Horto ; le second, à la Promenade, près d'une source de ce nom ; ce dernier, communément fréquenté par les femmes et les enfants, était le plus long, mais aussi le moins pénible : il serpentait sur les flancs de la colline, en tournant insensiblement les Potences ou Fourches dont il tirait son nom (*le Cami de las Fourcos*), et dominait la poétique vallée sillonnée par les eaux verdâtres de Fontestorbe.

Quant au premier, il traversait perpendiculairement la grande côte (*le Cami de la Costo*), dans la direction de Rivals, situé sur le versant opposé. Et, au nom de Rivals, ajoutons, en passant, pour l'édification de nos lecteurs, que les quelques chétives masures qu'on découvre dans ces parages marquent l'emplacement d'une des principales localités du Kercorbez dont l'importance, jadis, ne l'eût cédé ni à Pendels ni à Sancta-Columba. Les quelques pans de mur que l'on aperçoit encore çà et là sur le penchant du mont sont

---

(1) C'est pour perpétuer la mémoire de M. Rolland, entrepreneur du grand chemin de Chalabre à Sainte-Colombe, que nos villageois donnèrent son nom au rocher qui domine le cours de Lers en cet endroit.

les derniers vestiges des anciennes constructions d'*Aviels*, cité dans le fameux acte d'inféodation de 1167 (1).

Primitivement, les habitants des hauts parages avoisinant la fôret de sapins se rendaient à Pendels en longeant le cours de Riveillou. Mais les innombrables difficultés qu'ils y rencontraient, le long détour auquel les obligeaient l'énorme rocher de Mouna et les grouffres profonds de l'Ouletto à la Calmète, engagèrent les montagnards à percer le chemin actuel sur la côte rocheuse qui circonscrit plus haut le domaine de Mouiche.

Le chemin de la Tour, dont nous avons déjà parlé, se poursuivait derrière le château, pour gagner à travers champs le cours du Blau et le lieu de Villefort.

Inutile de parler d'une infinité de petits sentiers, comme de ceux de Luxault, des Bouichous, aboutissant aux bourgades et métairies dépendantes de la baronnie; ils ont tous conservé, à peu près, la même physionomie.

Nous devons au dévouement et à la sage administration de Barthélemy Rolland, premier maire de notre commune, la construction du grand chemin de Rivel au pont de l'Evêque, point où il rejoint la grande route de Limoux à Foix. Ce fut avec les économies provenant de l'entreprise du chemin de Chalabre à Sainte-Colombe, que maître Rolland et son associé, le sieur Olive, riche esquillé de Rivel, dotèrent la commune de cette grande voie de communication.

La somme allouée par adjudication aux deux habiles entrepreneurs fut de 38,804 fr. 12 sous 2 deniers (1778) (2).

Le pont du moulin de l'Evêque, construit à la charge de M. le marquis de Puivert, fut démoli par ordre des ingénieurs et reconstruit dans de meilleures conditions; en

---

(1) *Histoire du Languedoc*, 3ᵉ vol., p. 17. *Preuves*, p. 116.
(2) Archives départem., *Rapport administratif*.

1788, son tablier fut exhaussé d'environ un mètre. Le sieur Durou, un des membres de la nombreuse famille de nos meuniers actuels, s'acquitta intelligemment de cette entreprise (1).

M. Auguste Rolland, qui, pendant vingt-trois ans, a rempli les fonctions de maire avec la même sollicitude et le même désintéressement que ses pères, a couronné l'œuvre de son devancier, en dotant la superbe avenue de Rivel d'une double rangée de platanes, qui font de ce parcours les délices et l'orgueil des villageois, en excitant la jalousie des communes voisines (1850).

Le grand chemin de Rivel à Puivert est de construction récente, comme l'indique sa dénomination de *cami nauou*, en français, chemin neuf (1845).

(1) Archives départem., *Rapport administratif*.

SAINTE-CÉCILE DE RIVEL

CHAPITRE CINQUIÈME

I. Coup d'œil rétrospectif. — La châtelaine de Balaguer. — Fondation de Sainte-Cécile de Rivel. — L'Oratoire. — Le champ d'asile ; souvenirs et regrets ! — II. L'église Saint-Jean ; agrandissement, transformations successives. — Les chefs-d'œuvre méconnus : le tableau du Christ ; le portrait de saint Dominique ; le vieux tabernacle. — La chapelle Sainte-Anne, etc.

I. Après le château de Pendels, dont nous faisons remonter la fondation à l'époque de la domination romaine, nous placerons au rang des plus anciennes constructions dont s'honore notre commune le modeste et poétique sanctuaire élevé, au sommet du village, en l'honneur de sainte Cécile, la patronne bien-aimée des Rivelois,

    Clocher silencieux montrant du doigt le ciel !

Il témoignera longtemps encore de la foi vive et de la piété sincère de nos pères.

Après bien des recherches et bien des études à ce sujet, nous sommes heureux d'offrir à la légitime curiosité de nos chers compatriotes les précieux renseignements que nous avons découverts sur l'origine de cette tant vieille chapelle, et sur les actes de dévotion qu'elle a de tout temps inspirés aux générations riveloises.

En 1154, Raymond de Trencavel, vicomte de Carcassonne et de Béziers, donna par testament, à sa fille Cécile, tout le pays de Kercorb, qui faisait alors partie de ses vastes domaines. Presque en même temps, le mariage de la belle et vertueuse châtelaine de Balaguer avec Roger Bernard, comte de Foix, fit cesser les longs démêlés qui existaient depuis plus d'un demi-siècle entre ces deux maisons rivales.

On a cherché en vain la première cause de cette union heureusement conclue par l'entremise de Béranger, comte de Barcelone. On peut admettre, selon toute probabilité, que Roger Bernard, épris de Cécile, dont la beauté et les rares vertus étaient célèbres jusque dans sa contrée, ait été le premier à solliciter sa main. D'un autre côté, la sagesse et la bravoure du jeune comte de Foix, son humeur douce et pacifique étaient faites pour gagner le cœur de la belle héritière des Trencavel.

Les détails sur la vie des nobles époux abondent dans les historiens de nos contrées qui se sont appliqués à raconter les événements de ces époques éloignées (1).

Cécile dut, à regret, se résoudre à quitter sa chère terre de Kercorb, qu'elle s'était plu à combler de ses bienfaits, et où elle recevait, en échange, de la part de ses nombreux vassaux, l'hommage de la plus vive affection et du respect le plus sincère. Ni les fêtes, ni les magnificences de la somptueuse cour des comtes de Foix, ne purent effacer de son cœur les douces impressions qu'elle y avait ressenties dès l'âge le plus tendre.

L'avenir pourtant s'ouvrait pour elle sous les plus heureux auspices, lorsque, quelques mois après son union, la fortune trahissant les armes de son père, en guerre contre le comte de Toulouse, elle se vit forcée, pour subvenir aux frais d'une nouvelle lutte, d'engager cette partie de son

(1) Don Vaissette, *Hist. du Languedoc*. — Marca, *Hisp.*, pages 131 et suiv. — Castillon d'Aspet, *Hist. du comté de Foix*. — Garrigou, *Hist. du comté de Foix*.

héritage. Mais il y eut bientôt de riches compensations à ce dévouement.

La mort de Trencavel, arrivée l'an 1167, en jetant la confusion dans les affaires de la maison de Carcassonne, servit à l'agrandissement de celle de Foix. Cette même année, Raymond, comte de Toulouse, donna en fief à Roger Bernard et à son épouse les terres du Carcassez et du Rasez, et les réintégra dans la possession de tout le pays de Kercorb.

Il fut alors donné à la vertueuse Cécile de revoir sa terre de prédilection, tout empreinte encore de son souvenir. Plus que jamais, cédant à ses nobles inspirations, elle s'inquiéta des besoins de chaque ville, de chaque bourgade; elle les affranchit d'une foule de servitudes qui ne s'alliaient point avec la charité chrétienne. A l'instigation de son époux, qui, de son côté, donnait en la personne du clergé des preuves constantes de son dévouement à l'Eglise (1), elle établit partout des asiles de secours, fit construire des sanctuaires, alors fort rares dans la contrée encore empreinte des erreurs grossières du paganisme et en proie à l'ignorance.

Cela étant, à quelle autre inspiration pourrions-nous attribuer la fondation de l'antique chapelle de Pendels, désignée sous le nom de la vertueuse châtelaine, alors que, d'un autre côté, il nous est donné tant de preuves de la prédilection de Cécile de Trencavel pour notre ancien pays?

L'histoire en effet mentionne d'une manière précise les riches dons qu'elle fit à l'église de Sancta-Colomba et au couvent d'Auriag (Saint-Benoît). Elle nous dit l'importance que cette princesse attachait à l'antique manoir d'Eisalabra, au redoutable castellum de Pendels; elle nous raconte enfin le long séjour qu'elle fit au château de Balaguer, dont son

---

(1) *Hist. du Languedoc*, 2ᵉ vol., pag. 590. — *Archives nationales*, acte de l'année 1161.

père avait fait lui-même sa résidence habituelle (1). Après ces témoignages, nul doute que la bienfaitrice du Kercorb n'ait tenu à perpétuer sa mémoire en ces lieux, en y élevant un sanctuaire à sainte Cécile, dont elle était si glorieuse de porter le nom et d'étendre la dévotion.

Sans le secours de l'histoire, nos assertions se trouveraient confirmées d'une manière certaine par le caractère de l'édifice, en parfaite harmonie avec les constructions de la même époque. On reconnaît à première vue le style roman dans ses formes les plus simples, il est vrai, mais les plus accentuées. On pourra s'en convaincre par la description que nous en donnons ci-après.

Malgré la vulgarisation des principes de l'archéologie, tout le monde ne comprend pas que, sur la simple vue d'un édifice, on puisse décider de son âge d'une manière, sinon sûre, du moins approximative.

Cela est pourtant bien simple. On a réuni un certain nombre d'édifices, et on les a classés par l'analogie des formes; puis on a constaté sur des documents écrits et authentiques leur date de construction; et il s'est trouvé que tous ceux qui avaient les mêmes formes avaient la même date.

Ce n'est pas à dire qu'un coup d'œil superficiel soit toujours suffisant pour déterminer l'âge d'une construction, et qu'il faille s'en tenir aux chiffres ronds mis en tête de chaque époque. Le diagnostic, si je puis m'exprimer ainsi, d'un vieux monument, demande en outre que l'on étudie sa situation géographique, l'ensemble et les détails de la construction, que l'on s'occupe de la marche naturelle de l'art, tout en tenant compte des travaux d'agrandissement, des réparations nécessitées par suite des ravages du temps, des révolutions diverses, des incendies, etc.

---

(1) Le baron Trouvé, *Mémoires sur l'hist. du Languedoc.*

Il est incontestable que les caractères propres à la petite église de Sainte-Cécile ont une parfaite analogie avec ceux de l'époque que nous assignons à son origine. Elle a la forme d'un rectangle terminé par une abside circulaire voûtée en cul de four ; elle manque par conséquent de transept. Ses murs, à part les angles, qui sont en pierres de taille, sont composés de silex, de granit et de morceaux de tuile. Ils sont renforcés à l'extérieur par un soubassement de moyen appareil employé fréquemment au moyen âge. L'art de construire des voûtes était généralement ignoré alors ; il ne faut donc pas être surpris si les modestes chapelles des campagnes en sont privées. Le chœur est orné à l'extérieur d'une rangée de frettes ou festons qui sont un des ornements usités du style roman et fréquemment adoptés au XIIe siècle, dans les simples constructions, comme les dents de scie et les billettes. Un des caractères les plus significatifs du genre est la perfection du cintre, que nous trouvons fidèlement reproduit soit dans les fenêtres, soit dans les bases du clocher, soit encore dans la porte, dont la coupe particulière des pierres est toute la décoration. Les fenêtres sont longues et fort étroites en dehors, tandis que leur ouverture s'évase démesurément à l'intérieur. La partie de l'édifice confrontant au nord en est totalement dépourvue. Le clocher opposé au chœur regarde le couchant en raison de l'effet qu'il devait produire vu du village qui se déroule à ses pieds. Il consiste en un mur de 75 centimètres d'épaisseur, embrassant toute la largeur de l'église et s'élevant à une douzaine de pieds environ au-dessus de la voûte. Il est percé de quatre ouvertures à plein cintre, surmontées d'un petit pignon en triangle, percé lui-même d'une baie également à plein cintre et où la cloche se balance.

Tous ces indices, on le voit, concluent en faveur de nos assertions.

La façade principale, où se trouve l'entrée, regarde le midi et est ombragée par des tilleuls séculaires. Un petit couvert ou auvent élevé sur la porte, et appuyé sur un pan de mur qui se relie à son tour à celui du clocher, n'a d'autre destination que de servir d'abri au laboureur surpris par l'orage. On distingue à la porte un petit bénitier creusé dans une pierre arrondie et fixée au mur ; à l'extrémité parallèle, à l'angle du clocher, on remarquait, il y a quarante ans environ, un puits profond que le propriétaire du champ fit combler ; on y puisait à l'origine l'eau nécessaire au service de la chapelle.

Sainte-Cécile fut le premier sanctuaire vénéré de nos pères, et bien que, par la suite, la population, qui s'était considérablement accrue, eût forcé les Rivelois à construire une nouvelle église, sous le vocable de Saint-Jean-Baptiste, Sainte-Cécile conserva toujours sa primauté, comme il est constaté dans les vieux registres de la paroisse. Ces mêmes documents nous apprennent aussi qu'elle était desservie par un archiprêtre et deux vicaires. Cet état de choses se perpétua jusqu'à la veille de la grande Révolution.

Les terres environnantes, vignes, gras pâturages, etc., du magnifique enclos qui s'étend au pied du rustique clocher, faisaient autrefois partie de ses bénéfices, et leurs produits étaient employés à l'entretien de l'église. L'archiprêtre et ses vicaires y prélevaient aussi leurs revenus.

Les premiers rayons du soleil viennent dorer la cime du clocher et projeter son ombre jusqu'au milieu du village. On dirait qu'avant de fournir sa carrière, l'astre du jour se plaît à saluer l'antique chapelle. C'est elle encore qui reflète le soir ses derniers feux. Alors ses murs prennent une teinte pourprée qui magnétise le regard, élève l'âme et fait vibrer en elle de religieuses émotions. C'est comme le divin sourire de la patronne bien-aimée, qui nous fait ses adieux jusqu'au lendemain, quand sonne l'heure du recueillement et de la prière !

> Escoutats sa campanéto,
> Qué brounzino sus Ribeil !
> Ya milo ans qué sa gleiséto
> S'assouleillo sul maoureil (1).

Sainte Cécile est pour chaque Rivelois l'objet de la plus tendre et de la plus sincère vénération. Il n'est point de famille au village dont quelque membre ne porte son nom. Nous avons l'exemple d'un respectable vieillard qui, à son lit de mort, fit promettre à ses enfants réunis de faire porter à toutes les filles aînées qui naîtraient dans leurs familles le beau nom de Cécile.

Les fils respectueux du Fillol (ainsi se nommait le fervent Rivelois) eurent toujours à cœur de remplir les dernières volontés de leur auguste aïeul, qui eut en notre sainte une foi si vive et l'aima toute sa vie d'un amour si ardent.

Chaque soir au crépuscule, et souvent aussi à une heure avancée de la nuit, on aperçoit une ombre longeant les noirs cyprès qui bordent l'étroit sentier de Sainte-Cécile. Mais l'émotion qu'on éprouve à sa vue n'est point inspirée par un sentiment de frayeur et de crainte ; ce n'est point l'âme errante de quelque parent, de quelque ami sortant du pur-

---

(1) Nous tenons à donner une traduction rigoureuse, *mot à mot*, de tous les vers patois contenus dans cet ouvrage, afin que le lecteur étranger au pays et à notre langue puisse, sans aucun autre secours, faire correspondre l'expression française à chacun des termes de l'idiome languedocien usité dans le canton de Chalabre (voir, pour de plus amples renseignements, la note de la lettre *k*, à la fin du volume) :

> Écoutez sa clochette
> Qui retentit* sur Rivel !
> Il y a mille ans que sa petite église
> Aspire le soleil sur le monticule !

* *Retentit*, pâle imitation de *brounzina*; qui est d'une parfaite harmonie imitative. On croit entendre, en le prononçant, les vibrations prolongées de la cloche de bronze.

gatoire pour quêter des aumônes et des messes? Non; le fantôme nocturne qui longe la sombre allée est reconnu facilement à son allure vive et déterminée : c'est l'intrépide *Pèlerin de Sainte-Cécile* (1), qui, après les rudes travaux du jour, accablé le plus souvent par les fatigues d'une longue course, ne saurait prendre un repos si bien mérité sans avoir salué auparavant sa divine protectrice! Quelles que soient les rigueurs de la saison et l'épaisseur des ténèbres, seul, chaque soir, ou plutôt chaque nuit, il est fidèle à son pieux rendez-vous. Vous pouvez approcher sans crainte, il n'a d'autre arme qu'un rosaire qu'il récite le long du chemin.

Le cœur de l'intrépide pèlerin n'a jamais éprouvé le moindre sentiment de frayeur. Cependant, une sombre nuit d'hiver, à genoux sur les dalles de Sainte-Cécile, comme il récitait dévotement ses pieuses oraisons, la bougie qui servait à l'éclairer vint tout d'un coup à s'éteindre au souffle d'un être invisible. Il sentit en même temps comme une toile d'araignée tomber sur son visage, et deux petits soufflets lui furent appliqués comme par une main douce et légère. Notre dévot, sans s'émouvoir, fait un signe de croix, rallume son flambeau, se tourne de côté et d'autre, mais sans rien distinguer au milieu des ténèbres.

« Ce n'est toujours pas le diable, dit-il, qui se trémousse et me chauffe ainsi les oreilles, dans cet asile sacré. » Et il se redresse fièrement et écoute, quand certain frôlement attire ses regards du côté du sanctuaire. A travers la faible lueur que projette sa lanterne, il aperçoit une ombre gigantesque errer autour du tabernacle!...

Sans coup férir, il s'arme instinctivement d'un montant de chaise et marche à la rencontre du fantôme. Mais, à son approche, l'ombre disparaît, et en même temps les urnes

---

(1) Sébastien Plantié, maître charpentier.

et les chandeliers du tabernacle tombent et se brisent sur les degrés de l'autel!...

Quel pouvait être ce mystère?

Les yeux du pèlerin cherchent en vain le coupable. Le calme se refait, et, dans sa foi robuste, notre dévot se décide à continuer ses oraisons, lorsque, regagnant sa place, il releve la tête et aperçoit... le croirait-on?... il aperçoit le revenant debout sur le pupitre, fièrement dédaigneux et clignotant aux reflets de la lumière.

C'était un énorme chat-huant!...

Cette fois, la colère et le dépit crispent la main du pèlerin. Prompt comme l'éclair, il lance le montant de chaise sur l'oiseau nocturne, qui ne vint plus jamais le troubler dans ses pieux exercices.

L'église paroissiale de Sainte-Cécile de Rivel reçut, jusqu'à la Révolution, les dépouilles mortelles des prêtres et des nobles du pays. Cet usage se pratiquait du reste dans toutes les paroisses.

Nous lisons au milieu du chœur, sur l'une des pierres tumulaires, l'inscription suivante :

« Ici gist Vincent Garzelles, archiprêtre de Rivel, qui décéda le 9 mars 1646. »

Sur une autre, il est fait mention des Donézil d'Aigues-mortes, famille noble de la contrée. Nous pourrions citer les noms d'un nombre considérable de personnes notables, mortes à Rivel, qui y sont ensevelies, comme en font foi les vieux registres de la paroisse. Citons le premier acte de décès qui tombe sous nos yeux : « En 1750, le 7 août, a été enterrée dans l'église de Sainte-Cécile mademoiselle Jeanne-Elisabeth, fille d'Austry de Canneville, ancien garde du roi, et de Marie de Goudens de la Fage, à l'âge de seize ans. » Sur la même feuille et à la même époque se trouve enregistrée la mort de l'archiprêtre Rouger, « enseveli en l'église de Sainte-Cécile ; présents à l'enterrement : M. Bonnevy, curé de Chalabre, Marc-Antoine Escolier, notaire royal de Rivel, et Joseph Boyer, premier consul. »

En 1858, des ouvriers occupés à réparer les murs de l'église furent poussés, par une coupable curiosité, que peut seule excuser l'ignorance de nos lois civiles, à fouiller quelques-uns de ces tombeaux, dans l'espoir d'y trouver quelques objets précieux ; mais ils n'y découvrirent que des ossements, quelques lambeaux d'ornements sacrés, et de petites croix en jais de forme latine, sans la moindre valeur. Surpris dans leurs manœuvres sacriléges par M. l'abbé Maynadier, curé de la paroisse, qui aimait à venir journellement réciter son bréviaire en ces lieux solitaires, ils se hâtèrent de recouvrir tant bien que mal ces restes informes, moins stupéfiés par le vain résultat de leurs recherches que par la subite apparition du zélé pasteur, dont on ne saurait trop vanter l'esprit de foi et de charité.

A moitié chemin de Sainte-Cécile, se trouve un petit oratoire, en patois l'*Ouratori*. A la vue de la grande croix de fer qui s'élève au milieu des quatre murs qui l'enclavent, tout le monde s'incline !... C'est la première étape de la tombe ! Les morts, que l'on porte à bouts de bras ou sur les épaules, sont déposés à ses pieds, comme pour adresser à la terre un dernier adieu et invoquer le signe rédempteur au commencement de l'éternel voyage. Ce fut en 1829 que la croix actuelle succéda à celle que les habitants de la Calmète ambitionnaient pour remplacer leur vieille croix de chêne, plantée sur le roc du Campo-Beato, et que les rafales du nord avaient fini par abattre.

L'allée des cyprès qui s'ouvre plus loin à la côte de Sainte-Cécile fut plantée en 1849.

Derrière l'antique chapelle se trouve le cimetière de Rivel. La porte en fer qui pèse sur le seuil est toujours entr'ouverte, comme pour inviter les passants à venir choisir leur place dans le champ de l'éternel repos.

Quelques croix en pierre sont plantées çà et là sur les tombes couvertes de mousse et sur le mur en ruines; elles sont presque toutes de forme ronde. Sur l'une, on lit le nom de P. Manent, 1674. Sur une autre, et c'est la plus grande de toutes, est gravé celui de A. Laporte, à la même date. On distingue sur le large piédestal de cette dernière un petit trou rond dont la plupart ignorent aujourd'hui la destination. La pluie du ciel qui tombe sur la croix et coule goutte à goutte dans ce petit réceptacle, était considérée autrefois comme une eau sainte, et avait pour le peuple la même vertu que l'eau bénite. Le cortége funèbre défilait silencieux devant le signe rédempteur placé à l'entrée du champ d'asile, et chacun en passant trempait ses doigts dans cette eau consacrée, se signait dévotement et en aspergeait ensuite le cercueil.

Il est à regretter que cette pieuse pratique, qui était le dernier adieu qu'on adressait au défunt en le bénissant, ne soit plus usitée. J'ai été heureux dans mes voyages de voir cette simple cérémonie se pratiquer encore en Savoie. Le souvenir de notre vieille croix me vint naturellement à l'esprit, je pensai à tous ceux qui reposent sous son ombre protectrice, et fis vœu, dès mon retour au village, d'y faire selon mon pouvoir revivre cette sainte coutume.

Plus loin, dans la même direction, les regards sont attirés par deux mausolées, qui se touchent. Là reposent, à l'ombre de la même croix et du même cyprès, deux jeunes gens unis par les liens de la plus étroite parenté :

Elzéart Chrestia et Albert Rolland.

Le premier, déjà renommé par l'étendue de ses connaissances, aussi grand par le cœur que par l'esprit, d'une piété profonde qui avait déterminé sa vocation, fut enlevé par le choléra de 1854, à la veille d'offrir au Seigneur le sacrifice de tout son être, en se vouant au culte de ses autels. Le terrible fléau qui avait si cruellement éprouvé le village, en lui enlevant le dixième de sa population, sembla vouloir couronner son œuvre de destruction par le choix de notre meilleur ami, sa dernière victime !

Le second, à peine âgé de seize ans, succomba sous l'étreinte d'une fièvre maligne, comme une fleur à peine éclose, qui tombe et se dessèche sous les rayons brûlants du soleil.

Dernier rejeton d'une des plus anciennes et des plus honorables familles du pays, il semblait, jeune encore, vouloir en rehausser l'éclat par ses vertus naissantes. Le brillant succès de ses premières études annonçait une intelligence hors ligne ; sa douceur et sa franchise faisaient l'admiration de ses maîtres plus encore que ses aptitudes et son application au travail. Au village, ses allures franches, sa générosité sans égale, son aimable sourire, qui respirait la bonté et la sympathie, le faisaient adorer de tout le monde ; nos pleurs l'ont suivi à la tombe où il a emporté toutes nos espérances !

> ..... Ah ! souffrez que j'arrose
> Son tombeau de mes pleurs. Que le lis, que la rose,
> Trop stérile tribut d'un inutile deuil,
> Pleuvent à pleines mains sur son triste cercueil
> Et qu'il reçoive au moins ces offrandes légères,
> Brillantes comme lui, comme lui passagères !

Des touffes de primevères et de marguerites croissent au printemps sur ces tombes isolées ; leurs tendres couleurs, qu'emporte le dernier rayon du soleil, contraste merveilleusement avec l'azur des myosotis et le reflet doré des couronnes d'immortelles que l'amour et l'amitié y renouvellent sans cesse.

A droite du mausolée de notre jeune ami s'élève une croix modeste, sur laquelle l'indifférent et l'étranger lisent :

JEANNETTE OLIVE
FEMME J. ÉTIENNE PONT
DÉCÉDÉE LE 1ᵉʳ MAI 1872
A L'AGE DE 80 ANS

Pour nous, en foulant cette herbe déjà haute, tout se déchire dans notre cœur brisé ! La douleur nous suffoque et nous précipite à genoux en criant :

MA MÈRE !
DOUCE ET BELLE JEANNETTE,
ORGUEIL DU VIEUX FILLOL,
ANGE TUTÉLAIRE DE NOTRE NID DISPERSÉ,
REPOSE EN PAIX !
QUELQUES ANNÉES ENCORE, ET CELLE QUI RAPPROCHE POUR L'ÉTERNITÉ
NOUS RÉUNIRA TOUS, LE PÈRE ET LES ENFANTS,
DANS TON FROID GIRON !
UNIS DE CŒUR PENDANT LA VIE,
PUISSIONS-NOUS ÊTRE UNIS DANS LA MÊME POUSSIÈRE,
A L'OMBRE DU CLOCHER DE NOTRE PATRONNE BIEN-AIMÉE,
SAINTE CÉCILE DE RIVEL :
C'EST LE PLUS DOUX ET LE PLUS CHER
DE NOS VŒUX !
C. P.

Le seul grand souci qu'ait jamais éprouvé cette mère adorable était la crainte de se voir précéder dans la tombe par un de ses enfants.

Le ciel prit soin de rendre vaines ses sublimes terreurs.

Dans une céleste résignation, reflet du calme et de la pureté de son âme, elle leur fit ses derniers adieux en les pressant tour à tour sur son cœur.

« La mort, dit-elle, est une amie qui m'a tenu parole...

et, comme le vieux Fillol, je la vois arriver sans effroi... Saurait-elle d'ailleurs empêcher votre amour de me suivre en l'éternelle vie? Je vous défends de pleurer,... je le veux. Moi! chers enfants... vous léguer des peines et des larmes, quand vous m'avez toute la vie donné tant de bonheur et tant de joie!... Je vous bénis! »

Elle dit, et, joignant les mains avec une sainte ferveur, elle rendit sa belle âme à Dieu en prononçant le nom béni de Cécile!

II. L'église Saint-Jean fut construite longtemps après celle de Sainte-Cécile, d'après la relation de certains faits résultant des transformations qu'a subies le village à différentes époques. Nous pouvons affirmer avec certitude qu'elle existait du temps de Philippe de Bruyères, puisque ses murs faisaient alors partie de l'enceinte de la cité; la preuve en est dans l'existence du portail qui les reliait à ceux de la maison en face dont on a fait le presbytère.

Dès l'origine, l'étendue de l'église Saint-Jean se trouvait circonscrite entre la rue qui porte son nom et la ligne qui limite, du côté opposé, le cordon des maisons regardant le midi. Du moment que le mur d'enceinte de la cité se trouvait régulier sur ses quatre faces et formait un carré parfait, il est évident que le chœur qui empiète si difformément sur sa ligne de démarcation n'existait pas du temps de Philippe. Il fut ajouté à une époque bien postérieure, quand la population des faubourgs, réunie à celle de la ville, ne put plus contenir dans l'étroite enceinte de l'église. Cet agrandissement permit, dès lors, à la foule des villageois grossie par les paysans de nos hameaux, d'assister à leur aise aux offices qui, dès lors, s'y célébrèrent plus régulièrement. Aussi peu à peu les dévots de Sainte-Cécile trouvèrent-ils plus commode de venir prier leur bien-aimée patronne à un pas de leurs demeures.

Mais que de changements la nouvelle église n'a-t-elle pas subis depuis! En 1822, ses murs lézardés menaçant ruine furent rebattus au mortier dans toute leur étendue et solidement maintenus par de nouveaux angles en pierres de taille.

Ses fondements sont posés sur le roc.

La voûte en bois, à l'instar de celle de Sainte-Cécile, fut armée par de solides contreforts qui disparurent sous plusieurs couches de plâtre comme le reste des murs ; une coupole d'une dimension exiguë fut élevée au milieu de la voûte pour éclairer l'intérieur de l'édifice. Les bancs en bois de chêne de Plantaurel, servant de siéges aux fidèles depuis un temps immémorial, furent remplacés par des rangées de chaises dont le long usage ne plaide pas en faveur de leur commodité. Un peintre de mérite fut mandé pour décorer ses murs mis à neuf. Maître Mingaud, de Narbonne, ainsi s'appelait l'ingénieux décorateur, sema sur le plafond du chœur, à l'endroit où s'arrêtait alors le cintre de la voûte, des groupes gracieux d'anges ailés se jouant au milieu de festons et de banderoles.

Des deux côtés du tabernacle, une peinture à fresque représentait, d'une part saint Jean-Baptiste dans les eaux du Jourdain, administrant le baptême au Messie ; de l'autre, sainte Cécile chantant les gloires de l'Éternel, en s'accompagnant de l'orgue ; un ange à demi caché dans les nues la couronnait de roses, tandis qu'un autre lui présentait la couronne et la palme du martyre.

Telles furent les heureuses transformations qu'on fit subir à l'église Saint-Jean, au commencement de ce siècle ; mais hâtons-nous de dire que d'autres décorations, d'autres chefs-d'œuvre avaient auparavant fixé l'attention des Rivelois, en excitant leur piété et leur dévotion.

Qui ne se souvient, en effet, de ce magnifique tableau du Christ, enfoncé dans la pénombre du sanctuaire, où il produisait un effet si merveilleux ? Rien ne saurait effacer de notre esprit l'image de tous ces saints personnages, patrons aimés de la paroisse, les plus anciens et les plus puissants de nos protecteurs, se groupant avec empressement autour de leur divin Rédempteur. On distinguait sur le premier plan notre glorieuse Cécile revêtue d'une riche tunique aux franges d'or, semée de pierreries, élevant d'une main l'emblème traditionnel de son triomphe.

On peut légitimement conclure de la présence de notre sainte patronne et du choix des autres bienheureux qui y figurent à sa suite, que ce tableau fut exécuté expressément pour l'église de Rivel : il est l'œuvre d'un artiste de mérite, Gaspard Bors, de l'École flamande, comme en fait foi la signature, datée d'Anvers (Belgique), 1638.

La magnifique toile ornait donc, depuis plus de deux siècles, notre modeste sanctuaire ; comment se fait-il que, sans respect pour son antiquité et sa valeur artistique, alors surtout qu'une restauration intelligente eût pu le rajeunir, ce vieux tableau que nos pères ont tant aimé, ce christ qui adoucit tant de fois leurs peines et sécha leurs pleurs, qui fut le but constant de leurs regards et de leurs adorations, ait été relégué comme un meuble hors d'usage dans les murs aujourd'hui déserts de Sainte-Cécile ?

Un pareil sort est probablement réservé à son pendant, qui se trouvait si bien primitivement dans la chapelle de la Vierge, pour laquelle il avait été fait. Nous voulons parler du tableau de saint Dominique. Bien que le sujet qu'il représente ne nous offre point comme l'autre un intérêt local, il n'est pas moins distingué sous le rapport de l'exécution : la sévérité du coloris, l'ampleur des ornements jointes à une grande simplicité font admirablement ressortir l'expression des personnages. Les traits de la Vierge reflètent une divine sérénité qui contraste avec l'attitude respectueuse et recueillie de son fidèle serviteur au moment où ce dernier reçoit le saint scapulaire de ses mains.

Un troisième tableau, d'un mérite inférieur, ornait aussi à la même époque la chapelle dédiée à saint Gaudéric, patron des laboureurs. On y remarquait saint Thomas, saint Antoine, sainte Luce, saint Blaise et saint Éloi. Depuis quelques années, une statue assez mal réussie de saint Joseph le remplace, et la vieille chapelle est devenue définitivement le domaine du patron des charpentiers. Disons toutefois, à la consolation de nos bons campagnards, que s'il a été exclu de Saint-Jean, leur saint privilégié n'a pas encore déserté les murs de Sainte-Cécile. Son portrait, quoique fort simple, n'en a pas moins de grâce et de mérite à nos yeux, pour avoir été relégué sur l'autel qui lui fut primitivement consacré dans notre première chapelle.

N'oublions pas de mentionner une petite toile sans cadre, suspendue au haut du chœur, servant de couronnement au tableau de Gaspard Bors. Elle représentait la face du Père éternel dans toute sa puissance et dans toute sa majesté. Elle devint le lot d'un marguillier, lors de l'érection du christ en fonte qui ne saurait remplacer le chef-d'œuvre du maître flamand.

Nous n'aurions garde d'oublier ici notre vieux tabernacle, merveilleux chef-d'œuvre de sculpture, qui eût suffi à lui seul pour illustrer une paroisse. La vue de ses débris qui parent encore le chœur de Sainte-Cécile ne nous inspire plus aujourd'hui que des regrets, tant ils nous donnent une faible idée de sa beauté primitive.

Il s'élevait gracieusement sur le maître autel de l'église Saint-Jean, en forme de coupole percée à jour. Ses diverses parties, reliées par une infinité de petites colonnes élégamment tournées, formaient plusieurs galeries d'un aspect ravissant, au milieu desquelles s'entre-croisaient des rayons de lumière mêlés aux reflets éblouissants des plus fines dorures. Des urnes de forme antique garnissaient les parois extérieures de la coupole avec une parfaite symétrie. Sa base avait la forme d'un rectangle, dont les faces représentent encore certains sujets de la Passion, finement sculptés. A la saillie de chaque angle s'élevait une statuette en pied de 35 cent. de hauteur. On y reconnaît saint Augustin, saint Éloi et autres saints personnages du tableau du Christ, ce qui nous porte à croire que ces deux chefs-d'œuvre furent exécutés à la même époque.

Un Saint-Esprit aux ailes éployées, sur un champ semé de fleurs de lis, plane sur la porte du tabernacle, au milieu de laquelle se détache l'image du Christ entouré des saintes Femmes. De chaque côté pend une magnifique grappe de fruits, symbole de l'Eucharistie, nourriture de nos âmes. Sainte Cécile et saint Jean occupent la place d'honneur dans tout cet ensemble ravissant. Ils figurent au premier plan, comme préposés à la garde du sanctuaire, publiant les louanges du Père éternel qui apparaît au-dessus de leurs têtes, soutenant, d'une main, la boule du monde, et, de l'autre, montrant le ciel, la patrie éternelle! On lit sur une oriflamme qu'un ange déroule avec une grâce toute céleste : *Gloria in excelsis Deo*. Dans un petit cadre en saillie fixé dans l'intérieur de la coupole sont gravés ces mots en grandes lettres d'or : *Hic Deum adora*. Enfin quatre chérubins élégamment drapés élèvent des cornes d'abondance et supportent sur leurs têtes le toit de la coupole, qui, à son tour, est surmonté par la cité céleste. Au sommet, comme couronnement, le Christ victorieux, entouré d'une auréole de flammes, plane dans les cieux, portant l'instrument de son supplice.

Bornons là notre description ; aussi bien nous serait-il impossible de rendre cette infinité de détails qui complètent l'ensemble de ce travail merveilleux. Disons seulement que, dans ces derniers temps, on s'est plu à couvrir, sous une couche épaisse de peinture à l'huile, les fines dorures du précieux tabernacle, dont l'éclat semblait défier l'action du temps.

Mieux inspirés que les membres de notre fabrique, les habitants de Saint-Hilaire, près de Limoux, qui possèdent un tabernacle de même modèle, ont su maintenir dans un état de parfaite conservation leur chef-d'œuvre, qui fait l'admiration de tous les étrangers.

L'un et l'autre datent du XVII° siècle. Nous lisons, en effet, sur un des registres de la paroisse de Rivel, que « le vingtième jour du mois d'août 1677, toute la population étant rassemblée, l'archiprêtre Bausil, par permission de Mgr l'Évêque, bénit le maître autel de l'église Saint-Jean, et y célébra, le même jour, la grand'messe. »

Dans ces derniers temps, on a tant bien que mal complété l'ornementation de ladite chapelle : la voûte cintrée, qui s'arrêtait à la ligne de la sainte table, a été prolongée jusqu'au sanctuaire. Deux fenêtres garnies de vitraux peints remplacent les deux œils-de-bœuf primitifs. Leur forme s'harmonise avec le style et le caractère de l'édifice, où le roman domine. Mais leur dimension exagérée, en projetant une trop grande lumière dans le sanctuaire, lui enlève cet air de mystère qui semblait exciter au recueillement et à la prière.

Les peintures à fresque de chaque côté du tabernacle ont fait place aux statues en pied de sainte Cécile et de saint Jean : pieuse offrande de deux zélées congréganistes, l'une et l'autre portant le nom de Cécile, l'une et l'autre petites-filles du vénérable Fillol, dont elles aiment à perpétuer l'heureuse mémoire comme son admirable dévotion aux patrons aimés de la paroisse.

Les ornements multicolores de la voûte, faits en dernier lieu, imitent avec trop d'affectation les peintures du moyen âge. On se demande, en jetant les yeux sur les médaillons démesurés collés au haut des murs, quels saints personnages peuvent bien représenter les figures rébarbatives qui s'y trouvent encadrées. Assurément l'artiste imberbe que l'on chargea de bigarrer notre église eût mieux fait, avec de telles dispositions, de se tenir à la remorque de quelque maître badigeonneur.

N'oublions pas de mentionner la modeste chapelle de Sainte-Anne, de construction récente, faite en dépit de toutes les règles de l'architecture.

Outre, en effet, qu'elle ne brille guère par son élégance intérieure, elle est loin de flatter l'œil au dehors, puisqu'elle empiète difformément sur la voie publique et enlève à l'édifice sa régularité et la gravité de son caractère primitif.

Passons à d'autres faits.

C'est en mémoire des terribles fléaux qui sont venus fondre sur notre pays que nos pères ont élevé les différentes croix de pierre que l'on rencontre dans les divers quartiers du village. La plus belle et la plus grande de toutes, celle qui domine le quartier d'Amont, porte le millésime de 1645 ; cette date marque le passage d'une épidémie qui, sous le nom de *fièvre jaune*, décima nos populations montagnardes. On trouve encore dans nos campagnes une large médaille en cuivre jaune frappée à l'effigie et en l'honneur de saint Roch, et que tous les habitants portaient suspendue à leur cou pour se préserver des atteintes mortelles de la maladie.

Une autre croix, à l'angle de la maison Olive, datée de 1667, rappelle une nouvelle calamité de ce genre.

Nous avons déjà parlé de celle de la Calmète, ou mieux du Campo-Beato, qui, avec celle dite d'en Bac, sur l'ancien chemin de Puivert, et celle du moulin de l'Évêque, faites en bois de sapin, voit chaque année, à l'époque des Rogations, la foule des villageois s'agenouiller à leur pied pour attirer les bénédictions du ciel. Nous ignorons pour quelle cause on a supprimé celle que nos pères, guidés par le même esprit de foi, avaient dressée sur le penchant de la grande Côte.

Enfin nous savons à quelle intention fut élevée la petite croix qui orne le mur de la maison du Fillol.

Le 2 mars 1845 fut plantée la grande croix de mission sur la rive escarpée de Riveillou, à l'endroit si connu de tout temps sous le nom de Rec de Tiro-Fennos. Le terrain sur lequel s'élève depuis le modeste calvaire fut donné par le sieur Jean-Pierre Pont, si connu à cause de sa taille gigantesque et de son incomparable vigueur. C'était l'aîné des vingt-deux enfants de Jean Pont-Fillol.

De mémoire d'homme on n'avait vu dans notre village plus grande affluence de peuple que celle qui se vit le jour de l'érection de notre croix de mission. La voix sonore et pathétique du zélé missionnaire (1), debout sur l'échafaudage, entouré de l'élite de la jeunesse riveloise, électrisa les assistants. L'intrépide Sébastien Plantié, si connu par son dévouement à tout ce qui a rapport à la foi et à la religion, fut l'ingénieux organisateur de la pieuse cérémonie. Il nous fut donné ce jour-là d'admirer sa force et sa merveilleuse souplesse, quand il fallut élever la pesante croix en bois de chêne qu'il avait voulu lui-même façonner.

La grande cérémonie touchait à sa fin.

Pendant que l'orateur, dans son divin enthousiasme, adressait à la foule recueillie ses touchants adieux, notre brave, en équilibre sur l'un des bras de la croix, droit,

---

(1) L'abbé Borel, fondateur de l'église de la Pradeille.

immobile, et les bras croisés sur sa large poitrine encore ruisselante de sueur, montrait à tous sa noble et belle figure empourprée, moins encore par ses récents efforts que par la joie d'un si beau jour !

Il y a peu de temps qu'on a remplacé la simple croix de chêne par un superbe christ en fonte.

Tout récemment encore, une nouvelle mission, inspirée par le zèle et l'esprit de foi de nos missionnaires diocésains, vient d'opérer sur l'âme de nos populations les plus salutaires effets. Le nouveau signe rédempteur planté en cette circonstance dans l'enclos funèbre de Sainte-Cécile en éternisera le pieux souvenir.

CHAPITRE SIXIÈME

I. Les successeurs de Philippe de Bruyères à la baronnie de Rivel. — Dame Béatrix de Mauléon. — Roger-Antoine de Bruyères fait restaurer le château de Chalabre, où il établit sa résidence (1450). — Usurpation de Guillaume de Joyeuse. — Aliénation des baronnies de Chalabre et de Rivel. — Construction du moulin de l'Évêque. — Le vieux moulin. — II. L'hôpital de Rivel. — La célèbre foire de Sainte-Cécile. — Les muletiers de l'Aragon. — Disparition mystérieuse. — Un drame au Bois-Noir. — Le doigt de Dieu.

I. Les descendants de Philippe Ier de Bruyères, à l'exemple de leur illustre aïeul, prirent de préférence le nom de Rivel, où ils continuèrent pendant près d'un siècle à maintenir le siége de leur baronnie.

PHILIPPE IIe du nom figure avec distinction dans les luttes de la fin du XIVe siècle. Ce fut en récompense de ses services que le roi Charles VI, dont il était devenu le chambellan, lui donna le gouvernement de la ville de Montpellier et de la forteresse de Montault en 1396. Il obtint en même temps des lettres patentes qui confirmaient ses priviléges et l'exemptaient de toute redevance envers la couronne (1).

Il mourut en 1404, laissant plusieurs enfants encore en bas âge, qui restèrent sous la tutelle de leur mère Jordane de Damat, sa troisième femme.

JEAN IIe, l'aîné, après avoir atteint l'âge d'homme, se glorifia à son tour du titre de baron de Rivel, qu'il immor-

(1) La Chesnaye des Bois. — Archives du château de Chalabre, *Pièce orig.*

talisa par de brillants faits d'armes, en combattant à côté de Lahire et Xaintrailles, dont il était l'ami et le fidèle compagnon d'armes. Il rechercha l'alliance d'une des plus vieilles et des plus illustres maisons du royaume : la famille de Mauléon, dont il épousa une des filles en 1434 (1).

Les généalogistes, généralement indifférents aux détails de l'histoire, absorbés qu'ils sont par les dates et les titres authentiques, sont unanimes à l'endroit des précieuses qualités de « dame Béatrix de Mauléon, noble épouse de haut et puissant seigneur messire Jean de Bruyères, baron de Rivel, Chalabre, Sainte-Colombe, Sonac, Montjardin, etc., jouissant des titres et priviléges concédés par faveur royale aux seigneurs de la Terre Privilégiée. »

Devenue veuve après huit ans de mariage, dame Béatrix de Mauléon sut triompher des rivalités mal éteintes de la branche de Puivert. L'avenir de ses enfants devint pour elle l'objet de la plus constante sollicitude et des plus généreux sacrifices. Elle se déclara publiquement leur garde-noble jusqu'à ce qu'ils eussent atteint la majorité et prêta serment de fidélité au roi en leur nom. En outre, pour maintenir l'intégrité de leurs domaines, elle en fit le dénombrement.

Roger-Antoine, son fils aîné, devenu majeur, s'empressa de renouveler les mêmes actes de fidélité et de soumission en prenant possession de la baronnie.

Quant à son frère Jean de Bruyères, il alla se fixer à Crest, en Dauphiné, et devint le chef de la branche appelée Bruyères Saint-Michel (1445).

Il n'entre point dans notre sujet de nous étendre sur sa féconde lignée, bien que ses membres, que le mérite éleva aux premières dignités du royaume, aient acquis des droits à l'estime et à la reconnaissance publiques. Les annales du

---

(1) Archives de la cour des comptes de Montpellier.

Dauphiné en particulier s'honoreront à jamais des nombreuses illustrations qui sont sorties de cette maison.

Les Rivelois se flattent à juste titre de compter parmi les bien-aimées châtelaines dame Béatrix de Mauléon, moins à cause des glorieuses prérogatives de son antique origine que pour les vertus dont elle leur donna l'exemple. En elle finit la liste des barons de Rivel, Roger-Antoine étant allé, au grand regret des habitants et malgré les instances de sa mère, fixer sa résidence au vieux manoir de Chalabre, qu'il réédifia en partie (1450).

Ce fut à partir de ce moment que le nom de Bruyères-Chalabre succéda à celui de Bruyères-Rivel, et que les descendants de Roger-Antoine devaient continuer à porter.

Nous trouvons l'énumération de ses terres dans le dénombrement qu'en fit son fils et successeur Jean III du nom. Ce dernier « déclara tenir la ville et château de Chalabre, où il y a de beaux et grands priviléges, Rivel, Sainte-Colombe, Sonac, Montjardin, Luxault, le Claus, la Bastide-Beaumont, le Vilar, la Calmète, la Luxière, Pech, Cuguillères, Ourgeac et partie de fief du Marlas (2). » Il est spécifié dans ce même dénombrement que « l'obligation dans laquelle se trouvent les habitants de ces terres de garder seuls le château de Chalabre, en l'absence de leur seigneur, les exempte de tout impôt envers la couronne. »

Jean III mérita la confiance et les faveurs de Louis XI, qu'il défendit vaillamment contre les agressions de Jean II, roi d'Aragons. Charles VIII le nomma son chambellan, en récompense de sa vigoureuse résistance aux troupes de Ferdinand, roi d'Espagne, qui ravageaient le Languedoc.

Il avait épousé, en 1489, Cécile de Voisins-d'Ambres, qui le rendit père de François Ier de nom, destiné à lui succéder. A l'instar de ses aïeux, ce dernier, dominé par des idées de gloire et de noble ambition, vint grossir le nombre des héros qui accompagnèrent le roi chevalier dans l'expédition du Milanais (1515).

Nous lisons dans un acte particulier que le nouveau baron de Chalabre « fit vente à Vincent Garzelles, marchand de bois de Rivel, de la moitié de la quête que ledit seigneur levait sur la terre de Chalabre, chaque fête de Toussaint, et cela pour la somme de 2300 liv. 10 sous 8 deniers (1). »

Nous touchons à l'époque où la maison de Bruyères-Chalabre, par suite de l'aliénation de ses principaux domaines, va perdre sa prépondérance sur la Terre Privilégiée. Nous ne devons point chercher la principale cause de son affaiblissement ailleurs que dans l'alliance de FRANÇOIS II avec Anne de Joyeuse, fille de Jean, vicomte de Joyeuse, déjà possesseur de la baronnie de Puivert (1539).

Ce redoutable et puissant allié, qui depuis longtemps jetait des yeux de convoitise sur les riches domaines de ses voisins, sut profiter de la jeunesse et de l'inexpérience des héritiers de Bruyères pour en faire les victimes de son insatiable avidité. Néanmoins les enfants de François II nous paraissent se maintenir dans une étroite union avec leur spoliateur : ainsi JEAN-PAUL de Bruyères, entraîné par son humeur chevaleresque, voulut combattre sous les ordres de son oncle Guillaume et de son cousin, le fameux Anne de Joyeuse. En 1580, il se défendit comme un lion dans l'église de Coursan contre cinq cents religionnaires, n'ayant avec lui que trente hommes de son parti.

Le roi lui donna le commandement d'une compagnie de cent chevau-légers appelée la *Compagnie de Chalabre*, d'une bravoure à toute épreuve, qui s'immortalisa par les plus brillants faits d'armes dans les guerres de la Ligue (2).

(1) Archives du château de Chalabre, copie authentique.
(2) Ibidem; *Brevet*.

Mais nous ne saurions expliquer pourquoi, le 29 octobre 1586, FRANÇOIS III, qui succéda à Jean-Paul, son frère, mort sans postérité, « vendit à son oncle Guillaume la baronnie, terre et seigneurie de Chalabre, Rivel, avec toutes leurs dépendances et appartenances, pour la somme de *cent mille écus* (1). »

Était-ce dans la prévision que ces biens lui seraient rendus à la mort de son parent? Toujours est-il que ce n'était pas le besoin d'argent qui le poussait à cette aliénation, puisqu'il est constaté, d'après la teneur d'un acte authentique qui se trouve dans les archives du château de Chalabre, que François III de Bruyères était riche de deux cent mille écus, somme considérable en ce temps-là.

Les intrigues bien connues de Guillaume de Joyeuse, ancien évêque d'Alet, qui, pour perpétuer sa race et assouvir ses idées d'ambition, avait abandonné son siége épiscopal après vingt-trois ans d'exercice, auraient dû faire comprendre aux Bruyères que ce n'était point à titre d'usufruitier que leur parent se rendait complaisamment l'acquéreur de leurs domaines.

En effet, le lendemain du contrat, l'astucieux prélat, devenu seigneur de Chalabre et de Rivel, fit acte de souveraineté dans toute l'étendue des susdites terres; et ses nouveaux vassaux, à l'instar de ceux de Puivert, « reconnurent tenir en emphithéose perpétuelle lods, ventes, droits de prélation, préférence, cornis et autres devoirs féodaux, de haut et puissant seigneur, messire Guillaume de Joyeuse, baron desdits lieux, ayant toute justice, haute et basse, et autres droits de seigneurie, juridiction et directe... laquelle justice par voye ordinaire et exercice par viguier et juge ou lieutenant mis et institué par ledit

---

(1) Archives du château de Chalabre, *copie authentique de l'acte*.

seigneur avec baile, procureur d'office, notaire et greffier ; plus, déclarent les consuls et habitans être tenus, en tout temps, faire guet en armes et bon équipage aux châteaux et portes desdits lieux (1). »

C'est à Guillaume de Joyeuse que la commune de Rivel est redevable de l'établissement du moulin dit de l'*Évêque*. Ce qu'on ignore généralement, c'est que ce moulin fut connu dans l'origine sous le nom d'*Ourgeacquet*, désignation qu'il empruntait à la terre sur laquelle il était construit. Il n'est point désigné autrement dans les actes de l'époque (2) ; et c'est ce qui a longtemps dérouté, dans leurs recherches, certaines personnes du village intéressées à connaître la date de sa fondation. Voici qui va les éclairer sur la substitution de moulin de l'Évêque à sa dénomination primitive.

A l'avénement de Guillaume, le vieux moulin établi sur Riveillou ne pouvait déjà plus suffire aux besoins des habitants. La plupart du temps, il chômait faute d'eau, et les gens se trouvaient forcés de se soumettre aux exigences des meuniers des environs. Les droits de mouture s'élevaient, en effet, au gré de leur caprice, et il fallait, en outre, payer certains droits d'entrée et de sortie toutes les fois qu'on dépassait les limites de sa propre baronnie.

Pour remédier à ces inconvénients, le nouveau seigneur dut céder à la supplique de ses vassaux et doter la communauté d'un nouveau moulin, alimenté par les eaux abondantes de Lers. Cette concession lui rendit en partie les bonnes grâces des Rivelois, qui, dans leur foi robuste, trouvaient scandaleuse la conduite du prélat démissionnaire. De son vivant, et en vue de ménager sa susceptibilité, les villageois appelèrent le nouveau moulin du nom

---

(1) Archives de la commune de Puivert.
(2) Archives du château de Chalabre, *Actes divers*. — Archives départementales, *Actes divers de la Terre Privilégiée*.

d'Ourgeacquet; mais, après sa mort, ils le baptisèrent dédaigneusement du nom de moulin de l'Évêque, et ce nom lui est resté.

Nous ferons coïncider avec la création du moulin de l'Évêque l'établissement de la meule ou *Tournail* établie, un peu plus haut, sous la rive inférieure du béal qui alimente ledit moulin. Le Tournail sert depuis aux taillandiers de Rivel et de Sainte-Colombe à aiguiser les produits de leur fabrication. Ils durent payer à l'origine « une cencive de deux chappons et de deux rusquets de blé annuellement au seigneur dudit lieu (1) ». La famille Rives, dit Ferré, connue de tout temps pour l'excellente fabrication des faux et faucilles en usage dans nos montagnes, se prévaut aujourd'hui d'un droit exclusif sur cette meule.

Disons en passant que « les droits de meule, d'affûtage, pour les habitans de Chalabre, étaient de trois pugnères de froment et de cinq pugnères d'orge (2) ».

Quant au vieux moulin de Rivel, son règne était passé. L'unique meule que les eaux de Riveillou avaient peine à mouvoir, surtout pendant l'été, fonctionna cependant jusque vers l'an 1700, comme il résulte de la déclaration expresse contenue dans certains actes. Mais à partir de cette époque, il tomba dans un complet délabrement. On en chercherait en vain, de nos jours, quelques vestiges. Ce moulin se trouvait situé là où est la maison du sieur Clergue, dit Réinos, ancien appariteur, et marquait le point de jonction des eaux du Casal et de Riveillou. On sait que le sieur Réinos acquit le vieil immeuble de la famille de Puivert, en échange de quelques arpents de dépaissances.

On apercevait, il y a trente ans environ, au coin du mur

(1) Anciennes quittances des censives, en possession du sieur Basile Rives, de la famille des Ferré.
(2) Archives du château de Chalabre, *Notes*.

qui longe la rivière, un petit déversoir construit en forme de voûte, sous lequel, enfant, nous aimions à tendre des filets aux goujons. C'était le déversoir du vieux moulin, que les fréquentes inondations de la rivière ont depuis enseveli sous des monceaux de gravier. La prise d'eau se trouvait établie au-dessus de la Font-d'Amont par un barrage de la rivière, s'appuyant d'un côté sur la pointe d'un rocher dit *d'en Tounel* (1), et de l'autre sur les aspérités de la rive qui marque la naissance du mont *Pesquié* (2), et d'où jaillit, en hiver, une cascade de 20 mètres environ. Les restes de quelques pieux en chêne, que l'on peut encore distinguer à fleur d'eau dans le lit de la rivière, marquent exactement l'emplacement de la chaussée. Par le moyen d'un petit canal ou bésalet, les eaux passaient devant la porte du sieur Olive Font-d'Amont, comme il a été constaté par des fouilles faites en cet endroit, et, continuant leur cours le long du chemin inférieur du haut quartier, venaient s'engouffrer dans le profond réservoir du moulin (3).

Chaque habitant alors était rigoureusement tenu d'aller moudre son grain au moulin du seigneur, « moyennant une redevance de deux rusquets par setier de froment (4) ».

A cette époque, les meuniers étaient de petits seigneurs : ainsi, ils n'avaient pas besoin d'aller solliciter les gens, de faire prendre leur froment et de faire reporter les moutures par un valet ; chacun, au contraire, était tenu d'apporter

(1) Nom de l'ancien possesseur de la rive.
(2) *Pesquié*, de *pescairé*, en français *pêcheur*. Les eaux de Riveillou contournant le mont avaient creusé dans sa base des gouffres profonds, où se donnaient journellement rendez-vous les *pêcheurs* à la ligne. Et c'est de là qu'il doit probablement tirer son nom, à moins, toutefois, que ce nom ne désigne un ancien propriétaire de la côte.
(3) Il y a cinq ans, nous assistions à la découverte d'une meule et d'un rouet enfouis en cet endroit.
(4) Transaction de 1616.

son grain soi-même et de se précautionner contre les petites rapines dont les meuniers se rendaient dès lors coupables, rapines qui ont donné lieu au proverbe « qu'il n'y a rien de si hardi que la chemise d'un meunier, parce qu'elle prend tous les matins un voleur à la gorge. »

La tradition rapporte que lorsque Guillaume de Joyeuse fit construire le moulin d'Ourgeacquet, il eut à compter avec les meuniers des environs, qu'il mettait désormais dans l'impossibilité de pressurer les habitants. Ils vinrent en effet plusieurs nuits de suite, avec la troupe nombreuse de leurs valets, renverser les premiers pans de mur de la nouvelle bâtisse ; mais les archers du seigneur, cachés un soir en embuscade, se saisirent des délinquants, les garrottèrent et les tinrent en lieu sûr jusqu'à ce que justice en fût faite. La tradition ajoute qu'ils furent jugés et pendus en face du théâtre de leur méfait, sur la colline d'Ourgeacquet, où s'élevait en triangle la fameuse potence dont nous avons parlé plus haut.

Le sentier habituel que prenaient les villageois pour se rendre au moulin de l'Évêque suivait le cours de Riveillou et portait nom de *la Promenade*, qu'il a conservé depuis, à cause de l'agrément du trajet. Il était parallèle à l'ancien chemin de Puivert, dont on peut encore distinguer les traces sur les flancs de la colline de Pendels, et que l'on désigne du nom de *Cami dé naout* (chemin d'en haut), depuis le tracé de la grande route à quelques mètres plus bas.

II. Nous devons considérer comme la plus belle et la plus utile de nos institutions celle qui fut inspirée autrefois aux Rivelois par un noble et généreux sentiment de confraternité ; nous voulons parler de l'établissement de l'hospice destiné au soulagement des nécessiteux de l'endroit.

Déjà, l'an 1500, nous constatons l'état régulier de son

administration, ce qui est une preuve que sa création remonte à une époque bien antérieure.

Le nom d'hôpital, donné à la maison sise au milieu du quartier d'Amont, servait, en outre, à désigner de nombreux immeubles qui s'y rattachaient avec les legs et rentes particulières dont certaines personnes le dotaient en mourant.

Quatre membres élus par les consuls étaient chargés de la répartition des revenus déposés dans les mains d'un cinquième membre qui remplissait l'office de trésorier du bureau de charité.

Le fermage des terres était déterminé par voie d'enchères et à la concurrence par cri public. Les baux étaient régulièrement d'une durée de six ans et se payaient en argent, « plus, d'autre côté, en quatre rusquets, blé de rente foncière chaque fois qu'avaient lieu les six versements partiels, soit vingt-quatre rusquets pendant toute la durée du bail (1). » Le renouvellement du fermage excitait une louable rivalité qui tournait au bénéfice de l'hôpital. Ainsi, en 1676, sous le consulat de Michel Olive et Etienne Laporte, deux prétendants ayant fait monter le taux du fermage à un prix très-élevé, convinrent de ne plus surenchérir, mais de faire chacun une offrande qui serait jugée par les administrateurs et décideraient en faveur de l'un d'eux l'adjudication du fermage. « Le sieur Pépieu, en concurrence avec Jean-Pierre Pont sémalier, fut battu par ce dernier, qui avait offert vingt-sept comportes ordinaires, plus trois ruscadiers ou bugadiers (2) de la plus grande dimension (3). »

Les dons en nature étaient convertis en espèces par la vente qu'on en faisait à la porte de l'église, chaque dimanche,

---

(1) Archives de la commune, *Registre de l'hôpital*.
(2) De l'italien *bucato, lessive*. Grande cuve dont se servent nos ménagères pour couler leur linge.
(3) Archives de la commune, *Registre de l'hôpital*.

après la grand'messe. Cet usage se pratique encore de nos jours pour des offrandes d'une autre destination. C'est au soulagement des âmes du purgatoire qu'est affecté le produit des pains et des poulets qu'offrent d'habitude les gens de la montagne.

Les revenus de l'hôpital se trouvaient doublés en temps de calamités publiques : chacun semblait alors rivaliser de dévouement et de largesse pour fléchir la colère divine et éloigner le fléau ; les laboureurs ne mesuraient plus le froment qu'ils étaient dans l'habitude de donner chaque année, les bergers choisissaient leurs plus beaux agneaux, les riches abandonnaient une portion de leurs terres ou quelque grosse somme d'argent.

La plupart des biens de l'hospice sont aujourd'hui aliénés ; l'immeuble, servant de maison d'asile aux malheureux sans gîte ou sans ressources, est devenu une propriété particulière. Il ne reste plus, avec le produit de la quête annuelle qui se perpétue, que quelques minces revenus qui seraient, hélas! insuffisants si Rivel comptait autant de malheureux qu'autrefois.

Ainsi, en 1752, les revenus ne purent suffire à l'entretien du grand nombre d'indigents qui peuplaient le village. Une affreuse sécheresse qui régna pendant trois mois sans désemparer avait dévoré tous les biens de la terre. Le setier de blé et de mil, correspondant à peu de chose près à l'hectolitre de nos jours, s'éleva au triple de sa valeur ordinaire.

En ce temps de calamité, la cour du parlement de Toulouse rendit un arrêt par lequel « les pauvres et indigents de la communauté de Rivel seraient secourus par un bureau de charité, en supplément de celui qui existait déjà, et sous l'administration du juge procureur, d'un consul, de l'archiprêtre ou d'un vicaire, et des bourgeois et notables qui seraient élus dans une assemblée générale; lesquels dresseraient un état de l'imposition ou taxe à laquelle tout possesseur de bien serait contraint, pour subvenir à l'entretien dudit bureau de charité » (1).

Hâtons-nous de dire à la louange des notables de Rivel, que cet arrêt du Parlement ne fit que sanctionner les charitables mesures qu'ils avaient déjà prises eux-mêmes pour remédier à la grande misère. Nous avons sous les yeux le compte rendu de la délibération du conseil extraordinaire qui se tint à ce sujet le 21 février 1752 : « Le sieur Pierre Rolland, juge procureur aux ordres dudit lieu, y remplissait l'office de président ; présents : les sieurs Marc Dilhat, Antoine Saliniè, consuls en exercice, assistés de l'archiprêtre Rouger, des sieurs Pierre Pont, Jean et Joseph Bouyé, Jean Vives, Pierre Rives, Louis Olive, Pierre Carrière, Antoine Bosc, Maurice et Antoine Vives, François Rolland, Jean-Raymond Dunac, François Escolié, Mathieu Rous, Jean-Pierre Olive, Armand Bac, Jean Durou, Raymond Laporte et Michel Olive, formant la plus grande et saine partie des habitants, plus contribuables et bien tenans de ladite communauté. » Les décisions de l'assemblée furent officiellement enregistrées par Mᵉ Manent, greffier d'office.

Il fut arrêté que « ceux qui de connaissance publique avaient de la fortune et qui ne seraient point mariés, donneraient le trentième de leurs revenus ; le cinquantième, pour les gens mariés ; et au-dessus du cinquantième, pour les gens mariés ayant des enfants. » Avant de se séparer, les membres du conseil, rivalisant de zèle et de dévouement, s'imposèrent gracieusement, en dehors de la taxe, pour une somme assez ronde qu'ils remirent le jour même entre les mains du sieur François Rolland, nommé trésorier du bureau de bienfaisance. Par mandement de Mgr l'évêque

---

(1) Archives du parlement de Toulouse, 1752.

de Mirepoix, l'archiprêtre et ses deux vicaires durent verser le douzième de leurs bénéfices.

Grâce à cet admirable concours de tant de cœurs généreux, les pauvres eurent moins à souffrir des rigueurs de cette malheureuse époque. Et, comme nous essayons de le prouver dans une strophe de vers patois, l'hospice de Rivel devint comme un palais ouvert nuit et jour à l'indigence et au malheur :

> Dïns lè palaïgs de la paouriéro
> Nouirit, bestit et scaoudurat,
> Cadün pourtabo sa miséro
> Et sourtissio rébiscoulat (1).

Au rang des plus anciennes institutions du pays, figure la célèbre *Foire de Sainte-Cécile*, se tenant annuellement à Rivel, le vingt-troisième jour du mois de novembre.

Nous en faisons remonter la création à la fin du XIII° siècle. Elle fut le résultat du grand essor qu'imprimèrent, en ce moment, au commerce et à l'industrie de nos contrées, la fondation d'un nombre considérable de localités et l'amélioration progressive des voies de communication.

Mais avant de nous arrêter sur les particularités qui ont fait l'importance et le grand renom de la foire de Sainte-Cécile de Rivel, disons un mot sur ces grandes assemblées annuelles, en nous inspirant des réflexions de nos octogénaires et des sentiments que nous avons éprouvés et éprouvons encore toutes les fois que nous assistons, dans nos contrées, à l'une de ses grandes foires annuelles.

> (1) Dans le palais de la pauvreté,
> Nourri, vêtu et réchauffé,
> Chacun apportait sa misère
> Et ressortait ravigoté.

Jadis les peuples vivaient séparés, inconnus les uns aux autres ; les routes étant rares et difficiles, chacun restait chez soi, gardant ses mœurs, ses vérités et ses mensonges ; l'intérêt seul réunissait parfois ceux qui faisaient le commerce. A certaines époques, les marchands de tous les pays arrivaient à de grands centres, des extrémités de l'Europe et de l'Asie ; les foires étaient les congrès du temps. Là, pendant que s'échangeaient les denrées et les produits de l'industrie, des récits extraordinaires, des traits de mœurs étranges, des idées nouvelles volaient dans l'air. Ce tumulte de négoce et de banque, ainsi que la voix de la renommée antique, était un écho des bruits de la terre. Les ballots de l'Inde et de l'Occident arrivaient dans les villes, marqués de signes inconnus qui faisaient réfléchir, et ainsi s'accomplissait le travail lent et sourd qui rapprochait les nations.

Puis, les routes ont été ouvertes, la mer sillonnée de vaisseaux a transporté d'un rivage à l'autre les deux mondes : arts, sciences, industrie, tout est venu aider à cette marche de l'homme vers l'homme ; la boussole a assuré sa route sur les flots, l'imprimerie a porté sa voix à mille lieues et à mille ans de distance, dans le temps et dans l'espace ; les boulets même et la poudre à canon ont élargi la route aux peuples par les trouées des bataillons.

Le désordre et la mêlée sanglante où la France a été jetée par la Révolution, et la guerre générale qui suivit, ont violemment et rapidement poussé les nations l'une chez l'autre. Toutes se sont vues et connues de près ; le Cosaque a campé à Paris, et le grenadier français à Memphis ; c'est comme une entrevue des peuples, où l'on s'est mesuré de l'œil.

Dernières institutions de la vieille société, les foires n'ont plus aujourd'hui la même importance et le même renom qu'autrefois. On doit l'attribuer surtout au percement des grandes voies qui rendent les communications si faciles.

On sait ce qu'est une foire dans nos pays de montagnes : un fouillis de bêtes et de gens, d'hommes marchant en tous sens, ou arrêtés en groupes, discutant les prix de vente et couvrant la terre de leurs mille pieds ; des chevaux que l'on fait galoper pour les essayer, des bœufs alignés et serrés comme des bataillons au milieu d'un vaste enclos ou d'une prairie qui prend ce jour-là le nom de foiral; des mulets fringants aux cocardes rouges, que troquent, vendent et achètent les riches maquignons de la frontière ; de nombreux troupeaux de brebis et de moutons ; des porcs abattus par la fatigue, grognant sans cesse en labourant la terre de leur nez.

Le long des rues et sur les bords du grand chemin, les baraques en rang regorgent de mille objets divers : orfévrerie, quincaillerie, poterie ; des rouleaux de toile écrue, des pièces de drap à côté de monceaux de lard et de fromage. Ici, les petits vendeurs débitent du galon du haut d'une chaise ; là, le marchand d'images étale aux regards avides des montagnards les portraits illustrés des grands personnages en vogue, les scènes burlesques et dramatiques de l'époque, tandis que les paysannes écarquillent leurs yeux sur la balle déployée de quelque heureux contrebandier. Le marchand traditionnel de parapluies suffit à peine à l'empressement des acheteurs. Au coin des rues, le faiseur de macarons, de pastilles, de berlingots et de pistaches, est constamment assiégé par les enfants des deux sexes; plus loin, les revendeuses, à la file les unes des autres, vantent, à qui mieux mieux, les produits de la saison, étalés à leurs pieds sur des serviettes bien blanches ou dans des mannes d'osier garnies de feuillage. En hiver, quand les fruits sont devenus rares, elles s'attachent presque exclusivement à la vente des châtaignes et des marrons, qu'elles font rôtir en plein vent, dans des poêles percées. On ne croirait jamais qu'à la seule foire de Rivel il s'en débite chaque année plus de cinquante hectolitres, dont la majeure partie s'en va, comme on dit, sou par sou. *Gouto, gouto fa bout*, selon le proverbe usuel de nos montagnards, qui équivaut à cet autre en français : « Les petits ruisseaux font les grandes rivières. »

Le long du champ de foire, des buveurs qui n'ont pu trouver place dans les hôtelleries se succèdent aux longues planches de sapin ployant sous le poids des bouteilles.

De temps à autre, des clameurs effroyables s'élèvent du milieu de la foule compacte qui s'agite en tous sens pour faire place aux ours enchaînés que le dompteur « mène au combat », suivis de toute une meute de chiens de races diverses qui hurlent sans désemparer. Des musiciens montés sur les tréteaux adossés contre les piliers de la place ou contre le tronc de quelque arbre séculaire, mettent en branle la vive jeunesse du village, à laquelle se mêle à l'envi la foule des danseurs et des danseuses des communes voisines.

Un tapage continuel, assourdissant, s'élève des clairons, trompettes, caisses, tambours, cris des charlatans, des joueurs de rafle, des saltimbanques, des bateleurs, ramassis d'hommes qui ont couru toutes les fortunes et tous les pays.

Presque toutes les foires de la France se ressemblent par une particularité qui distingue surtout celles de nos contrées : c'est la présence de troupes de Bohémiens qui, sans appartenir au pays, arrivent tout à coup, assistent à la foire et disparaissent aussi inopinément.

Voici quelques traits caractéristiques de cette race déshéritée tracés par le spirituel auteur de la *Vendée* (1) :

---

(1) Eugène Loudun.

« Il faut les voir, écartés du reste des marchands, près de leur voiture, couchés sur la paille ou accroupis dans la prairie, près d'un feu allumé. Les étrangers les examinent et tournent alentour. Ils forment encore un peuple : leur nom de Bohémiens est celui que leur donnent les ignorants, mais eux s'appellent avec raison Égyptiens. Quand on aperçoit, de loin, un de ces hommes dont la figure est teintée d'une couleur chaude et jaune, les cheveux noirs en désordre, le bas du visage flasque et comme bouffi, les yeux brillants et fendus en long, avec de grandes paupières qui les couvrent par instants, et que, debout, il regarde fixement et immobile, comme un être inspiré, l'on dirait une momie dégagée de ses bandelettes et sortie des caveaux de Memphis.

« Venus on ne sait d'où, ils inspirent au peuple naïf à la fois la croyance et la crainte. Nous nous fions plus à l'inconnu qu'à ce qui nous touche et vit avec nous, soit par la connaissance que nous avons de la méchanceté des hommes et de nous-mêmes, soit par cet instinct qui nous pousse partout vers l'infini. Ces mendiants, peut-être brigands, ces femmes drapées de haillons et coiffées de clinquant et de paillettes dans leurs cheveux d'un noir bleuâtre, ces petites filles étiolées, la tête ensevelie sous un grand chapeau ramassé dans le ruisseau, les jambes nues, le reste du corps à moitié découvert sous un sarreau qui n'est ni une robe, ni une blouse, ni une chemise ; ces enfants qui n'ont jamais senti le tendre abandon et la douceur des caresses, qui n'ont eu ni les gracieux sourires, ni la mollesse du sommeil, ni la rose fraîcheur des premières années ; ce peuple nomade qui va çà et là, avec ses chariots, ses chevaux maigres et ses chiens féroces, un invincible attrait attache à lui. Les paysans demandent l'avenir et les sorts aux *Gitanos* en déposant dans leurs mains quelques pièces de cuivre, et l'on voit, aux paroles de malheur ou de bonheur que le devin prononce, leurs yeux s'éclairer tout à coup de cette vive étincelle qui brille dans le regard fiévreux du joueur. »

C'est à l'une de ces grandes foires que l'on peut se faire une idée des costumes, du langage et de la physionomie extérieure de nos populations montagnardes.

Il faut le dire, le costume languedocien a presque partout disparu. On cite toutefois les paysans des hameaux avoisinant la forêt des sapins qui le portent encore intact. A l'habit de bure à col montant et à courtes basques, ont succédé la veste ou carmagnole de drap fin et le paletot fashionable des grandes villes. Les culottes courtes à grand pont n'existent pas plus que les guêtres et les jarretières serrant le mollet et le genou. Adieu, par contre, les sabots et les espadrilles. Néanmoins, dans nos bourgades, les enfants du peuple marchent encore pieds nus jusqu'à l'âge de douze et quinze ans. La coiffure même, ce que les peuples retiennent le plus longtemps et qui sert à les distinguer sur la face de la terre, se perd de jour en jour; le chapeau à larges bords, que l'on relevait sur le côté ou en corne, a cédé la place au chapeau à bords étroits de nos cités, ou à la casquette qui ne défend ni du soleil ni de la pluie, et qui n'a point de caractère. Seuls nos charbonniers et nos bûcherons se montrent encore jaloux de leur long bonnet de laine brune, en patois *bounetto*, qui sort des fabriques de Chalabre.

Les coiffures des femmes offrent un plus curieux aspect : les femmes ont plus de ténacité que les hommes dans ce qui tient au sentiment, et le vêtement est une chose de sentiment. Quand une femme quitte sa coiffure primitive, c'est que ses mœurs et son cœur ont changé. Nos villageoises, esclaves de la vieille mode, portent toujours de charmants bonnets en mousseline blanche garnis sur le devant d'une double ruche en tulle qui forme comme une auréole autour de leur front; une bande de cheveux bien lisses qui, de chaque côté, descend en feston sur leurs tempes, augmente le charme et l'expression de leur physionomie. Les plus fortunées tirent vanité de la dentelle qui borde leur serre-tête et le tulle de leur ruche. Mais on peut ajouter que pas une, jusqu'à ce jour, n'a fait cas de la chevelure, qui est une beauté naturelle.

Depuis quelques années, les jeunes filles tendent à modifier la forme primitive de leur coiffure, en la surchargeant de nœuds, de rubans et même de quelques fleurs, qui ne témoignent pas toujours en faveur de leur bon goût.

Au physique comme au moral, il faut un esprit supérieur ou une intelligence cultivée pour se contenter des qualités simples et naturelles.

Mais revenons à la foire de Sainte-Cécile de Rivel :

Dans un état des revenus seigneuriaux en la Terre Privilégiée, perçus sur les marchandises assujetties aux droits de péage, leude, taulage ou place de l'an 1470, nous lisons que « les montagnards de la contrée, les habitants du pays de Foix, les Catalans et Aragonais venaient en nombre en la foire de Rivel, pour y faire grand négoce et trafic de mulets, poulins, poulinières, bêtes de labour, moutons et chèvres, plus porcs pour salaisons (1). »

Si déjà, à cette date, comme il ressort de cette précieuse citation, la foire de Rivel avait acquis une telle importance, il est bien évident que son origine remontait à une époque bien antérieure.

Un fatal incident, qui eut le plus grand retentissement dans toute la contrée, vint malheureusement diminuer son prestige et menacer sa grande popularité. Il en éloigna

---

(1) Archives du château de Chalabre.

particulièrement les maquignons de la frontière, qui, à eux seuls, doublaient l'importance du grand marché par leurs nombreux achats de bestiaux.

C'était l'an 1613, sous le consulat de Guillaume Amiel, Jean Jouve, François Rives et Bernard Olive (1). Les muletiers aragonais qui, de temps immémorial, venaient de père en fils tenir la foire de Sainte-Cécile de Rivel, furent péniblement impressionnés par la disparition subite de l'un d'entre eux qu'ils avaient devancé de quelques minutes à peine, en traversant la forêt dite du Bois-Noir. Ils résolurent de n'entamer aucune négociation, tant que leur ami ne serait point retrouvé. Mais ils l'attendirent en vain. Ce qui fit que les quadruples espagnols ne scintillèrent point, cette année-là, aux regards avides des paysans de nos hameaux.

Or, voici le récit que firent les marchands aragonais sur le compte de leur jeune camarade :

C'était la première fois que don Pedro Garcias (ainsi se nommait le jeune homme disparu) franchissait les Pyrénées, pour se livrer, selon la tradition de ses pères, au commerce de mulets. Sa mère, riche veuve, s'était longtemps opposée au départ de son unique rejeton ; mais elle avait fini par céder aux prières réitérées des vieux amis de sa maison, les anciens compagnons de son époux, qui lui promirent de veiller sur son fils, en l'aidant de leur expérience dans les affaires. A peine avait-elle consenti, que nos marchands se mirent en route. On sait le reste.

Parmi les étrangers présents à la foire, personne ne put donner la moindre nouvelle du maquignon. On se demanda, alors, s'il n'aurait pas pu s'égarer au milieu des noirs sapins, dont l'uniformité et l'élévation désorientent souvent ceux

---

(1) Archives de la commune, *Registre de l'hôpital*.

qui n'ont pas l'habitude de fréquenter ces parages. Cette pensée jeta un rayon d'espoir dans l'âme des marchands étrangers. En conséquence, ils décidèrent, le soir même, avec l'aide des plus expérimentés parmi les gardes, de battre en tous sens la forêt. De son côté, maître Bouvespre, juge de la baronnie, fit opérer, sur-le-champ, une enquête des plus sérieuses, avec l'assistance des consuls. Mais, hélas ! toutes les recherches, toutes les démarches n'aboutirent, de part et d'autre, à aucun résultat. Nos malheureux maquignons durent donc se décider à regagner seuls, le désespoir dans l'âme, le chemin de la frontière.

Quel coup dut ressentir la pauvre mère en apprenant la fatale nouvelle !... Folle de désespoir et n'écoutant que le cri de son cœur, elle part soudain à la recherche de son fils. Deux de ses plus fidèles serviteurs l'accompagnent, en partageant sa douleur.

Malgré le plus difficile voyage, on la vit, un jour, faire irruption dans nos murs, réclamant son fils à tous les passants, promettant mille quadruples à qui lui ramènerait son cher Pedro ! mais ses larmes, ses prières, pas plus que son or, ne purent lui rendre, hélas ! l'idole de son cœur !

Plus morte que vive, il lui fallut donc, à son tour, reprendre le chemin de l'Aragon.

L'âme meurtrie, l'infortunée gravissait péniblement le sentier habituel des muletiers, en maudissant ces parages qu'elle fatiguait de ses funèbres lamentations. Ses domestiques, partageant sa douleur, la soutenaient dans sa marche chancelante. Ils venaient d'atteindre les profondeurs du Bois-Noir, quand, soudain, un profond soupir s'échappa du cœur opprimé de la pauvre veuve ! un violent frisson raidit en même temps ses membres abattus... L'un des serviteurs, déroulant au plus vite sa longue ceinture de soie, essuya la sueur froide qui perlait sur le visage de la malheureuse, tandis que l'autre, la prenant à bras-le-corps, s'efforçait de la consoler, en lui faisant espérer le prompt retour de son cher Pedro !... Mais elle, inclinant doucement la tête sur l'épaule de celui qui venait de prononcer le doux nom de son fils, l'écoutait et l'écoutait encore !... Et son regard semblait chercher le ciel que lui dérobait l'épaisseur des hautes futaies !

La sueur froide avait disparu, le bras de la malheureuse indiqua du doigt les profondeurs d'un immense ravin qui s'ouvrait sous leurs pas; puis ce bras retomba immobile... La pauvre mère succombait au désespoir, la pauvre mère n'était plus !

Ses serviteurs essayèrent en vain de la rappeler à la vie. Après s'être abandonnés quelque temps à leur juste douleur, ils improvisèrent un brancard avec des branches de sapin, firent un lit de fougères à la morte, et, chargeant ses précieuses dépouilles sur leurs épaules, tournèrent le ravin et reprirent, tristes et muets, la route de l'Aragon.

Les Rivelois se sentirent vivement émus de ce nouveau malheur. Pendant de longues années, les bûcherons et les charbonniers superstitieux n'osèrent plus fréquenter le sentier, ni s'approcher du grand ravin près duquel la pauvre Espagnole avait succombé à l'excès de sa douleur.

Jean Mir, prêtre de Villac, suppléant de l'archiprêtre de Rivel, organisa un service funèbre pour le repos de son âme (1).

A la longue, le triste souvenir de cette infortune s'effaça de l'esprit de nos villageois, mais il ne laissa pas que d'influer beaucoup sur la tenue de la grande foire de Rivel. Les maquignons espagnols la désertèrent pour toujours.

---

(1) Archives de la commune, *Registre de l'église paroissiale de Sainte-Cécile.*

Seuls les muletiers du Caxis, aux longs bonnets rouges, avaient continué à la pratiquer.

Toutefois, la justice divine, qui suit toujours son cours, quoique paraissant différer trop longtemps sa vengeance, éclaircit peu à peu le mystère qui enveloppait la disparition du jeune Aragonais. Elle fit connaître enfin les deux assassins huit ans après leur horrible forfait.

Or, voici comment s'opéra cette découverte, suivant le récit qui nous a été fait par un des descendants du sieur Bernard Olive (1), que nous avons désigné comme consul à l'époque de la disparition de don Pedro Garcias :

Deux gardes forestiers, assis, un soir, au pied d'un gros sapin, derrière un massif de hautes bruyères, causaient de choses et d'autres, en se partageant les restes d'un morceau de pain bis, quand, sur la fin du frugal repas, l'un d'eux, s'adressant à son camarade, dit, en indiquant du bout de sa carabine les hauteurs voisines :

« *Biettazé !...* le brouillard tombe et s'épaissit joliment à Bouichoulet !... Là-haut, tu n'entendrais pas cracher ma carabine à dix pas (2).

— Tout comme le soir où tu ajustas l'Espagnol, lui répliqua son compère.

— Hein ! fit l'autre, avec un frisson qui lui coupa la parole... N'avions-nous pas juré de ne plus en parler ?

— Bah ! reprit celui-ci, les morts sont bien morts ; pour moi, je ne redoute rien que les vivants !

— Et moi aussi, » balbutia le garde remis de son premier trouble.

Et sur ce, mettant sa carabine en bandoulière, il s'éloigna rapidement en grommelant entre ses dents :

---

(1) Charles Olive Lenfantou, greffier de la commune.
(2) *Biettazé !* terme d'un usage fréquent pour marquer la surprise, l'étonnement et l'admiration.

« C'est égal, j'ai toujours pensé que ça nous porterait malheur !

— S'il allait dire vrai, » pensa l'autre en se levant à son tour et en prenant une direction opposée.

Or, le hasard, ou plutôt la Providence, avait voulu qu'une pauvre femme de la Calmète, du nom de Pascale Bouichetto, occupée à ramasser du bois mort en ces parages, et qui s'était enfuie précipitamment à la vue des deux gardes dont elle avait, naguère, essuyé quelque mauvais traitement, vînt chercher un refuge juste derrière le massif des hautes bruyères au-dessus duquel les deux hommes de la forêt avaient l'habitude, chaque soir, de se réunir. Maudissant la fatalité qui la faisait ainsi tomber dans la gueule du loup, la vieille trembla d'abord de tous ses membres ; mais elle se remit peu à peu en se voyant cachée à leurs regards. En retenant son haleine, elle s'allongea le long du massif, et, de là, elle put entendre fort distinctement la conversation des meurtriers.

Longtemps après qu'ils se furent éloignés, la femme se leva plus morte que vive. Son secret l'étouffait ! Vite, elle lia son fagot et gagna le sentier rapide de la Calmète, où elle arriva plus tard que d'habitude. Comme ses enfants lui en faisaient des reproches, elle allégua la rencontre des deux méchants gardes, dont elle redit aussitôt la conversation. Le lendemain, la nouvelle vola de bouche en bouche, comme bien on le pense. Le juge et le baile de la baronnie en étant informés, ordonnèrent sur-le-champ l'arrestation des gardes, que la rumeur publique désignait déjà comme les assassins de don Pedro.

Il fut facile de deviner, à leur trouble, que quelque crime pesait sur leur conscience ; on n'eut pas besoin de les mettre à la torture pour leur arracher des aveux. Ils s'imputèrent mutuellement le crime dont on les accusait.

L'appât des quadruples espagnoles que les deux criminels avaient cru trouver sur le muletier en retard avait changé en assassins ceux que le droit et la justice armaient pour la défense des intérêts communs !

Mais quelle n'avait point été leur surprise, lorsque, déroulant la longue ceinture rouge du maquignon aragonais, ils n'y trouvèrent seulement pas un réal...

Ils se regardèrent, saisis de stupeur ; puis, sans mot dire, plus honteux de leur déception que repentants de leur lâche méfait, ils saisirent la victime par les pieds, la traînèrent à travers les brouissailles, dans le plus épais de la forêt, et la précipitèrent dans les profondeurs de cet immense ravin, sur les bords duquel expira la pauvre mère. Se ravisant ensuite, mus par un sentiment de frayeur et de crainte, ils revinrent sur leurs pas, effacèrent minutieusement les traces de sang sur tout le parcours qu'ils avaient suivi en traînant le cadavre, et s'enfuirent loin des lieux témoins de leur crime ; mais ils étaient déchirés par les plus cruels remords.

Le lendemain de leur arrestation, ils indiquèrent l'endroit où ils avaient précipité le corps de don Pedro. On envoya immédiatement un messager aux parents de la victime pour leur annoncer la découverte qui venait d'être faite. Le messager revint seul, mais porteur d'une lettre qui indiquait à quels signes infaillibles on reconnaîtrait l'identité du jeune Garcias.

La missive adressée aux consuls de Rivel par l'oncle de don Pedro disait, en effet, que la mère, après s'être décidée à laisser partir son fils pour la foire de Sainte-Cécile de Rivel, avait imaginé, pour dépister les voleurs et conserver la bourse de son fils intacte jusqu'au jour du grand marché, de recouvrir de velours plusieurs pièces d'or et d'en orner comme d'autant de boutons la veste de son cher Pedro.

L'indication était exacte. On recueillit soigneusement ces fameux boutons, où pendait encore quelque lambeau de velours; et chacun, en effet, renfermait le prix d'une mule à cette époque.

Le même courrier fut de nouveau expédié en Espagne pour remettre à l'héritier des Garcias tout l'or qu'on avait trouvé. Mais ce dernier, par un noble désintéressement qui honorera à jamais sa mémoire, partagea la somme en deux parties égales : il en envoya une au sanctuaire de Saint-Jacques de Compostelle, afin qu'on dît des messes pour le repos de l'âme de son parent, et fit don de l'autre à l'hôpital de Rivel (1), à une condition toutefois : c'est qu'on ne répandrait pas le sang des meurtriers de Pedro.

Mais la justice, qui les tenait sous les verrous, ne jugea pas à propos de se conformer entièrement aux volontés du généreux Aragonais. Elle usa de ruse et, s'en tenant à la lettre de la supplique, elle défendit réellement aux bourreaux de répandre le sang des assassins, mais elle leur intima l'ordre de les étouffer bel et bien avant de les accrocher au gibet infamant.

(1) Archives de la commune, *Registre de l'hôpital*.

CHAPITRE SEPTIÈME

1. Guerre de la Ligue. — Rivalité du vicomte Lévis de Mirepoix et du baron de Léran. — Part active que prennent tour à tour, dans la lutte, les villes de nos contrées. — Siéges du château de Léran, etc. — Jean-Antoine de Bruyères et la brave milice chalabroise. — Deuxième aliénation du domaine de Rivel. — Curieux détails sur l'origine et la fortune de Jean de Pressoires. — Démêlés du seigneur de Tournebouys avec le baron de Bruyères-Chalabre. — Ce dernier recouvre le domaine de Chalabre.

I. Ce fut sous la domination des Joyeuse que la Terre Privilégiée devint une seconde fois le théâtre de luttes sanglantes excitées par l'animosité des partis qui, sous prétexte de religion, divisaient alors la France tout entière. Nous ne devons point oublier de signaler les principaux événements qui s'accomplirent dans nos contrées, bien que la plupart de nos localités n'y prissent pas une part aussi active que les communes servant aujourd'hui de limite aux départements de l'Aude et de l'Ariége.

L'hérésie de Calvin avait gagné rapidement les provinces du Midi, où elle trouva un puissant auxiliaire dans le roi de Navarre, père de Henri IV.

Malgré la sévérité qu'employa le gouvernement pour entraver la marche du fléau, le comte de Foix fut le premier exposé à la fureur des religionnaires; ils s'emparèrent sans coup férir de sa capitale et de son château, qu'ils livrèrent au pillage. Pamiers, Mazères, Saverdun et bien d'autres places importantes s'étaient déjà révoltés et comptaient de nombreux adeptes. Partout l'hérésie semblait triompher, surtout quand l'édit de pacification du mois de janvier 1562 eut autorisé les calvinistes à faire publiquement leurs prêches et à exercer librement leur culte.

Ce fut à l'occasion de la mise en exécution de cet édit que des troubles éclatèrent à Carcassonne, d'où les réformés, honteusement chassés, allèrent grossir le nombre de leurs coreligionnaires enfermés dans la ville de Limoux.

Le parti catholique résolut de faire régulièrement le siége de cette ville. De nombreuses troupes furent rassemblées sous le commandement de Jean de Lévis de Mirepoix, dont le père occupait les fonctions de sénéchal à Carcassonne. La ville fut prise d'assaut et livrée au pillage. Elle possédait de grandes richesses, acquises par une industrie alors florissante; on en peut juger par la part du butin qui revint au chef et qui fut d'environ de cent mille écus d'or.

Usant de représailles, les calvinistes s'emparèrent de Quillan, Bugarach, Serres, Rouvenac, Tournebouys, Villelongue, Brugairolles, Caillau, Magrie, Couisa, Rennes, Alet. (j) Partout les églises furent profanées, les autels renversés. Le château de Couisa, appartenant aux Joyeuse, fut livré au pillage et à l'incendie (1).

L'ennemi gagnait du terrain; la Terre Privilégiée, jusqu'alors attentive à la lutte, se vit forcée à son tour d'y prendre une part active. En voyant les progrès des calvinistes, toutes les communes prirent les armes et se mirent à la disposition de l'intrépide Bellegarde, l'un des chefs de l'armée catholique. Le marquis de Mirepoix, qui voyait d'un œil jaloux le château de Léran s'élever comme un défi dans le voisinage de ses terres, profita du mouvement des catholiques et engagea Bellegarde à venir en faire le siége.

---

(1) *Hist. du Languedoc*, t. V, p. 354.

A cette nouvelle, la dame de Léran s'était retirée avec ses enfants à Bélesta, laissant la garde de son château à son cousin germain, le seigneur de Trulha, brave et digne jeune homme qui avait embrassé le parti des religionnaires moins par conviction que par amour pour sa belle cousine.

A l'approche des catholiques, il s'était dirigé, en toute hâte, vers la place menacée, en passant par la Bastide du Peyrat. Il était suivi de la garnison de Tarascon et de quelques principaux chefs de son parti, entre autres du fameux Claude de Lévis, sire Daudou de Léran, jeune seigneur protestant de la maison de Mirepoix qui avait une haute réputation de bravoure. L'armée des catholiques les suivait de près; elle investit le village et le château de Léran le samedi de la Pentecôte 1568.

Les opérations du siége commencèrent et furent poussées avec un acharnement d'autant plus fanatique que la place de Léran était regardée comme le boulevard et le refuge des religionnaires. De leur côté, les assiégés résistèrent vigoureusement. Dans une sortie dirigée par l'intrépide Daudou qui, quoique blessé dans l'action, continua à donner à sa troupe l'exemple du plus grand courage, ils finirent par couper l'armée catholique.

On pourrait croire que la retraite subite de Bellegarde vers Larroque d'Olmes fut la conséquence de cet échec, mais un auteur contemporain (1) rapporte qu'il ne leva le siége que sur un ordre du vicomte de Joyeuse, chef des catholiques de la province, et proche parent de la dame du château, qu'il ne pouvait voir traiter si durement par le sieur de Bellegarde. Quoi qu'il en soit, il fut immédiatement signé un accord par lequel « les religionnaires quitteraient la place, et que la dame du lieu rentrerait et demeu-

---

(1) Lascasses, *Hist. sur les événements du pays de Foix.*

rerait en son château, avec ses enfants et ses domestiques faisant l'exercice de sa religion, à la charge que le sieur de Coustaussa, allié des Joyeuse, y commanderait, et que le sieur Daudou se retirerait où il voudrait, ou bien se logerait à Léran avec cent hommes pour sa garde. »

La blessure de ce dernier, la perte de la ville de Tarascon, enlevée à ses coreligionnaires et qui était considérée comme leur meilleur refuge, fit accepter ces conditions au héros de Léran.

L'armée des catholiques poursuivit son expédition dans le reste du pays de Foix.

La famine et la peste, qui désolèrent coup sur coup nos malheureuses campagnes, avaient arrêté un instant l'animosité des partis, quand l'horrible massacre de la Saint-Barthélemy, exécuté dans la nuit du 23 au 24 août 1572, excita la plus grande fermentation dans les esprits des religionnaires.

Sur les instances réitérées du parti protestant, le brave Daudou se décida à prendre de nouveau le commandement des troupes. Le marquis de Mirepoix, à la tête des catholiques, l'arrêta dans ses succès.

Toujours fidèle à la cause du roi, l'intrépide baron de Chalabre, Jean-Paul de Bruyères, était accouru sur le champ de bataille, et, à la tête de la fameuse compagnie qui s'était déjà immortalisée sous son commandement, précipita la déroute de l'ennemi. Rien n'eut désormais fait défaut à la gloire du baron de Chalabre, si pendant la mission qu'il reçut d'Anne de Joyeuse, son cousin, de faire exécuter dans la province les édits du roi, il ne s'était fait accuser d'avoir ordonné, de concert avec son parent, le massacre des religionnaires d'Alet, réintégrés dans leurs foyers par Montmorency.

Lavelanet, Quillan, Tarascon, Saint-Girons, Puivert, etc.,

devinrent tour à tour le théâtre d'atroces représailles. Pour ne citer qu'un exemple, les catholiques s'étant rendus maîtres du château et de la ville de Tarascon, tombés récemment au pouvoir des protestants qui en avaient égorgé le gouverneur et la garnison, « ils y firent un grand carnage de huguenots, dont ils réservèrent soixante-six pour les précipiter du haut du rocher dans le gouffre, en expiation et représailles de la cruauté exercée contre le curé d'Ornolac (1). »

Les premiers succès de Henri IV sur les catholiques relevèrent dans la province le courage des réformés et les prétentions ambitieuses de Daudou, qui avait été précédemment disgracié par Henri III.

Plus tard, lorsque les désordres du Languedoc obligèrent Louis XIII à venir en personne combattre les rebelles, ayant à leur tête le duc de Rohan, secondé par le baron de Léran, l'armée royale trouva un puissant auxiliaire dans Jean-Antoine de Bruyères, qui commandait à son tour la brave milice chalabroise, grossie de tous les gens de guerre qu'il avait pu lever sur ses terres.

Voici, sur les nouveaux événements qui eurent lieu, le récit sincère d'un historien de nos contrées (2) :

« Le parti catholique, devenu cette fois agresseur, le comte de Carmain, gouverneur de Foix, n'attend pas d'être attaqué, il déclare la guerre au baron de Léran au moment où ce chef des religionnaires se disposait à se défendre, et l'oblige de se tenir enfermé dans Mazères. Puis il se répand dans les environs et partout où sa présence devient nécessaire. Le 5 juin 1622, il conduit sa troupe à Larroque d'Olmes, où le marquis de Mirepoix et le baron de Chalabre le rejoignirent avec leurs gens de guerre; il s'empara le

(1) Lascasses, *Hist. sur les événements du pays de Foix.*
(2) Castillon d'Aspet, *Hist. du comté de Foix.*

lendemain du château de Mirabel, qui appartenait au baron de Léran, et, après avoir fait périr les habitants, il y mit le feu. Il attaque, le 7 juin, le Peyrat, et est obligé de se retirer n'ayant pas de canon, après avoir toutefois brûlé ses faubourgs. Il fit assiéger, au mois de juillet, par Cartagnac, son lieutenant, dont le nom seul, dit un historien, servait aux mères d'épouvantail pour les enfants, le bourg des Allemans que le baron avait pris et fortifié, et qui fut forcé avec deux châteaux des environs.

« Après ces expéditions, le comte de Carmain ayant augmenté son armée jusqu'à trois mille hommes de pied, cent cinquante maîtres et cent carabins, et s'étant fait amener deux canons de Castelnaudary, partit, suivi du marquis de Mirepoix, du baron de Chalabre, de Castagnac, Bax, Dalou, la Bastide, Marquein et de Viviés, et assiégea de nouveau le Peyrat, qu'il força et brûla le 26 août, après avoir fait main basse sur la garnison et les habitants. Le surlendemain, le village de la Bastide subissait le même sort. La ville de Limbrassac, entourée d'épaisses murailles, fut prise d'assaut le 4 septembre; le brave chevalier de Catel fut grièvement blessé dans l'attaque. Il soumit deux jours après, par composition, le château de Léran, où l'épouse du baron se trouvait enfermée avec une bonne garnison. »

La châtelaine de Léran chercha à émouvoir la pitié du vainqueur et à calmer la haine personnelle qu'il portait au chef des révoltés du pays (1). Le comte de Carmain se laissa toucher par le discours d'une femme respectable et ordonna d'épargner le château, dont la ruine n'était que différée. Puis il se retira à Foix, après avoir licencié ses troupes.

Le zèle ardent de Donault, illustre évêque de Mirepoix,

---

(1) Gramondi, *Hist.*, p. 533.

ne fut point étranger au triomphe des catholiques, par les secours de toute nature qu'il prodigua à leurs troupes (1). C'est à la générosité de ce prélat que Saint-Maurice de Mirepoix doit son orgue et les superbes stalles qui entourent le chœur et font l'admiration des étrangers. Aussi remarquable par les qualités de son esprit que par sa profonde piété, le digne prélat ramena dans le giron de l'Église dame Louise de Lévis, épouse du fameux Daudou et douairière de Bélesta, où elle s'était retirée.

Vers la même époque, un immense incendie ruina en partie cette dernière localité, qui devint encore le théâtre de sanglantes représailles.

Le gouverneur de Foix, indigné des vexations commises par les protestants réunis de Léran, de la Bastide, du Peyrat et de Limbrassac, accourut une seconde fois châtier les coupables, au moment où ils ruinaient la poétique église du Val-d'Amour.

Pour la troisième fois le siége et la prise du château de Léran marquèrent la fin de l'expédition.

On le voit, dans cette dernière phase de la lutte des catholiques contre les protestants, l'opiniâtreté du baron de Léran circonscrivit le théâtre de la guerre dans ses propres domaines, véritable foyer de l'hérésie dans nos contrées. La Terre Privilégiée se ressentit des effets de la lutte, bien qu'elle n'y eût pris qu'une part tout à fait secondaire. Chalabre, Rivel et Sainte-Colombe, rapprochés du théâtre des opérations, ne sont désignés que comme des lieux de ravitaillement et de passage des troupes. Ajoutons, à la louange des Chalabrois, que la vaillante milice créée primitivement pour la défense de leur château, contribua pour une large part au succès de l'armée catholique.

(1) *Gallia christiana*, t. XIII, p. 277.

II. A la mort de l'ancien évêque d'Alet, qui s'était appliqué à dépouiller les Bruyères au profit de sa maison, ces derniers espéraient que leurs biens leur seraient rendus. Mais quelle ne fut point leur déception en voyant la veuve et les héritiers de l'ancien prélat aliéner en des mains étrangères leur beau domaine de Rivel, ne leur laissant, pour toute compensation, que la faculté de rachat de ladite terre à une époque déterminée.

Ainsi, il est stipulé dans l'acte de ladite vente (1) : « Par-devant M° Aymat du Jarrie, notaire royal de Toulouse, le huitième jour du mois de janvier 1592, le cardinal de Joyeuse, archevêque de Toulouse, et Henri de Joyeuse, ont fait vente *à faculté de rachat dans cinq ans*, à noble Jean de Pressoires, seigneur de Tournebouys, des terres, places et seigneuries de Rivel de las Sémals et Ourjacquet, avec les justices haute, moyenne et basse, maisons, jardins, moulins, métairies (de la Prade et autres), miniers tant de jais ou jayet que de couperose, bois et forêts de haute futaie et taillis, terres cultes et incultes, cencives, agriers, lots, ventes et autres droits seigneuriaux, appartenances et dépendances, pour le prix de 37,275 *livres tournois*, soit 12,425 écus (2). »

Le droit de rachat que se réservaient les Joyeuse fut cédé presque aussitôt après par le révérendissime cardinal au successeur de François III, messire JEAN-ANTOINE de Bruyères, baron de Chalabre, à la condition que celui-ci rembourserait au bout de cinq ans, audit seigneur de Tournebouys, la somme payée par ce dernier (3).

Mais le seigneur de Chalabre, au terme de l'expiration, « aurait fait demande de certaines rugues et dépopu-

(1) Archives du château de Chalabre, *Copie*.
(2) L'écu valait, à cette époque, 3 francs; 12,425 écus, soit 37,275 fr.
(3) Archives du château de Chalabre, *Notes, pièces diverses*.

lations dans la forêt et les propriétés de Rivel, desquelles il exigeait réparation avant de rembourser la somme de rachat (1). »

De Bruyères était dans son droit; car, toujours dominé par ses idées de lucre, le commerçant anobli avait fait abattre dans les forêts de Rivel une immense quantité de bois de toutes sortes, qu'il exploitait aussi habilement que ses draps. Il fallait en outre compter l'épuisement des mines de jayet et de couperose.

Une vive contestation s'engagea à ce sujet entre les deux parties, qui dura près de deux ans. Enfin, d'après l'acte passé le 22 juillet 1609, au château de Chalabre, signé Rieutort, notaire royal dudit lieu, il fut convenu que « le baron de Chalabre se désiste du prétendu droit de rachat pour lui et ses successeurs, au moyen d'une bonification de *soixante mille livres tournois*, qui lui seraient payées par Jean de Pressoires, seigneur de Tournebouys, se réservant toutefois le *droit de lézion*, ou complète annulation du présent contrat, dans le cas où messire de Pressoires aurait payé les susdits biens au-dessous de leur valeur (2). »

Ce qu'il fut facile à Jean-Antoine de Bruyères de prouver, en produisant l'état régulier des biens et revenus annuels de la baronnie de Rivel.

Les précieux renseignements que nous fournit cette pièce importante, sur les principales branches de commerce et d'industrie auxquels se livraient, en ce temps-là, les habitants de Rivel et de ses annexes, nous font un devoir de la reproduire intégralement et dans les mêmes dispositions de la pièce originale conservée au château de Chalabre.

---

(1) Archives du château de Chalabre, *Notes, pièces diverses*.
(2) *Ibidem*.

ROLE DES PERSONNES

Occupées dans la forêt de Rivel

EN L'ANNÉE 1590 ET A PEU PRÈS TOUTES LES ANNÉES ÉGALEMENT

Pour y faire Sémals, Charbon, Palles, Cannes, Sabots, etc.,

Et ce qu'elles payent de rente annuellement pour cela.

		LIVRES	SOLS
47	—Hommes travaillant trois mois de l'année dans la forêt pour y faire du bois pour sémals, chacun d'eux paye 10 liv. par mois, ce qui revient à 30 liv. qui, multipliées par 47, donnent total de...	1410	»
16	—Hommes faisant charbon sapin, payent chacun 18 liv. l'année, ce qui fait......	288	»
3	—Boutiques qui font cannes, donnant chacune, par an, 3 liv. 10 sols, ensemble soit............................	10	10
5	—Hommes sabotiers, chacun paye 3 liv., en tout............................	15	»
7	—Hommes faisant pizons et fuseaux, 5 liv.	35	»
13	—Hommes faisant esclape pour peignes..	42	5
16	—Hommes faisant pelles, palles, par an, 12 liv............................	192	»
5	—Hommes faisant casses et cuillers, chacun 7 liv. l'an............................	35	»
	—Il faut comprendre bois carré pour le commerce, pièces grosses de charpente, poutrelles, planches, solives et autres, ensemble............................	5000	»
	—Le revenu des terres, moulins, maisons, miniers, droits seigneuriaux, montant à la somme de....................	2600	»
	Total..........	9627	15

Que résulta-t-il de cet exposé exact des revenus annuels de la baronnie de Rivel, excédant la somme payée par Jean de Pressoires? C'est ce que nous allons expliquer, après avoir édifié nos lecteurs sur l'origine et la fortune du seigneur de Tournebouys, et de ses successeurs, dans le domaine de Rivel.

Une vieille brochure qui a passé sous les yeux de la plupart de nos compatriotes, et dont M. Gayraud de Saint-Benoît nous a raconté les principaux passages, nous donne les plus curieux détails sur la vie de Jean de Pressoires de Tournebouys, le plus riche et le plus puissant des seigneurs de nos contrées, à la fin du XVI° siècle.

Avant d'acquérir ses titres de noblesse, de Pressoires était un habile industriel de la ville de Chalabre occupé à la fabrication des draps, dont ce pays faisait alors un grand commerce. Grâce à une rare intelligence et à une activité sans pareille, le jeune commerçant parvint, en très-peu de temps, à réaliser une immense fortune. Il excellait surtout dans la vente avec l'étranger. Ses fréquentes excursions dans les principales villes de la province, en multipliant ses relations avec les sommités commerciales de l'époque, lui acquirent une telle réputation de franchise, de probité et de connaissance dans les affaires, que chacun se faisait un honneur d'entrer en communication avec lui.

Les principaux industriels de Chalabre, offusqués d'abord de ses succès, ne purent, sans se compromettre, conserver longtemps, à son égard, des sentiments de jalousie. L'amour-propre dut fléchir devant l'intérêt, et, de gré ou de force, il leur fallut reconnaître la supériorité de leur compatriote. A leur insu, l'adroit négociant les avait su mener à composition, grâce à ce tact merveilleux qu'il montrait en toute occasion, à cette finesse d'esprit et de langage qui se traduisait sous les dehors de la plus aimable courtoisie.

L'aménité de son caractère, la douceur de ses procédés envers les étrangers, ramenaient, infailliblement, chez lui ceux qui, une fois, lui avaient fait quelque emplette.

De son côté, pour reconnaître la confiance qu'il inspirait à ses compatriotes, et leur montrer combien il avait à cœur d'élever le niveau de l'industrie chalabroise et de propager ses produits, il voulut bien accepter, sur la proposition qui lui en fut faite par le comité des fabricants, d'être leur unique mandataire sur les grands marchés de la province et, notamment, à la fameuse foire de Beaucaire, où sa réputation était déjà si bien établie. Heureux de confier leurs intérêts en des mains si habiles, les Chalabrois s'adonnèrent, alors, tout entiers à la fabrication des draps, qu'ils portèrent à un haut degré de perfectionnement. Quant à Pressoires, il inaugurait son mandat par les plus heureuses négociations. La confiance que chacun avait en lui, devenue presque de l'engouement, lui laissait pleine faculté de traiter pour son compte personnel maintes affaires d'une réussite certaine, sans que pour cela il dérogeât à ses habitudes de délicatesse et de probité.

Par une belle matinée de juillet, une nombreuse file d'équipages pesamment chargés des produits annuels de la riche industrie chalabroise gravissaient lentement la côte de Beaucaire. Derrière chevauchait le maître, escorté de deux commis également à cheval, occupés à régler leur allure sur celle du patron, qu'on devinait être absorbé par quelque sérieuse réflexion. La fixité de son regard, l'animation de ses traits étaient toujours chez lui l'indice d'une grande résolution prête à éclore. En effet, quelques instants après, mû comme par un ressort, le cavalier, se levant sur ses étriers, donna ordre à ses gens de s'arrêter et fit mander de suite le maître voiturier, qui se trouvait à plus d'une demi-lieue en avant.

Celui qui parlait ainsi avec l'accent du commandement n'était autre, on le devine, que Jean Pressoires. Il avait rejoint la veille ses équipages, se rendant à la grande foire de Beaucaire.

Après un entretien de quelques secondes avec le maître voiturier, ce dernier fit rétrograder ses équipages, et la caravane, suivant le maître, prit une nouvelle direction.

Cependant huit, quinze jours se passèrent, le grand marché était clos, et, contre son habitude, le mandataire n'était pas de retour. Les industriels du pays, entrevoyant déjà de gros bénéfices dans la vente assurée de leurs marchandises, attendaient impatiemment son arrivée, mais les plus flatteuses espérances firent place aux plus amères déceptions, lorsque les marchands de Limoux, de Castres et de Carcassonne eurent fait courir le bruit que le grand industriel de Chalabre, pas plus que ses draps, n'avaient paru sur la place de Beaucaire.

Les bruits les plus contradictoires s'élevèrent aussitôt sur son compte : les uns dirent qu'il avait été assassiné en chemin et qu'une bande de voleurs s'était partagé son riche chargement; d'autres suspectèrent sa bonne foi; les plus confiants, comptant sur son prompt retour, s'attendaient à quelque grande et heureuse surprise. C'est au milieu de toutes ces conjectures que la vérité se fit jour par l'arrivée des voituriers, qui ramenaient leurs équipages vides.

Ceux-ci annoncèrent aux Chalabrois que le maître, par un coup de tête qu'ils n'avaient pu s'expliquer, les avait fait rétrograder en vue de Beaucaire, et leur avait fait gagner la route de Marseille ; que, là, ils s'étaient vite débarrassés de leur chargement, et que le jour même, sans leur laisser le temps de souffler, il les avait congédiés, en leur payant grassement leurs frais de voyage. Tout en parlant de la sorte, les voituriers faisaient résonner sous leur vareuse les nombreuses pièces d'or que Pressoires leur avait données, à la condition expresse que pas un d'entre eux ne passerait la nuit à Marseille. Il avait seulement gardé avec lui les deux commis.

Ce récit, on le pense, n'était pas de nature à dissiper l'anxiété des fabricants de Chalabre. Il leur fut facile de deviner que leur mandataire n'avait gagné ce port de mer que pour s'embarquer avec leurs marchandises pour quelque pays lointain, d'où il ne reviendrait plus jamais.

Or, le coup de tête du maître, comme l'appelaient les voituriers, n'était point l'effet d'un vain caprice, il était au contraire le résultat d'une longue et mûre réflexion.

Quelque tardive que fût la solution du grand problème que l'ingénieux industriel s'était posé depuis longtemps, il l'avait saisie au passage dès qu'elle s'était présentée, bien résolu d'en faire l'application à l'heure même, en face de Beaucaire, la veille du grand marché, tant il était sûr de la justesse de ses combinaisons.

Arrivé à Marseille, quelques heures lui suffirent pour faire les préparatifs du long voyage qu'il méditait. Il conclut avec un riche armateur, qui mit à sa disposition deux bâtiments tout équipés, et, dans quarante-huit heures, l'audacieux Chalabrois faisait voile pour le Levant, où il savait que ses draps avaient acquis depuis longtemps un grand renom. Il était donc sûr, en traitant directement avec les consommateurs, de tripler, quadrupler même le bénéfice qu'il en eût retiré en France.

En effet, la nouvelle de son arrivée se propagea rapidement en ces contrées lointaines, avides des riches productions de Chalabre; de toutes parts on accourut à sa rencontre, et ses marchandises lui furent enlevées à un prix qu'il était loin de soupçonner lui-même. La vente terminée, Pressoires appliqua ses bénéfices à l'achat de divers produits de ce pays fort recherchés en France, et dont il remplit les deux bâtiments ; puis il cingla vers Marseille, où il arriva fort heureusement, toujours accompagné de ses deux fidèles commis.

Cependant les Chalabrois, qui avaient attendu des mois entiers sans apprendre la moindre nouvelle de leur mandataire, se crurent, non sans quelque raison, les victimes d'une ruse habilement ourdie. Jean Pressoires avait spéculé, sans aucun doute, sur la confiance et l'estime générales pour faire son jeu de larron. Son nom fut voué à l'exécration et à l'infamie. On eut bientôt fait de briser ses métiers et de brûler sa maison. Sur la place publique fut dressée une potence où son corps pendu en effigie devint l'objet des insultes des passants et le jouet des enfants.

Les choses en étaient là, quand, un jour, un cavalier faisant irruption au milieu de la ville, annonça de sa grande voix le retour de Jean Pressoires.

De tous côtés l'on court, l'on se presse, chacun veut entendre la nouvelle de la bouche du messager, dont le riche équipement reluit au soleil. Ce messager n'est autre que l'un des commis qui avaient disparu avec le maître.

L'étonnement est à son comble quand ce dernier leur fait le récit de sa lointaine expédition. Chacun renaît à l'espérance ! Les fabricants songent au prix qui leur revient de leurs marchandises. Vite, l'ordre est donné d'abattre la potence et d'arracher la victime au carcan ; plusieurs émettent le vœu qu'un arc de triomphe s'élève sur les ruines de la maison brûlée.

Le brillant cavalier ne pouvant se méprendre sur l'accueil sympathique que les Chalabrois réservent à leur ancien mandataire, salue gracieusement la foule compacte et reprend au galop le sentier de Limoux, pour aller annoncer au maître l'heureux résultat de son voyage.

Pendant ce temps, Pressoires échangeait à Marseille avec

quelques gros négociants, et contre beaux deniers comptants, les produits de l'Orient dont regorgeaient ses navires. Le retour du commis activa ses dernières négociations, et, en moins de huit jours, le maître regagnait son pays natal, possesseur d'une fortune colossale.

Les Chalabrois n'en pouvaient croire leurs yeux ! ils s'empressèrent avidement autour du millionnaire qui paya, séance tenante, leurs marchandises le double de leur valeur ordinaire.

Le lendemain, au milieu d'un banquet somptueux qu'il offrit à tout le corps des fabricants, Jean Pressoires, sans faire la moindre allusion au carcan et à l'incendie, remercia ses chers compatriotes de l'estime et de la confiance sans bornes dont ils l'avaient honoré, et, comme chacun s'exaltait de plus en plus en des sentiments de reconnaissance et d'admiration, lui, profitant du calme que lui laissait un court intervalle de bravos et de vivats, les remercia de tous ces témoignages de sympathie en leur annonçant qu'à partir de ce jour il renonçait pour jamais à la vie commerciale.

Ce fut à la suite de cette merveilleuse expédition que l'heureux millionnaire, profitant de l'affaiblissement progressif des seigneurs de nos contrées, acheta presque coup sur coup les baronnies de Tournebouys, dont il prit de préférence le nom, celles de Puivert, Sainte-Colombe, Rivel, Saint-Benoît, Courtauli, etc., qui toutes le reconnurent pour leur haut et puissant seigneur, investi des mêmes prérogatives que les anciens maîtres.

Mais peu à peu l'ambition s'emparant tout à fait de l'âme de l'intègre commerçant, il ne s'appliqua plus qu'à étendre les limites de ses domaines et à escompter en quelque sorte les droits de ses voisins, qui n'eurent pas toujours assez de fermeté pour résister à ses tentations. Seules les municipalités n'acquiescèrent aux désirs ambitieux du nouveau maître que sous certaines réserves. Seule aussi la baronnie de Chalabre, que les Bruyères avaient recouvrée en 1602, en remboursant aux Joyeuse le cinquième seulement du prix convenu que ces derniers leur avaient payé ; seule, disons-nous, la baronnie de Chalabre sut garder sa dignité. Elle fut pour le seigneur de Tournebouys l'inutile objet de sa plus ardente convoitise. Il l'eût certes considérée comme le plus beau fleuron de sa couronne seigneuriale, mais il dut se contenter de la tenir à ferme, Jean-Antoine de Bruyères n'ayant jamais consenti à se dessaisir de cette dernière épave de l'immense fortune que Pons de Bruyères le Châtel avait laissée à sa descendance.

Dans un acte authentique de 1612, il est question d'un vif démêlé engagé entre Jean-Antoine de Bruyères et le sieur Raphaël Pressoires, marchand de Chalabre, au sujet de certains droits d'achat de rente volante que ce dernier refusait de payer au seigneur dudit lieu (1). Le nom de Pressoires, que nous retrouvons fréquemment dans les actes privés, avant comme après l'élévation du renommé marchand de draps, ne nous laisse aucun doute sur l'origine de l'illustre parvenu de Chalabre. Une preuve irrécusable de la parenté de Raphaël Pressoires avec le seigneur de Tournebouys est l'intervention empressée de ce dernier auprès du baron de Chalabre, pour mettre un terme au dissident dont nous venons de parler. En cette circonstance, Jean-Antoine, froissé dans son orgueil, rejeta toute conciliation, et les Pressoires durent, malgré eux, se soumettre à la volonté de leur rival, pour ne point paraître léser des droits qu'eux-mêmes exigeaient si rigoureusement de la part de leurs vassaux.

Ajoutons néanmoins que l'animosité réciproque des deux

---

(1) Acte communiqué par M. Louis Chaubet, de Chalabre.

seigneurs perdit peu à peu de sa consistance et que la franchise et la magnanimité du baron de Chalabre modifièrent singulièrement les sentiments d'égoïsme et de jalousie du riche seigneur de Tournebouys.

CHAPITRE HUITIÈME

I. Messire François de Pressoires. — Ses dernières volontés. — Testament de dame Potier de la Terrasse, veuve de Pressoires, en faveur de François de Roux. — Fatale incurie des de Bruyères-Chalabre. — Abandon des poursuites pour le recouvrement du domaine de Rivel. — II. Illustrations de la maison de Roux de Sainte-Colombe, marquis de Puivert. — Le triomphe de Bernard-Emmanuel de Roux. — Liste des seigneurs de Rivel.

I. Messire François de Pressoires, fils du seigneur de Tournebouys, agrandit encore le riche héritage que lui laissait son père en mourant. Il fixa sa résidence au superbe château de Sainte-Colombe, que son épouse, dame Françoise de Potier de la Terrasse, affectionnait d'une manière toute particulière.

François de Pressoires fut celui de nos seigneurs qui maintint le plus rigoureusement ses tributaires dans l'observance de leurs engagements ; mais aussi nul ne fut plus exact à reconnaître et à enregistrer leurs franchises et leurs libertés ; témoin le nombre considérable d'accords ou transactions avec les différentes communautés de la seigneurie et qui tendent toutes à régulariser juridiquement les droits et la propriété de chacun.

Néanmoins, d'après une tradition encore en vigueur dans nos campagnes, il est accusé d'avoir une fois abusé de son autorité, en contraignant un riche industriel de Rivel de las Sémals, Jean Laprade, à lui abandonner la prairie qui porte encore son nom (le prat de Moussu Jean), enclavée dans le domaine seigneurial, au milieu de la forêt de sapins.

Ne pouvant à prix d'or se procurer ce lot si ambitionné, de Pressoires, sous un prétexte que nous ignorons, fit comparaître le négociant devant ses justiciers, qui le condamnèrent à être enfermé dans le château de Puivert. Le prisonnier, habitué à toutes les commodités de la vie, ne pouvant s'accommoder des rigueurs de son nouveau régime, ne persévéra pas longtemps dans son obstination. Un garde forestier du nom de Paoulet venait journellement de Sainte-Colombe lui apporter un morceau de pain bis et lui répéter cette phrase devenue depuis proverbiale :

> Per récoubra sa libertat
> Carda qu'en Jean baillé soun prat (1).

Nous citerons plus loin l'acte important qui mit un terme aux démêlés qui existaient entre ce seigneur et les habitants de Rivel.

Plus sensible que son père à l'endroit des titres et des dignités, François de Pressoires affectait en toute occasion des dehors de noblesse et de grandeur où perçait par trop souvent des idées mesquines d'intérêt personnel, restes de l'esprit mercantile qui avait élevé si haut la fortune de son père et que son héritier ne put faire disparaître tout à fait, après s'être composé un blason et des titres de noblesse.

Ce ne fut pas sans regrets que Jean-Antoine de Bruyères, dont tous les efforts tendaient à réédifier la fortune écroulée de sa maison, vit triompher à sa place une pareille illustration. Il s'en dédommagea par la satisfaction qu'il éprouvait à se trouver au milieu de ses braves et fidèles sujets, et surtout de cette valeureuse milice chalabroise qu'il

---

(1)   Pour recouvrer sa liberté
            Il faudra que Jean *baille* son pré.

avait conduite la première à l'assaut de Mirabel, du Peyrat, de Léran, etc., et dont il était si fier d'être encore appelé le commandant (1). Il tenait si fort à ce titre, qu'il ne l'eût point échangé contre celui de gouverneur du pays de Sault, dont il avait été investi par ordonnance royale.

Jean-Antoine releva sa maison à la suite de l'héritage qu'il reçut de son oncle, l'abbé de Villeloing, prévôt de l'église de Toulouse et député du clergé de cette ville aux états généraux de 1594. Sa fortune s'était considérablement accrue par ses mariages avec Paule d'Orbessan et Béatrix Potier de la Terrasse. De ces alliances étaient nés deux filles et deux garçons, Jean-Pierre et Aymèric. Ce dernier, connu sous le nom de Bruyères-Sonac, jeune, plein de courage qu'excitait de plus en plus le souvenir de ses illustres aïeux, noblement jaloux des titres et des priviléges de sa maison dont son frère allait recueillir l'héritage, en vertu du droit d'aînesse, résolut de quitter la terre natale, pour aller tenter ailleurs le sort des armes (1630). Entré dans les gardes de François II, duc de Lorraine, en peu de temps ses rares mérites eurent gagné la confiance et les faveurs du prince, qui l'éleva successivement au grade de capitaine et de colonel, et en fit enfin son chambellan (2).

Le jeune cadet de famille des barons de Chalabre devint ainsi dans ce duché l'auteur de la branche de Bruyères-Lorraine, la seule qui se flatte de posséder encore un représentant dans la personne de M. Charles de Bruyères, en résidence à Remiremont, dans les Vosges (3).

Mais revenons à Jean-Antoine.

Quelques années avant sa mort, arrivée en 1632, il fonda à Chalabre un couvent de capucins et institua JEAN-PIERRE

(1) Ordonnance de Louis XIII, 1622, *Archives nationales.*
(2) La Chesnaye des Bois. — Archives du château de Chalabre.
(3) Voir, dans la II° partie, chapitre II, *les Derniers de Bruyères.*

son héritier. Celui-ci devint colonel d'un régiment qui porta son nom et succéda à son père dans la charge de gouverneur du pays de Sault. Il avait épousé, en 1631, Gabrielle de Lévis-Léran, dont il eut quatre garçons. Le premier, JEAN-AYMÉRYC Ier, devait hériter de ses biens comme de ses titres, et recommencer la lutte de sa maison contre les successeurs des Joyeuse, en vue de recouvrer l'héritage de cette famille, sur lequel il avait des droits légitimes.

Les religieux établis dans le chef-lieu de la Terre Privilégiée, par Jean-Antoine de Bruyères, ayant vu croître leur influence au milieu d'un pays éminemment catholique, obtinrent de sire François de Pressoires, baron de Rivel, d'établir dans cette localité une annexe de leur couvent. Ils avaient déjà édifié en partie la nouvelle chapelle au sommet du magnifique enclos du village connu sous le nom de l'Horto, quand, sous un prétexte que nous ignorons, leurs projets ainsi que leur construction se trouvèrent entravés.

Telle est l'origine des quelques pans de murs percés d'œils-de-bœuf qu'on désigne au village sous le nom de *Capeillo*. Ils bordent la petite rue, en patois *carraïrou*, qui conduit directement à la rivière.

Quant à sire François de Pressoires, que les succès du renommé baron de Chalabre n'avaient point troublé dans ses projets d'agrandissement, il se contenta d'être appelé chevalier du roi, appellation puérile, qui, faute de mieux, suffit toujours à sa gloire. Sur la fin de ses jours, il eut comme un remords de la retenue qu'il avait faite si longtemps d'une partie des biens de la famille de Bruyères; nous voulons parler du domaine de Rivel. C'est sous l'impulsion de ce sentiment, à la veille de paraître devant Dieu, qu'il écrivit au baron de Chalabre le billet que voici :

Je promets à monsieur de Bruyères-Chalabre que je veux qu'après ma mort et celle de ma femme, la terre de Rivel, d'Ourjac et leurs dépendances lui soient rendues, ou à ses enfants, moyennant le remboursement de soixante mille livres que j'ai sur lesdites terres. Et parce que c'est ma volonté, je me suis signé en présence de monsieur Jean d'Antasse, prêtre, vicaire de Sainte-Colombe, Pierre Bigou, procureur, Antoine Aché, habitant dudit lieu.

Soussigné, fait à Sainte-Colombe, le 6 juin 1652 (1).

Cette déclaration rendait évidents les droits de la maison de Bruyères sur la baronnie de Rivel ; le droit de lézion que s'était réservé Jean-Antoine de Bruyères, dans son dernier acte avec François de Pressoires, ressortait clairement de l'état des revenus des terres de Rivel, et de plus François de Pressoires le reconnaissait.

Dame Françoise de Potier de la Terrasse, veuve de sire François de Pressoires, se ressouvant à son heure dernière de la promesse écrite que ce dernier avait faite aux de Bruyères, la stipula de nouveau dans son testament, ainsi qu'il suit :

« Au nom de Dieu, amen... Je, Françoise de Potier de la Terrasse, veuve de messire François de Pressoires, chevalier de l'ordre du roy, seigneur et baron de Puivert, Sainte-Colombe, Rivel et autres lieux, désirant disposer de mes biens, etc. Et d'autant que, par une clause de son testament, feu ledit seigneur mon mari m'a chargée *de rendre et restituer ses biens et hérédités,... en ce qui concerne les terres de Rivel, d'Ourjac et leurs dépendances, à de Bruyères-Chalabre, moyennant le remboursement de soixante mille livres,...* à la réserve, toutefois, de ceux qu'il m'a donnés ou légués pour en faire et disposer à ma volonté à tel de ses neveux ou petits-neveux que je voudrais élire, choisir et nommer, lors de mon décès ou auparavant... nomme messire François de Roux, conseiller du roy en ses conseils, président-présidial et juge-mage de la sénéchaussée de

---

(1) Archives du château de Chalabre, *Copie.*

Carcassonne, petit-neveu dudit feu seigneur de Sainte-Colombe, veux qu'il les recueille aux charges du testament de feu messire François de Pressoires du 8 novembre l'an 1652.

— « Sainte Colombe, le 30 août 1655 (1). »

Le testament de sire François de Pressoires, dont les suites ressortent des extraits que nous empruntons à celui de sa femme, établit d'une manière évidente les droits des de Bruyères-Chalabre à la possession du domaine de Rivel, outre la promesse écrite qu'ils avaient entre les mains.

Un temps se passa, et les seigneurs de Chalabre, trop confiants dans les dispositions testamentaires de Pressoires, ne se pressèrent point de réclamer au légataire de la vieille douairière de Sainte-Colombe l'exécution des dernières volontés des testateurs. En effet, messire François de Roux, conservant le domaine de Rivel, continuait à le régir comme le reste de ses possessions directes. Enfin, lorsque les de Bruyères, moyennant le remboursement de soixante mille livres, se déterminèrent à faire valoir leurs droits sur lesdites terres, par une négligence inqualifiable, il se trouva qu'ils avaient égaré le fameux billet de François de Pressoires. Or, on sait que c'était le seul titre qui pût donner quelque force à leurs justes prétentions. Les héritiers de Roux réclamèrent donc l'exhibition de cette pièce, regardant les clauses testamentaires comme infirmées et sans valeur.

Quelque temps après, les Bruyères, ayant retrouvé le billet en question, s'empressèrent d'en demander l'exécution, mais il était trop tard. Les poursuites pour le recouvrement de l'héritage des Joyeuse ayant été suspendues depuis cinquante-quatre ans environ, la prescription pouvait être juridiquement invoquée par les adversaires. Or, ici, il faut

---

(1) Archives du château de Chalabre, *copie auth.*

entendre par adversaires non-seulement les héritiers de Pressoires, mais encore ceux de la maison de Joyeuse, représentés à cette époque par un membre de la famille royale.

Le 30 mai 1695, le fils de Jean-Pierre de Bruyères, Jean-Ayméric Ier, dont nous avons parlé, passa avec Monsieur, frère du roi Louis XIV, par-devant Bellanger, notaire à Paris, une transaction portant « qu'à titre d'héritier des biens des maisons de Joyeuse et de Guise, auxquelles celle de Bruyères-Chalabre était substituée, le prince lui assignait une somme annuelle de 1,500 liv. et promettait de fournir à lui ou aux siens les pièces nécessaires pour poursuivre la substitution de la vicomté de Joyeuse. »

Dans cet acte, Jean-Ayméric, qui est qualifié de marquis de Chalabre et de Bruyères-Joyeuse, renonce pour une modique somme d'argent à l'héritage des de Joyeuse, que sa postérité ne devait jamais recouvrer. Mais au moyen des pièces que ces derniers leur fournirent pour poursuivre la substitution de ladite vicomté, il ne restait plus aux Bruyères qu'à terminer leur long démêlé avec les autres héritiers, les Roux de Sainte-Colombe.

A ce sujet, de nombreuses correspondances furent échangées de part et d'autre qui n'aboutirent à aucun résultat. Enfin, après maintes consultations qui laissèrent peu d'espérance dans le succès de leur cause, les de Bruyères renoncèrent à toutes poursuites ultérieures, et le domaine de Rivel fut à jamais perdu pour eux.

Le récit de la longue contestation engagée entre la famille de Bruyères-Chalabre et les de Roux de Saite-Colombe, sur la possession du domaine de Rivel, excite au plus haut point la curiosité publique. Aussi nous sommes-nous réservé de le publier séparément. Chacun pourra s'assurer, en lisant ces pages écrites sur des documents authentiques jusqu'à quel point les prétentions des parties étaient justes et légitimes.

II. François de Roux, le protégé de la **veuve de Pressoires**, était fils de Philippe de Roux, juge-mage de la sénéchaussée de Carcassonne, qui avait puissamment contribué au succès du parti catholique lors des dernières guerres de religion.

Dom Vaissette rapporte qu'ayant pris fait et cause pour le duc de Joyeuse, commandant de l'armée de la Ligue qui investissait la ville de Carcassonne, Philippe de Roux, de concert avec les consuls et les principaux habitants, profita de l'absence momentanée du baron de Léran, chef des réformés, pour livrer la cité aux soldats catholiques.

La prise de possession par les de Roux des domaines des de Bruyères fut signalée, selon l'usage, par quelque nouveau privilége envers les habitants. Mais l'attachement de nos populations à la famille de leurs seigneurs naturels dut les rendre d'abord indifférents aux faveurs du nouveau maître, surtout tant qu'un dernier rejeton de leur glorieux Philippe, tant qu'un arrière-petit-fils de Béatrix de Mauléon, leur bien-aimée châtelaine, siégerait à l'antique manoir de Chalabre et continuerait, par sa présence, à exciter leurs sentiments de reconnaissance et de fidélité. François de Roux, en homme plein de sagesse et de prudence, comprit qu'il fallait d'abord ménager la susceptibilité de gens dévoués à la cause de son rival et employer tous les moyens possibles pour s'attirer, à la longue, leur sympathie et leur dévouement. Aussi leur laissa-t-il occuper, comme auparavant, les charges et les honneurs, et les dota même de certaines prérogatives qui flattèrent leur amour-propre et commencèrent à les bien disposer à son égard.

Nous trouvons dans un grand nombre d'actes publics les noms des principales familles qui occupaient alors le premier rang dans notre commune : tels sont les de Caneville, les de la Fage, les Donezil, d'Aigues-Mortes ; les de Laporte, les Laprade, les Garzelles, dont le souvenir ne saurait se perdre parmi nous. C'est dans la maison des Garzelles que nos anciens seigneurs choisissaient de préférence le baile de la baronnie de Rivel. Un de ses membres était même, en ce temps-là, archiprêtre de l'église de Sainte-Cécile, laquelle possède ses restes. Depuis fort longtemps déjà, ils occupaient l'ancienne demeure seigneuriale des barons de Rivel, qui à la longue avait fini par échanger sa dénomination primitive en celle de *maison Garzelles.*

François de Roux, IIe du nom, fils de l'heureux héritier des Pressoires, remplit les mêmes charges que son père, et fut investi des mêmes dignités. En qualité de juge-mage de la sénéchaussée de Carcassonne, il jouissait des mêmes prérogatives et de la même autorité que le sénéchal, dont il remplissait au besoin les fonctions. Il figure en 1695 comme président aux requêtes du parlement de Toulouse, sous la dénomination de François de Roux de Sainte-Colombe : c'était le nom de sa ville de prédilection, comme elle avait été celle de son père et de leurs généreux testateurs. Il avait néanmoins le droit de prendre le titre honorifique de marquis de Puivert, puisque cette baronnie avait été érigée en marquisat dans le cours de l'année 1680 (1).

Il fut honoré, dans ses vieux jours, du brevet de conseiller d'honneur, et eut la satisfaction de voir son fils le remplacer au parlement.

Sylvestre-Jean-François de Roux, tel était le nom du jeune magistrat, qui ne tarda pas à occuper à son tour le fauteuil de président au parlement de Toulouse, reconstitué en 1743.

Marié en secondes noces à sa cousine de Roux d'Alzonne, il en eut trois garçons, dont le mérite suffirait à établir la gloire de sa maison.

---

(1) Le marquis d'Aubais.

Les dernières années de l'illustre président furent malheureusement empoisonnées par la perte du plus jeune de ses fils, Marie-Claude-Charles-Joseph, dont les vertus précoces présageaient le plus grand avenir. Agrégé encore enfant à l'ordre de Malte, il obtint, à l'âge de dix-neuf ans, par faveur royale, de siéger comme conseiller, avocat général au parlement de Toulouse (1). On eut dit que la mort, jalouse des prodiges de son esprit et des trésors de son âme, n'avait voulu leur donner qu'une occasion de se montrer, à seule fin de ravir l'admiration générale, pour ne lui laisser ensuite qu'une source de regrets éternels ! Le jeune magistrat mourut à l'âge de vingt ans. On voit son mausolée dans l'église Saint-Etienne de Toulouse, à côté de celui de son père.

Le second fils du président demanda aux armes l'éclat que plusieurs des siens avaient trouvé dans les rangs les plus élevés de la magistrature. Chevalier de Malte comme son frère, enseigne, puis lieutenant de vaisseau, il touchait aux grades supérieurs, quand la Révolution vint troubler tout à coup ses rêves de gloire.

Par le seul fait de sa naissance, il fut, comme tant d'autres, déclaré l'ennemi du régime d'alors. On ne peut donner d'autres motifs à son arrestation. Incarcéré dans les prisons du Luxembourg, il périt dans le massacre des malheureux proscrits qu'on retenait dans ses murs (2).

Restait Bernard-Emmanuel, l'aîné, qui eut subi le même sort que son frère, s'il ne se fût hâté d'émigrer (1791). Son patriotisme moins que son rapide avancement dans l'armée lui fit regretter vivement l'abandon du sol de sa patrie ; ses biens confisqués devaient être vendus plus tard, au profit de la République.

Tout le monde connaît à Castelnaudary le dévouement

---

(1) Décret du 31 décembre 1779, *Archives du parlement de Toulouse.*
(2) *Dict. des victimes de la Révolution.*

d'un de ses tenanciers du nom de Reverdy, qui, avec un désintéressement dont on trouve peu d'exemples, conserva au marquis plusieurs de ses terres du Lauraguais. Hâtons-nous d'ajouter que maître et serviteur furent, en cette circonstance, dignes l'un de l'autre. La reconnaissance fut à la hauteur du bienfait, puisque les Reverdy ont pu conserver de père en fils pendant quatre-vingts ans, moyennant 5000 livres de rente, le fermage des terres avoisinant le château de la Pomarède, fermage qui valait bien le triple de cette somme.

Les quatre-vingts ans expirés, la Pomarède va faire retour à la famille dans la personne de M. d'Auberjon de Saint-Félix.

Mais revenons à Bernard-Emmanuel.

Attaché au service de Monsieur, en qualité de colonel, il devint successivement maréchal de camp et aide de camp de Son Altesse, ce qui le dédommagea amplement de son ancien grade de major dans le régiment de Guyenne (1).

Rentré en France, muni des pleins pouvoirs du roi dans le Midi, il fut arrêté à Belleville, près de Paris, et renfermé au Temple. Transféré à Vincennes, et presque aussitôt après aux prisons d'Angers, il fut délivré le 15 avril 1814, après l'abdication de Napoléon.

Cette nouvelle fit éclater de vifs sentiments de joie au milieu des populations de la Terre Privilégiée, devenue canton avec Chalabre pour chef-lieu.

Une nombreuse cavalcade, brillamment équipée et grossie des compagnies de la garde urbaine, courut avec le plus vif empressement au-devant de son seigneur. Grand nombre de cavaliers poussèrent même jusqu'à Limoux, où le noble exilé avait été déjà l'objet des plus chaleureuses ovations.

(1) *Annuaire militaire*, de 1784 à 1791.

A la vue de ces fiers montagnards, dont le dévouement et la fidélité lui étaient si connus, le marquis de Puivert sentit son cœur s'attendrir, et des larmes de bonheur inondèrent ses yeux. Il sourit un moment après, et poussa une exclamation de surprise et de joie en reconnaissant le patriarche des villageois de Rivel, qu'il ne croyait plus de ce monde.

«Ah! Fillol! Fillol, s'écria-t-il en saisissant les deux mains du vieux marchand de bois; jamais, là-haut, au milieu de nos sapins, vous ne m'aviez fait une plus agréable surprise.

— *Sé pot* (1)! murmura l'hôte de la forêt avec sa bonhomie habituelle; autre temps, autres mœurs!»

Après un splendide banquet que chacun s'efforça d'égayer par sa joyeuse humeur, banquet où le Fillol remporta la palme sur tous les beaux diseurs qui, à tour de rôle, s'efforçaient au dessert d'inventer les plus fortes gasconnades (*j*). M. le marquis, cédant à l'impatience de ses sujets, monta en carrosse, en compagnie M. le comte de Tréville, chef d'état-major, qui s'était réservé l'honneur et le plaisir de l'accompagner jusque dans ses terres.

Les rues de Chalabre étaient pavoisées, et la longue avenue du château ornée de nombreux arcs de triomphe. Les habitants de Rivel, de Sainte-Colombe, de Puivert, précédés du clergé, portant croix et bannières, accoururent au-devant du seigneur, qui reçut tour à tour leurs félicitations et leur hommage de fidélité.

En reconnaissance de ses services, le marquis de Puivert fut investi par Louis XVIII de la charge de gouverneur de Vincennes, qu'il dut résigner pendant les Cent-Jours, mais qu'il recouvra après la chute de l'Empire. Il fut créé chevalier, puis officier de la Légion d'honneur, commandeur de Saint-Louis, puis, enfin, pair de France (1827).

---

(1) Il se peut.

Le 22 janvier 1818, il avait demandé au conseil de préfecture de l'Aude d'être remis en possession des terres vacantes de ses anciens domaines, dont il avait été dépouillé par la Révolution.

Devenu veuf de Mlle de Maulevrier de Langeron, dont il n'eut qu'une fille, il avait épousé, pendant sa captivité au Temple, Mlle Fortunée Dupac de Badens, qui le rendit père de cinq enfants, un fils et quatre filles.

Nous interrompons ici l'histoire des marquis de Roux, de Puivert. Nous ne voulons pas qu'on puisse mettre en doute notre impartialité, parce que nous aurions fait l'éloge flatteur, quoique mérité, des membres encore vivants de cette famille.

Toutefois, nous payons volontiers notre tribut de sympathie à la mémoire d'Emmanuel-Gabriel-Fortuné, qui, à l'instar de ses pères, sut conquérir l'estime et la reconnaissance publiques.

M. le marquis de Puivert a eu la consolation, avant de mourir, de voir se perpétuer sa race en la personne de son fils Henri, né du mariage qu'il contracta en 1840 avec Mlle Elisabeth de Mauléon, seconde fille du comte Mathieu-Antoine de Mauléon et de Mme Henriette-Nathalie de Bruyères.

Nous complétons cette première partie de notre travail en donnant ci-après la liste de tous les seigneurs de Rivel.

LISTE

DES SEIGNEURS DE RIVEL

PAR ORDRE CHRONOLOGIQUE

A partir de l'an 1210 jusqu'à la Révolution de 1790.

La date qui précède le nom de chaque seigneur indique, pour les uns, l'année de leur avénement, et, pour les autres, l'époque pendant laquelle ils firent acte de souveraineté.

1210. — Pons de Bruyères le Chatel.
1270. — Jean Ier de Bruyères.
1319. — Thomas Ier de Bruyères.
1346. — Thomas de Bruyères, IIe du nom.
1350. — Philippe Ier de Bruyères.
1390. — Philippe de Bruyères, IIe du nom.
1434. — Jean de Bruyères, IIe du nom.
1445. — Roger-Antoine de Bruyères-Chalabre.
1495. — Jean de Bruyères, IIIe du nom.
1515. — François Ier de Bruyères.
1539. — François de Bruyères, IIe du nom.
1580. — Jean-Paul de Bruyères.
1586. — François de Bruyères, IIIe du nom.
1586. — Guillaume de Joyeuse, ancien évêque d'Alet.
1592. — Jean de Pressoires de Tournebouys.
1616. — François de Pressoires de Tournebouys.
1655. — François de Roux de Sainte-Colombe.
1695. — François de Roux, marquis de Puivert.
1743. — Sylvestre-Jean-François de Roux.
1791. — Bernard-Emmanuel, marquis de Puivert.
    Emmanuel-Gabriel-Fortuné, fils du précédent et père de M. Henri, en la personne duquel se perpétue, de nos jours, la maison des de Roux, marquis de Puivert.

Le mérite et le renom de la maison de Roux, plus connue de nos jours sous le titre du marquisat de Puivert, à la fin du XVIIe siècle, ressortent à diverses époques de notre histoire(1). Les registres de la sénéchaussée de Carcassonne, et en particulier les Annales du Parlement de Toulouse citent, au nombre des célébrités du Languedoc, ceux de ses membres qui ont rempli, dans la province, les fonctions les plus élevées de la magistrature.

(1) Parmi les notabilités de ce nom figurent : en 1444, Gilbert Roux ou le Roux, conseiller au Parlement de Toulouse ; en 1473, Olivier le Roux, secrétaire de Louis VIII ; en 1538, Bertrand de Roux, écuyer du comte de Polignac ; en 1564, le Roux, membre du grand Conseil de Charles IX ; en 1576, Raymond de Roux, juge mage de Carcassonne, député de la sénéchaussée aux états généraux tenus à Blois sous Henri III ; en 1589, Philippe de Roux, juge mage de la sénéchaussée de Carcassonne, père de François de Roux, élevé à la même dignité, héritier de la veuve de Pressoires dans les baronnies de la Terre Privilégiée. (Dom Vaissette, *Hist. du Languedoc*.)

CHATEAU DE CHALABRE

DEUXIÈME PARTIE

CHAPITRE PREMIER

I. Transaction de 1616 entre messire François de Pressoires et les habitants de Rivel. — Usage du bois de sapin et autres. — Dépaissances et pâturages. — II. Institutions seigneuriales de la Terre Privilégiée. — Droits d'albergue, etc. —Banalité du four et du moulin. — Droit de péage, leude, taulage ou place.— La corvée. — La censive. — Droits de pêche et de chasse.— Droits de justice. — Le baile, les consuls, le syndic.

I. Les priviléges, franchises et libertés dont jouissait depuis un temps immémorial la commune de Rivel se trouvent exposés en termes clairs et précis dans l'accord ou transaction passée, le 27 juin 1616, entre les habitants de ladite communauté et sire François de Pressoires, leur seigneur.

Cet acte, disons-le au plus tôt, n'est autre chose que l'histoire détaillée des institutions seigneuriales de la Terre Privilégiée et notamment de la baronnie de Rivel, qui le considère comme sa vraie chartre constitutionnelle ; c'est, du reste, le témoignage qui lui fut rendu publiquement, il y a quelques années, par un de nos premiers avocats (1).

---

(1) M. Callat, avocat de Limoux. — Procès de 1864, *Usage du bois de sapin*. — Procès de 1868, *Usage du bois de chauffage*.

En effet, n'est-ce pas grâce à ses clauses, admirables de clarté, que la cour de Montpellier fut, dernièrement, entraînée à se prononcer en faveur de notre commune plaidant contre le marquis de Puivert, et à sanctionner ses droits d'usage pour le bois de chauffage et de construction.

Oui, cette transaction est le précieux monument des siècles passés sur lequel nos pères, jaloux de leurs prérogatives, ont écrit, tout au long, chacun de leurs droits, en compensation des dures servitudes que leur imposa le maître ! C'est le legs inaliénable de l'antique communauté riveloise, empressée d'enregistrer officiellement ses coutumes et ses usages, afin de les transmettre dans toute leur intégrité aux futures générations.

Que de fois, en effet, ce contrat n'a-t-il pas sauvegardé les intérêts de la commune ! Que de fois encore la lumière et la vérité ne surgiront-elles pas de ce vieux parchemin, que nous recommandons à l'étude et à la méditation de nos compatriotes !

Les consuls de Rivel arrêtèrent, avec sire François de Pressoires, que l'accord destiné à mettre un terme à leurs démêlés serait fait et signé en la place publique de ladite communauté.

Nous ne nous arrêterons point sur les premières causes qui avaient créé les dissidences entre les deux parties ; elles naissaient toutes du refus obstiné du seigneur à donner satisfaction aux habitants sur certaine reconnaissance de biens immeubles qu'ils tenaient sous sa directe.

Le 27 du mois de juin 1616, jour fixé pour le contrat, la foule de nos montagnards endimanchés accourut se ranger à côté des Rivelois réunis pour la circonstance, attendant l'arrivée du seigneur.

On avait planté, dans la nuit, aux endroits les plus fréquentés du village et sur le parcours que devait suivre le noble cortége, des allées de jeunes sapins (1) reliées par des guirlandes de buis ; les cinq portes de la ville disparaissaient sous des touffes de verdure et de bouquets de fleurs que dominait la bannière seigneuriale. Une estrade, garnie de riches étoffes, avait été dressée au beau milieu de la place où devait se tenir l'assemblée extraordinaire.

Là devait trôner le souverain de la contrée.

A une heure de relevée, le joyeux carillon de Saint-Jean, le crieur public et un héraut, à son de trompe, annoncèrent à la foule impatiente l'arrivée du baron. Les officiers du lieu, une garde d'honneur, dans laquelle entrait l'élite des vassaux, composaient sa suite.

L'imposant cortége se rendit d'abord à l'église, pour y invoquer les lumières de l'Esprit-Saint, comme il était d'usage en pareille circonstance ; puis, ressortant, croix et bannière en tête, grossi par tous les gens d'Église, à la suite de l'archiprêtre, revêtu de ses plus beaux ornements, il reprit sa marche à travers la double rangée de manants qui assistaient en silence et genou terre à ce long défilé.

Quand le seigneur eut pris possession du siége qui lui était réservé et d'où il dominait toute l'assistance, au milieu du calme profond de toute cette foule empressée et respectueuse, on procéda à la rédaction de l'acte.

Les vingt-neuf clauses dont il se compose furent rédigées, sur-le-champ, à la vue de tous, par Mᵉ Rieutort, notaire royal de Chalabre, puis lues publiquement et ensuite signées par un nombre considérable de témoins.

Tout le monde à Rivel connaît la teneur de cette transaction ; tous y voient figurer le nom de leurs pères, qui en furent témoins. Nous nous empressons d'en reproduire ici

(1) En creusant les fondations, lors de la construction de la chapelle Sainte-Anne, on trouva plusieurs troncs de sapins qui provenaient incontestablement de ceux qu'on y avait plantés en cette circonstance.

la longue énumération. Que chacun de ces noms nous soit cher, puisque chacun des signataires concourut pour sa part à l'accomplissement de l'acte solennel qui garantit à jamais les droits de la commune.

« Aujourd'hui vingt-septième jour du mois de juin mil six cent seize, après midi, audit lieu de Rivel et en la place publique dudit lieu, diocèse de Mirepoix et sénéchaussée de Carcassonne, régnant très-chrétien prince Louis treizième de ce nom, par la grâce de Dieu roi de France et de Navarre, ont été constitués en leurs personnes messire François de Pressoires, seigneur dudit lieu, d'une part;

« Pierre Gallard, André Broca, Pierre Rolland, consuls modernes dudit lieu; Dominique Carrière, Guillaume Amiel, Louis Jouve, Pierre Rolland vieux, Guillaume Laporte, François Boyer, Etienne Laporte, Jean Pont, James Mieu, Jean Dilhat dit Blancou, Jammes Anglade, Guillaume Senier, Voluzian Albert, Bernard Jaille, Jean Dilhat dit de Landrivo, Bernard Olive, Jean Anglade, Jean Olive, Jean Peyre Pont, Pierre Rives, Martial Huillet, François Foussaries, Jean Vives et Guillaume Manent, tous jurats dudit Rivel;

« Antoine Carrieu, Jean Olive jeune, Jean Roques, Pierre Lourd, Arnaud Pont, Etienne Anglade, François Rous, Jean Jau, Voluzian Andrieux, Jean Mieu, Jean Blanchard, Blaise Lourd, François Vidal, Pierre Jau, Pierre Huillet, Jean Huillet, Peyrot Lambert, Thony Huillet, Jean Berthomieu, Guillaume Vidal, François Dilhat, Pierre Galard, Louis Galard, Antoine Olive, Barthélemy Anglade, Pierre Anglade Dominique, Arnaud Chaussonet, Pierre-James Rouch, Pierre Larrieu, Archambaud Cassanot, Jean Comère, Guillaume Cancou, Pierre Caut, François Rolland, Antoine Albert, Pierre Carrière, Pierre Laporte, Jean Larrieu, François Mieu, Raymond Soula, James Grassaud, Jean Huillet jeune, Antoine Pont, Jean Barrau, Bernard Camou, Jean Jaille, Pierre-Antoine Sicre, François Bac, Bernard Bailleau, Raymond Monareau, Dominique Combes, Jean-François de Niort, Antoine Roques, Jean Carrière, Arnaud Boyer, Dominique Mieu et Bernard Albert : faisant et procédant tant pour eux que pour le reste desdits manants et habitants dudit Rivel, d'autre part.

« Lesquelles parties ont accordé que lesdits procès et procédures, et leurs circonstances et dépendances, prendront fin et demeureront comme non advenues, à la charge que lesdits consuls, manants et habitants seront tenus, à la première réquisition qui leur en sera faite, faire nouvelle reconnaissance de leurs biens immeubles audit seigneur, pardevant le notaire qu'à ce par lui sera commis, soit-il ledit Bouvespre, ou tel autre qu'il lui plaira ; et, par même moyen, ledit seigneur a concédé et concède auxdits habitants les maintenir en leurs droits, priviléges, us et coutumes. »

Les droits de la municipalité qui regardaient l'intérêt commun furent les premiers enregistrés. Ils incombaient à la charge des consuls, qui rivalisaient de zèle et de dévouement pour en sauvegarder l'intégrité.

La question la plus importante, celle qui de tout temps a fourni matière à plus d'un sujet de contestation, a rapport à l'*usage du bois*. Elle fut aussi résolue la première, et les conclusions qui s'ensuivirent tournèrent, à bien penser, en faveur de la communauté.

La clause qui les résume nous paraît trop claire et trop explicite pour que nous nous permettions d'y ajouter le moindre commentaire.

La voici *in extenso* :

1º Les consuls et habitants dudit Rivel pourront prendre bois des forêts dudit Rivel, tant pour leur chauffage et provisions de leur ménagerie comme araires et autres outils de labourage, fermures de vignes, jardins, prés et autres leurs possessions, hormis sapins, que aussi bois sapin pour bâtir et édifier leurs maisons ou pour réparer icelles, dans l'enclos de ladite seigneurie de Rivel, à la charge de prendre cartel dudit seigneur pour ledit bois à bâtir, duquel cartel, s'il surpasse le nombre de douze pièces, paieront cinq sols; et au-dessus dudit nombre, ne paieront rien. Sans toutefois y comprendre la forêt de Pechtignous, à laquelle ne pourront lesdits habitants prendre aucune sorte de bois, vif ni mort, à peine de trois livres d'amende, et autre arbitraire envers ledit seigneur. Et sans aussi que, sous prétexte de ladite faculté de prendre bois des autres forêts, ledit seigneur puisse être empêché à la jouissance et coupe dudit bois, et en disposer comme il a accoutumé. Et sans aussi que lesdits habitants puissent rien couper dans le distroit et limites de l'Agre, qui est dans ladite forêt de Rivel, dit le Bois-Noir, pour ne dénicher les oiseaux de rapine; lesquelles limites dudit Agre sont communément appelées le Soula de l'Agre. Et lorsque lesdits habitants prendront dudit bois pour bâtir, ledit seigneur sera tenu, si bon semble auxdits habitants, leur faire marquer lesdites pièces du marteau qu'il a accoutumé faire marquer, aux fins d'éviter toute contestation qui pourrait échoir. Et pour la peine de celui qui ira marteler lesdites pièces, lui paieront lesdits habitants trois deniers pour chacune d'icelles; sans toutefois que lesdits habitants puissent faire aucun trafic dudit bois, ni en faire amas pour le garder, qui ne soit employé en bâtiments.

Pareillement, pourront prendre bois, vif et mort, de toutes les terres hermes et vacantes dudit Rivel pour subvenir à leurs ménageries, si les propriétaires n'en paient les censives. Réversé toutefois, comme dit est, la forêt de Pechtignous, à laquelle ne pourront couper aucun bois gros ni menu, sur ladite peine. »

On doit se demander, après la lecture de cet article, pourquoi il n'est pas fait mention du droit d'usage que la commune possédait aussi sur le bois de chêne de Plantaurel?

C'est qu'un précédent accord intervenu entre les consuls de Rivel, de Sainte-Colombe et le seigneur François de Pressoires, avait déjà réglé les différends élevés entre eux à ce sujet. Un arrêt du Parlement de Bordeaux du 18 août 1612 vint, en outre, confirmer les priviléges desdites communautés,

> Qui pourront librement disposer en commun et en bons pères de famille des productions de Plantaurel, sans en vendre ni employer à faire compostes ou sémals, ni autres marchandises, à peine de cent sols contre chacun des contrevenants et quatre mille livres tournois pour messire François de Pressoires, s'il les y troublait, molestait et empêchait (1).

Les restrictions qu'apportèrent les seigneurs aux droits de *dépaissance* et de *pâturage* dont jouissaient également les habitants de Rivel dans les forêts et lieux incultes de ladite terre, furent la cause d'incessants démêlés, qui nuisirent la plupart du temps à la prospérité de la commune. Les prescriptions, les nouvelles lois du Code forestier ont grandement restreint l'usage des dépaissances.

Voici la part qui en était alors réservée à notre commune :

> Lesdits habitants pourront faire dépaître tout leur bétail, gros et menu, par toutes lesdites terres hermes et vacantes, bois et forêts dudit Rivel, Sainte-Colombe et Puivert, excepté ladite forêt de Pechtignous et les forêts de Comalières et Cahusières, auxquelles forêts leur est prohibé ledit pâturage à peine de trois livres, et pour ledit Pechtignous y pourront faire dépaître sauf les mois d'avril et mai sur ladite peine de trois livres contre les contrevenants, et sans payer rien des pâturages. Se réservant, ledit seigneur que les habitants de Sainte-Colombe et Puivert auront la même faculté de voisiner, si bon semble audit seigneur, sur les terres dudit Rivel et sans se porter dommage l'un à l'autre. Néanmoins, pourront lesdits habitants de Rivel tenir bétail en gazaille, creix exchubérineux, et les faire dépaître par toutes lesdites terres non réservées, sans aussi rien payer de pâturage au seigneur, à la charge que le bétail

---

(1) Archives de la commune, *Expédition conforme de l'arrêt du Parlement de Bordeaux.*

des étrangers viendra annuellement à la fin de Saint-Marc, à peine de trois livres d'amende.

Et de même accordé que lesdits habitants pourront faire dépaître leurs pourceaux dans lesdites forêts dudit Rivel, en temps de glandage et fages sans rien payer d'aforestement.

Si, d'une part, le seigneur reconnut, maintint et agrandit même, en faveur de la commune de Rivel, les priviléges que nous venons de mentionner, d'un autre côté, aux vassaux de François de Pressoires incombait la rigoureuse observance des droits seigneuriaux, qu'il n'eut garde d'oublier en cette circonstance. Ces droits sont devenus pour nous l'objet de longues recherches et d'une étude approfondie, parce qu'ils résument l'existence de générations qui se sont succédé dans notre petit coin de terre. Mais avant de nous arrêter sur ces restes d'institutions de la féodalité en ruine, citons le dernier article de la transaction, où doit nécessairement dominer une pensée d'égoïsme et d'intérêt, quelque exaction anticipée de la part du seigneur et maître absolu.

« Et, en considération de tout ce dessus, lesdits consuls et habitants, de leur gré et bonne volonté, sans aucune induction ni contrainte, mais suivant la délibération sur ce tenue entre lesdits habitants, ont donné et payé audit seigneur la somme de *douze cents livres*, de laquelle ledit seigneur s'est contenté, et promis de tenir, garder et observer de son côté tout ce dessus. Et, par ce moyen, lesdits sieurs consuls et habitants ont promis aussi, de leur côté, y satisfaire de point en point. Auquel effet ont obligé, savoir : ledit seigneur, ses biens, et lesdits consuls et habitants, tant leurs biens propres que ceux de ladite communauté; qu'ont soumis à toutes les rigueurs de justice du présent royaume de France, avec les renonciations et clauses de droit à ce nécessaires.

« Ainsi l'ont juré, présents : M. Michel Baudema, prêtre

dudit Rivel; M. Hector Bouvespre, lieutenant de juge de la baronnie de Chalabre; M. Jean Mir, prêtre et vicaire de Villac, natif de Sayx, diocèse de Coserans ; Jean Bourtomieu, de Montmaur, et M. Laurent Pellissier, régent des écoles audit Rivel, natif du Puy-en-Velay, soussignés à la cède avec ledit seigneur; ensemble deux desdits consuls et plusieurs desdits jurats et habitants susdits sachant signer, et moi Jean Rieutort, notaire royal dudit Chalabre, habitant requis soussigné, de Sainte-Colombe; A. Broca, consul; P. Rolland, consul; F. Jouve, Jean Dillat, J. Mir, D. Carrière, G. Laporte, J.-P. Pont, J. Barthélemy, G. Amiel, P. Manent, J. Boyer, Beaudema, prêtre et vicaire dudit Rivel; Bouvespre, notaire royal; de Mir, témoin; Pellissier, Jean Ducros, Alard, aussi signés (1). »

Il existe pour Chalabre une transaction de la même importance, passée l'an 1614 entre les consuls et habitants dudit lieu, et le baron Jean-Antoine de Bruyères. Les us, coutumes, franchises et priviléges de la communauté y sont enregistrés à côté des droits et des prérogatives du maître seigneur. Mais malheureusement nos voisins ne sauraient aujourd'hui invoquer juridiquement les clauses de cet acte, depuis longtemps périmé. Il y est clairement stipulé qu'à l'instar des habitants de Rivel et de Sainte-Colombe, les Chalabrois, d'un temps immémorial, jouissaient, eux aussi, du droit d'usage dans la forêt de sapins.

Voici la clause textuelle qui résume ce droit d'usage :

Messire Jean-Antoine de Bruyères reconnaît que les habitants de Chalabre auront, suivant l'ancienne coutume, la faculté de prendre bois à chauffer et autres usages dans le bois et la forest appelée

(1) Copie de la transaction collationnée par Pierre Rieutort, notaire royal, de résidence à Chalabre, sur la minute de feu Jean Rieutort, son bisaïeul, de laquelle il était dépositaire par droit de succession, et délivré à M. François Rolland, maire de Rivel, qui l'a requise.

le Bois-Noir et autres, suivant la transaction passée en l'année 1579 (1).

Nous remarquons, en étudiant cette transaction, qu'à peu d'exceptions près, les servitudes auxquelles étaient assujettis vis-à-vis de leur seigneur les vassaux de la baronnie de Chalabre étaient les mêmes que celles des autres localités de la Terre Privilégiée.

II. Les droits arbitraires des seigneurs s'étaient considérablement affaiblis, sous la pression de l'autorité royale et au contact de la civilisation, dont les progrès préparaient aux communes déjà émancipées l'ère d'une complète indépendance, d'une entière liberté. Toutefois, pendant trop longtemps encore, les obligations auxquelles les vassaux de la Terre Privilégiée se trouvèrent soumis n'eurent qu'une faible compensation dans les quelques franchises et libertés qu'ils arrachèrent, en quelque sorte, à l'autorité absolue de leurs seigneurs. Ainsi, toutes les communautés, sans exception, étaient soumises à une redevance pécuniaire instituée au profit du seigneur pour l'exonération d'une servitude, la jouissance de quelque prérogative : c'était le droit d'*albergue*.

Des titres de toutes les époques fournissent, à ce sujet, les renseignements les plus exacts. Ainsi les habitants de Rivel, comme ceux de Sainte-Colombe, de Chalabre, de Puivert et de Nebias, qui, de temps immémorial, jouissaient du droit d'usage dans les forêts de sapins et autres, étaient, néanmoins, tenus à payer audit seigneur :

Un droit d'albergue de cinq sols en prenant cartel auprès dudit

(1) Citation mentionnée dans la transaction de 1614, dont la copie conforme fut délivrée le 26 du mois de juin 1769, à François-Philippe Lassale, négociant de la ville de Chalabre. Communiquée par M. Louis Chaubet, de Chalabre.

qui surpassât le nombre de douze pièces de bois, et au-dessous de ce nombre n'étaient sujets à aucune redevance (1).

Dès le principe, l'albergue exprimait l'obligation, pour le vassal, de loger, d'héberger son seigneur ; il portait, suivant les lieux, le mode de perception et la nature des objets avec lesquels s'effectuait le payement, les noms de *quête*, d'*araire*, de *pesade*, etc. A certains endroits, ce droit s'étendait sur les bêtes de labour et même sur les hommes qui travaillaient la terre.

L'araire, établie dans nos contrées, était généralement

De 1 setier par charrue, de 10 deniers par bête de somme, et de 6 deniers pour un âne.

Ce fut une des premières servitudes dont s'affranchirent les populations de la Terre Privilégiée.

La *banalité* était le droit qu'avait le seigneur d'obliger ses vassaux à se servir d'une chose qui lui appartenait, en lui payant, pour cet usage, une certaine redevance ; ce droit entraînait celui d'interdire aux habitants la faculté d'avoir en leur possession les objets ou les choses déclarées banales. Elle fut établie, au XIIe siècle, dans nos terres, où elle s'exerçait principalement pour les fours et les moulins.

La banalité du *four* fut maintenue dans toute sa rigueur jusqu'à Thomas et Philippe de Bruyères, qui y apportèrent quelques adoucissements. Mais déjà, vers l'an 1500, cette servitude avait complétement disparu, et, à partir de cette époque,

Chacun, dans la Terre Privilégiée, put tenir son four en sa maison pour cuire pain soit pour les provisions que pour le vendre, sans rien payer, à la charge que lesdits fours ne pourront être construits sortant sur les rues (2).

(1) Transaction de 1616.
(2) Transactions et actes divers des communautés de la Terre Privilégiée.

Nous ne saurions mieux expliquer la banalité du *moulin* dans nos contrées, qu'en citant au long l'article qui lui est consacré dans la transaction passée entre les habitants de la commune de Rivel et leur seigneur :

Il est accordé que lesdits manants et habitants dudit Rivel seront tenus d'aller moudre tous et chacuns leurs grains, cueillis et perçus dans ladite seigneurie, dans les moulins dudit Rivel, sans qu'ils les puissent transporter ailleurs, si lesdits moulins sont moulants ; et pour les grains qu'ils achèteront hors de ladite seigneurie, leur sera permis les moudre ailleurs, pourvu que les grains n'ayent été apportés dans icelle seigneurie dudit Rivel ; sauf que pour les hôteliers, boulangers et boulangères seront tenus, quoiqu'ils achètent les grains hors de la terre, les apporter, ce néanmoins moudre auxdits moulins de Rivel, à peine de trois livres d'amende contre les contrevenants et de confiscation des farines. Et paieront lesdits habitants pour droit de mouture deux rusquets pour setier de grain, comme ils ont accoutumé faire jusqu'à présent. Avec condition qu'ayant apporté lesdits habitants leursdits grains aux moulins dudit Rivel pour moudre, si le meunier les leur détient deux jours et une nuit, négligeant, déliyant, ou refusant de moudre lesdits grains, sera permis auxdits habitants de les sortir, retirer et reprendre desdits moulins, pour les apporter moudre ailleurs, où bon leur semblera.

Les habitants de la Terre Privilégiée, qui possédaient des biens dans la baronnie de Chalabre, avaient la faculté du mesurage, comme il est clairement stipulé dans leur transaction :

Il est accordé que les habitants de la ville de Chalabre et leurs consorts de la Terre Privilégiée, ensemble ceux que possèdent de présent ou pourront posséder à l'avenir aucun bien en la baronnie de Chalabre, pourront mesurer, suivant l'ancienne coutume, toute sorte de grains aux mesures de la place publique dudit Chalabre sans payer droit de mesurage, pourvu que ce soit sans empêcher les forins qui sont tenus audit droit de mesurage, si mieux n'ayment lesdits habitants mesurer en leurs maisons avec mesures approuvées, marquées de la marque dudit seigneur.

On entendait par droit de *péage* un tribut exigé sur les marchandises lorsqu'elles passaient par une ville, par une seigneurie, sur les ponts, etc., et, par *leude,* un autre tribut levé sur les choses apportées et vendues aux marchés par des personnes étrangères. A son origine, ce droit frappait même les personnes.

En 1220, le comte de Toulouse ordonna à ses feudataires d'exempter leurs sujets du droit de péage et de leur permettre l'entrée et la sortie, en toute franchise, du blé, du sel, du vin, etc. Les habitants du Kercorbez, qui avaient, naguère, soutenu avec tant de fermeté la cause des Trencavel, feudataires du comte de Toulouse, profitèrent certainement de cette nouvelle franchise. Mais lorsque Louis VIII eut réintégré les sires de Bruyères dans la possession de Puivert, de Chalabre et leurs dépendances, ces derniers y renouvelèrent le droit de péage, qui fut surtout maintenu dans toute sa rigueur pour le blé. Ainsi il est dit, dans nos reconnaissances, que les habitants de la Terre Privilégiée,

En ce qui regarde le droit d'entrée, paieront pour chaque seterée de terre occupée la somme de trois livres et ainsi du plus ou du moins.

Ce droit n'était soumis à aucune règle fixe et pouvait s'étendre selon les caprices et les exigences du seigneur.

D'après l'état des revenus seigneuriaux provenant des droits levés sur les marchandises assujetties aux droits de péage ou leude, taulage ou place en la foire de Sainte-Cécile de Rivel au XV° siècle,

La charge de lin et de chanvre payait 2 sols 3 deniers ; celle de vin, de blé, de noix et de châtaignes, 2 deniers ; le bétail payait 2 deniers par bœuf, âne ou cochon, et 4 deniers par douzaine de moutons ; le cheval, mulet et poulinière, 6 deniers ; 2 deniers par chèvre et le double par bouc et bélier de race. En sus de 2 deniers par bouc, les marchands devaient donner une portion des marchandises exposées suivant les exigences du seigneur (1).

Les mêmes droits étaient rigoureusement observés aux foires tenues dans les communautés de la Terre Privilégiée :

Mais dans le courant de l'année, les habitants avaient la faculté dans leurs localités respectives de déplier, vendre et débiter leurs marchandises et denrées à la place publique, et occuper les tabliers d'icelles sans rien payer (2).

L'importance et la grande popularité de la foire de Sainte-Cécile de Rivel lui vinrent de ce que la communauté prit à sa charge le fermage des droits, dans le but d'en exonérer le plus possible les étrangers et, par ce moyen, y attirer un nombre plus considérable de marchands.

Le droit de *place* prélevé dans ces derniers temps par la commune, qui en adjugeait le fermage au plus fort enchérisseur, a été complétement aboli en 1869. Nous avons eu nous-même l'avantage de rédiger l'annonce de cette franchise.

Le droit d'*entrée* ou octroi avait été supprimé en 1831.

La *corvée* ordinaire pour les manants et vilains de la Terre Privilégiée était, par an, de

Deux journées à bras ou avec bétail, s'ils en avaient.

On peut considérer comme corvée :

L'obligation de la garde de jour et de nuit que les habitants étaient tenus de faire à la maison seigneuriale et aux portes de la ville et du château en temps de paix comme en temps de guerre, si le seigneur les y commandait.

Pour ce qui est de la garde du château de Chalabre, il est dit dans la transaction de 1614 :

La garde du château sera faite par les habitants dudit Chalabre

---

(1) Archives du château de Chalabre, *Droits seigneuriaux de la Terre Privilégiée*.

(2) Transaction de Chalabre, 1614.

et autres consulats comme il est accoutumé, savoir : en temps de paix par deux hommes la nuit, et en temps de guerre six honmes, et un homme le jour au temps de paix, lesquels hommes, du moins en temps de guerre, apporteront un chacun pour soy des armes à feu avec balles et poudres s'ils en ont, et non autrement, et ledit seigneur sera tenu, comme est accoutumé, leur tenir lumière et feu pour se chauffer, et lesdits hommes seront habitants ou reséants dans la terre dudit Chalabre ou desdits consulats. Et en cas lesdits hommes ou aucun d'iceux viendront à délinquer et faire aucun excès en leurs charges, ledit seigneur agira seulement contre les délinquants, et complices si point en y a, ainsi qu'il appartiendra.

Une corvée dérisoire était celle

D'extirper les racines et herbes du sol ou yère enclavé dans l'une des propriétés seigneuriales.

Les seigneurs, en fixant à leurs sujets un emplacement pour construire une maison, une portion de terre pour en faire un jardin, une vigne, un pré, le tout en propriété et avec pouvoir de vendre, échanger et donner par testament, se réservaient une portion des fruits que produirait cette terre; cette redevance prit le nom de *censive*. Elle était fixée, pour les habitants de la Terre Privilégiée, à la *onzième partie* des revenus.

Toutes pièces agrières paieront le droit d'agrier des fruits qui s'y lèveront, à la *onzième partie*, et l'apporteront au sol ou yère du seigneur; et la vendange d'agrier sera aussi apportée en la maison seigneuriale (1).

Tout habitant faisant valoir une terre, bien que dépourvu des titres de propriété, était maintenu et confirmé dans sa possession, s'il était reconnu en avoir joui pendant trente ans; mais elle devait être toujours soumise aux censives :

Sans que par un préalable ledit droit d'agrier ne soit payé audit seigneur, à peine de confiscation des fruits.

(1) Transactions de 1616 et de 1614. — Autres accords et reconnaissances des communautés de la Terre Privilégiée.

Un autre genre de censive, qui se confond avec le droit de péage ou d'entrée, frappait ceux qui possédaient des pigeonniers à quatre pieds, construits hors cinq cents pas des habitations de Rivel.

Ils devaient payer au seigneur trois livres et quatre pigeons annuellement; néanmoins les habitants pourront tenir pigeons, si bon leur semble, en leur maison, avec de petites logettes, et à ces fins, élever sur le toit une petite loge, autrement appelée Luzernier ou Badevespre, percée de trous pour servir d'entrée et sortie auxdits pigeons, sans que pour ce payer aucune censive (1).

Ce droit grevant la propriété continua à être en vigueur jusqu'à la fin du siècle dernier, mais la Révolution en fit justice, comme de tant d'autres. Il ne fut pas uniforme dans toutes les localités, qui, généralement, étaient taxées au dixième du revenu, d'où vient le mot de *dîme*. Nos communes ne durent point le trouver trop onéreux, sachant que d'autres, en dehors toutefois de la Terre Privilégiée, étaient imposées au sixième, au cinquième et même au quart.

Le droit de *pêche* et de *chasse* appartenait exclusivement aux seigneurs ; quelques-uns se montrèrent très-jaloux de ce privilége et s'en départirent rarement. D'autres, au contraire, n'y apportèrent qu'une médiocre importance ; de ce nombre furent nos seigneurs, qui, néanmoins, se réservèrent la chasse du gibier menu.

Les habitants pourront pêcher par toute la rivière de Lers et autres, en toute sorte que voudront; réservé rosses et empoisonnements, auquel cas les contrevenants paieront trois livres d'amende et autre arbitraire, comme aussi pourront les habitans de la Terre Privilégiée chasser à la chasse grosse venaison, en apportant audit seigneur le quartier comme est accoutumé.

Mais les seigneurs de Chalabre se réservèrent certaines

---

(1) Transactions et reconnaissances des communautés de la Terre Privilégiée.

parties de la rivière de Lers et fixèrent l'amende, pour les contrevenants, jusqu'à soixante sols (1).

La plus noble des attributions seigneuriales, celle par laquelle nous aurions dû commencer ce chapitre, était, sans contredit, l'administration de la justice. Tout franc possesseur d'un fief ou *honneur* avait le pouvoir absolu de juger ses serfs et vassaux en premier et dernier ressort.

La justice se divisait en *haute, moyenne* et *basse,* suivant la différence de dignité de fief.

La faculté qu'avaient les seigneurs censiers et féodaux de faire des saisies sur les fiefs de leur directe et leur immixtions dans les causes civiles d'une importance secondaire étaient les principales attributions que l'on donnait à la justice basse. Quant à la justice moyenne, elle comprenait la connaissance de toutes les causes civiles sans distinction et des causes criminelles qui n'entraînaient pas la peine capitale. La justice haute accordait toute connaissance des crimes punis par le dernier supplice, la peine afflictive et infamante : *Potestas gladii, jus animadvertendi homines.*

Les seigneurs de la Terre Privilégiée s'honorèrent de posséder ces trois juridictions.

Ainsi il est dit dans plusieurs transactions :

Le seigneur fera rendre justice, tant civile que criminelle, sur le lieu desdits habitants, par des personnes capables, et tiendra prisons pour les prévenus dans la maison seigneuriale, sans que pour lesdites auditions personnelles on puisse faire payer droit d'entrée ni sortie auxdits prévenus, ni les détenir pour le paiement de leurs auditions. De même, ledit seigneur sera tenu faire toutes poursuites à ses dépens, contre tous criminels et malfaiteurs et à défaut de partie civile.

Primitivement, le seigneur rendait lui-même la justice, appelait ses sujets à répondre devant lui dans le lieu où il

---

(1) Transaction de 1579, article 16, mentionné par la transaction de 1614.

se trouvait. C'était, pour lui, une principale source de revenus, car la pénalité était toujours fiscale.

Un homme à ses gages, le bailli ou *baile*, faisait la perception des amendes, du produit des condamnations. Plus tard, il confia la reddition de la justice à un officier particulier qui se transportait au chef-lieu de l'*honneur* pour y juger à des époques fixes.

La baile n'eut, par la suite, que la perception des droits seigneuriaux en général qui pouvaient être affermés; il était nommé par les consuls et confirmé par le seigneur, dont il était, en quelque sorte, comme l'agent fondé de pouvoirs. Dans les derniers temps, le mot de baile finit par ne plus désigner que le valet des consuls.

En 1616, une grande contestation s'éleva entre les consuls de Rivel et sire de Pressoires, au sujet des prérogatives dont jouissaient le baile et son lieutenant. Et voici, à ce sujet, ce qui fut arrêté entre les deux parties :

> Et combien que lieutenant du baile créé audit Rivel eût siégé dans l'église, au banc dudit baile et des autres officiers du seigneur, et qu'il y aye précédé et précède à tous honneurs publics les marguilliers, vieillards et prud'hommes ou jurats dudit Rivel, ledit seigneur veut et entend que dorénavant ledit lieutenant du baile n'aye point de banc, préséance, séance, ni siège ; et que pour les honneurs publics, ni en autres lieux que ce soit, ne puissent être précédés ni devancés que simplement par le juge, lieutenant de juge, procureur et baile dudit seigneur (1).

C'est sous Philippe de Bruyères, notre premier baron, qu'il est fait mention, pour la première fois, des *consuls*. C'est, en effet, à la généreuse initiative de ce seigneur que nous en attribuons l'institution elle-même, car ce n'est qu'à partir de son époque que nous pouvons constater l'élection régulière de ces officiers civils de la communauté.

(1) Transactions de 1616 et de 1614.

Ils furent pris, d'abord, « parmi les habitants notables et prud'hommes et, surtout, fervents catholiques. » Les bourgeois, les commerçants et même les paysans, purent, plus tard, briguer cette dignité. Leurs fonctions, comme leur élection, étaient annuelles. Les consuls étaient généralement au nombre de trois, et étaient assistés, dans leurs diverses attributions, par des prud'hommes ou *jurats*.

Citons l'article qui, dans notre transaction, les concerne, et l'on aura une idée de leurs attributions dans tout le reste de la Terre Privilégiée :

Les élections consulaires seront faites selon l'ancienne coutume, sans aucune assistance, présence, voix, ni séance d'aucun des officiers dudit seigneur, ni pareillement aux assemblées qu'ils feront ou pourront faire pour traiter des affaires du général, reddition de comptes, dominations d'auditeurs, bail des quêtes ou autrement ; ainsi qu'auxdites assemblées n'assisteront simplement que lesdits consuls et jurats de leur conseil, et autres habitans qu'ils y voudront appeler ; lesquels jurats prêteront annuellement le serment ès mains du baile dudit Rivel.

Ledit seigneur a concédé et attribué, concède et attribue auxdits consuls et à leurs successeurs, dorénavant et à perpétuité, la juridiction de la police, en la forme ci-après prescrite, sans que lesdits officiers les y pourront troubler ni empêcher, leur en défendant ledit seigneur la juridiction et connaissance. Laquelle juridiction de police consistera de pouvoir connaître contre ceux qui prennent, de jour ou de nuit, des fruits aux terres et possessions dudit consulat, sans la permission du propriétaire.

Plus, connaîtront contre les hôteliers qui vendent vin à plus haut prix que ne leur sera apprécié par les consuls, et ne feront le pain qui se débitera en leur logis du poids qui leur sera ordonné par lesdits consuls.

Plus, contre ceux qui tiendront des mesures grandes ou petites, des faux poids et fausses mesures.

Item, contre les boulangers et boulangères, autrement appelées fournières, qui ne feront le pain du poids qui leur sera ordonné par lesdits consuls.

Plus, contre les bouchers vendant la chair à plus haut prix qu'il ne sera apprécié par lesdits consuls, ou exposeront en vente une chair pour autre et sans être appréciée.

Item, contre ceux qui contreviendront aux proclamations faites concernant ladite police.

Comme de tenir les rues nettes, l'éjection des eaux claires ou immondes par les fenêtres, et contre les joueurs et blasphémateurs, et contre ceux qui permettent les jeux dans leurs maisons.

Plus, connaîtront contre ceux qui apportent du dommage, ou leurs bestiaux, aux fruits et posessions, et contre ceux qui donnent en temps défendu et prohibé et pendant la célébration du divin service.

Item, contre ceux qui tiendront les rues empêchées par des fients et autres ordures, et ne tiendront coudroits les chemins et passages à l'endroit de leurs possessions.

Plus, contre ceux qui manqueront à la garde de jour ou de nuit en temps de guerre ou de paix, lorsqu'ils y seront commandés.

Plus, contre ceux qui mettront foins et pailles dans les maisons qu'ils habitent, pour éviter incendie ou ruine de feu, principalement ès lieux que lesdits consuls jugeront être dédommageables.

Et généralemement en toutes autres affaires concernant ladite police ne s'agissant toutefois de communauté; car ès choses qui seront poursuivies criminellement, la juridiction en appartiendra auxdits officiers.

Finalement, connaîtront contre ceux qui, en temps de disette, de stérilité, auront du blé et autres grains, pour les contraindre d'en bailler au prix qu'il leur sera apprécié par lesdits consuls, qui auront pouvoir d'en donner règlement, autorisés toutefois lesdits officiers ordinaires; et toutes amendes qui, par lesdits consuls, juges de police, seront applicables moitié audit seigneur, moitié à ladite communauté. Lesquelles amendes lesdits sieurs consuls seront tenus dénoncer au baile dudit Rivel, pour en faire la levée pour ledit seigneur concernant sadite moitié (1).

Les consuls avaient un sceau particulier pour sceller leurs

---

(1) Transaction de 1616.

actes ; c'était le signe de leur juridiction ! Les insignes consulaires étaient le chaperon rouge et noir, il était payé par la communauté, qui donnait, à cet effet, une certaine somme à chaque consul. Ils avaient, en outre, des robes et des manteaux rouge et noir, mais ces derniers insignes n'étaient portés que par les consuls des grandes villes. Les consuls tenaient les clefs de la ville, qui leur étaient remises le jour de leur installation.

Une autre charge publique dont nous n'avons pas encore parlé, parce qu'elle vint bien après toutes celles que nous venons de citer, était celle du *syndic*, lequel représentait, avant la Révolution, les intérêts des villes et villages qui le nommaient d'un commun accord... Il connaissait de tous les actes, à la requête du gouverneur du roi. Nommé pour trois ans, il ne pouvait être élu les trois années qui suivaient. Le principal rôle du syndic dans la Terre Privilégiée était de défendre et sauvegarder les droits et immunités dont jouissaient les différentes communautés. Les commissaires royaux, chargés de prélever les subsides dans les diverses provinces du royaume, ignorant, la plupart, les priviléges des vassaux des sires de Bruyères, s'obstinaient, parfois, à les rançonner. L'office du syndic consistait à dresser enquête sur enquête au sénéchal de Carcassonne ou à la cour de Montpellier, qui, par leurs ordonnances, garantissaient les droits de ses commettants.

La dernière et la plus remarquable de ces exemptions est datée du mois de juillet, l'an de grâce 1781, et signée par l'infortuné Louis XVI, présidant son conseil au palais de Versailles.

Il y est fait mention des franchises et exemptions dont jouissaient de tout temps les habitants des châteaux et baronnies de Chalabre, Puivert, Rivel, Nébias, et d'un grand nombre d'arrêts, lettres patentes ou ordonnances royales qui sont venus successivement les reconnaître et les maintenir.

Nous renvoyons nos lecteurs aux pièces justificatives placées à la fin du volume (*k*), où nous avons donné *in extenso* cette pièce remarquable, extraite des registres du Conseil du roi (1).

(1) Archives nationales.

CHAPITRE DEUXIÈME

I. Dernières illustrations de la maison de Bruyères-Chalabre. — Le vice-amiral. — L'évêque de Saint-Pons. — Le comte Jean-Louis-Félicité de Bruyères. Excentricités de son dernier rejeton. — La branche de Bruyères-Lorraine. — Filiation des seigneurs de Bruyères dans la Terre Privilégiée. — II. Prérogatives de l'antique maison de Mauléon. — Le comte Mathieu-Antoine de Mauléon-Narbonne et son digne héritier. — Le château de Chalabre.

I. Les nouvelles destinées de la Terre Privilégiée, passée en majeure partie en des mains étrangères, nous ont fait perdre un instant de vue les descendants des sires de Bruyères, auxquels il ne restait plus, de leur immense domaine, que la simple baronnie de Chalabre.

Continuons leur filiation.

Jean-Aymeric de Bruyères, le même que nous avons vu se désister de ses droits sur la succession des Joyeuse, en faveur d'un membre de la famille royale, moyennant 1500 livres de rente, avait épousé, en 1661, Anne de Raymond-Lasbordes, dont il eut cinq enfants. L'aîné, FRANÇOIS, IV° du nom, devait lui succéder dans le domaine de Chalabre.

Dédaignant le rôle secondaire que lui laissait François de Roux de Sainte-Colombe, son puissant rival, le nouveau seigneur de Chalabre, à l'instar de son père, ne cessa point de porter, quoique à titre purement honorifique, le nom de baron de Rivel. Digne héritier de la gloire de sa famille, il alla tenter la fortune sur les champs de bataille, où il donna des preuves éclatantes de son courage. A la tête d'un bataillon d'infanterie du roi, dont il était le commandant, sous les ordres de son parent Jules de Noailles, maréchal de France, il contribua puissamment au succès de la bataille de Thuir. Un de ses frères, du même nom, marchant à ses côtés, dans cette mémorable journée, rivalisa de courage et de dévouement (1694).

De retour dans ses terres, le baron français épousa, l'an 1698, Catherine de Caillau de la Graulet, dame des Allemants, dont il eut quatre fils. Ce fut sans résultat qu'il tenta, à son tour, de recouvrer le domaine de Rivel, vendu au préjudice de sa maison par la famille de Joyeuse.

Son fils aîné, JEAN-AYMÉRIC, II° du nom, appelé le comte de Bruyères-Chalabre, ajouta quelques riches apanages à la succession de son père, par son mariage avec la baronne de Pomarède, Marie de Saint-Etienne de Caraman (1724).

Les premières années de son union, consacrées aux joies intimes de la famille, en son château de Chalabre, et au milieu d'une population dont il avait su gagner le dévouement, passèrent comme un rêve, partagées entre les plus douces satisfactions que puisse jamais éprouver un père. Le ciel avait béni son union en le délivrant de tout souci pour la continuité de sa race; il lui naquit en effet sept garçons (1).

---

(1) 1er François-Jean, marquis de Chalabre ;
2e Louis-Henri, évêque de Saint-Pons;
3e Jacques-Paul, comte de Bruyères, illustre marin ;
4e Alexandre-Joseph-Alexis, évêque de Saint-Omer ;
5e Louis-Gabriel, capitaine au régiment royal de marine;
6e Jean-Aymérie, baron de Chalabre, investi du même grade ;
7e Jean-Baptiste, chevalier de Chalabre, capitaine comme les deux derniers.

Trois servirent brillamment dans les armées de terre et furent investis de grades supérieurs.

Un quatrième, appelé le comte de Bruyères, devint vice-amiral; né en 1734, il entra fort jeune dans la marine et acquit dans cette carrière difficile une grande habileté; devenu capitaine, il commanda plusieurs vaisseaux de haut rang dans la guerre d'Amérique et eut beaucoup de part au succès du comte d'Estaing et du bailli de Suffren. Ce fut particulièrement sous les yeux de ce dernier qu'il acheva d'établir sa réputation, lorsque, chargé du commandement de l'*Illustre*, les chances d'une bataille navale ayant séparé les vaisseaux de l'escadre, il resta seul avec le *Héron*, que montait l'amiral, pour soutenir un glorieux combat contre douze vaisseaux anglais, qu'il repoussa. A son retour, l'illustre marin partagea avec son général les récompenses que Louis XVI crut devoir accorder à des services mémorables, et reçut les insignes du cordon rouge. La Révolution le priva de ses grades et de sa fortune; cependant il n'émigra pas comme la plupart des officiers de la marine, et fut mis à son tour en arrestation. La chute de Robespierre seule put le soustraire à l'échafaud et le rendre à la liberté. Alors, il se retira dans le château de Chalabre, chez son frère, qui avait conservé cette portion de l'ancien patrimoine de son père. C'est là que la restauration des Bourbons le trouva, et que Louis XVIII lui envoya la grande croix de Saint-Louis. Il mourut en juillet 1821.

Deux autres furent évêques : l'un de Saint-Pons, l'autre de Saint-Omer.

Dans les rares loisirs que les charges de l'épiscopat laissèrent à l'évêque de Saint-Pons, il s'appliqua à opérer d'importantes modifications au château de Chalabre. C'est à lui qu'est due la belle construction qui regarde l'occident, et dans laquelle se trouve aujourd'hui l'entrée principale du château. La Révolution vint entraver ses desseins au moment où il se préparait à compléter son œuvre par l'édification d'une aile parallèle; c'est, du reste, à ces fins qu'avait été construite la magnifique terrasse qui s'étend au pied de la petite chapelle. En songeant au château de Chalabre, la première chose qui s'offre à l'esprit, c'est le superbe vestibule élevé dans l'intérieur de l'édifice. Il est orné d'une statue en pied de sire Thomas de Bruyères, qui semble défendre l'accès du château. Au milieu est l'escalier d'honneur, d'un aspect grandiose ; les arcades formant portique, qui en relient les étages, ouvrent une de ces perspectives d'intérieur si favorables aux effets de lumière. Sur les parois qui regardent l'entrée se détache un magnifique portrait de l'évêque de Saint-Pons. Il domine toutes ces magnificences, et l'on croirait, à la douce expression que reflète sa belle physionomie, que le noble prélat se complaît en cet endroit du château et affectionne surtout cette place, d'où il peut le mieux admirer les beautés dont il fut l'architecte.

On distingue à côté un superbe portrait de Louis XIV et quelques autres toiles d'un moindre mérite, représentant des chevaliers du moyen âge, armés de pied en cap, et d'autres illustrations de la famille de Mauléon et de leurs alliés.

Toutefois, mais par une cruelle fatalité, tous ces illustres rejetons de Jean-Ayméric moururent sans postérité, à l'exception de l'aîné. Celui-ci, FRANÇOIS-JEAN, marquis de Chalabre, baron de la Pomarède, seigneur de Sonac, Montbel, Montjardin, Cantarate, la Bastide-Beaumont, gouverneur et capitaine-né, aide de camp du maréchal duc de Richelieu, épousa Louise-Françoise de Bon, fille du premier président au conseil souverain de Perpignan, intendant du Roussillon et du comté de Foix, et d'Elisabeth de Bernage (1760).

Pendant longtemps encore il fut la consolation de son malheureux père, que la mort ne semblait respecter que pour augmenter ses chagrins et se venger cruellement de cette longue période de prospérité et de bonheur qui avait suivi les premières années de son mariage.

Cependant le vieillard eut la satisfaction, avant de rendre le dernier soupir, d'assister à la naissance de deux petits-enfants : Jeanne-Elisabeth-Fortunée, appelée Mademoiselle de Bruyères, et JEAN-LOUIS-FÉLICITÉ, comte de Bruyères-Chalabre, en qui s'éteignit sa postérité dans la personne de son fils, victime du choléra de 1832, à Paris.

Voici, sur ce dernier rejeton de l'illustre famille, quelques détails qui ne manquent pas d'intérêt :

Le séjour du château de Chalabre n'offrant point assez de distraction à l'esprit exalté du jeune de Bruyères, et comme, d'autre part, il ne pouvait supporter le joug de la domination paternelle, quelque léger qu'il fût, il gagna la capitale, seul théâtre où il pût donner un libre cours à ses caprices et à ses excentricités.

Grâce à l'éclat de son nom, rehaussé par de beaux revenus, il fut bientôt admis dans les sociétés les plus brillantes de l'époque. A leur contact, son caractère subit la plus heureuse transformation. Il ne s'attacha plus qu'à la recherche du beau ; il aima tout ce qui pouvait grandir son esprit et augmenter son éclat. Il fréquenta les gens de lettres, se déclara le protecteur des beaux-arts, se montra enthousiaste des chefs-d'œuvre et consacra ses loisirs à l'étude des auteurs anciens.

On eût dit qu'il avait à cœur de se venger du sort qui, par suite d'une chute imprévue, avait enlevé à sa taille et à son maintien la noblesse et l'élégance traditionnelles de ses pères, et à suppléer à ce qui lui manquait, sous ce rapport, par les richesses d'un esprit cultivé, l'étendue des connaissances et la diction la plus épurée. Grâce à tant d'efforts, le jeune Bruyères-Chalabre fut cité dans les salons parisiens comme un des beaux esprits du temps.

A cette époque, tout Paris élégant et artiste recevait, pour ainsi dire, un nouveau rayonnement du talent merveilleux de Mlle Mars, dont la grâce extraordinaire captivait tous les cœurs. Le jeune marquis ne tarda pas, comme tant d'autres, à se laisser éblouir par ses charmes. Bientôt il eut sa loge au Français, ne manqua aucune représentation de la célèbre comédienne, applaudit à tous ses succès et prit part à tous ses triomphes.

Son admiration dut se traduire en même temps par les hommages les plus flatteurs et les présents du plus haut prix, car il avait la réputation d'être un parfait gentilhomme.

Quant à la reine du théâtre, elle ne put qu'être flattée de toutes les marques d'estime et de sympathie de son sincère admirateur. Elle eut maintes fois l'occasion de lui en témoigner sa gratitude dans les brillantes réunions dont elle faisait le succès et le charme.

Quelques amis intéressés du renommé de Bruyères, au courant de ces faits, innocents par eux-mêmes, publièrent partout sa bonne fortune et flattèrent son amour-propre en le faisant passer pour l'amant de Mlle Mars. Ce fut pour entretenir le Paris des salons dans cette croyance, que de Bruyères, trop accessible à ce genre d'adulation, et la tête exaltée par la maladie qui venait de le surpendre à l'improviste, fit testament, à son lit de mort, en faveur de Mlle Mars.

On ne saurait peindre la douleur du vieux comte de Chalabre en apprenant cette mort. Dans son trouble, il eut peine à ajouter foi au funeste message qui lui révélait, avec son malheur, les dernières excentricités de son fils. Mais dans la semaine, une lettre, signée cette fois par celle qui retenait le testament, dissipa ses illusions.

Ce fut alors que M. le comte Mathieu-Antoine de Mauléon, devenu son gendre en 1817, confiant dans son intelligence et son expérience des affaires, se chargea de porter la lumière dans ce fantastique roman. Muni des pleins pouvoirs de son parent, il partit pour Paris, où il fut accueilli par l'heureuse héritière avec toute la déférence et les honneurs dus à son rang et à sa qualité. Mais cette fois, à l'encontre de sa délicatesse et de son désintéresement tant vantés par le spirituel auteur de ses souvenirs (1), Mlle Mars rejeta toute idée de conciliation, quelles que fussent l'éloquence et l'habileté du noble mandataire. Elle exigea l'entière exécution de l'acte qu'elle avait entre les mains.

Cependant l'ingénieuse ténacité du comte de Mauléon, qui, à bout de moyens, fit miroiter aux yeux de la comédienne une liasse de billets de banque, finit par vaincre sa résistance. Elle fit volontiers l'échange du testament contre le portefeuille qui lui était offert.

Quelque temps après, à l'Hôtel des ventes, à Paris, la foule des savants et des amateurs se disputait la riche bibliothèque de l'infortuné de Bruyères.

Nous ne saurions donner des renseignements plus précis sur le choix et le goût qui présidèrent à sa formation, qu'en citant un extrait du catalogue des différents objets mis en vente :

« M. de Bruyères-Chalabre, riche, ami du beau et impatient de jouir, ne suivait pas seulement la marche ordinaire des ventes pour y arrêter les plus belles choses qui s'y présentaient ; il pénétrait dans les cabinets des amateurs, et souvent il leur achetait à force d'argent les objets dont ils

---

(1) Mlle Doze, *Souvenirs de Mlle Mars.*

étaient le moins disposés à se dessaisir. C'est avec de tels sacrifices qu'est entrée dans son cabinet la belle collection de manuscrits, d'éditions anciennes, ainsi que des plus beaux elzévirs, collection aussi précieuse dans son ensemble que curieuse dans ses détails, et la plus belle qui ait encore paru en vente (1). »

Le vieux comte de Bruyères n'eut qu'à se louer des négociations qui le réintégraient dans la possession d'une partie de ses domaines. Peu à peu, feignant d'oublier la cruelle épreuve qui, en secret, dévorait son âme, il reparut en public avec sa contenance d'autrefois. Ses habits de deuil, qu'il ne quitta plus dès lors, semblaient lui donner plus de majesté, sans lui ôter rien de cette douce familiarité qui fit de ce digne descendant de nos seigneurs naturels l'idole de la contrée.

Il mourut en 1838, âgé de 76 ans.

Le comte de Bruyères avait appris de bonne heure, et à bonne école, à se défier des coups de la fortune. Veuf de sa première femme, la fille du fermier général d'Etigny, de laquelle il eut le fils dont nous venons de vous raconter l'histoire, il fut forcé d'émigrer pour échapper aux vengeances de la Révolution. Réfugié à Londres auprès de quelques amis dévoués qui s'efforçaient d'alléger son exil, il ne tarda pas, dans ses rapports avec l'élite de la noblesse, à faire apprécier ses rares qualités d'esprit et de cœur; elles durent être, en effet, d'un puissant attrait auprès de Mme de Fleuriau, née de Laval, qu'il épousa en secondes noces.

Revenu de l'émigration tel qu'il était parti, retiré dans son château de Chalabre, il conserva le sentiment exalté de ses principes et de ses opinions. Type ineffaçable de sa race,

---

(1) Archives du château de Chalabre, *Exemplaire du Catalogue.*

dédaignant de connaître les institutions d'un siècle nouveau, il demeura ferme comme un morceau de roche de granit, débris qu'un siècle avait laissé sur le rivage, en s'écoulant ; simple comme tous ceux qui sont sûrs de leurs forces, calme dans son élévation comme dans son malheur, puissant sans abuser de son pouvoir, riche sans avarice et sans hauteur. Le paysan fut ravi et dominé par cette vraie supériorité : ses moindres actions, ses paroles, son langage, il admira tout ; il lui monta au cœur comme un amour respectueux, comme une adoration, pour celui qui avait été son maître et qui se montrait encore digne de l'être.

Telle est la vraie noblesse, la noblesse qui, venue du sang, perpétue sa distinction par les vertus, quels que soient la situation et les événements auxquels la Providence se plaît à la soumettre.

De son union avec Mme de Fleuriau, il naquit au comte de Bruyères-Chalabre une fille unique, Henriette-Natalie, mariée en 1817 au comte Mathieu-Antoine de Mauléon-Narbonne, ancien seigneur de Nébias, de la Serpent, etc.

Ainsi, la dernière des Bruyères-Chalabre, dont les vertus privées, son grand âge, font l'objet de notre vénération, a apporté le reste des biens de la famille à cette lignée de Mauléon, dont une fille, trois siècles et demi auparavant, avait augmenté la fortune des Bruyères : nous voulons parler de Béatrix de Mauléon, dernière châtelaine des Rivelois.

Nous avons suivi pas à pas la longue filiation des sires de Bruyères, depuis l'avénement de Pons de Bruyères le Châtel dans le pays de Kercorb jusqu'à nos jours.

Peu de contrées, en France, peuvent se flatter d'avoir eu une lignée si féconde et si glorieuse. La renommée de la maison de Bruyères rayonna de toutes parts en France et à l'étranger ; elle provoqua l'alliance des plus grandes familles du royaume, tels que les de Lévis-Mirepoix, les de Voisins de Limoux, les de Joyeuse, les de Mauléon, etc. Toujours fidèles à la cause de leur prince et de leur pays, nous les rencontrons à la cour, dans les conseils du roi, sur quelque siége épiscopal, et plus souvent encore sur les champs de bataille, où ils se couvrirent de gloire.

Leurs services, nous l'avons dit, furent, pour eux et leurs vassaux, la source de nombreux priviléges qui légitiment, dans la province du Languedoc, la dénomination si flatteuse appliquée à leur petit Etat pendant plus de 500 ans.

En finissant ici leur histoire, rendons, en particulier, un dernier hommage de reconnaissance à sire Philippe de Bruyères, notre premier baron, qui, après la mort de Thomas, son frère puîné, devint comme le chef de file de la branche de Bruyères-Chalabre, d'où sont sorties celles de Bruyères Saint-Michel en Dauphiné, et de Bruyères-Sonac en Lorraine. Ce fut pendant le cours du règne de Philippe que « sa bonne ville de Rivel », comme il se plaisait à l'appeler, enregistra son âge d'or. Elle lui dut son entière réédification et toutes ces admirables institutions qui établirent les droits et les priviléges de la communauté naissante, sûrs garants du bonheur et de la prospérité de chacun dans l'avenir.

FILIATION
DES SIRES DE BRUYÈRES
DANS LES BARONNIES
DE LA TERRE PRIVILÉGIÉE
De 1210 à 1790.

La date qui précède le nom de chaque baron indique, pour les uns, l'année de leur avénement, et, pour les autres, l'époque pendant laquelle ils firent acte de souveraineté.

BRANCHE AÎNÉE
Dite de Puivert

- 1210. — Pons de Bruyères le Chatel.
- 1270. — Jean Ier de Bruyères.
- 1319. — Thomas Ier de Bruyères.
- 1346. — Thomas de Bruyères, IIe du nom.

BRANCHE CADETTE
Dite de Chalabre.

- 1350. — Philippe Ier de Bruyères.
- 1390. — Philippe de Bruyères, IIe du nom.
- 1434. — Jean de Bruyères, IIe du nom.
- 1445. — Roger-Antoine de Bruyères-Chalabre (1).
- 1495. — Jean de Bruyères, IIIe du nom.
- 1515. — François Ier de Bruyères.
- 1539. — François de Bruyères, IIe du nom.
- 1580. — Jean-Paul de Bruyères.
- 1586. — François de Bruyères, IIIe du nom.
- 1602. — Jean-Antoine de Bruyères (2).
- 1631. — Jean-Pierre de Bruyères.
- 1661. — Jean-Aymèric Ier de Bruyères.
- 1698. — François de Bruyères, IVe du nom.
- 1724. — Jean-Aymèric de Bruyères, IIe du nom.
- 1760. — François-Jean de Bruyères.
- 1782. — Jean-Louis-Félicité de Bruyères. C'est dans la personne de ce dernier que s'est éteinte, en 1838, la maison de Bruyères-Chalabre.

(1) En 1445, Jean de Bruyères, frère de Roger-Antoine, baron de Chalabre, devient l'auteur de la branche de Bruyères Saint-Michel, en Dauphiné.

(2) En 1630, Aymèric de Bruyères-Sonac, fils de Jean-Antoine, baron de Chalabre, fonda la branche de Bruyères-Lorraine, représentée de nos jours par M. Charles de Bruyères.

II. L'importance et le renom acquis dans nos contrées par les derniers membres de la famille de Mauléon, depuis surtout qu'ils ont établi leur résidence au château de Chalabre, nous font un devoir de livrer à la curieuse impatience de nos compatriotes quelques précieux détails sur leur origine, détails qu'ils ignorent pour la plupart.

La maison de Mauléon de Chalabre est, sans contredit, une des plus anciennes et des plus illustres qui soient en France. Son opulence égalait, il y a six cents ans, celle des plus grandes du royaume ; nos annales historiques, aux différentes époques du moyen âge, viendraient seules à l'appui de nos assertions, si nous n'avions des preuves juridiquement enregistrées sur les vieux parchemins conservés avec soin dans les riches archives du château de Chalabre.

Que de fois nous les avons compulsées pour y démêler tout ce qui avait trait à l'histoire de nos contrées !

Nous lisons dans le recueil imprimé des actes originaires :

« La généalogie de la maison de Mauléon, régulièrement
« établie à partir de l'an 1000 jusqu'à nos jours, nous dé-
« signe les diverses contrées et vicomtés que ses membres
« possédaient à cette époque ; dans le XII° siècle, plusieurs
« généraux d'armes, et, dans le XIII°, des alliances avec des
« têtes couronnées portant leurs bannières dans les batailles,
« et enfin, successivement, des marques de distinction et des
« alliances avec des illustres maisons du royaume. M. de
« Sorèze, célèbre généalogiste, dit que « ceux de cette
« maison avaient la ville et la seigneurie de La Rochelle,
« et qu'ils possédaient, en outre, trois villes de Mauléon,
« situées en Poitou et en basse Navarre. »

Citons, dans la nomenclature des noms illustres des premières époques, le fameux Savary de Mauléon, généralissime des troupes d'Angleterre (1224).

L'évêque Sponde de Mirepoix dit, en parlant de ce grand homme de guerre : *Magnæ virtutis, magnarumque opum vir, militaris peritiæ, magnæ domi nobilitatis, vir memorandus*, etc., en français : « Un homme distingué par sa vertu autant que par ses richesses, et recommandable par sa valeur et ses talents militaires autant que par la noblesse de sa maison. »

Trompé par les ministres du roi Henri qui lui envoyèrent de Londres un coffre plein de ferraille au lieu de l'argent qu'il attendait pour la garnison de La Rochelle, où il soutenait un siége mémorable, il se vit forcé de rendre la place à Louis VIII, roi de France, qui l'assiégeait avec toutes ses troupes. A la suite de cet événement, l'illustre général offrit au monarque français ses services et son épée (1).

A côté du grand Savary, se distingue Renaud de Mauléon, qui vivait en 1380, et dont les prérogatives se trouvent énumérées dans un brevet qui lui fut accordé par Hugues, roi de Chypre et de Jérusalem, son parent (2). Sa bravoure et son grand courage le firent surnommer *Mon-Lion*, jeu de mots sur le nom originaire, car les armes que lui léguèrent ses aïeux et que lui-même transmit à ses descendants sont de *Gueules au lion armé et lampassé de sable.*

L'illustre maison a été divisée en treize branches, dont trois existantes encore : l'une d'elles, celle de Mauléon-Nébias, se perpétue, de nos jours, en la personne de M. Henri-Alfred de Mauléon, marquis de Chalabre ; le nom de Narbonne qu'il peut joindre à ses titres ressort de l'alliance qu'un de ses aïeux, Arnaud de Mauléon de Durban, contracta avec Constance de Narbonne, qui lui apporta la baronnie de Nébias (1539).

---

(1) Mézerai, *Histoire de Louis VIII.*
(2) Titre sur parchemin au bailliage de Nancy.

Ce n'est donc pas, comme l'ont prétendu certains généalogistes, à la suite de l'alliance de Béatrix de Mauléon avec Roger de Bruyères, en 1430, que la terre de Nébias fut acquise aux de Mauléon.

Citons, à une époque plus rapprochée : Marc-Antoine et Louis-Antoine de Mauléon de cette même branche ; tous deux capitaines au régiment de cavalerie d'Anjou ; le plus jeune créé comte de Lyon, en 1740, et l'aîné, Marc-Antoine, destiné à succéder à Blaise de Mauléon, son père, dans la baronnie de Nébias.

Nous avons déjà parlé de la grandeur d'âme, de l'intelligence et de la magnanimité du comte Mathieu-Antoine de Mauléon, l'allié de la famille de Bruyères.

La noblesse de cette antique race trouve aujourd'hui son représentant dans la personne de son fils, qui possède, outre les terres de Nébias et de la Serpent, quelques riches portions de l'immense forêt de sapins qui couronne les premières ramifications des Pyrénées, telles que le Menier, le Travanet, etc., de plus, le magnifique château de Chalabre, dont il a fait sa demeure privilégiée et d'où il peut, à l'aise, contempler les fertiles coteaux qui en dépendent ; ses campagnes, ses usines, ses vastes prairies, que sillonnent en tous sens les cours capricieux de Lers, du Blau et de Chalabreille.

« En suivant au retour de Puivert le cours impétueux du Blau, le touriste, sous l'impression de l'aspect désolé de la forteresse et du paysage qu'il vient de contempler, voit surgir avec délices, à un détour imprévu de la vallée, un pêle-mêle ravissant de grands arbres, de tourelles et de créneaux : c'est le château de Chalabre ! Il s'étonne de n'y pas apercevoir la bannière seigneuriale onduler au vent, ou de n'y pas entendre résonner la trompe du veilleur, tant cet ensemble, plein de capricieuses fantaisies, donne à tout le site quelque chose d'inattendu, d'étranger à l'époque, de préparé seulement pour les générations d'autrefois, de gothique, en un mot... De près, ce prestige s'affaiblit pour lui ; son œil découvre les traces récentes du ciseau sur des pierres qui lui apparaissaient belles surtout de ce charme secret du travail des siècles ; il regrette que le propriétaire actuel n'ait pu compléter une restauration dirigée par lui avec un goût irréprochable, en disjoignant ces assises, en émiettant les arêtes de ces blocs de roche, en dorant ces murs des plus chauds rayons de soleil, en les plaquant çà et là de mousse verte et veloutée ou les revêtant d'un épais manteau de lierre... Aux étés, aux hivers et à la végétation d'achever son ouvrage !

« Mais ce n'est là qu'une portion de l'édifice ; dans le siècle dernier, on a sacrifié la majeure partie de l'ancien manoir, pour y élever à la place de nouvelles constructions qui sont restées inachevées, et l'on ne laissa debout que le vieux donjon, formé d'un corps de logis assez vaste et qui, restauré naguère, imprime seul à l'édifice son caractère moyen âge.

« Des avenues qui serpentent sur les flancs de la montagne, des allées pleines d'ombre et de fraîcheur, et dans l'une desquelles on remarque le modeste mais poétique mausolée de Mme la comtesse de Bruyères, née Laval, morte en 1828 ; de larges terrasses au pied desquelles s'étend pittoresquement la ville, un parc magnifique, oasis de verdure que dominent les tourelles crénelées, les échauguettes et de grands murs de toutes les époques, font de cette habitation un séjour approprié aux mœurs d'aujourd'hui et contrastent d'une manière heureuse avec le château de Puivert, type complet et non défiguré des grandes demeures féodales au XIVe siècle (1). »

(1) Bruno Dusan, *Revue archéologique du midi de la France*.

Ajoutons que les préférences de M. le marquis Alfred de Mauléon pour son séjour au milieu des Chalabrois, et les actes généreux que cette prédilection lui inspire, joints à la douceur et aux bienfaits sans nombre de sa noble dame, Joséphine-Louise-Octavie Miolet de la Rivière, nous rappellent les plus heureux temps de notre histoire, et font songer aux circonstances qui méritèrent à notre pays son nom de Terre Privilégiée.

Au moment de livrer ces dernières lignes à l'impression, nous apprenons la triste nouvelle de la mort de Mme la comtesse de Mauléon, Henriette-Natalie de Bruyères-Chalabre.

Les regrets que cette perte excite dans nos campagnes rappellent le culte que les habitants de la Terre Privilégiée vouèrent à la mémoire de leurs anciens seigneurs, et prouvent une fois de plus, comme nous l'annoncions à notre première page, que c'est au sein des populations montagnardes que se perpétue le plus religieusement encore le souvenir des vieilles traditions.

Nous nous associons du fond du cœur à ces dignes sentiments de condoléance, sans croire néanmoins, comme la plupart de nos compatriotes, à la complète extinction de la race des Bruyères dans la perte de Mme la comtesse.

En effet, nous savons qu'à des époques différentes, deux branches de la grande famille des barons de Chalabre, quittant la Terre Privilégiée, allèrent s'établir, la première dans le Dauphiné, et la seconde en Lorraine.

L'une et l'autre se montrèrent dignes de leurs ancêtres, en s'inspirant de leurs grandes vertus.

Nous craignons qu'il n'existe plus en Dauphiné des représentants de la maison de Bruyères Saint-Michel, fondée par Jean de Bruyères, second fils de Jean II, baron de Chalabre, et de Béatrix de Mauléon (1445).

Nous n'éprouvons pas heureusement le même souci à

l'égard de la maison de Bruyères-Lorraine, qui eut d'abord pour chef, en 1630, Ayméric de Bruyères-Sonac, illustre chambellan de François II, duc de Lorraine, et se continua ensuite, à la mort des fils de ce dernier, dans la personne de Marc-Antoine, leur proche parent, issu de Jean III de Bruyères, baron de Chalabre, et de Cécile de Voisins-d'Ambres.

Nous regrettons de ne pouvoir suivre pas à pas dans sa brillante carrière le digne successeur d'Ayméric à la cour de Léopold, duc de Lorraine. Qu'il nous suffise de constater qu'après avoir occupé avec distinction le grade de capitaine dans sa garde, Marc-Antoine fut nommé par le prince au commandement de la ville de Saint-Dié (1731).

Un arrêt du conseil souverain, tenu à Commercy, sous la présidence du duc, en établissant sa descendance de la maison de Bruyères-Chalabre, le maintient en Lorraine dans tous ses droits et privilèges (1).

En 1760, Jean-François de Bruyères, son fils et successeur, fut reçu au nombre des cadets gentilshommes, page de Stanislas Ier, dernier duc de Lorraine.

On sait que la mort de ce prince, survenue le 26 février 1766, marqua le terme fixé pour le retour de la Lorraine à la France, en vertu du traité que cette dernière puissance passa avec l'Autriche, le 3 octobre 1735.

A la mort de Stanislas Ier, de Bruyères passa au service du roi de France, qui le nomma, en 1772, lieutenant près

---

(1) A l'appui de cet arrêt du 27 août 1737, établissant l'origine de Marc-Antoine, de la famille de Bruyères, baron de Chalabre, il faut joindre une ordonnance antérieure de la même valeur, du lieutenant du Roy, pour la généralité de Montauban, en date du 4 septembre 1696; en outre, un nombre considérable d'actes de naissance et de mariage, plus l'identité des armes et la devise : *Sola fides sufficit* (Archives de la maison de Bruyères-Lorraine, — Titres au bailliage de Nancy).

le chapitre de Remiremont, dont la malheureuse princesse de Condé était alors et devait être la dernière abbesse.

Remiremont, ville coquette qu'environnent les sites les plus pittoresques, doit son antique renommée au célèbre « Chapitre noble » fondé en 620 par saint Romarie, comte d'Austrasie, converti au christianisme par saint Amé.

Ce chapitre, illustre entre tous, formait un petit État indépendant, s'administrant lui-même, sous la double protection des papes et des empereurs d'Allemagne, auxquels succédèrent les ducs de Lorraine. Protection toute-puissante que nos rois tinrent à honneur de lui conserver, et qui, durant les époques les plus orageuses, assura aux heureux habitants des territoires du chapitre une tranquillité que l'on aurait en vain cherché dans d'autres contrées.

La grande Révolution, en faisant table rase de toutes les anciennes institutions, de celles surtout que l'esprit de foi, de dévouement et de charité recommandait à la reconnaissance et à l'admiration publiques, sacrifia sans scrupule celle qui, depuis tant de siècles, faisait l'honneur et la gloire de Remiremont. La digne abbesse que nous avons citée, les chanoinesses et tous les dignitaires qui la composaient durent l'abandonner, à la suite d'une décision de l'Assemblée nationale.

Ce ne fut point sans de vives protestations que les habitants se virent ainsi forcés d'accepter le nouvel ordre de choses. Les regrets profonds qui, depuis, se mêlent au souvenir de l'admirable institution d'où émanent pour leur poétique cité de si glorieuses prérogatives, seront pour les futures générations de Remiremont comme un écho des généreux efforts que tentèrent leurs pères pour empêcher sa ruine.

Cependant Jean-François de Bruyères, confiant dans l'affection de ses compatriotes, ne crut pas devoir abandonner le sol de sa patrie. Il se fixa à Remiremont, où, durant les plus mauvais jours de la tourmente révolutionnaire, il eut encore assez d'autorité pour sauver plusieurs prêtres des fureurs des sectaires.

Son second fils, portant le même prénom, dut partir, à l'âge de seize ans, pour l'armée du Rhin. Le duc de Choiseul l'attacha à sa personne en qualité d'ordonnance.

Rentré en 1802, à Remiremont, près de son père, il se maria quatre ans après, à Mlle Gaudel de Nomexy, fille de l'ancien seigneur de Frizon et Nomexy, qui le rendit père de cinq enfants : deux garçons et trois filles.

Il lui était réservé de reconstituer une fortune qui avait eu tant à souffrir des événements. En 1816, dans des temps difficiles, il accepta les fonctions de maire de la ville de Remiremont, et fut élu, vers la même époque, membre du conseil général des Vosges pour le canton du Thillot.

Sa mort, survenue en 1856, émut profondément ces chères populations, dont il avait défendu si longtemps les intérêts avec tant de zèle et de dévouement. De nos jours encore, le souvenir de ses services provoque les dignes sentiments de gratitude et de reconnaissance de sa ville natale.

C'est aujourd'hui dans la personne de son fils, Charles de Bruyères, que se perpétue la maison de Bruyères de Lorraine, le seul, croyons-nous, de l'antique race de Bruyères le Châtel, si nos craintes au sujet de l'extinction de la branche de Bruyères Saint-Michel se trouvent fondées.

M. Charles réside aussi à Remiremont. Et pourrait-il affectionner plus attrayant séjour que celui où son père, durant de longues années et sous tous les régimes, a su se concilier l'estime et l'affection générales, autant par la constance et la fermeté de ses convictions, que par la douceur et l'affabilité de son caractère.

L'arrière-neveu des barons de Rivel et de Chalabre ne connaissait encore la Terre Privilégiée que de nom et par les récits traditionnels religieusement conservés dans sa maison. Mais tout récemment, entraîné par un de ces tendres sentiments qu'inspirent à tout noble cœur la foi et l'amour de la famille, il est allé visiter le berceau de ses illustres aïeux.

Nous ne saurions décrire toutes les émotions que notre intéressant voyageur a éprouvées dans cette lointaine pérégrination.

Au sein de nos côtes agrestes, sous ce beau ciel du Midi, il lui sembla renaître, en découvrant à chaque pas le souvenir des vertus et des bienfaits de ses pères. Les sites poétiques de la belle Eisalabra, la vue de son superbe manoir, de ce tant vieux donjon crénelé qu'illustrèrent tant de braves chevaliers, la majesté des anciens Saltes avec leur éternelle couronne de noirs sapins, les grandes ruines de Puivert, la féconde vallée de Pendels, nos prairies, nos cours d'eau, l'exquise urbanité des Chalabrois, les vives allures de nos montagnards, leur industrie, leurs coutumes, leur langage, tout le captiva, tout le séduisit. Et ce fut avec de vifs regrets, sentant déjà le désir de le revoir, qu'il fit ses adieux au pays, dont il emportait l'estime et l'affection, avec le souvenir de l'accueil sincère et cordial dont il fut surtout l'objet de la part de la famille de Mauléon, au château de Chalabre.

CHAPITRE TROISIÈME

I. La grande Révolution. — Révolte des habitants de Rivel. — Officiers et notables de la commune. — L'abolition des droits seigneuriaux. — Confiscation des biens de M. le marquis de Puivert. — Une mission bien remplie. — La fête des censives. — Le tribunal de police municipale. — La garde nationale. — II. La Terreur. — Un mauvais présage. — L'halluciné de Bélesta et l'intrépide villageois. — Les jacobins. — Le premier arbre de la liberté. — Démolition des châteaux de Sainte-Colombe et de Puivert. — Vente du moulin de l'Évêque.

I. En 1789, la France offrit un grand et nouveau spectacle : jamais libertés plus nombreuses n'avaient été accordées à la fois à une nation. Six millions de Français, convoqués dans les sénéchaussées et les bailliages, votèrent sans désordre ; ils s'exprimèrent librement sur les changements que nécessitait la situation présente. Il s'agissait de porter la cognée de la réforme dans tout ce qui avait fait son temps, d'inaugurer l'époque d'une justice plus générale, de faire place à de nouveaux intérêts, et de mettre les institutions d'un grand peuple d'accord avec les progrès des mœurs et de l'esprit.

Les cahiers des nouveaux députés convoqués aux états généraux demandaient l'admission de tous les citoyens aux emplois civils et militaires, l'égalité des peines, la suppression de la vassalité, des charges de rachat, des droits féodaux et seigneuriaux, la révision du Code civil et du Code criminel, l'établissement des tribunaux de conciliation, la suppression des justices seigneuriales, des droits de francs-fiefs, des douanes intérieures, de la gabelle, des aides et des corvées, enfin la liberté de la presse et des opinions religieuses.

Hâtons-nous de le dire toutefois, l'esprit de faction commença à planer sur la France au moment où le tiers état, l'emportant sur la noblesse et le clergé, décrétait l'entière et radicale abolition de tous les priviléges.

La prise de la Bastille par le peuple, suivie de quelques massacres, la disette devenue tout à coup extrême dans la capitale, le mauvais état des finances qui nécessita la première émission de quatre cents millions en assignats ou papier-monnaie dont l'usage fut multiplié outre mesure, et l'influence toujours croissante de l'Assemblée constituante, marquèrent la première année de la Révolution.

On est saisi d'une émotion douloureuse quand on songe que l'accomplissement des vœux des états nous donnait tout juste ce que nous possédons aujourd'hui, avec de longs et horribles malheurs de moins.

Une pareille révolution dans l'existence de tout un peuple ne pouvait s'opérer sans entraîner les plus funestes conséquences.

En 1790, la division de la France par départements, la suppression des couvents, l'abolition de la noblesse héréditaire, du droit d'aînesse, l'institution du jury en matière criminelle, la constitution civile du clergé et le serment de fidélité, puis enfin la fameuse fédération du Champ-de-Mars, où se trouvaient réunis trente mille soldats des différents régiments, une députation de toutes les gardes nationales de France, et plus de trois cent mille spectateurs, avaient donné sa physionomie propre à la Révolution dans sa seconde période.

Dès ce moment, notre petite contrée, perdant à jamais son ancienne dénomination de *Terre Privilégiée*, fut comprise dans le département de l'Aude, et forma un canton qui eut Chalabre pour chef-lieu (1).

La province suivit l'impulsion de la capitale; il s'opéra soudain de tous côtés un incroyable bouleversement qui fit table rase de toutes les anciennes institutions; il n'y eut point jusqu'aux petits villages qui n'aspirassent à se soustraire aux rigueurs du régime seigneurial. Les habitants de nos montagnes voulurent, eux aussi, prendre leur part des nouvelles libertés qui leur étaient offertes.

L'acceptation de la Révolution dans les villes décida par conséquent la rébellion des campagnes.

A la fin de 1790, les Rivelois, enhardis par l'exemple de quelques communes voisines, refusèrent de payer à leur seigneur la censive annuelle; et, dans leur exaltation, ils allèrent même jusqu'à oublier les droits de la propriété.

Dans les premiers jours d'octobre, la foule exaltée des manants, poussant des clameurs incendiaires, se précipita sur les piles de bois de chêne et sur les sacs de charbon qui couvraient le port de Rivel et remplissaient le magasin attenant, dit de Moussu, qui appartenait au seigneur.

---

(1) Liste des communes formant le canton de Chalabre, avec la population de chacune d'après le dernier recensement.

CHALABRE — 16 communes, 11,024 habitants.

Commune	Population
CHALABRE	2986
Corbières	191
Caudeval	574
Courtauly	323
Gueytes et Labastide	134
Montjardin	331
Peyrefite-du-Razès	265
Puivert	1786
Rivel	1160
Saint-Benoît	488
Saint-Couat-du-Razès	266
Saint-Jean-de-Paracol	408
Sainte-Colombe-sur-l'Hers	1426
Sonac	359
Tréziers	212
Villefort	315

Quelques-uns proposèrent d'y mettre le feu, mais le plus grand nombre, inspiré par les besoins de leurs propres ménages et les rigueurs excessives de la saison, fut plutôt d'avis de se partager ces premières dépouilles.

Le sieur Marie Vivies, intendant de M. de Roux, marquis de Puivert, protesta énergiquement contre de pareils attentats et, avec l'aide de quelques serviteurs dévoués, voulut empêcher les séditieux d'emporter les marchandises. Mais ces derniers, pour couper court aux récriminations de l'intendant, se saisirent de sa personne et décidèrent, séance tenante, de l'enfermer dans le sous-sol du magasin, jusqu'à ce que chacun eût opéré l'emménagement de la quantité de bois et de charbon qui lui était échue dans le partage (1). Mais le prisonnier s'étant échappé presque aussitôt par un soupirail donnant accès sur la rue opposée, il franchit sans être aperçu le guet de la Pichareillo, et par des chemins détournés se rendit à Chalabre pour dénoncer les coupables à la justice.

Cependant, à Rivel, l'intervention du sieur Noël Dilhat, récemment élu président de la commune, ne put contenir la fougue des révoltés, dont les prétentions étaient loin d'être satisfaites. L'autorité supérieure dut intervenir pour arrêter leurs manœuvres, et un détachement du régiment de Médoc fut envoyé dans nos murs pour y rétablir l'ordre et y faire respecter les droits et la propriété du seigneur.

Sur ces entrefaites, le peuple, réuni sur la place publique, dut se prononcer sur le choix du premier officier civil de la commune.

D'une voix unanime la population désigna maître Barthélemy Rolland, dit Cadet, comme le plus propre à

---

(1) Archives de la commune, *Registres de la Révolution*.

remplir cette charge. En conséquence, le renommé fondeur fut élu maire de Rivel (1).

On procéda, le même jour, à la nomination du corps municipal, chargé de contrôler ses actes et de délibérer, en conseil, sur les intérêts de la commune.

Le sieur Noël Dilhat dut échanger son titre de président contre celui de procureur, qui l'instituait comme représentant du pouvoir exécutif.

L'arrivée des soldats du régiment de Médoc, commandés par un chef intrépide et résolu, glaça d'épouvante les auteurs de la révolte; une enquête fut aussitôt ordonnée pour rechercher les principaux coupables et les punir selon la sévérité des lois.

A la demande du commandant et sur la proposition du maire, « une réunion extraordinaire, tenue dans l'enceinte de l'église Saint-Jean, et composée de la plus saine et de la plus intègre partie des habitants, avisa au moyen de réparation vis-à-vis du seigneur. » Tous furent unanimes pour reconnaître le maintien des droits jusque-là en vigueur, et arrêtèrent que « ceux qui avaient pris part au pillage du port seraient tenus d'y rapporter les marchandises enlevées, ou de restituer, dans les vingt-quatre heures, une somme d'argent égale à leur valeur. »

Une semblable manifestation fit oublier au sieur Marie Viviés les mauvais traitements qu'il avait reçus naguère, et il déclara, au nom du seigneur, se trouver pleinement satisfait des décisions de l'assemblée. Le jour même, les soldats, dont le séjour devenait de plus en plus à charge aux habitants, opérèrent leur retraite. Le commandant remercia maître Barthélemy Rolland de l'accueil sympathique et de l'hospitalité cordiale qu'il avait reçus dans sa maison.

(1) Archives de la commune, *Registres de la Révolution*.

On comprendra que nous donnions ici la liste exacte de tous les amis de l'ordre et du devoir qui prirent part à cette réunion.

Le 23 octobre 1790, en l'église Saint-Jean de Rivel, diocèse de Mirepoix, du district de Quillan, sous la présidence de Barthélemy Rolland cadet, maire, et Noël Dilhat, procureur; Bausil, archiprêtre; Jean Pont, Baptiste Durou, Jean Bouichou, Bernard Plantié, Jean Buscail, Baptiste Olive, officiers municipaux; et Gabriel Chaumont, secrétaire; a été tenue l'assemblée extraordinaire pour délibérer sur les moyens de réparation et satisfaction pleine et entière envers le seigneur dudit lieu; présents : Raymond Baillard, François Richou, Jean Olive Plantaurel (1), les trois plus anciens de la commune; et les sieurs Louis Rey, Etienne Renoux, André Rives, François Richou, Antoine Pont Bessou, Pierre Durou, Jean Jau, Pierre Rives, Pierre Olive, Maurice Bosc, Jean et Baptiste Manses, Pierre Olive Lenfantou, Jean Garros, Pierre Dunac, Baptiste Bouichou, Jean-Pierre Malecamp, Baptiste Pont, Barthélemy Huillet, Jean Castres, Jean-Pierre Sylvestre, Guillaume Laporte, Joseph Olive, Jean Foussaries, Bernard Casse, Raymond et Pierre Blanchard, André Bigou, Guillaume Huillet, Jean Ramel, Léon Escolier, Jean Brangé, Joseph Andouy, Jean Bouichou, Jean Vives, Pierre Peille, François Carrogis, Jean Richou, François Pont, Bernard Pibouleau, Jean-Pierre Izard-Mirgou, Jean Viviés, Jean Giret, Joseph Olive, Joseph Capella, Guillaume Plantié, Pierre Marcerou, P. Vives,

---

(1) Surnom qu'il emprunta à l'endroit qui le vit naître. Sa mère le mit au monde sur les hauteurs de *Plantaurel*, où elle était allée de grand matin ramasser du bois mort. On assure que, séance tenante, la robuste femme replia le nouveau-né dans son tablier, termina son fagot qu'elle chargea seule sur son cou, et s'en vint ainsi au village sans éprouver le moindre malaise. Quelle leçon pour nos dames de la ville... et même du village!

Joseph Fournier, Jean-Pierre Olive, Pierre Dilhat aîné, Pierre Escolier, André Rives, Bernard Salinié, Jean-Baptiste Roux, Jean Boyer cadet, Guillaume Cabies, André Vidal, Joseph Renoux, J. Grassaud, Jean-Baptiste Alary, Maurice Dilhat, François Foucher, Pierre Clergue, P. Petit-Bennes, Jacques Huillet dit Beato, Jean-François Gaillardet, François Rolland, Pierre Durban et Jean Soulat, dit la Pégo.

Ce nombre considérable de témoins, qui protestèrent contre l'indigne conduite des révolutionnaires, prouve que la justice et la probité comptaient encore bien des adeptes dans notre village.

Après la nomination des divers officiers municipaux, chaque localité songea à remplacer les justices seigneuriales par la création d'un juge. Ce choix incomba au conseil de la commune, composé des gens les plus érudits et les plus expérimentés dans les affaires. Réunis à ces fins dans l'église Saint-Jean, faute de maison commune, nos officiers choisirent maître Claude Bausil, homme de grande distinction, plein de droiture et d'impartialité, qui avait fait déjà ses preuves dans une cour souveraine. Après une chaleureuse allocution, inspirée par les circonstances, qu'improvisa sur-le-champ le savant magistrat, le procès-verbal de la séance fut signé par les sieurs Bernard Plantié, Baptiste Olive, Joseph Boyer, Maurice Bosc, André Rives et Jean Pont, officiers municipaux; à côté de la signature de Barthélemy Rolland cadet se trouvent celles des maires et autres fonctionnaires de Villefort, de Lescale et de Puivert, appelés pour prendre part à l'élection, le 13 mars 1791 (1).

De la grande fermentation qui régnait sur tous les points de la France naquit la guerre civile. La Vendée fut la

---

(1) Archives de la commune, *Registres de la Révolution*.

première à prendre les armes. L'émigration des nobles redoublait chaque jour, et leur enrôlement dans les armées étrangères alarmait le gouvernement, qui décréta que les fuyards seraient considérés comme des conspirateurs et punissables de mort. Un décret de l'Assemblée ordonnait, en même temps, la séquestration de leurs biens.

A cette nouvelle, notre conseil municipal, songeant à garantir les intérêts de la commune, à la suite de sa délibération du 19 décembre 1791, délégua au district de Quillan un de ses membres, le citoyen Jean Pont, plus connu sous le nom de *Fillol* (1), pour défendre, auprès des commissaires du gouvernement, les droits d'usage dont la commune jouissait, depuis un temps immémorial, sur certaines propriétés du seigneur.

On n'eût pu choisir meilleur mandataire; notre délégué avait déjà fait preuve, en maintes graves circonstances, d'une grande intelligence et d'une rare finesse d'esprit.

Afin d'avoir, de prime abord, libre accès auprès des dictateurs qui siégeaient à Quillan, le Fillol demanda au conseil dont il faisait partie de vouloir bien lui remettre la somme de cent livres, due au district pour le payement des commissaires, conformément à l'ordonnance du département. Muni de ces fonds, il partit, assisté du citoyen Pierre Rolland, que le conseil lui avait adjoint.

Comme il l'avait prévu, les cent livres lui firent obtenir une prompte audience; les révolutionnaires l'écoutèrent complaisamment, et bientôt, subjugués par la justesse et la clarté de ses paroles que relevait encore son heureuse physionomie, ils s'empressèrent de lui donner gain de cause. Ils félicitèrent en même temps la commune de Rivel du choix

---

(1) *Fillol*, en français *Filleul*. Nous donnerons plus loin l'origine de ce nom, qui marquait une véritable prédestination.

qu'elle avait fait de Jean Pont pour la défense de ses intérêts.

A son retour au village, l'habile délégué, dont Pierre Rolland publia partout le succès, fut l'objet d'une chaleureuse ovation. Ses compatriotes décrétèrent, d'enthousiasme, qu'à la suite de sa prochaine délibération, le conseil eut à enregistrer, au procès-verbal, sa belle conduite à Quillan, et le souvenir de sa victoire.

Ces flatteuses démonstrations furent néanmoins impuissantes à dissiper la tristesse qui se peignit sur la noble figure du Fillol, depuis son retour de Quillan. Il en fit connaître la cause à ses amis, et leur annonça dès lors les funestes événements dont son esprit judicieux avait surpris les germes dans les rumeurs qu'il avait recueillies pendant son voyage.

En effet, les scènes de désordre qui avaient déjà appelé la force armée dans nos murs se renouvelèrent au commencement de 1792, avec un tel ensemble que l'autorité fut cette fois impuissante à les réprimer. La nouvelle de la rébellion parvint au district, mais les magistrats de Quillan semblèrent, en quelque sorte, l'autoriser par leur silence. On acquit bientôt la preuve de leur complicité dans la notification qui fut faite par les commissaires à la commune de Rivel, « de vouloir bien sommer le sieur Roux, ci-devant marquis de Puivert et seigneur dudit lieu, en la personne de Marie Viviés, son procureur fondé, de remettre tous ses titres, tant généraux que particuliers, au greffe du district, et de l'obliger, en outre, à la restitution de 29 ans de tous les droits qu'il aurait perçus sur les habitants de la commune. »

La municipalité, blessée du retard que le sieur Viviés apportait à l'exécution de l'ordonnance du district, décida, dans sa séance du 14 février 1792, « que signification lui en serait faite le même jour. » La remise des titres fut immédiate, comme le prouve le reçu du commis au greffe du district, signé Courtéjaire (1).

D'après le rapport circonstancié des doyens de notre commune, les révolutionnaires de Chalabre convoquèrent sur ces entrefaites les partisans des environs, pour venir célébrer dans leurs murs la fête de l'*abolition des Censives*. Réunis sous la place du marché, ils jurèrent tous de défendre les nouvelles libertés, au péril de leur vie. Mais dans la soirée, nos patriotes, échauffés par les vapeurs du vin et par les fougueuses déclamations du citoyen Pincarda qui était à leur tête, franchirent les bornes de la raison, en se livrant à des scènes scandaleuses qui durèrent toute la nuit, à la grande indignation des habitants.

En prévision de nouvelles démonstrations de ce genre, dont chaque commune devait tour à tour subir le triste spectacle, les notables de Rivel demandèrent au corps des officiers civils d'établir un tribunal de police municipale, pour juger toutes les questions de lieu sur les conclusions du procureur de la commune. Jean Boyer, Baptiste Olive, André Rives Ferré, furent les trois juges nommés à ces fins.

Dans la même délibération, le sieur Antoine Gallard fut nommé garde de la commune, aux honoraires de 200 livres, qui devaient être perçues en partie sur les amendes imposées aux contrevenants.

On s'occupa ensuite de l'organisation de la garde nationale, comme le prouve l'ordonnance du sieur Joseph Belot, commandant général du département de l'Aude, réclamant la présence à Bélesta du sieur Pierre Rolland, capitaine de la compagnie de Rivel, et du sieur Jean

---

(1) Archives de la commune, *Registres de la Révolution*.

Boyer cadet, lieutenant, afin de s'entendre sur l'état des citoyens capables de porter les armes (1).

Chaque jour, le fanatisme révolutionnaire aveuglait les citoyens et augmentait le nombre de ses adeptes. A Paris, le massacre des victimes entassées dans les prisons, le pillage des Tuileries, et l'incarcération du roi et de sa famille à la Tour du Temple, étaient le prélude des faits sanglants qui ternirent à jamais les annales de notre histoire à cette lugubre époque.

II. La Convention, en remplaçant l'Assemblée législative, décréta, le 21 septembre 1792, que la royauté était abolie en France, et la République proclamée.

Ce décret fut envoyé sur-le-champ aux armées et à toutes les municipalités.

Bientôt la Convention allait frapper le coup décisif, par le jugement de Louis XVI. En vain l'infortuné monarque demanda-t-il à en appeler au peuple, il fut déclaré coupable et exécuté le 21 janvier 1793.

Le règne de la Terreur avait eu sa première et sa plus grande victime.

Les pressentiments de Jean Pont à son retour du district commençaient donc à se réaliser. Quelques jours avant la mort du roi, une sinistre rumeur parcourut notre petit coin de terre avec la rapidité du fluide électrique. On s'entretenait mystérieusement de l'arrivée de plusieurs émissaires secrets envoyés des grandes villes pour s'assurer des sentiments des populations rurales et dénoncer les nobles et les royalistes à la vindicte de la République. A la nouvelle de la sanglante exécution de Louis XVI, chacun, dans nos campagnes, crut voir l'ennemi à ses portes. Dans nos murs

---

(1) Archives de la commune, *Registres de la Révolution.*

en particulier, la consternation fut à son comble. Le jour qui apporta le lugubre message, quelques habitants de la montagne se rendant, comme d'habitude, à leurs occupations, annoncèrent aux Rivelois l'approche de soldats armés parcourant les hameaux voisins de Bélesta, en semant sur leur passage l'incendie et la mort. Sur-le-champ, Barthélemy Rolland assembla le conseil, pour délibérer sur les moyens à prendre en cette circonstance critique. On délibérait encore quand un cri d'alarme retentit soudain d'un bout du village à l'autre.

Un cavalier, la poitrine nue, les cheveux hérissés, brandissant un long sabre, faisait irruption dans la ville par le quartier d'Amont, en criant de toutes ses forces :

« Fuyez, fuyez, gare aux assassins. »

L'épouvante gagne toutes les âmes : les femmes s'enfuient en poussant des cris, et, entraînant leurs enfants, gagnent les hauteurs voisines ; les hommes ne savent quel parti prendre ; remis toutefois de leur premier trouble, ils s'arment à la hâte de tout ce qui leur tombe sous la main et courent dans les rues à la rencontre du fantôme dont la voix retentissante continue à semer l'alarme.

Cerné de toutes parts, il est sommé d'expliquer sa conduite, s'il ne veut être massacré sur-le-champ.

Mais au même moment, un citoyen fend la foule, qu'il dépasse de toute la tête, s'avance vers le cavalier, l'examine de près.... puis, se tournant vers ses compatriotes : « Ne craignez rien, dit-il, cet homme-là est fou ! Je le reconnais ! »

Ce disant, il empoigne la bride du cheval, qu'il secoue violemment en criant au cavalier :

« A terre ! A terre ! citoyen Dubois !... Malepeste ! quelle comédie nous donnez-vous avant le mardi gras ?

— Place ! Place ! » réplique le cavalier écumant de rage. Et pour toute réponse il abat son grand sabre sur la tête du cheval, qui se cabre et fend la foule au galop, laissant la bride et le mors dans les poignets de fer de l'homme qui le retenait.

Cet homme n'était autre que le Fillol.

« Courez sus ! » s'écrie-t-il de sa puissante voix.

Cinq à six jeunes hommes réputés pour leur souplesse partent soudain comme un trait et se mettent aux trousses du fuyard. L'un d'eux jette au vent sa veste, qui gêne ses mouvements ; il est sur le point d'atteindre le cavalier ; la voix des spectateurs semble doubler son élan, il fait un suprême effort, bondit comme un lion et tombe sur le cavalier, qu'il désarçonne du coup.

L'intrépide gars aux jarrets d'acier tient la victime clouée à terre sous son genou, jusqu'à l'arrivée de la foule, qui applaudit à sa brillante action.

Notre héros avait nom Guillaume Plantié, il était renommé au village pour sa force et sa souplesse. Une chevelure abondante et crépue, qui ombrageait ses larges épaules, l'avait fait surnommer le *Frisat;* elle donnait à ses allures quelque chose de fier et de résolu qui en imposait. Sa taille était un peu petite, mais ses yeux d'un gris fauve lançaient des éclairs.

Les paroles du citoyen Dubois, si adroitement terrassé, ne servirent qu'à constater l'état de surexcitation mentale dans lequel l'avaient jeté les événements qui s'accomplissaient. Toutefois elles ne dissipèrent qu'à demi les craintes des habitants. Sur l'avis du Fillol, qui s'était cramponné cette fois à la crinière du cheval, on fit monter en selle notre visionnaire assez contusionné, on l'y attacha solidement, et deux hommes l'accompagnèrent jusque dans sa maison à Bélesta (1).

(1) Déposition des sieurs Baptiste Rives, esquiller ; Jean-Pierre Pont, fils aîné du Fillol ; Jean Plantié dit Frisat, fils du héros même de la circonstance.

L'appariteur Berthomieu Huillet, dit Fialo-Pégo, s'était emparé du sabre de Dubois. Dans la suite, cette arme ne cessa point de briller à son côté les jours de grande revue et de fêtes carillonnées.

Les femmes et les enfants affolés, qui s'étaient dispersés sur la grande côte, regagnèrent leurs maisons avec la nuit. Nos ménagères eurent peine à se remettre de leur frayeur, et le récit que nous en faisaient quarante ans après les derniers survivants nous causait, je m'en souviens, des terreurs formidables.

Les sicaires de la Convention ayant ajourné leur visite, la calme se fit enfin au village. Il arriva seulement un ordre intimant à la municipalité de renouveler tous les corps judiciaires et administratifs.

Les citoyens Guillaume Huillet, Raymond Baillard et Jean Pont Fillol prirent la place des derniers juges.

Boyer cadet fut nommé président de la commune, en remplacement de Noël Dilhat.

Quant à Barthélemy Rolland cadet, il fut maintenu dans ses fonctions de maire, « grâce à son intégrité et à son dévouement à la cause commune. »

Les noms des divers officiers de la municipalité, comme ceux des principaux notables que nous avons déjà cités, figurent tour à tour dans les comptes rendus et les procès-verbaux enregistrés durant la longue période de la République; il est inutile d'en renouveler la mention; attachons-nous de préférence aux faits principaux, aux actes les plus graves qui s'accomplirent dans la terrible époque surnommée le règne de la Terreur.

Lors de la première réunion des nouveaux conseillers municipaux, le maire leur recommanda d'user de la plus grande modération dans l'exercice de leur charge. Il fallait surtout prévenir toute dénonciation, arme terrible, puisque, sans procès, les dénoncés portaient le plus souvent leur tête à la guillotine.

Les dispositions générales de la commune étaient en parfaite harmonie avec ces mesures de prudence. Néanmoins, avouons-le, quelques esprits exaltés ne tardèrent pas, à l'instigation des sans-culottes qu'envoyaient de toutes parts les chefs du parti révolutionnaire, à montrer fièrement la tête. En vain essaya-t-on par tous les moyens de persuasion de les ramener à des sentiments de modération et de justice : rien n'y fit. Ces factieux prétendirent, à leur tour, avoir leur comité, leurs réunions, leurs séances, dans le but de suppléer par leur énergie à la sage modération de la municipalité, qu'ils prenaient pour de la timidité et de la faiblesse.

En élevant pour la première fois, à Rivel, Barthélemy Rolland aux fonctions de maire, la Révolution avait trouvé en lui un de ses plus dévoués partisans. Il avait un esprit droit, et, quoique avide de toutes les libertés nouvelles, il eût rougi de faire prévaloir ses idées par des moyens brusques et illégaux qui eussent compromis la tranquillité publique. Il avait trop de grandeur d'âme et de douceur dans le caractère pour s'arrêter jamais à l'idée du meurtre et du pillage. Patient et digne, il laissa s'évaporer la fougue des Jacobins, et tomber d'elles-mêmes leurs opinions extravagantes. Il les laissa consacrer la date de leur indépendance et de leurs immunités en élevant un drapeau rouge surmonté du bonnet phrygien au faîte de l'église. Pincarda, l'ardent républicain de Chalabre, serrurier de son état et délégué par le district pour détruire dans les communes tous les emblèmes de la royauté et les remplacer au besoin par les symboles travestis ou profanés de la liberté, leur tailla une *Marianne* de sa façon, qu'ils promenèrent dans nos rues au bout d'une perche, en chantant la *Carmagnole*. Puis enfin, pour couronner leur sabbat, ils plantèrent un superbe mai au milieu du village. Ce fut le premier arbre de la Liberté.

La nuit qui suivit la plantation de ce symbole de l'indépendance se passa dans les joies honteuses de la débauche, dans les libations prolongées qu'interrompait seulement le chant de couplets obscènes, mais qui n'eurent heureusement que la nuit pour auditeur et pour témoin. La lassitude et le sommeil mirent fin à cette orgie.

On dit que, le lendemain matin, Pincarda, encore ivre mort, fut étendu sur un brancard et porté à Chalabre par deux de ses adeptes, qui, à leur tour, se ressentaient un peu trop des excès de la nuit. En effet, ils trébuchèrent au premier obstacle et roulèrent avec leur fardeau dans le fossé bourbeux du grand chemin, où ils barbotèrent longtemps avant de pouvoir remonter. Leur toilette dut être au complet. Ce qui n'empêcha pas ces soudards de reparaître encore le lendemain dans nos murs pour se livrer à de nouveaux actes de déprédation. Le fougueux Pincarda brisait à coups de marteau tous les objets qui offusquaient ses regards (1).

De semblables manifestations s'étaient déjà produites dans les communes environnantes. Une troupe de forcenés, arrivant du chef-lieu du district, non contente de faire main-basse sur tout ce que renfermait le beau manoir de Sainte-Colombe, s'acharnait le jour à démolir ses murs,

---

(1) Plus d'une fois, dans l'exercice de ses fonctions, notre septembriseur reçut de vives remontrances. Une fois entre autres, surpris à l'improviste par le Fillol au moment où il abattait à coups de marteau les fleurs de lis qui ornaient les chenets de sa cheminée, il fut saisi violemment par une main de fer qui le colla au mur et le maintint au-dessus de l'âtre incandescent, les jambes dans les flammes, jusqu'à ce qu'il eût proféré des paroles de grâce et de pardon. Bon gré, mal gré, notre serrurier s'exécuta au plus vite, en promettant au Fillol de lui forger, dans la semaine, une paire de chenets avec toutes les fleurs de lis possibles et imaginables. (Rapport du sieur Crépin Bergès, sémalié, témoin oculaire.)

après en avoir fait la nuit les témoins de ses affreuses saturnales. Quelques fougueux adeptes de la localité, poursuivant avec rage l'œuvre de ces Vandales, entreprirent l'entière destruction du superbe parc qui s'étendait à l'infini dans la plaine rasant à gauche la haute colline de Pâris, sur les flancs de laquelle s'élevait jadis un camp retranché dont on découvre des restes imposants. A droite s'enfuyaient, à travers de poétiques méandres, les eaux verdâtres de Lers, qui servaient comme de ceinture au beau domaine du maître et seigneur.

En peu de temps, hélas! ces longues avenues d'arbres séculaires, ces somptueuses allées tracées avec une admirable symétrie, entrecoupées de distance en distance par des massifs toujours verdoyants, par des touffes de plantes exotiques se mirant dans les eaux des bassins, ces labyrinthes, ces oasis artificielles avec cette infinité de colonnes, de vases, de statues de toutes les formes, de toutes les dimensions, tout, dans ce nouvel Éden, fut livré au plus affreux et au plus indigne bouleversement.

Sans les restes imposants des deux grandes tours rondes qui reliaient le principal corps de logis, sans les quelques pans de mur en belles pierres de taille qui surgissent du milieu des ruines, surtout sans le coquet édifice percé à jour, affecté jadis à l'usage du pigeonnier, et que la vue de ses élégantes arcades fait plutôt ressembler à un arc de triomphe, on ne se douterait jamais que ces parages reculés eussent été les témoins de tant de magnificence et servi d'emplacement au superbe manoir qui fut pendant des siècles un juste sujet d'orgueil et d'admiration pour les populations de nos montagnes.

Il existe heureusement un magnifique plan du château de Sainte-Colombe. Il est entre les mains de M. Valdet, qui s'est empressé de nous le communiquer avec cette bienveillance et cette courtoisie qui ont rendu l'ancien industriel de Sainte-Colombe si populaire dans nos campagnes. Nous l'en remercions publiquement, en l'engageant d'user du crédit et de l'estime dont il jouit auprès de ses compatriotes pour faire reproduire, aux frais de la commune, cette pièce importante, fortement endommagée par les années. Nous la considérons comme la plus précieuse relique de nos archives communales (1).

Le séjour privilégié des sires de Pressoires, que les de Roux, leurs riches héritiers, s'étaient plu à embellir au point d'en faire une demeure princière, semblait faire oublier l'antique donjon de Puivert, depuis surtout que le mauvais état de ses anciennes constructions ne le rendait plus habitable.

Son état de vétusté ne put le soustraire à la rage de nos intrépides démolisseurs. Selon leur expression, ils ne voulurent point quitter le pays « avant d'y être allés faire un tour ». En effet, ils activèrent l'action du temps en pratiquant de larges brèches dans les murs, assurés, par ce moyen, de rendre, tôt ou tard, leur chute inévitable. Se répandant ensuite dans l'intérieur, ils dégradèrent tout ce qui s'offrit à leurs regards; et il y avait encore bien des choses dans un état de parfaite conservation.

La même destinée fut réservée au château de Lagarde, certainement un des plus beaux du midi de la France. Il n'avait cessé de faire partie des immenses domaines de la famille de Lévis Mirepoix.

Nul doute que le manoir de Chalabre n'eût eu le même sort, s'il ne se fût trouvé en partie démoli par ses possesseurs, en vue de modifications plus heureuses.

Le temps semblait lui-même vouloir prêter main-forte

---

(1) Pour de plus amples renseignements, voir, chapitre VIe, *Souvenirs du château primitif de Sainte-Colombe.*

aux révolutionnaires et s'associer à leur œuvre de destruction. Ainsi, les restes imposants de la vieille tour carrée de notre forteresse, sur le monticule qu'on aperçoit distinctement de tous les points du village, s'effondrèrent un jour, sans cause apparente, avec un grand fracas (1).

En prévision de l'arrivée des nouveaux barbares, qui semaient la ruine et la mort dans les campagnes, nos conseillers municipaux firent dresser dans la maison, et en présence du « citoyen » Bausil, archiprêtre de Rivel, un inventaire exact des actes de naissance, de mariage et de décès, et le firent ensuite enfermer avec les autres registres de la paroisse, dans une armoire pratiquée, à cet effet, dans le mur de l'église Saint-Jean, à côté de la chaire, placée alors sur le banc réservé aujourd'hui aux premiers officiers civils. Il fut convenu, en outre, qu'à partir de ce jour, les assemblées municipales ne se tiendraient plus dans l'église, mais bien dans l'une des salles de la maison Rolland, offerte par le citoyen maire lui-même, et cela jusqu'à l'édification projetée d'une maison commune. Les registres, le cadastre et tous les actes constituant les archives de notre commune furent serrés en ce dernier endroit.

La guerre civile qui embrasait toute la Vendée, la présence de l'ennemi sur presque toutes les frontières, demandaient à la République des efforts inouïs pour assurer son triomphe. Elle fit face à tout, et osa décréter la victoire avant même d'avoir combattu, tant elle se sentait de force et de vie.

Dans les provinces, le peuple s'arma pour faire face à toutes les éventualités, et jusque dans les plus petites bourgades on s'occupa activement de la fabrication des armes et des munitions de guerre. Notre village fut requis pour une

---

(1) Jacques Castres, témoin oculaire.

quantité considérable de piques, suivant le modèle envoyé du district. Les citoyens Gabriel Chaumont et Jean Pont Fillol furent délégués pour en surveiller et en activer la fabrication, pendant que les citoyens Guillaume Huillet et Baptiste Alary faisaient recherche, dans les maisons, de toutes matières de bronze et de fer propres à cet usage (1).

Vu les besoins de la patrie en danger, Rivel s'engagea à fournir un contingent de huit soldats armés et équipés aux frais de la commune. Huit autres s'étaient déjà fait inscrire comme volontaires. Une collecte civique qui produisit la somme de 1400 livres témoigna de l'enthousiasme des habitants, et vint en aide aux braves qui se vouaient librement à la défense de la patrie.

Deux mois après, une levée extraordinaire de 1200 hommes, ordonnée dans toute la circonscription du district, fixa au nombre de 40 les soldats que la commune de Rivel devait encore fournir aux armées de la République. On fit appel, cette fois, aux braconniers des Majestés et des Jalets (les Métairies-des-Bois), et, en moins de vingt-quatre heures, le nombre des volontaires dépassa de moitié le contingent exigé (2).

Les biens de M. le marquis de Puivert, comme tous ceux des autres émigrés du pays, venaient d'être mis en vente au chef-lieu du district, en vertu du nouveau décret de la Convention.

Les enchères s'ouvrirent le 25 fructidor, l'an II de la République. Mais peu d'acheteurs se présentèrent dès le début. On n'était guère plus rassuré sur la validité de pareilles adjudications que sur la valeur du papier-monnaie ou assignats avec lesquels pouvait s'effectuer le payement.

(1) Archives de la commune, *Registres de la Révolution*.
(2) *Ibidem*.

Toutefois les premiers actes de vente ayant été judiciairement enregistrés dans les formes prescrites par la loi, quelques spéculateurs essayèrent de couvrir les enchères, au risque d'être dépossédés plus tard des biens acquis à des conditions on ne peut plus avantageuses.

« Pourquoi, dit un jour maître Rolland à son ami Jean Pont, pourquoi nous laisserions-nous enlever le moulin de l'Évêque, si réellement la vente en est décidée ? Il ne faudrait à aucun prix voir un meunier étranger s'installer ici et pressurer comme au temps du seigneur nos pauvres villageois. Voudrais-tu te charger, à mon compte, de négocier cette affaire ?

— J'allais vous faire la même proposition, répondit le renommé marchand de bois de Rivel, et je me réjouis d'avoir eu la même pensée que vous... Je jouis, vous le savez, de quelque considération auprès des commissaires de Quillan, je crois que je pourrai, mieux qu'un autre, mener l'affaire à bonne fin.

— Vous n'oseriez le faire ! » répliqua vivement le fils aîné du fondeur, qui avait suivi leur conversation.

Toutefois son interruption imprévue ne changea rien aux dispositions des deux amis, dont la résolution était bien arrêtée.

Le 4 vendémiaire an III de la République, de nombreux acheteurs remplissaient la salle du district de Quillan, où les propriétés des émigrés continuaient à être mises en vente. Le Fillol s'y trouvait en première ligne, bien décidé à ne point laisser échapper le moulin, ainsi qu'il en était convenu avec maître Rolland, lequel se trouvait debout sur un banc, au fond de la salle, pour s'assurer des dispositions des acheteurs.

Enfin on annonça la vente du lot ambitionné par nos Rivelois. Le calme était complet dans les rangs, et personne ne paraissait se soucier de l'immeuble. Malgré son indifférence apparente, le Fillol avait l'oreille tendue du côté de l'huissier, qui, de minute en minute, baissait la mise à prix. Enfin l'immeuble descendit au taux fixé par nos deux amis. Le Fillol crut un instant tenir son moulin, et déjà il articulait le mot sacramentel « je prends », quand la main de Rolland, dit Langlais, assis à ses côtés, lui ferma la bouche et donna à un autre compétiteur, mis en éveil par ce mouvement, le temps d'accepter à sa place.

La conduite de Langlais, en cette circonstance, parut inqualifiable. Quelle raison pouvait-il avoir à contre-carrer les projets de son père, à froisser l'amour-propre du vieil ami de sa famille? Il crut calmer leur indignation en disant qu'il n'avait agi de la sorte que par un pur sentiment de délicatesse à l'endroit du marquis de Puivert, dont il était l'ami, ajoutant qu'il n'avait pu voir sa propre maison prêter les mains à une spoliation illégale et absurde. Mais il eût pu songer aussi, le fâcheux interrupteur, puisque tant il se disait l'ami de la famille émigrée, qu'il serait beaucoup plus facile au marquis de Puivert de rentrer, à son retour en France, dans la possession de ses biens retenus par des mains amies et dévouées, que d'en attendre le délaissement de la part d'un étranger sourd à la voix du désintéressement et de l'infortune.

Le moulin de l'Évêque fut adjugé pour la somme de 3,000 fr. au sieur Labeau, d'Espezel, surnommé *Ladivorso*, à cause de certaine brouille de ménage qui l'avait forcé à *divorser*.

Nos Rivelois désappointés ne firent cependant pas un voyage inutile : ils se rendirent acquéreurs de la maison dite de *Moussu* et du terrain attenant connu sous le nom de Port de Rivel.

L'acte de vente que nous avons sous les yeux nous donne

les noms des membres de la commission établie au district pour opérer la vente des biens en séquestre : les citoyens Cayrol fils, de Fâ et Vié, de Rivel, y sont désignés comme les administrateurs; les citoyens Loubet et Rey, agents nationaux dans la salle du Directoire; Escolier, secrétaire général; Roillet, receveur, et Larade, secrétaire-adjoint(1).

L'immeuble en ruines désigné sous le nom de Chapelle, dont nous avons plus haut indiqué l'origine, devint la propriété du Fillol, qui s'en dessaisit presque aussitôt, sur les sollicitations de M° Bausil, pour lequel il professait une juste admiration.

Et cette admiration du Fillol pour le juge éminent dont se glorifie notre pays datait surtout des franches et sincères déclarations que fit le digne magistrat aux corps réunis des municipalités de la contrée qui le choisirent pour juge dans la grande assemblée du 13 mars 1791.

Nous sommes heureux de pouvoir citer textuellement le discours qu'il prononça en cette circonstance solennelle :

Messieurs,

De toutes les choses qu'a faites l'Assemblée nationale, une des plus belles et des plus utiles au peuple est l'établissement des Justices de paix.

On a reconnu partout le prix de ce bienfait par les réjouissances et les marques d'allégresse que le peuple a manifestées à ceux qu'il a honorés de sa confiance. Le choix que vous avez fait en me nommant votre juge de paix, et les témoignages que vous me donnez aujourd'hui, monsieur le maire, au nom de la commune, me flattent d'autant plus que je n'avais point brigué cette place aussi importante qu'elle est honorable.

En l'acceptant, avec toute la reconnaissance que je vous dois, ce ne sont pas des droits, des honneurs ni des prérogatives que je

(1) Archives département., *Enregistrement*. — Actes particuliers communiqués par M. Auguste Rolland.

pense avoir acquis ; je confesse, au contraire, que vous m'avez imposé une grande charge et des devoirs bien essentiels pour vous à remplir. Le premier est, non pas de contenter tout le monde, la chose est impossible, mais de rendre à chacun ce qui lui est dû. L'autre, non moins important, est d'entretenir la paix et l'union dans vos familles, en vous accordant à l'amiable sur les différends que je ne pourrai pas juger, et de vous épargner par ce moyen les frais énormes auxquels vous étiez assujettis sous l'ancien régime. C'est là ce que l'Assemblée nationale s'est proposé en établissant les Justices de paix.

Vous pouvez être assurés, messieurs, que je ferai tout ce qui dépendra de moi pour bien remplir ce double objet. Croyez que j'agirai toujours d'après ma conscience et d'après l'expérience que j'ai pu acquérir par vingt ans d'étude et de travail dans une cour jadis souveraine. J'espère qu'avec le secours des hommes judicieux et respectables que vous m'avez associés, nous justifierons ensemble la confiance que vous nous avez donnée.

C'est le vœu le plus cher à mon cœur, c'est aussi celui de mes dignes assesseurs (1).

Ajoutons, en finissant, que ce digne magistrat appartenait à une des familles les plus anciennes et les plus honorables de la province, dont la bonne foi est devenue proverbiale dans nos contrées. L'un de ses membres, nous l'avons dit précédemment, anoblit par ses rares vertus l'archiprêtré de Sainte-Cécile de Rivel. La magistrature, comme le clergé, s'honore des illustrations qui sont sorties de cette maison. De nos jours même, un de ses descendants, jaloux de perpétuer le mérite et la confiance d'un nom qu'illustrèrent ses aïeux, occupe le premier rang parmi les notabilités de la ville de Carcassonne.

(1) Archives de la commune. — Papiers de la famille Jean Pont Fillol.

CHAPITRE QUATRIÈME

I. La persécution. — Caillaud le dénonciateur. — L'archiprêtre Cazintres. — Le complot avorté. — Un zélé paroissien. — Le bris des cloches. — L'enlèvement des archives. — L'auto-da-fé du cadastre. — Les fêtes décades et la foi de nos pères. — II. Dévouement de Jean Pont Fillol. — Prodiges d'audace et de sang-froid. — Son arrestation. — Le commissaire dupé. — Le fameux cousin du citoyen Bonnet. — L'escorte républicaine. — L'heureux retour.

I. Pierre Rolland voulant épargner à son père, d'un âge avancé, les trop fréquentes émotions et les embarras de toute nature dans lesquels le jetaient journellement les divisions et les exigences des partis, songea à le remplacer dans ses fonctions de maire, tout en lui laissant le prestige de ce titre honorifique. La commune sanctionna par son vote l'élection du nouveau fonctionnaire, qui, jusqu'à la mort de son père, et toujours par un sentiment de condescendance à son égard, ne voulut d'autre qualification que celle de « premier officier public ». Nous en trouvons la preuve dans les actes qu'il signa les premiers temps de son administration.

Le principal mandat des commissaires de la Convention étaient, à n'en pas douter, la spoliation de la noblesse, le pillage des biens du clergé et du trésor des églises. Le souvenir de leurs vexations inspire encore à nos campagnards des sentiments de répulsion et de haine. On ne peut sans dégoût se souvenir de leurs perfides dénonciations, de l'atroce gaspillage de nos archives et de tout ce qui depuis des siècles faisait l'amour, l'orgueil et la gloire de nos populations.

Rivel protesta d'abord contre un ordre verbal de ces dictateurs qui, par la voix de l'un de leurs affiliés, exigeaient la remise de tout ce que nos églises possédaient de plus précieux.

L'agent chargé de cette mission était le citoyen Caillaud, du Peyrat. Cet homme avait, la veille, traversé notre village pour se rendre à Quillan. L'ordre qui régnait partout et la tranquillité de nos paisibles villageois au milieu du bouleversement général, avaient comme scandalisé l'ardent jacobin, qui, pour faire parade de zèle et se grandir auprès de ses chefs, imagina, chemin faisant, mille calomnies sur le prétendu royalisme de notre population, qu'il dénigra à plaisir.

La récompense de son infamie ne se fit pas attendre : ce fut lui que les commissaires du district déléguèrent pour rançonner notre commune.

L'accueil dédaigneux fait au singulier mandataire par les autorités de l'endroit excita au plus haut degré sa colère et envenima sa haine contre les Rivelois. Il dut repartir les mains vides, au grand désappointement de ses coreligionnaires du village, qui se prévalaient déjà de son arrivée pour donner un libre cours à leurs projets insensés.

Quelques heures après le départ du dénonciateur, des personnes bien intentionnées recueillirent et cachèrent dans leurs maisons les vases sacrés et les ornements précieux qui servaient au culte; puis elles exhortèrent l'archiprêtre Cazintres, qui avait succédé au vénérable Bausil, à s'éloigner sans retard de la paroisse, afin d'éviter les suites d'une dénonciation certaine.

Inutile d'ajouter que ce digne ecclésiastique avait refusé avec une noble fierté le serment exigé par la Convention.

Aussi recommandable par sa piété que par les brillantes qualités de son esprit, le pasteur ne voulut point abandonner sitôt ses chères ouailles. Il se tint caché plusieurs mois chez des amis dévoués qui se firent un devoir et un honneur de lui offrir l'hospitalité la plus cordiale.

Cédant aux impulsions de sa charité, entraîné par un zèle infatigable, le saint prêtre sortait secrètement la nuit pour se livrer à l'exercice de son ministère. Il regagnait ensuite, à l'aurore, le lieu de sa retraite, et là il célébrait le saint Sacrifice. Quelques âmes d'élite, prévenues pendant ses courses nocturnes, venaient, en secret, entendre la messe, et se retiraient au petit jour afin de ne point éveiller les soupçons des républicains.

Mais, hélas! une pauvre femme, entraînée par un excès de zèle, ayant exalté publiquement le courage et le dévouement de son confesseur, éveilla les soupçons des démagogues qui, le croyant parti, se trouvèrent plus que jamais offensés de sa présence et résolurent, cette fois, de le perdre. Ils se postèrent une nuit aux abords de la maison dans laquelle il avait coutume de dire la messe, pour se saisir de sa personne. Mais la Providence, qui veillait sur les jours de son apôtre, fit que cette même nuit il fut retenu plus longtemps que d'habitude au chevet d'un malade dont l'état alarmant réclamait ses soins. Prévenu à temps des projets de ses ennemis, il ne ressortit que la nuit suivante.

Cependant nos guetteurs, fatigués d'attendre leur proie, forcèrent la porte d'entrée de la maison Vié (1), dans laquelle devait avoir lieu la réunion, montèrent dans la grande salle, où tout était disposé pour le saint Sacrifice,

(1) Ancienne maison du baile de la baronnie de Rivel, sise au milieu de la *ville*, ayant appartenu à la famille Rolland avant de devenir la propriété du sieur Vié, qui y établit un débit de tabac. Elle appartient de nos jours à la famille Louis Singés.

renversèrent le petit autel improvisé, arrachèrent des murs quelques saintes images, quelques précieuses reliques, et les jetèrent dans la rue.

La République assurant à ces malheureux l'impunité de leurs désordres et de leurs sacriléges, personne n'osait s'interposer, dans la crainte de se trouver victime des terribles passions du moment.

Croirait-on aujourd'hui que la nouvelle loi punit de la peine de mort ceux qui offraient un asile aux nobles, aux royalistes et aux prêtres? C'est ce qui fut néanmoins publié dans nos murs, par l'appariteur Fiolo-Pégo. Le maire s'était d'abord opposé à la publication de cet ordre venu du district; mais les républicains, dans le but d'opposer une bravade aux auteurs de leur dernière mystification, forcèrent le valet de la commune à battre le tambour et à crier la fameuse nouvelle à chaque coin de rue.

Ne voulant exposer aucun de ses amis aux coups de l'affreuse loi des suspects, M. Cazintres songea à changer de retraite. Il entreprit de s'échapper seul furtivement pendant la nuit.

Mais le Fillol, devinant les intentions du proscrit, caché ce jour-là dans sa maison, se promit bien, comme il le dit lui-même, de lui faire un bout de conduite.

Après le repas du soir, le dernier que le zélé paroissien offrit dans sa maison au digne pasteur du village, celui-ci, en proie à une émotion qu'il ne pouvait plus contenir, se leva précipitamment de table, dit ses grâces à haute voix, serra avec effusion la main de son ami, et, après avoir béni sa nombreuse famille, gagna son appartement, les yeux baignés de larmes !

Un moment après, le Fillol verrouilla la porte de sa maison et monta se coucher, après avoir donné à voix basse un ordre à Guillaume, son vieux serviteur.

Comme minuit sonnait, ce dernier, qui se tenait aux aguets, vint prévenir le maître qu'il avait juste le temps de s'opposer au départ du curé!

Endossant aussitôt ses habits de fatigue, boutonnant ses longues guêtres traditionnelles, comme il faisait toutes les fois qu'il montait au Bois-Noir, le Fillol vint surprendre son déserteur au moment où il franchissait la porte de sa chambre.

« Je vous y prends, monsieur l'abbé, lui dit-il en le saluant avec respect... Ce n'est point, d'ordinaire, à pareille heure que vous commencez vos visites nocturnes. Votre dernier administré se porte à ravir, et vos dévotes se tiennent chaudement dans leurs chambres jusqu'au chant du coq, qui marque l'heure de votre messe. »

Et comme le prisonnier, dans son embarras, cherchait probablement un prétexte qui motivât sa conduite :

« Bah! bah! je vous devine, ajouta l'ingénieux commerçant. C'est pourquoi je refuse, pour la première fois, de recevoir vos excuses. Enfin, puisque tant est que vous vouliez nous priver de votre présence, donnez-moi une preuve de la confiance que je vous ai toujours inspirée en vous laissant guider dans un nouveau refuge. Je vous conduirai sûrement chez nos bons montagnards, qui, vous le savez, me sont si dévoués et ne craignent pas plus les sans-culottes que le diable.

— Si vous ne me gagniez par la persuasion, répondit le fugitif en lui serrant les deux mains avec effusion, vous me prendriez de force. Tant vaut vous obéir, puisque vos procédés sont aussi ingénieux que votre dévouement... Allons, le plus brave des hommes, en route! Je vous suivrai jusqu'au bout du monde.

— C'est cela! Et maintenant laissez-vous faire la toilette, » répliqua le Fillol, tout en affublant M. le curé d'un long bonnet de bure et d'une jaquette au col montant de la même étoffe qui lui donnaient l'aspect d'un bûcheron endimanché.

Quelque temps après, le vieux Guillaume, chargé d'un double havre-sac garni de toutes sortes de provisions de bouche, rejoignit nos voyageurs, qui gravirent en chuchotant le rapide sentier de la forêt.

L'arrivée de M. l'archiprêtre au milieu de nos montagnards excita de vifs sentiments de joie ; chacun ambitionna l'honneur de le posséder sous son toit. Tous se seraient fait tuer pour lui épargner l'ombre d'une humiliation, tandis que le noble réfugié trouvait d'ingénieux moyens de les contenter tous. Cédant aux impulsions de son âme que fécondait la grâce divine, il allait et venait d'une masure à l'autre, marquant chacun de ses pas par des bienfaits.

Parfois, dans les loisirs prolongés que lui laissait son ministère, cédant aux caprices de son esprit poétique, il aimait à s'enfoncer dans l'épaisseur des bois, et, au milieu du calme et de la solitude de cette nature imposante, il gémissait en secret sur les calamités qui affligeaient son pays. Assis au pied des noirs sapins, sa muse inspirée lui dictait alors de sublimes accents où l'âme, l'esprit, les regrets et le cœur de l'illustre captif se relèvent tout entiers (*l*).

Après la tourmente révolutionnaire, M. Cazintres, dont les talents et les vertus firent l'admiration de tout le diocèse, fut nommé chanoine de la cathédrale de Carcassonne. C'est là qu'il finit sa carrière, après avoir fondé le magnifique Calvaire où reposent ses cendres et qui fait l'admiration des étrangers.

Quelques témoins de notre grande Révolution nous ont appris les noms des républicains les plus exaltés qui prirent une part active dans les événements qui s'accomplirent dans notre commune.

Nous allons les faire connaître.

Le citoyen Caillaud, du Peyrat, n'avait pas oublié l'échec qu'il avait naguère éprouvé à Rivel. Brûlant de prendre sa revanche, il prit ses dispositions en conséquence et reparut dans nos murs muni des pouvoirs illimités du district, qui le considérait comme le plus résolu de ses affiliés. Ses coreligionnaires de la commune, qui avaient eu soin de le prévenir du jour et de l'heure où les principales autorités se trouveraient absentes du village, vinrent le rejoindre sur le chemin de Puivert, et, après avoir délibéré ensemble sur les moyens propres à faire triompher leurs criminelles entreprises, ils firent tous ensemble irruption dans nos murs et se portèrent à l'église Saint-Jean, qui devait être le théâtre de leurs premiers exploits.

En un clin d'œil l'édifice est envahi. Les plus hardis montent sur la voûte avec l'intention d'abattre les cloches. Quant au citoyen Caillaud, qui n'ose seulement s'aventurer sur le toit, il agite un sabre nu à la porte de l'église, excitant du geste et de la voix les fanatiques, qui déjà appliquent l'échelle sur les parois élevées du campanile.

Quel est donc le téméraire qui osera y porter la main le premier?

Nos bravaches hésitent, non par horreur de l'acte qu'ils méditent, mais bien par pure lâcheté. Ils se regardent un moment, mais aucun n'ose franchir en plein air l'élévation qui le sépare des cloches.

L'exaspération anime les traits et la voix de Caillaud, qui, désespéré, élève, comme suprême ressource, une poignée d'assignats en criant à ces apôtres du vandalisme :

« Tout ceci à qui abattra la première cloche !

— A moi, » répond un homme de chétive apparence, et, au même intant, il s'élance sur l'échelle tremblante, grimpe jusqu'au sommet du clocher avec une souplesse sans égale, et frappe à coups redoublés sur l'une des cloches, qui un moment résiste et semble défier ses efforts. Mais l'intrépide démolisseur retourne son marteau, attaque en travers les oreillettes, et, en moins d'une minute, la cloche, lancée dans les airs, tombe sur la dalle qui formait le seuil du portail et se brise en mille morceaux. Les spectateurs en ramassent les éclats jusque dans les maisons voisines.

Cependant, le petit homme vient d'enjamber avec la même souplesse et le même sang-froid le pignon gauche et attaque de la même façon une seconde cloche, qui tombe à son tour en s'enfonçant aux trois quarts dans la terre.

Heureusement les cris du peuple accouru à ce triste spectacle arrêtent la main du profanateur, qui déjà levait le marteau sur le bourdon, suspendu dans la baie supérieure du campanile.

Ainsi, la grande cloche fut respectée : c'est la seule que possède aujourd'hui la paroisse. Son timbre puissant se fait entendre distinctement à plus d'une lieue à la ronde. Elle était autrefois l'âme du carillon de Rivel. Elle résonne à trois diapasons bien distincts en raison de la grosseur proportionnelle des battants et de la place qu'ils occupent dans l'orifice. Ses divers attributs la font remonter au XVIe siècle.

On distingue au niveau de la baie supérieure du clocher, sur les pignons de droite et de gauche, des pierres en forme de pyramide tronquée; elles servaient de piédestal à de petites croix rondes qui furent aussi abattues à cette époque. Elles donnaient de la grâce et de l'élégance à l'ensemble du clocher, qui ne conserve plus depuis que le cachet indélébile de sa vétusté.

La honte couvrira à jamais dans notre pays le nom de Guillaume Huillet dit Carretou, originaire de la Calmète. C'était le nom du petit homme qui perpétra le bris des cloches du village...

Caillaud et sa bande s'efforçaient en vain d'enlever la cloche enfoncée dans la terre. C'est alors que les citoyens Lapierro, Jean-Pierre Olive dit Lengoil arrivèrent, armés de gros marteaux, et la brisèrent à coups redoublés. Rolland Langlais trouva, dit-on, moyen de s'emparer de la plus grosse partie; le reste, chargé sur une charrette à bœufs, prit la route de Quillan. Chemin faisant, le zélé commissaire aperçut le rustique clocher de Sainte-Cécile, il en fit descendre la cloche qui restait des cinq que possédait primitivement l'église paroissiale de Rivel.

On a de la peine à croire que Rolland Langlais, le même qui avait empêché le Fillol d'acheter le moulin de l'Évêque, en alléguant des sentiments de justice à l'endroit des nobles exilés, se soit trouvé mêlé à la cause des révolutionnaires dévastateurs de nos églises. Certaines personnes ont vu une restitution dans le legs qu'il fit à sa mort en faveur de l'église de Sainte-Cécile; et la somme de cent écus affectée à l'achat de la cloche actuelle (1) de ladite chapelle leur semble une juste compensation du bénéfice qu'il retira autrefois de la fonte des cloches de Saint-Jean.

Ajoutons, pour compléter nos renseignements, que la vieille horloge de Rivel, recouverte à temps d'une large toile par les soins du carillonneur, fut épargnée. Elle a fonctionné à merveille jusqu'à ce jour, bien qu'elle compte plus de deux cents ans d'existence, comme le porte le millésime gravé sur son balancier, daté de Saint-Quentin, diocèse de Mirepoix. Nous souhaitons à l'ingénieux mécanisme qui la remplace depuis 1868 une aussi longue vie, et surtout une aussi rare précision. C'est un habile ouvrier de Mirepoix qui en est l'auteur.

Enhardis par leur premier succès, et toujours profitant

---

(1) Fondue à Perpignan par le sieur Curveillet, 1840.

de l'absence momentanée du maire, qui gardait dans sa maison, à la salle du conseil, les archives de la commune, nos exaltés vinrent s'en emparer nuitamment et les envoyèrent au chef-lieu du district, selon la recommandation du lâche Caillaud. Ils se réservèrent néanmoins le cadastre, dont ils firent un auto-da-fé sur la place publique. Ceux qui se montrèrent le plus en cette circonstance furent les citoyens Laporte dit Lafoué et Jean Rolland le Boiteux. Plusieurs témoins oculaires avouent que ce dernier attisait le feu avec son bâton et semblait se complaire à lancer en l'air les feuilles enflammées du vieux registre.

Ce ne fut qu'en 1826, sous l'administration de Jean-François Rolland, maire, que fut refait le cadastre de la commune. Les modifications importantes qui ont été apportées depuis cette époque aux diverses parties du village, l'impérieuse nécessité de nouvelles divisions territoriales et d'autres fixations de limites, le droit de chacun, en un mot, ont déterminé M. Auguste Rolland, fils et successeur du fonctionnaire que nous venons de nommer, à faire exécuter un nouveau cadastre en 1861.

Le reste de nos archives, envoyé à Quillan, ne devait pas avoir un meilleur sort : jetées pêle-mêle, avec tant d'autres, dans un baraquement établi sur la place publique, servant provisoirement de dépôt aux munitions de guerre, elles devinrent la proie des flammes à la suite de l'explosion d'une certaine quantité de poudre qui s'y trouvait enfermée.

Ce désastre, à jamais irréparable, passa presque inaperçu alors, au milieu de l'agitation générale des esprits; mais que de communes depuis ont regretté la perte des actes qui établissaient leurs droits et leurs priviléges!

Nos dépôts publics renferment peu de documents relatifs à la Terre Privilégiée, par la raison que ce pays, formant comme un petit royaume sous la dépendance directe de ses seigneurs, tous ses actes, quels qu'ils fussent, étaient conservés par les communautés elles-mêmes, ou mieux, déposés dans la demeure seigneuriale. Or, nous savons avec quelle avidité, avec quelle rage les Septembriseurs recherchèrent et détruisirent tout ce qui, dans les châteaux et les chefs-lieux de baronnie, se rapportait, de près ou de loin, aux droits seigneuriaux. M. le marquis de Puivert possède encore une vieille coutume de la terre de Rivel. Elle est dans les mains de son représentant au pays. Une autre coutume qui devrait lui revenir de droit est celle de la commune de Puivert, que nous avons rencontrée dans les archives départementales.

Mais hâtons-nous de terminer l'histoire de cette lugubre époque.

L'athéisme triomphait en France. Les cérémonies du culte catholique furent remplacées par les fêtes Décades, cérémonies qui blessaient également la conscience et la raison. Elles se célébraient de dix en dix jours, comme leur nom l'indique. Au milieu de nos populations, si jalouses de leurs vieilles institutions et si susceptibles à l'endroit de la foi traditionnelle, ces fêtes ne furent accueillies que par le dégoût et le mépris.

Rivel n'était plus réjoui, comme autrefois, par les airs de son poétique carillon; la seule cloche échappée aux fureurs des révolutionnaires était restée muette depuis la triste expédition de Caillaud; l'archiprêtre s'était enfui pour échapper à une mort certaine, les voûtes séculaires ne résonnaient plus que du bruit des saturnales et de l'écho des blasphèmes; et, néanmoins, nos pieux villageois trouvaient encore moyen de vaquer à leurs pratiques de dévotion. Avertis dans la semaine de l'heure et du lieu qui devaient les réunir le dimanche suivant, pour entendre la messe de leur bien-aimé pasteur, ils s'acheminaient en foule vers la montagne, où ils oubliaient, quelques heures au moins, les calamités des temps présents. Là, ils chantaient sans crainte les louanges de Dieu, ils entonnaient au milieu des collines les strophes de quelque chant pieux que le savant archiprêtre savait si bien composer en leur langue usuelle (*m*).

La voix forte des hommes se mêlait aux doux chants des femmes, et un solennel et puissant chœur montait tout à coup au ciel, remplissant les champs, les collines et la vallée. On écoutait, suspendu, ce grand son, cette haute voix, cet élan sublime de cœurs émus d'un seul sentiment qui, du bas de la terre, en plein air, dans la campagne, parlaient à Dieu.

Le soleil d'or qui brillait en haut des cieux, éclairant ce spectacle que grandissaient l'aspect imposant de la montagne et la majesté de ses hautes futaies ; autour, au-dessus, au-dessous, le bruit incessant et varié des mille créatures qui vivent dans l'herbe, dans l'air et dans les bois : qui n'eût été touché et ébranlé à la fois? Si un homme blessé au cœur eût alors assisté à ce concert des hommes et du ciel, entendu cette harmonie de toutes les poésies de la terre, oh ! avec quel entraînement il se fût uni à cette universelle aspiration vers Dieu, pour soulager son cœur dévoré de la vie et plein de désirs infinis !

II. Les calamités de toute sorte qui signalèrent la terrible époque que nous venons de parcourir servirent à mettre plus d'une fois en relief les précieuses qualités de Jean Pont Fillol. Elles lui inspirèrent, entre autres choses, la pensée d'une tentative hardie dont il faillit être la victime, mais dont il sortit victorieux à force d'audace et de sang-froid. Elle excita trop vivement l'intérêt public à cette époque pour que nous négligions d'en omettre le récit.

Quand le triomphe de la démagogie eut inauguré, en France, le règne de la Terreur, l'épouvante gagna toutes les âmes, et chacun ne songea plus qu'à sa sécurité personnelle. Dans nos provinces, on eût craint de s'aventurer sur les grandes routes, que la rumeur publique infestait, à raison trop souvent, de voleurs et d'assassins. Le crédit et la confiance avaient disparu, et, par suite, le commerce se trouvait complétement paralysé.

Les maquignons du Caxis aux longs bonnets rouges ne se pressaient plus comme jadis au foiral, et les riches muletiers de l'Aragon, qui depuis quelques années revenaient à leur vieille foire de Sainte-Cécile, n'étalaient plus aux yeux émerveillés de nos montagnards les poignées d'or qu'ils échangeaient contre des bandes de jeunes mulets. Les objets de première nécessité étaient devenus fort rares et hors de prix. Les Rivelois, comme leurs voisins, durent se plier aux circonstances et accepter les privations d'un nouveau genre de vie. Leur fameuse foire, si réputée pour l'abondance et la qualité des produits de toute nature, trompa toutes les espérances et n'eut plus que la physionomie d'un maigre marché.

C'est à la foire de Rivel que tous les ménages de la localité et ceux des environs avaient et ont encore aujourd'hui l'habitude de venir faire leurs provisions d'hiver. L'achat d'un porc y fait surtout leur principal souci. Et l'on comprend facilement l'importance que chacun attache à une telle acquisition, en ce pays de montagnes, où le choix des vivres, surtout pendant l'hiver, se trouve fort restreint.

Or, à cette terrible époque, les exigences des marchands, qui profitaient de la pénurie générale pour élever leur prix en raison du nombre des têtes clair-semées dans le marché, mettaient les familles pauvres dans l'impossibilité de satisfaire à leurs besoins les plus impérieux.

Ce fut pour remédier à cet état de choses que le Fillol résolut de tenter ce qui n'était au fond qu'un acte de générosité et qu'il appela, lui, un coup de fortune. Il mit dans la confidence de ses projets le sieur Peyre, un de ses bons amis, originaire de Fâ, qui approuva sa résolution, et lui demanda de vouloir bien l'accepter comme associé et lui laisser prendre une part active dans l'expédition qu'il projetait.

Le 7 brumaire an III de la République, quinze jours après la foire insignifiante de Rivel, le Fillol monte en selle et prend la direction de l'Ariége, accompagné de son frère Philippe, de Peyre son associé, et de quatre serviteurs sur le dévouement desquels il pouvait compter. Le vieux Guillaume, malgré son grand âge, voulut accompagner son maître.

Après deux jours de marche, notre petite troupe, bravant les rigueurs de la saison, atteignit l'arrondissement de Saint-Girons. Là, sous la conduite de leur chef, nos braves Rivelois, s'ingéniant de mille façons, exploitèrent pendant une huitaine de jours les bourgs et les fermes environnants, et finirent par recruter un troupeau de porcs : quatre-vingts environ. Leurs manœuvres s'effectuèrent avec un rare bonheur, malgré la présence, en ces lieux, des espions républicains et la vigilance des douaniers qui, en ces temps critiques, s'arrogeaient sans scrupule le droit de vie et de mort non-seulement sur les contrebandiers, mais encore sur tout individu qui leur paraissait suspect. Nos Rivelois avaient soin de se partager, à la nuit tombante, leurs acquisitions du jour, après quoi, par des chemins détournés, ils se rendaient à Saint-Girons, dont ils avaient fait leur quartier général.

Les débuts de l'expédition marchaient à souhait. Jean Pont en était émerveillé; toutefois, il n'osa trop en témoigner son contentement, en songeant aux nombreuses difficultés qui lui restaient encore à surmonter.

« Par le temps qui court, dit-il à son monde, l'on marche de surprise en surprise, et il ne faudrait pas nous étonner si, avant de toucher barres, quelqu'un venait nous jeter des bâtons dans les roues. »

En effet, après avoir surmonté ingénieusement les difficultés de toute nature qu'ils rencontrèrent à Cadarcet (1), le lendemain, en vue des portes de Foix, nos gens furent subitement arrêtés par une patrouille républicaine qui les somma, au nom de la loi de sûreté générale, de venir, sur-le-champ, auprès du commissaire, expliquer leur présence en ces lieux.

« Fort bien, fort bien, nous vous suivons, répondit le Fillol, sans quitter sa monture et en s'enveloppant plus étroitement dans les plis de son large manteau; mais, en attendant, ajouta-t-il en s'adressant au sergent de l'escouade, n'oublie pas de donner des ordres pour qu'on prenne soin de mon troupeau; tu en réponds sur ta tête. »

A cette injonction, formulée avec le calme et la fermeté d'un homme fort de son droit, le soldat tressaillit. Il le prit de moins haut avec ces hommes qu'il regardait naguère comme ses prisonniers, et, sur le désir du cavalier dont les fières allures lui faisaient pressentir quelque grand personnage, il consentit à laisser les quatre valets prendre eux-mêmes soin des bêtes.

Peyre et Philippe, que cette prompte arrestation avait glacés d'épouvante, se remirent, chemin faisant, de leur trouble, surtout quand la voix du maître, qui fit à dessein piaffer son cheval pour couvrir ses paroles, leur eut recommandé de prendre un air moins embarrassé et de lui laisser l'initiative dans la défense qu'il méditait.

---

(1) Voir, dans l'*Histoire de Jean Pont Fillol*, les moyens employés par le maître pour tirer sa troupe d'embarras.

Il aurait pu se dispenser de leur faire cette dernière recommandation, car ils n'avaient plus d'espoir qu'en lui.

Une dénonciation qui, dans la pensée de leurs auteurs, devait entraîner la mort, venait ce jour-là même signaler nos Rivelois à la vindicte de la République ; on les avait représentés comme des gens suspects, se servant de la contrebande pour couvrir leurs menées et leurs relations avec les nobles et les royalistes.

Telle fut la terrible accusation que le commissaire jeta à la face du Fillol, en l'interpellant tout d'abord comme le chef de la bande, et en lui enjoignant d'une voix insolente de lui décliner ses nom et prénoms.

« Est-ce là tout, citoyen ? » répliqua dédaigneusement l'accusé, sans daigner répondre autrement à son invitation.

Et comme le commissaire s'étonnait de tant de sang-froid en présence d'une accusation capitale :

« Pensez-vous, s'écria le Fillol avec l'accent d'une mâle conviction et le regard plein de feu, pensez-vous qu'on puisse se flatter à la fois de conspirer contre la République et d'être l'ami de Chauderon Rousseau et le cousin du citoyen Bonnet(1) ?

— Le citoyen Bonnet !... l'ami de Robespierre !... Dieu! grommelèrent les soldats.

— Émissaires secrets de notre grand patriote, continua le Fillol en se tournant vers Peyre et Philippe qu'il métamorphosa du regard, en officiers publics, prenez acte de l'insulte que reçoivent ici votre maître et la République ! »

Le nom des farouches conventionnels qui avaient la haute main sur le tribunal révolutionnaire de Perpignan et que le Fillol invoquait si à propos, jeta l'effroi dans l'âme du

---

(1) Textuel ; communiqué par le sieur Jean-Pierre Olive, intendant de M. le marquis Alfred de Mauléon-Narbonne, au château de Chalabre.

commissaire, qui perdit tout à fait contenance, quand il vit ses propres soldats se jeter aux pieds du cousin du citoyen Bonnet en le priant de pardonner leur méprise.

Peyre et Philippe, frappés eux-mêmes d'étonnement devant ce prodigieux sang-froid de leur maître, étaient muets et immobiles comme deux statues de marbre. Mais leur mystérieuse attitude ne servit qu'à donner plus d'importance et plus de gravité à la scène.

Enfin l'illusion fut poussée à son comble, quand, du même geste qui accompagnait ses dernières paroles, l'affilié de Chauderon Rousseau entr'ouvrit, comme par mégarde, son large manteau et laissa apercevoir les larges revers de son habit taillé à la mode des incroyables, et que réunissait à leur extrémité une écharpe tricolore, signe distinctif des hauts fonctionnaires de la République; on y vit reluire en même temps la poignée de deux pistolets d'arçon.

Le commissaire tremblant n'en pouvait croire ses yeux; il se soutenait à peine, croyant voir déjà l'image de la guillotine qui se dressait devant lui! Désespérant de fléchir la colère de ce chef républicain, il fit, néanmoins, un effort sur lui-même et ordonna aux soldats terrifiés de servir d'escorte au cousin du citoyen Bonnet jusqu'à sa destination.

« Pour tout autre que moi, répliqua notre héros, cette précaution ne serait pas inopportune en ce pays de traîtres et de dénonciateurs. Mais sachez, citoyen, que j'ai la marche franche, non-seulement en ce pays, mais encore sur tout le territoire de la République. » Ce disant, il rejette le pan de son manteau sur son épaule et part majestueusement avec ses deux compagnons, qui commencent enfin à respirer.

Il avait fait à peine quelques pas, quand le commissaire, se ravisant :

« Il y va de notre tête, dit-il au sergent, et c'en est fait de nous « s'il écrit à son cousin ! » Courez donc à sa suite;

malgré son refus, insistez pour l'accompagner, et faites-lui rendre sur son passage tous les honneurs dus à son rang et à sa qualité.... « Ah! s'il écrit à son cousin!..... »

Cependant le Fillol était bien vite remonté à cheval; il avait hâte de rejoindre ses serviteurs, qu'il excita à précipiter le départ et à s'éloigner le plus vite possible de Foix.

Mais les soldats atteignirent la caravane au bout du pont. Aussitôt ils se rangèrent, l'arme au bras, de chaque côté du cavalier, en tête de la colonne, n'osant néanmoins lever les yeux sur lui, ni proférer la moindre parole.

Par prudence, le Fillol laissa la brigade faire son service; mais enfin, ennuyé de tout cet apparat, et voulant, du reste, laisser ignorer au sergent la direction qu'il allait prendre, il lui donna congé ainsi qu'à sa troupe au premier détour du chemin.

« Je me tiens pour satisfait, mon brave, dit-il au soldat, allez et sachez mieux à l'avenir distinguer un sans-culotte d'un royaliste. »

Et, plongeant en même temps la main dans la sacoche de la selle, il en retira une poignée d'écus qu'il fit rouler dans le chapeau à claque du sergent, en lui recommandant de boire, lui et ses camarades, à la santé de la République et du cousin du citoyen Bonnet.

Le tour était joué, comme on voit, et joué de main de maître. Jeté à l'improviste dans une impasse qui eût été pour tout autre sans issue, le Fillol en jugea d'un coup d'œil toutes les difficultés. Sa rare perspicacité vit le salut dans l'excès même de son infortune, et les ressources de son esprit, comme autant de batteries dressées pour l'attaque et la défense, lui assurèrent une victoire complète.

Peyre et Philippe n'en revenaient pas; ils ne pouvaient retrouver l'usage de leur langue pour complimenter leur chef de file. Quelle nouvelle allaient-ils en porter au pays?

— *A quel home es embreichatat* (cet homme-là est sous la puissance de quelque fée), dit le vieux Guillaume, ne trouvant rien de mieux pour louer son maître et peindre son propre enthousiasme.

L'incomparable sang-froid du Fillol en cette circonstance nous rappelle l'aventure survenue à Robert, duc de Normandie, pendant son voyage en Palestine :

Ce prince allait visiter les saints lieux quand, chemin faisant, il rencontra quatre Sarrasins qui se disposaient à le mettre à mort pour le dépouiller. Loin de se laisser faire, le duc les domina de son regard, les effraya par ses prouesses, et les contraignit à le porter en palanquin jusqu'à Jérusalem ! En route, il rencontra un de ses amis qui s'en revenait, et qui lui demanda quelle nouvelle il fallait porter de sa personne au pays.

« Tu diras, répondit Robert, que tu as vu le duc de Normandie porté en paradis par quatre démons ! »

Telle est la vive image de l'âme forte qui sait terrasser ses passions et triompher de ses épreuves ; elle fait de son grand ennemi l'artisan de sa fortune et le piédestal de sa gloire.

Deux jours après l'incident de Foix, le Fillol, à la tête de sa troupe, fit son entrée triomphale à Rivel. Tout le monde se pressa avidement sur ses pas, tant pour être édifié sur les péripéties de sa dangereuse expédition que pour lui demander une part du riche butin qu'il en ramenait.

Chacun se trouva satisfait de la juste répartition qu'il en fit. Quant à lui, il ne chercha d'autre récompense aux efforts qu'il avait tentés et aux périls qu'il avait courus que dans la satisfaction d'une bonne conscience et dans la reconnaissance de ses chers compatriotes.

Le récit des nombreuses aventures du Fillol, et en particulier de celle que nous venons de raconter, est écrit sur la déposition et les témoignages des survivants du siècle dernier qui en ont été les témoins.

Ces exploits, qui, de nos jours, paraissent surprenants, passeront à l'état de légendes aux futures générations riveloises.

En attendant, depuis plus d'un demi-siècle, ils deviennent journellement l'attrayant sujet des joyeuses causeries de nos campagnes, et il n'est point de fête au village où, dans les longues conversations qui suivent les interminables repas dont l'usage s'est conservé dans nos montagnes, le souvenir du Fillol ne vienne se mêler avec amour.

Nous trouverons encore matière à revenir sur son compte.

CHAPITRE CINQUIÈME

I. Nos usines sur Riveillou.— Sites pittoresques de la Calmète.— Nos fontaines : la célèbre Font-d'Amont.—II. La Bouiche et les Emprieux ; grand procès de la commune de Rivel avec les héritiers de Roux, marquis de Puivert. —La célèbre grotte du Roc de l'Homme-Mort ; description. — Panorama de Bouichoulet. — III. Un curieux épisode dans le Bois-Noir ; l'homme de ressources et le déserteur.

I. Le moulin de l'Évêque, acquis par le sieur Labeau, d'Espezel, au moyen de 3,000 francs d'assignats, fut vendu au général Viviés, de Sainte-Colombe, au prix de 40,000 fr., somme exorbitante si on la compare à celle où il avait été estimé lors de sa première aliénation.

L'usine attenante, destinée primitivement à la fabrication et au foulage des draps, et convertie aujourd'hui en une grande fabrique de peignes, fut construite par les soins du sieur Cambon, de Chalabre, qui avait acheté une prise d'eau au sieur Labeau.

Après la mort du général Viviés, le moulin de l'Évêque tomba dans les mains de M. Bézart, de Camon, qui l'afferma au meunier de Sainte-Colombe. Ce dernier voyait dans son exploitation un puissant moyen de satisfaire son amour-propre et, plus encore, d'augmenter ses revenus. Nos villageois, privés de leur ancien moulin, et n'en ayant aucun autre à proximité, durent, bon gré mal gré, se soumettre aux exigences et aux caprices du nouveau meunier, qui ne se fit point scrupule d'élever les prix de l'ancien tarif.

Ne pouvant supporter plus longtemps ces abus, les Rivelois supplièrent leur maire de faire construire lui-même un moulin sur les bords de Riveillou.

Une ordonnance royale, en date du 2 septembre 1829, autorisa les sieurs Pierre et Jean-François Rolland à construire, sous certaines réserves, un moulin à farine à trois roues, dans la commune de Rivel, au lieu dit de l'Horto, propriété des susdits.

On se mit aussitôt à l'œuvre, et dès la moisson nouvelle le *mouli dé l'Horto* fonctionna à merveille, à la grande satisfaction des habitants, mais au grand regret du meunier de Sainte-Colombe, sourd jusqu'alors au proverbe : « Qui trop embrasse mal étreint. » Par suite, le propriétaire du moulin de l'Évêque voyant décroître la valeur de son immeuble, résolut de s'en défaire. En 1832, M° Morel, de Bélesta, agent d'affaires de la famille de Roux, marquis de Puivert, le fit entrer dans les possessions de son ancien maître pour la somme de 46,000 francs.

L'usine d'à côté, affectée au sciage du bois de sapin, fut fondée par le vieux Fillol en 1830 seulement.

La date de 1817, gravée sur la porte de l'établissement désigné au village sous le nom de *Mécanique*, marque l'année de la fondation de cette usine. D'abord affectée à la filature des laines par ses fondateurs Cadet et Jean-Baptiste Olive, elle a subi depuis bien des modifications et servi à différents genres d'industrie. Elle était presque abandonnée quand, par une heureuse initiative, et grâce à l'intelligence de maître Victor et de son frère Édouard, petits-fils et neveux d'Olive, elle a été transformée de nos jours en une excellente fabrique de peignes, la première qui ait été fondée à Rivel, et dont la prospérité toujours croissante a excite émulation des nouveaux industriels qui depuis se livrent au pays à ce genre d'industrie et de commerce, dont la Bastide, Léran, Sainte-Colombe et le Peyrat semblaient seuls jusqu'à ce jour se partager le monopole.

En remontant le cours de Riveillou, on trouve, à deux cents pas en amont de la fontaine, une maison complétement en ruines que l'on désigne sous la fausse dénomination de *Mouli d'Oli* (moulin à l'huile), puisqu'elle fut fondée en vue de faire concurrence au moulin à farine de l'Évêque. Sa prise d'eau, établie à une faible distance, ne constituait pas une chute assez puissante pour imprimer aux meules un mouvement régulier et soutenu ; en outre, les inondations de la rivière remplissaient fréquemment son chenal de vase et de gravier. Les sieurs Lapère et Compans, ancien meunier de la Pradeille, qui l'avaient fait construire (1808), durent constater de leur vivant le mauvais résultat de leur entreprise.

Un douloureux souvenir se rattache à l'existence de ce moulin : on venait de dessécher le béal, afin d'enlever une grosse pierre qui bouchait l'extrémité du conduit au moyen duquel les eaux comprimées tombent avec violence sur le rouet qui met les meules en mouvement. Le sieur Peyrou Laporte s'engagea dans l'étroit canal en forme d'entonnoir pour enlever l'obstacle. Mais les eaux s'échappant de la scierie de la Calmète firent soudain irruption dans le béal, sans laisser le temps au malheureux ouvrier de quitter l'étroit passage qu'il remplissait de tout son corps. Il y fut aussitôt asphyxié.

Vers la même époque, le sieur Bergé, sémalier, se baignant après un copieux déjeuner, au gouffre profond du Respalmié, fut entraîné par le tourbillon rapide que forment les eaux de Lers en cet endroit, et, malgré les efforts de ses courageux amis, ne put être sauvé.

Au-dessous de la Calmète, sur la rive escarpée de Riveillou, s'élève une scierie appartenant au même marquis de Puivert. Elle est depuis longtemps hors d'état de service, et menace ruine, ainsi que le pont au moyen duquel on y communique. Ce dernier porte à la clef de voûte le millésime de 1766; c'est aussi la date de la scierie, il est facile de s'en convaincre par la conformité de style et de caractère des deux constructions.

Nous pouvons certifier, d'après la relation de certains actes anciens, qu'avant cette époque, cet emplacement supportait une usine du même genre; et il y a tout lieu de croire que ce fut la première établie dans nos contrées pour le sciage des bois de sapin.

L'œil ne saurait rencontrer nulle part des sites plus pittoresques, plus surprenants que ceux qu'on voit en ces parages! La nature prodigue semble s'y jouer au milieu des caprices et des beautés sans nombre qu'on essayerait en vain d'analyser.

Ce sont d'abord les eaux de Riveillou qui s'échappent en grinçant des fissures d'une chaussée délabrée et s'enfuient à travers les sinuosités qu'elles se sont tracées, depuis le commencement du monde, sur la surface d'une roche blanchâtre aussi dure et aussi polie que le marbre. Des deux côtés s'élèvent, à une hauteur prodigieuse, d'énormes blocs de granit, ombragés à leur sommet par des touffes de ronces et de lierre, repaire habituel des lézards et des couleuvres. En effet, dans nos délicieuses parties de pêche que nous regretterons sans cesse, nous n'avons jamais traversé ces parages sans y faire la rencontre de quelques-uns de ces reptiles.

Les eaux ont miné, à la longue, les parois inférieures des deux rives, et y ont pratiqué d'immenses excavations où croupissent des eaux saumâtres jusqu'à ce que le torrent, grossi par les pluies d'orage ou la fonte des neiges, vienne les renouveler.

On se demande, en levant les yeux sur la rive gauche, par quel prodige d'adresse, ou plutôt de témérité, on a pu fixer sur les flancs perpendiculaires de la roche le canal en bois qui conduit les eaux de la digue jusqu'à la scierie !

La gorge effroyable formée par les deux rives se rétrécit à son extrémité en forme d'entonnoir, et se termine par deux gouffres profonds superposés; leur cavité, qu'on croirait être taillée à dessein dans le roc, forme une circonférence parfaite qui leur a fait donner le nom de l'*Oulélo*, mot patois qui signifie l'ustensile dans lequel nos ménagères font le pot-au-feu et dont l'orifice est de forme ronde : l'*oulo* (1).

Le trop-plein du premier gouffre ou *gourg* (2) retombe en cascade dans le réservoir inférieur creusé dans le roc par l'éternelle action des eaux. On en peut, du reste, constater les progrès, au moyen des petites excavations taillées sur les parois supérieures du rocher, et qui forment autant de marches que les premiers habitants de ces lieux y ont creusées pour enjamber plus facilement la distance qui sépare les deux gouffres.

Personne, que nous sachions, n'a fait attention à cette particularité. Pous nous, la destination de ces marches primitives est évidente. Nous la signalons à la curiosité de nos compatriotes, en leur en précisant l'endroit. Elles sont taillées dans la roche qui fait face à la chute d'eau tombant du canal délabré de la scierie.

Les ménagères de la Calmète s'enorgueillissent des eaux glaciales et toujours limpides qui coulent abondamment de

---

(1) *Olla*, espagnol.
(2) Latin *gurges*.

leur rustique fontaine, mais les estomacs faibles et malades ne sauraient les supporter sans danger. Mêlées à celle du petit ruisseau qui traverse leurs modestes habitations, elles faisaient mouvoir autrefois, à l'entrée du bourg, un moulin à plâtre que remplace avantageusement celui qu'on a construit plus haut sur Riveillou.

Une ancienne et belle maison, sise au-dessus de la fontaine, servait de retraite avant la Révolution de 1790 à un digne ecclésiastique. C'est probablement l'image de son saint patron qu'on y distingue encore sur une des cheminées : un saint Jean-Baptiste prêchant dans le désert !

Pouvait-il choisir plus saisissant emblème, au milieu de ces parages agrestes ?

Les sieurs François Dilhat et Olive essayèrent, au commencement de ce siècle, d'établir une scierie au-dessus du moulin à plâtre actuel. Elle eut la même destinée que celle élevée sur la pente de Fonspurgens, dont il ne reste plus que des ruines (1).

C'est à la naissance de Pechtignous que se constitue le cours de Riveillou: Il se forme d'un petit ruisseau alimenté par les eaux de Fonspurgens (2) et d'un autre petit cours d'eau venant de la côte de Villac. La terre sur laquelle s'opère leur jonction dépend du hameau des Matalis, appartenant aujourd'hui à M. Auguste Rolland.

Riveillou, grossi petit à petit par les eaux des collines au milieu desquelles il poursuit son cours plus ou moins accidenté, possède déjà, en arrivant à la Calmète, un volume d'eau suffisant pour mettre en mouvement une grande usine; mais à l'époque des grandes chaleurs, son lit devient presque sec,

---

(1) Archives de la commune, *Autorisation de la Préfecture.*

(2) *Purgens*, de *purgare*, *purger*. Fontaine dont les eaux possèdent des vertus purgatives.

et ses eaux demeurent stagnantes dans quelques gouffres profonds où grouillent les barbeaux aux écailles argentées en compagnie de fort belles anguilles...

« Riveillou est capricieux comme une mule, » dit le proverbe de la montagne; et en effet, au premier coup de tonnerre, aux moindres pluies d'orage, ce petit filet d'eau, « qu'une poule en septembre traverserait sans se mouiller la patte, » rugit soudain et se change en torrent. Son onde, qui écume de rage, roule impétueuse au milieu des quartiers de roches qu'elle entraîne, et s'étend au loin sur la rive qu'elle dépouille, fait irruption dans le village qui lui emprunte le nom, et en ébranle ou entraîne les premières habitations.

> M'appélats costos bésinos
> A l'oumbro dé Plantaoureil,
> A l'endreit où tres coulinos
> Tachoun d'embrassa Ribeil.
> Ribeil a dé founts aïsidos
> Où la set pot satura,
> Dé lours aiguettos limpidos
> Lé cristal fan murmura (1) !

Ainsi parlait des eaux merveilleuses de nos fontaines le dernier de nos archiprêtres pendant les jours de long exil auquel le condamna la Révolution.

La *Font-d'Amont*, ainsi appelée de sa position en amont

(1)
> Vous m'appelez, côtes voisines,
> A l'ombre de Plantaurel,
> A l'endroit où trois collines
> Tâchent d'embrasser Rivel.
> Rivel a des fontaines commodes
> Où la soif peut s'étancher ;
> De leurs eaux limpides
> Le cristal elles font murmurer *.

* Dans le dernier vers, dont nous respectons l'inversion, le mot *murmura*, qui trouve en français son correspondant dans *murmurer*, a ici la signification de *rendre jaloux, envieux*.

du village, a été et sera de tout temps un digne sujet d'orgueil pour les Rivelois. A dix lieues à la ronde, aucune source ne l'égale pour la bonté des eaux : elles sont limpides comme le cristal et conservent toujours la même température. En été, on croirait les voir jaillir d'un rocher de glace, tant leur fraîcheur vous surprend agréablement. Toutefois ces eaux sont si légères, que cette fraîcheur, quelle que soit la chaleur de l'atmosphère, ne saurait être nuisible. En hiver, au contraire, la Font-d'Amont exale une vapeur tiède qui provoque un certain bien-être et vous excite, malgré le froid, à y tremper les lèvres.

Les eaux de la Font-d'Amont coulent sur une étendue de 30 mètres environ, en plusieurs jets de courte distance ; elles sortent à travers les fentes du rocher, où elles se trouvent enfermées. Dix pas au-dessus des récipients s'ouvre l'immense réservoir qui les alimente sans cesse et dont les cavités souterraines, qu'on n'a jamais pu sonder, se perdent sous le chemin de la Calmète. C'est de ce profond réservoir, creusé par la main de la nature, que partent les conduits des deux bornes-fontaines qu'on s'est enfin décidé à établir dans le village (1858).

Trois grands bassins ont été appropriés pour recevoir les eaux de la Font-d'Amont et les mettre au service des lessiveuses.

> Là, son onde qui s'emprisonne
> Coule dans de vastes lavoirs
> Où le bruit des caquets résonne
> Plus haut que le bruit des battoirs.

Là, en effet, accourent de grand matin nos vigilantes ménagères, jalouses de donner à leur linge une blancheur éblouissante.

Quand les eaux du Chalabreille et de Blau s'évaporent

sous les rayons ardents du soleil ou que l'onde furieuse de Lers charrie les terres rouges de Bélesta, les commères de Sainte-Colombe et de Chalabre viennent, elles aussi, tremper leurs trousseaux à la Font-d'Amont et se régaler, comme elles disent, de ses eaux limpides.

A l'entrée des bassins jaillit la source par excellence, celle qui, depuis l'origine de Pendels, étanche la soif des habitants de ces coteaux.

Salve, fons ignote ortu, sacer, alme, perennis,
Salve, urbis genius, medico potabilis haustu.

« Salut, fontaine dont on ignore la source, fontaine
« sainte, bienfaisante, intarissable ! Salut, génie de la ville,
« qui nous verse un breuvage salutaire. »

Elle est enfermée dans une petite cabane ou chambrette faite en pierres de taille. Une faible ouverture au niveau du sol laisse échapper ses eaux qui courent dans une longue pierre creuse où on puise commodément avec des cruches.

Il existe d'autres fontaines au pied de nos maisons, mais d'une importance tellement secondaire, et si peu fréquentées, que nous nous contenterons seulement de les énumérer. La *Font-d'En-bas*, ainsi nommée par opposition à celle d'amont qui la domine ; la fontaine d'*En-Tourtrol*, à la naissance de la voûte du Casal ; celle de la *Mourdacho*, sous la chaussée du moulin de l'Horto ; une autre dite d'*En-Caxéou*, cinquante pas au-dessus du sentier de Luxault. Le vieux Fillol attribuait aux vertus merveilleuses de cette dernière la conservation de ses forces, la fraîcheur et l'éclat de son teint si remarquable dans sa vieillesse. Mais il aurait dû ajouter, notre gourmet, comme on le qualifiait quelquefois, qu'il savait en tempérer la fraîcheur par le salutaire produit de son vignoble.

A l'endroit où s'élève l'arbre de la liberté, se montrait au dernier siècle une élégante fontaine, désignée sous le nom de *Griffoul de la Plaço*. Elle fut détruite à la suite d'un accident regrettable qui émotionna vivement les habitants : un enfant, jouant sur le bord, glissa sur la dalle humide qui servait de margelle et tomba la tête la première dans le réservoir, où il fut aussitôt asphyxié (1). Dès ce jour, la fontaine fut comblée. Depuis, ses eaux contraintes se sont fait jour à la naissance du pont en bois de Riveillou.

II. Au nom de la *Bouiche* et des *Emprieux* se rattache le souvenir du long procès engagé entre la commune de Rivel et la famille de Roux de Puivert.

Durant de longues années, les deux parties contestèrent avec une égale opiniâtreté la possession de ces deux vacants, jusqu'à ce que la justice eut mis enfin un terme à leur dissident.

Pour conserver le même esprit de justice et d'impartialité que nous nous sommes toujours efforcé d'apporter dans toutes les questions d'intérêt local qui ont passionné et passionnent encore nos compatriotes, nous résumerons ce long débat d'après l'exposé de la requête présenté au tribunal par la commune de Rivel (2).

En 1790, l'Assemblée nationale, voulant faire participer tous les biens du territoire au payement des contributions, décréta que toutes les municipalités formeraient un état indicatif des différentes divisions de leur territoire, s'il y en avait déjà d'existantes, ou de celles qu'elles détermineraient s'il n'en existait pas encore, et que ces divisions s'appelleraient sections, soit dans les villes, soit dans les campagnes.

La commune de Rivel, se conformant à ce décret, divisa

(1) Rapport de Charles-Olive Lenfantou, greffier de la commune.
(2) Copie origin. sur trente-deux rôles portant le timbre de l'État et la griffe de M° Mestre, avoué à Limoux (*Archives de la commune*).

son territoire en sept sections et procéda à l'évaluation des propriétés que chacune d'elles renfermait (1).

La forêt des Emprieux, comprise dans le n° 151 de la section B, fut portée pour un revenu net de cent vingt-quatre francs; et le vacant de la Bouiche de l'Homme-Mort, Bac et Joula, compris sous le n° 429 de la section C, pour un revenu de quinze francs. De sorte qu'au moyen de ce, et à partir de cet état de sections, la commune de Rivel paya et dut payer annuellement les impositions de ces deux immeubles comme biens communaux.

Il est à remarquer que cet état de lieux ne suscita alors la moindre opposition de la part des propriétaires riverains, soit de M. de Lévis-Mirepoix, soit de M. de Puivert. Le conseil de la commune de Rivel sanctionna donc par ce fait la jouissance paisible et sans trouble qu'elle avait depuis un temps immémorial des bois des Emprieux et de la Bouiche.

La requête ajoute que, par les soins et la surveillance des consuls de Rivel, les Emprieux, qui n'étaient autrefois qu'un terrain rempli de ronces et d'épines, étaient devenus une fort jolie forêt, et la Bouiche, qui n'était qu'un hermes parsemé de quelques arbres, offrait des bouquets de bois annonçant une forêt considérable.

Quand la République se fut emparée des biens de M. le marquis de Puivert, porté sur la liste des émigrés, le district de Quillan nomma deux commissaires (2) pour procéder à leur estimation. Ceux-ci se rendirent à Rivel le 14 floréal an II, et, avec l'assistance de Jean Pont Fillol et de Raymond Baillard, officiers municipaux dudit lieu, ils procédèrent à la division et estimation des biens de la famille de

---

(1) Délibération du 22 mars 1791 (*Registres du conseil*).
(2) Étienne Sicre, géomètre d'Espezel, et Gabriel Verdier, de Counozoul.

Puivert. Leur inventaire, ratifié et approuvé par le district, ne fait nulle mention des Emprieux, pas plus que de la Bouiche : ce qui porte à croire que ces deux vacants ne faisaient point partie des possessions de M. de Puivert. On ne pouvait douter que les experts désintéressés, qui établirent sur les lieux mêmes l'état en question, ne fussent parfaitement édifiés sur leur véritable destination.

La nomination du sieur Jacques Castres, dit Cassaïre, comme garde particulier des deux vacants (1), l'autorisation qu'obtint en même temps la commune de faire annuellement à la Bouiche des coupes de bois selon ses besoins, en outre, les impositions qu'elle en payait d'après la matrice de rôle de la contribution foncière de la commune, en 1791, ratifiaient pleinement ses droits de propriété (2).

Plus tard, continue la requête, l'administration forestière, chargée de la surveillance des diverses forêts dépendantes des biens des émigrés, fit entrer dans sa juridiction les bois de la Bouiche et des Emprieux. Mais notre municipalité, autorisée par la loi du 9 ventôse an XII de faire procéder à la recherche des biens communaux qui lui avaient été usurpés, fit de nouveau reconnaître ses droits sur lesdits immeubles. L'administration des domaines forestiers reconnut son erreur et déclara s'en être emparée, pensant qu'ils faisaient partie des biens de M. de Puivert. Cette expresse déclaration, datée du 5 juillet 1806, fut déposée au bureau de la préfecture de l'Aude, qui, par son arrêt du 18 du même mois, « ordonna le délaissement immédiat des biens usurpés sur la commune de Rivel. »

(1) Délibération du 9 brumaire an IX (*Registres du conseil*).
(2) Art. 78 *bis*. Vacants com., section B, n° 151. — Bois des Emprieux, 24 sétérées ; revenu net, 124 fr. — Section C, n° 429, Hermes à la Bouiche de l'Homme-Mort, bac et soula, 300 sétérées ; revenu net, 15 fr. (*Archives de l'arrondissement*).

Il semblait, dès lors, que rien ne viendrait plus désormais contester ses droits de propriété.

Mais en 1814, en vertu de la loi du 5 décembre, établissant une commission pour statuer sur les remises à faire aux émigrés de leurs biens séquestrés et non vendus, le sieur Bernard-Emmanuel-Jacques de Roux, marquis de Puivert, présenta à la commission établie dans la préfecture de l'Aude une requête tendant à obtenir la remise de « la *forêt de Puivert*, de *Sainte-Colombe*, ainsi que les bois de *Pecthignous*, *Plantaurel* et *Cahuzières.* »

Nous chercherions en vain, dans cette énumération précise que nous copions textuellement, nous chercherions en vain les noms de la Bouiche et des Emprieux. Néanmoins ces noms ont joui de tout temps d'une trop grande popularité pour que M. de Puivert pût objecter le défaut de mémoire, si les deux immeubles qu'ils désignent lui appartenaient réellement.

Quoi qu'il en soit, sur les renseignements fournis par les directeurs généraux de l'administration des eaux et forêts et celle des domaines, la commission de l'Aude arrêta que « remise serait faite au sieur de Roux de Puivert des biens ci-dessus énoncés, en outre des Emprieux et de la Bouiche, le tout *sans préjudice des droits des tiers* et de ceux qui pourraient appartenir à l'État. »

Grâce à cette réserve et sur l'ordonnance royale du 23 juin 1819, le conseil municipal, composé alors des sieurs Pierre Pont, Antoine Labau, Rolland aîné, Olive cadet Font-d'Amont, Jean-Pierre Olive, Jean-Baptiste Huillet, Raymond Baillard, Pierre Guinot, Louis et Pierre Dilhat, ayant fait opérer de nouvelles recherches qui, pour la troisième fois, établissaient ses droits de propriété, résolut enfin de les faire sanctionner judiciairement. En conséquence, dans sa même délibération du 8 mars 1820, il chargea Jean-François Rolland, maire (1), de poursuivre le marquis de Puivert.

Le maire de Rivel avisa aussitôt le sieur Morel, agent fondé de la famille de Puivert, des intentions de sa commune et du mandat qu'il en avait reçu. Les allégations arrogantes que ce dernier lui opposa ne servirent qu'à exciter le zèle et la dévorante activité du conseil municipal, qui obtint de la préfecture l'autorisation de plaider contre le marquis de Puivert (2).

Mais au moment d'entrer en lutte, il fut signifié à la commune d'avoir à produire l'arrêt des commissaires qui, en 1814, avaient réintégré le sieur de Roux dans ses possessions. On se mit sur-le-champ à la recherche de cette pièce importante; mais toutes les recherches furent inutiles, on ne put en découvrir la moindre trace. Faute de ce document, les démarches de Jean-François Rolland et de ses dignes conseillers se trouvèrent entravées, et force leur fut, à leur grand regret, d'ajourner la partie.

Ce fut seulement en 1841 que fut retrouvé le fameux arrêt. D'abord expédié à Paris, puis de là renvoyé à la préfecture de l'Aude, il avait été confondu, par mégarde, au milieu des papiers qui encombraient le bureau du secrétariat. Il fut de suite envoyé au nouveau maire, Jean-Pierre Olive, qui, sur la délibération du conseil, et en vertu « des droits des tiers » et d'un nouvel arrêté de préfecture, engagea de suite le procès (3). Nos défenseurs d'alors firent prévaloir les

---

(1) Élu maire par arrêté de préfecture du 25 janvier 1813, en remplacement de son frère, Pierre Rolland.

A la même date, Jean-Pierre Pont, fils aîné du Fillol, succédait comme adjoint à son vieux père, qui occupait cette charge depuis le 2 pluviôse an XIII, 1er de l'Empire (*Archives de la commune*).

(2) 26 juillet 1824, pièce orig. (*Archives de la commune*).

(3) 12 janvier 1842, pièce orig. (*Archives de la commune*).

arguments qu'avaient invoqués les dignes promoteurs de cette grande cause.

Le procès de la Bouiche et des Emprieux se jugea à Limoux, le 14 juin 1843.

Contre toute espérance, les conclusions du Tribunal furent en faveur des héritiers de Puivert :

« Considérant, entre autres... que la commune de Rivel n'invoquait aucun titre émané des auteurs des héritiers de Puivert pour revendiquer la propriété dont les susdits étaient en pleine et entière jouissance ; considérant qu'il résulte de la transaction de 1616 et des reconnaissances de 1681, que Rivel n'avait alors pour tous droits que des usages dans les bois et terres vaines et vagues situées dans la seigneurie... ; qu'avant 1789, la commune n'y a fait aucune coupe de bois ; qu'elle a tenté de se les approprier, soit en les indiquant comme biens communaux dans les états de sections dressés par elle-même, soit en y nommant un garde, en multipliant les coupes d'arbres, etc., etc. ; que, depuis la remise desdits biens au marquis de Puivert, rien n'est venu troubler sa jouissance et possession, l'absence du sieur de Roux sur les sections de 1791 ne produisant aucun effet... ; en outre, que les lois de 1792 et 1793 n'ont accordé aux communes que des terres vaines et vagues, et que la Bouiche et les Emprieux ont toujours été en nature de bois, avant comme après la Révolution ; considérant enfin, qu'en vertu de la loi du 5 décembre 1814, les commissaires établis pour réintégrer M. de Puivert dans ses possessions reconnurent, entre autres forêts à lui appartenant, celle de la Bouiche et des Emprieux, le Tribunal, après en avoir délibéré, jugeant en premier ressort, déclare la commune de Rivel mal fondée dans sa demande, et, en conséquence, maintient les héritiers de Puivert dans la propriété et jouissance des bois de la Bouiche et des Emprieux (1). »

On ne saurait traduire la pénible émotion qu'éprouvèrent les habitants à la nouvelle de cet échec. Mais ils n'auraient point dû désespérer encore. Le maire Jean-Pierre Olive et

(1) Extrait du jugement (*Archives de la commune*).

tout le corps des conseillers n'avaient qu'à faire opposition à ce premier jugement, en attendant que la Cour d'appel eût prononcé son verdict suprême.

Mais sur le coup, l'abattement fut d'autant plus profond, que l'espoir du succès avait paru mieux fondé. Nos conseillers s'endormirent dans leur douleur, oubliant que l'expiration du délai fixé pour l'appel au premier jugement rendait la sentence de ce dernier à jamais irrévocable. Quelle inconcevable incurie! Ces messieurs s'aperçurent de leur faute trop tard, hélas (1)!

Le nom de la Bouiche (2) rappelle tout d'abord l'immense côte rocheuse qui domine nos parages. Si la légende et la tradition n'avaient conservé la fameuse dénomination de *Roc de l'Homme-Mort*, nous l'appellerions le Géant de la montagne.

Sur sa cime escarpée, qui ne peut être que le repaire des aigles, se dressent des sapins aussi vieux que le monde, dont les troncs effilés percent l'azur des cieux. A l'époque des frimas, les brouillards épais semblent craindre de peser sur son front; ils s'attachent de préférence à ses flancs de granit, comme pour dérober à nos regards ce qu'il a de dur et d'effrayant et ne nous montrer que ses magnificences.

La nature, qui apparaît dans toutes les splendeurs de sa puissance sur l'étendue du Roc de l'Homme-Mort, semble avoir réservé pour l'intérieur des merveilles de grâces mêlées de caprices sans fin. Nous voulons parler de ces profondes excavations qui peuvent entrer en ligne de comparaison avec les plus célèbres grottes connues.

---

(1) Les membres du Conseil d'alors étaient Jean-Pierre Olive, maire, André Rives, adjoint, Baptiste Salvat, Pierre Guinot, Etienne Basque, Antoine Lebeau, Auguste Castres, Jean Renoux, J.-Pierre Douce, Olive cadet, secrétaire, et Charles Olive, greffier (*Registre des délibérations*).

(2) *Bouiche, bouich, buis.*

En face des beautés sans nombre qu'on y découvre à chaque pas, on ne saurait reprocher à l'écrivain la pauvreté de notre description; ici l'imagination doit se taire et laisser tout à l'œil surpris, lui seul pouvant donner une idée exacte de la célèbre grotte du Roc de l'Homme-Mort.

Ce nom est celui de la montagne entière; il n'a, comme on voit, rien de bien gai; les vieillards se souvenaient d'avoir entendu dire à leurs pères qu'il lui venait de ce qu'on avait trouvé, il y a quatre ou cinq cents ans de cela, debout sur les flancs intérieurs de la montagne, le cadavre d'un homme parfaitement conservé (1).

Jadis, la jeunesse riveloise se faisait un plaisir et un jeu d'escalader, à la belle saison, ces prodigieuses hauteurs, pour constater les progrès et admirer les curieuses transformations de la *Caougno*: c'est le nom qu'on donne dans nos contrées aux grandes excavations souterraines.

De tout temps aussi, les immenses profondeurs du Roc de l'Homme-Mort ont été un digne sujet d'études pour les savants naturalistes et les géologues.

Il est souvent fait mention de la grotte des Saltes dans une vieille légende du pays : d'accord avec la tradition, elle raconte après quels actes de dévouement et d'héroïsme les jeunes gens de Pendels, désignés par le sort, parvinrent à cacher dans ses flancs ceux de leurs concitoyens que l'âge et les infirmités auraient livrés à la merci des farouches croisés.

On peut, d'une assez grande distance, apercevoir l'ouverture de la caverne, s'ouvrant comme une bouche de four au-dessus d'un rocher plus blanc que l'albâtre, couvert de place en place par des touffes de noisetiers que surmontent les troncs effilés des vieux sapins. L'accès en devient de

(1) L'abbé Calas, *Journal de Gaston*, tome IIe.

jour en jour plus difficile : le petit sentier qui y aboutit, aux trois quarts enseveli sous les ronces, est bordé d'affreux précipices qu'on ne saurait regarder sans vertige; mais les gens du pays, habitués dès leur enfance à gravir les rochers, semblent se jouer, en quelque sorte, au milieu des obstacles que leur présente à chaque pas la nature de ces lieux sauvages.

Hâtons-nous, cependant, de prévenir la vive jeunesse de notre village, et les curieux qui voudront aller visiter la grotte, de ne point trop se confier à la frêle racine de buis à laquelle on a l'habitude de se cramponner d'une main, afin d'enjamber plus facilement le rocher perpendiculaire au-dessus duquel se trouve l'entrée. Pour prévenir tout accident tôt ou tard inévitable, ne devrait-on point sceller, à la place où se trouve cette éternelle racine de buis, un anneau de fer; où l'on trouverait un solide point d'appui pour franchir l'endroit le plus dangereux? Grand nombre de personnes, que la frayeur arrête, s'enhardiraient alors et pourraient aller contempler à leur aise ces sites enchanteurs.

En entrant dans la première salle, faiblement éclairée par le jour venant de l'ouverture, on aperçoit, en levant la tête, la pointe aiguë de quelques rares stalactites arrêtées dans leur progrès ; d'où il faut conclure que les parties dont se compose la voûte en cet endroit sont assez consistantes aujourd'hui, et que le peu de substances calcaires dont la dissolution a formé les stalactites a opéré son action immédiatement après la formation de la grotte.

Sur les parois de droite et de gauche serpentent des traces de fumée provenant de l'âtre improvisé de nos frères de l'âge de pierre et des malheureux exilés qui depuis y ont trouvé un refuge. Des débris de feuilles, de paille et d'herbes sèches, disséminés çà et là, nous font croire que, de nos jours encore, les pâtres de la montagne ou quelques malheureux vagabonds y vont de temps en temps chercher un abri.

A mesure que l'on s'enfonce, on sent comme peser la fraîcheur sur les épaules, et les reflets du jour diminuent. On n'oserait se hasarder à faire un pas de plus sans allumer les torches, qu'il faut éteindre bientôt, pour s'engager à tâtons dans le passage étroit qui communique avec la seconde salle.

On se coule, moitié marchant, moitié glissant, à travers des ténèbres épaisses, appuyant les mains sur des cailloux humides qui font l'effet, tant ils sont froids et visqueux, de gros reptiles endormis; mais en moins d'une minute on se trouve sur pied, on respire librement alors. On est dans la salle des merveilles!

Celle-ci est sur un plan légèrement incliné, et mesure du levant au couchant toute la longueur de la montagne. Le sol est humide et, en beaucoup d'endroits, profondément vermiculé.

Aux premières lueurs des torches qui semblent multiplier et grandir les effets fantastiques de cette bizarre nature, on se croirait transporté dans un de ces palais féeriques dont on a vu la description dans les *Mille et une Nuits*.

Le silence profond que chaque visiteur observe comme par un accord tacite en présence de ce mystérieux séjour, la faible lueur des torches suffisant seulement pour dominer les ténèbres sans les dissiper, tout concourt à rendre même les plus déterminés en proie à une sorte de saisissement et de crainte, qu'augmente le bruit monotone des gouttes d'eau s'échappant des stalactites et le grincement des stalagmites naissantes qu'on écrase à chaque pas.

Que si notre lecteur désire donner à ces merveilles une

couleur plus chrétienne, qu'il se représente l'intérieur d'une vaste cathédrale, formé de colonnettes de marbre blanc de toutes dimensions. De la voûte pendent des grappes, des festons, des aiguilles d'une longueur démesurée, formées d'une substance claire et éblouissante, et qui semblent vouloir donner la main à d'autres jets, les stalagmites, qui semblent pousser du sol. D'un côté flottent des nappes et des rideaux formant des tours cannelées et transparentes, qui produisent un son indéfinissable quand on les frappe légèrement : c'est ce qui a fait donner à cette partie le nom d'Orgues. Par un rapprochement singulier, la nature, aussi excentrique que prodigue de merveilles, a ménagé, juste à cet endroit, un petit escalier qui monte derrière les Orgues en décrivant un demi-cercle. Au pied de l'escalier, les regards sont soudain attirés par un foyer d'étincelles que semble lancer un volcan : ce sont les reflets scintillants d'une merveilleuse cristallisation enchâssée sur le fond noir d'un rocher plus dur que l'acier. C'est en vain que maintes fois nous avons essayé d'enlever, avec un marteau, quelques parcelles à ce véritable écrin de la nature.

A dix pas de là, sur la gauche (nous tenons à en indiquer d'une manière précise la distance et l'emplacement), on aperçoit sur le sol une ouverture triangulaire qu'on a heureusement recouverte d'une grosse pierre. C'est la bouche d'un *barreng* ou puits sans fond. On a l'habitude, en passant, d'y lancer quelques pierres que l'on entend rouler pendant plusieurs secondes d'abîme en abîme.

Plus loin, on se trouve en face d'un énorme bloc de marbre qui a la forme d'un autel. Il est si délicatement ouvré, qu'on dirait que le sculpteur qui l'a travaillé avec amour vient à peine de se retirer.

La vue de cet autel m'a chaque fois remis en mémoire les curieuses légendes des galeries souterraines de Wielizka.

en Pologne, et, dans mon imagination, je me représentais notre caverne resplendissante de lumière, animée par les concours de princes et de chevaliers chrétiens assistant aux noces du roi Ladislas Jagellon avec la princesse Sophie.

Il se produit à certains endroits d'étonnants effets d'acoustique : des mots dits à voix basse sont répercutés très-distinctement; un papier froissé dans les mains produit le bruit du vent le plus violent; enfin la décharge d'une arme à feu égale, sous cette voûte, l'effet du tonnerre. Le son et la lumière y ont une puissance inconnue au monde extérieur.

Quels enchantements! A chaque pas l'admiration redouble; le cœur, envahi par l'émotion, s'élance vers le suprême Architecte, dont la magnificence a semé des merveilles jusque dans le sein de la terre, et pris cette fois pour ministre de sa puissance, non plus le soleil, les astres ou la tempête, mais une petite goutte d'eau.

C'est bien le cas de nous écrier avec le poëte :

> Quel art mystérieux dressa, dans tous les styles,
> Ces portiques de nacre et ces blancs péristyles?
> Quelle main cisela ces murs resplendissants,
> D'un temple merveilleux lambris éblouissants?
> Quel ciseau prodigua ces frises, ces sculptures
> De jaspe, de porphyre, idéales tentures,
> Et de la stalactite à l'éclat enchanté
> Fit jaillir tant de grâce et tant de majesté?
> C'est l'eau qui, dans le roc, cheminant goutte à goutte,
> De neige scintillante incrusta cette voûte
> Et pétrit de ses doigts savants, mystérieux,
> Ces merveilles sans nom dont s'enivrent nos yeux!
> C'est dans ces lieux cachés, réduits pleins de mystère,
> Que le temps accomplit son œuvre solitaire.

La salle va se rétrécissant, et, à mesure que l'on avance, on entend le bruit argentin d'un mince filet d'eau qui serpente à travers les dentelures des parois de gauche.

Ne croirait-on pas, aux radieuses couleurs des milliers de prismes que l'éclat des flambeaux développe sur chaque saillie de cristal de roche, que cette eau coule à travers un lit de diamants? Elle tombe en sifflant dans un petit réservoir ou *besalet* creusé dans une longue pierre, dont les extrémités, s'arc-boutant aux saillies de rocher, forment un pont naturel sous lequel on passe librement. Inutile de dire que l'eau du besalet est limpide comme le cristal, et qu'on y étanche sa soif avec délices.

C'est là que se termine le cours des explorations, et jamais personne n'a osé s'aventurer plus loin. En effet, en appuyant l'oreille contre l'énorme rocher, qui s'ouvre comme une gorge béante et forme l'extrême paroi, on n'entend plus que le bruit horrible d'un torrent qui tombe en mugissant dans des profondeurs inconnues. Mais avant de retourner sur ses pas, chaque visiteur a le soin de graver son nom sur la pierre humide avec la pointe d'un couteau. Les lettres, creuses dans le principe, se relèvent en bosse, comme les noms que l'on grave sur un arbre et auxquels le temps et la séve donnent du relief.

Quel fut mon étonnement, à ma première excursion à la grotte de l'Homme-Mort, quand je lus sur le rocher le nom de *Jean Pount*, grossièrement dessiné, il est vrai, mais fort lisible, dans l'orthographe usuelle de nos vieux campagnards. Je ne pus résister au désir que j'éprouvai de griffonner sous la signature de l'aïeul celle de son petit-fils.

Je priai ensuite mon conducteur de promener sa torche sur toute l'étendue de la roche, afin de déchiffer plus aisément quelques fragments de phrases latines que des visiteurs érudits y ont gravées à différentes époques. Je découvris à certaines places quantités de noms de personnages remarquables du pays.

« Heureuse idée qu'ils ont eu là, ces hommes utiles!

me dis-je à moi-même. Si leurs concitoyens viennent à les oublier, ne faut-il pas au moins que les pierres de l'Homme-Mort soient là pour les leur rappeler.

Nous nous faisons généralement une fausse idée du pays que nous habitons. Nous nous figurons la Gaule couverte de forêts, sombre, sauvage; et, pourtant, de grandes villes populeuses retentissaient des bruits des métiers de l'industrie. Les bourgeois et les ouvriers de ce temps différaient des nôtres par le vêtement et la langue; ils s'en rapprochaient par les habitudes de leur vie journalière. La terre, bien plus encore, à vingt siècles de distance, est semblable à elle-même. Nous admirons les mêmes paysages que les Gaulois du temps des druides. Comme eux, nous marchons le long des mêmes sillons, dans les mêmes champs, et, atteignant le haut de la même colline, nous contemplons les mêmes horizons. Les descriptions de la nature ont ainsi le caractère des beautés immortelles.

Dans notre immense forêt de sapins, tout est solennel et mystérieux. Quand on s'engage dans ses profondeurs, une molle fraîcheur descend lentement de l'air, le jour pénètre à peine le dôme verdoyant, et, sur les troncs brunis des sapins séculaires, sur les rochers grisâtres, le soleil répand un demi-jour lumineux.

A certains espaces, une clairière s'ouvre, comme un grand salon vert : point d'arbres au milieu, mais ceux d'alentour, étendant leurs longues branches, forment en haut un plafond mouvant. On lève les yeux, on admire et l'on sent autour de soi la majesté de la nature; la voix retentit plus forte et plus puissante dans ces bois résonnants, et s'enfonce et se prolonge en sourds échos à travers les percées douteuses.

Si l'on gagne par un beau jour d'été les hauteurs en renom de la prairie de Bouichoulet, on assiste au plus magnifique spectacle de la terre. Les montagnards eux-mêmes, qui sont peu contemplateurs, se sentent saisis sur ces hauts parages par la grandeur et la vaste étendue de la nature.

Un horizon immense au loin se développe ; les champs, les prés et les bois se succèdent en carrés inégaux, en teintes diverses, s'allongeant et se rétrécissant dans tous les sens. Les métairies, les bourgs et les villes s'éparpillent de droite et de gauche, ramassés, et concentrant leurs maisons en un point. Les plus grands arbres se fondent dans la masse ; les rivières, qui paraissent de minces filets d'eau, scintillent comme un miroir au soleil et disparaissent.

D'un côté, on aperçoit les pans noircis du vieux donjon de Puivert; de l'autre, l'élégante tourelle du manoir de Chalabre, avec la flèche aiguë du clocher de Saint-Pierre ! Au-dessus des collines graduées des Corbières, à l'extrême horizon, apparaissent comme un point noir les redoutables forteresses de l'antique capitale du Carcassez.

De quelque côté qu'on tourne ses regards, la nature s'étale avec une telle expansion de joie et une jeunesse si vigoureuse, que l'âme s'épanouit de plaisir en la regardant. Mais elle est toute saisie et confuse aux grands mugissements qui s'élèvent comme l'orgue d'un église, lorsque le vent courbe la tête altière des sapins et s'engouffre dans la vallée. Et quand le soleil descend à l'horizon, on s'aperçoit qu'on s'est oublié des heures à contempler, à jouir ! On s'éloigne alors à regret, au pas, lentement, sans parler, impressionné et rêveur, gardant dans le cœur ce sentiment profond qui réchauffe et remue saintement.

A la suite de ces descriptions bien imparfaites, rappelons un curieux épisode qui remplit dans leurs longues veillées d'hiver les loisirs de nos bons montagnards, et que chacun raconte à l'envi aux voyageurs et aux touristes qui viennent visiter notre belle forêt de sapins.

La famille Rolland se trouvait un jour en proie à la plus vive inquiétude, par suite de désertion d'un de ses fils qui avait quitté les drapeaux après quelques jours de présence au corps.

Depuis ce temps, la brigade de Chalabre surveillait les abords de la forêt, où elle soupçonnait que le jeune déserteur avait dû cacher sa retraite.

Elle ne se trompait pas. En effet, quelques jours après, le sieur Jacques Castres dit Cassaïré, garde de la Bouiche et des Emprieux, vint prévenir Barthélemy Rolland que des charbonniers de Bélesta avaient aperçu son fils sur le versant de la montagne, aux environs de la métairie d'*En-Tatou*, et qu'ils lui avaient donné l'assurance que c'était là qu'il avait l'habitude de venir passer la nuit.

Heureux à la fois et effrayé de cette nouvelle, le père jette aussitôt les yeux sur celui qu'il se plaisait à appeler son homme de ressource. Lui seul, en effet, pouvait le tirer d'embarras en cette circonstance.

Cet homme de ressource n'était autre que le Fillol, dont il avait maintes fois éprouvé le courage et le dévouement.

Sur l'avis qui lui en fut donné, celui-ci ne tarda pas à venir prendre, chez son vieil ami, connaissance de la précieuse déposition du garde.

« Vous avez hâte, dit-il à Rolland qui n'avait cessé d'avoir les yeux sur lui, vous avez hâte de connaître mon opinion sur cette affaire ? Eh bien, je vais vous la dire : il faut partir et partir sur-le-champ; il faut se mettre à la poursuite du déserteur et le ramener ici cette nuit même, car le moindre retard aggrave la situation.

— Si tu t'en mêles, répondit Rolland à demi rassuré, je dormirai ce soir sur mes deux oreilles, certain d'embrasser à mon réveil mon étourdi de cadet. »

Il finissait de parler quand un nouveau messager arriva

tout essoufflé de la forêt, et confirma le témoignage du Cassaïré. Tous deux s'offrirent spontanément à accompagner le Fillol.

« Le temps me paraît tourner à l'orage, dit le Fillol qui avait la tête à la fenêtre, et ce point noir que j'aperçois sur Plantaurel ne m'indique rien de bon. Il serait urgent de le prévenir si nous voulons, à minuit, prendre le lièvre au gîte.

— Oui, partez, dit le maître de la maison, et que Dieu vous conduise ! »

Et en même temps il ordonna qu'on mît dans le havre-sac des gardes toutes sortes de provisions de bouche, pendant qu'il emplissait lui-même leur gourde d'un vin généreux.

Cela fait, il pressa, le cœur gros d'émotion, la main du vieil ami de sa famille, qui lui prédit en partant le succès de son entreprise.

En moins de dix minutes, le Fillol et ses deux compagnons eurent franchi le sentier de la Calmète. La nuit les surprit à l'entrée de Pecthignous.

Cependant les nuages s'amoncelaient sur les hauteurs de Bouichoulet, et les éclairs qui, de temps à autre, illuminaient les rochers de l'Homme-Mort, ne justifiaient que trop les prédictions du Fillol.

Déjà la cime des sapins se courbait sous la pression de l'atmosphère; on eût dit qu'ils semblaient redouter l'approche de l'orage, quand un violent coup de tonnerre fit tressaillir la montagne et ébranla le cœur de nos intrépides aventuriers : la foudre déchira la brume noire d'où s'échappèrent soudain des torrents de pluie mêlée d'énormes grêlons.

En un clin d'œil les eaux rougeâtres de la colline, faisant irruption de tous les côtés, inondèrent l'étroite clairière que suivaient nos voyageurs. Heureusement ils venaient de traverser Riveillou, dont le cours impétueux leur eût opposé, quelques minutes plus tard, une barrière infranchissable.

Dans la crainte que la violence de l'orage ne jetât le découragement dans l'âme de ses compagnons, le Fillol ne cessait de leur parler pour entretenir leur joyeuse humeur.

« Si nous nous mettions à l'abri jusqu'à ce que la bourrasque ait cessé? dit l'un des gardes trempé jusqu'aux os.

— Allons donc, répondit le Fillol en riant, pour si peu consentir à manquer notre coup de filet. Tout ceci n'est qu'une rosée bienfaisante comparée à l'affreuse inondation du 7 juillet, qui emporta nos moissons et nos vignes et ne laissa pas un arbre dans nos vergers. Vous en verrez bien d'autres, mes braves. En route, en route! s'écria-t-il en élevant sa puissante voix, qu'on eût prise au loin pour l'écho de la tempête. »

Les ayant électrisés par ses paroles et par son exemple, nos voyageurs gravirent la côte par les chemins supérieurs et s'enfoncèrent résolûment dans l'épaisseur des bois.

Mais bientôt un nouvel obstacle vint s'opposer à leur marche et mettre en défaut les ingénieuses ressources du courageux chef de file : l'obscurité devint si intense, qu'il ne leur fut plus possible de reconnaître leur chemin ; ils marchèrent quelque temps au hasard et à tâtons. Mais force leur fut enfin de s'arrêter et de s'avouer avec découragement qu'ils étaient complétement désorientés.

« Eh quoi! s'écriait Jean Pont avec colère, pourrait-on croire que le Fillol se soit égaré au milieu de ses amis les sapins? »

Et, tout en grommelant comme pour exhaler son dépit, le vieux marchand de bois mesurait de ses deux bras étendus, selon son habitude, le tronc d'un sapin séculaire dont les grosses racines offraient un siége commode aux deux gardes épuisés.

« J'ai mille fois couché au milieu de ces futaies, disait le Cassaïré à son compagnon, mais je ne vis jamais gueule de loup plus noire que cette affreuse nuit!

— Je ne me moquerais pas mal de ta gueule de loup, répliquait naïvement son collègue, si je ne sentais ma chemise collée à ma peau et en train de me forger des rhumatismes ! »

Le Fillol ne les entendait pas. Il trépignait d'impatience, tournant sans cesse autour du sapin, le tâtant de ses deux mains, comme s'il eût cherché dans les rugosités de son écorce la clef de quelque mystérieuse énigme.

« Par sainte Cécile! s'écria-t-il enfin avec une expression de joie indicible, voici bien sous mes doigts la fraîche empreinte de mon marteau! Oui... je le reconnais, c'est lui, c'est mon *Majoural!* pas plus tard qu'avant-hier, je l'avais jugé digne de me fournir d'excellents *foropels* (1). »

Tout en parlant ainsi, il tendait la main aux deux gardes qui avaient peine à s'expliquer sa joyeuse exclamation, et les entraîna dans le meilleur sentier de la forêt, situé à dix pas de là.

Avec quelques précautions, et grâce à la régularité du sol, ils purent continuer leur marche et défier l'épaisseur des ténèbres.

La pluie venait de cesser; les nuages s'élevaient peu à peu et allaient se perdre à l'horizon. Les premières lueurs de l'aube, en ranimant l'espérance de Jean Pont et le courage indécis de ses compagnons, leur firent découvrir sur le

---

(1) On appelle ainsi les premières planches que l'on enlève des troncs des plus gros sapins une fois dépouillés de leur écorce. *Foro pel*, c'est-à-dire *hors la peau*.

versant du bois le toit de chaume que l'on supposait devoir abriter le jeune déserteur.

A quelques toises au plus de la métairie, le Fillol, dont on ne put jamais mettre la prudence en défaut, recommanda aux deux gardes de s'arrêter en cet endroit, de crainte que la présence de trois personnes à cette heure avancée de la nuit ne fût mal interprétée par Cadet Rolland, dont il connaissait l'esprit exalté et capable des plus énergiques résolutions. En cas de surprise, il leur recommanda d'avoir l'oreille au guet et de tenir la main sur leurs armes afin de s'élancer au premier signal.

Puis il s'avança seul, n'ayant d'autre arme que son bâton de voyage.

Mais il eut beau amortir le bruit de ses pas, le gros chien de garde avait déjà flairé la présence de l'ennemi, et ses aboiements saccadés semblaient vouloir le dénoncer à son maître.

Jean Pont avait des raisons pour s'en inquiéter fort peu.

En effet, à mesure qu'il avançait vers la cabane, l'excitation de l'animal, qui s'était arrêté court et avait mis le nez au vent comme pour s'assurer de l'identité du visiteur nocturne, parut se calmer. Elle tomba tout à fait, quand le Fillol, ayant dit un mot, le chien bondit et vint se rouler à ses pieds en signe d'amour et de reconnaissance : il avait reconnu son bienfaiteur, celui qui, tant de fois, avait partagé avec lui sa viande grillée et son pain blanc.

« En voilà un du moins qui ne démentira pas la fidélité de sa race, se dit en lui-même le Fillol; voyons si l'autre sera d'aussi bonne composition. » Et tout en le caressant de la main, il marcha droit à la porte de la masure, qu'il heurta violemment avec son bâton.

Il appelait en même temps de sa voix la plus naturelle : « Roullandou! Roullandou! »

C'était le nom familier qu'il avait l'habitude de donner au déserteur.

A cet appel, deux points lumineux brillèrent à travers une fente du mur : on eût dit les yeux d'une hyène que le chasseur vient forcer dans son antre.

Au même moment, une voix rauque, dédaigneuse, articulait ces mots :

« Au large! mendiant, et garde-toi de venir une autre fois troubler mon sommeil. »

Le Fillol tressaillit involontairement, cette voix n'était pas celle du déserteur.

Le chien s'était mis à aboyer, en se redressant contre la porte de la masure, comme pour inviter son maître à faire un meilleur accueil au visiteur nocturne.

« Eh! la Gaillasso, reprit ce dernier, en voyant apparaître par la lucarne la silhouette du maître charbonnier, est-ce ainsi que t'accueille le Fillol quand tu viens dans le bois solliciter les restes de son déjeuner ?

— Le Fillol! le Fillol! s'exclama aussitôt dans l'intérieur une voix moins rude. Ouvrez, ouvrez vite au Fillol. »

C'était Roullandou !

En une seconde, la porte, grande ouverte, livrait passage au déserteur, qui sautait au cou de son vieil ami.

« Qui vous amène à cette heure, dites, qui vous amène ?

— Ton salut, mon enfant! Ta retraite est connue, et je devance à peine de quelques moments l'arrivée des gendarmes que l'orage de cette nuit a retardés dans le bois.

— On m'a appris cela à quatre heures ; à quatre heures et demie j'étais en route ; car crois-tu que le vieil ami des Rolland puisse te laisser saisir et garrotter par les hommes de la justice? Non, certes. Suis-moi donc, il est temps encore : je t'apprendrai, chemin faisant, ce que nous avons résolu, ton père et moi, pour te tirer d'embarras. »

L'émotion remplissait le cœur endurci du jeune homme ; les révélations qu'il venait d'entendre l'avaient consterné.

« Je ne saurais vous résister, murmura-t-il ; marchez, je vous suis. »

Tant de soumission réjouit le Fillol ; elle lui parut d'un bon augure pour les entreprises qui lui restaient à tenter en faveur de son jeune protégé.

« Parfait. Eh bien, partons, » dit-il.

Se tournant ensuite vers la Gaillasso, à qui il mit quelques pièces blanches dans la main :

« Tiens, mon loup, voilà de quoi payer le logement de ma recrue ; avoue que tu ne t'attendais pas à être si bien traité par le mendiant de tout à l'heure. Que cette leçon te rende désormais plus compatissant envers les malheureux qui te demanderont l'hospitalité. Peux-tu juger les gens avant de les connaître ? »

Les yeux du charbonnier scintillèrent ; il ne pouvait se lasser de contempler les larges pièces d'argent qui remplissaient sa main calleuse. Je crois même que, dans son extase, il oublia de remercier son bienfaiteur.

Les deux gardes cachés à l'entrée du bois respiraient à peine en attendant le dénouement ; mais leur inquiétude fut bien vite dissipée en voyant au bras du maître le jeune déserteur.

Ils prirent ensemble la route du village par le même sentier ; mais en passant près du gros sapin qui les avait sauvés durant la tempête :

« Halte là ! s'écria le Fillol, rendons honneur au vieux Majoural ! l'événement de la nuit l'a mis hors de prix ; et, tant que je vivrai, la hache du bûcheron ne touchera pas à sa racine. »

Il dit, et, dégaînant le sabre rouillé qui pendait au côté du Cassaïré, il effaça de l'arbre l'empreinte du marteau qui, deux jours auparavant, l'avait désigné pour une chute prochaine et inévitable.

Le sapin du Fillol a été respecté depuis; longtemps encore il restera le doyen et, comme l'indique son nom, le major de la forêt.

Le chien de la Gaillasso avait accompagné nos voyageurs jusqu'à cet endroit; sur un signe de son bienfaiteur, dont il semblait épier tous les mouvements, il repartit au galop.

Nous ne décrirons pas la joie de la famille Rolland au retour inespéré du jeune cadet; nous passerons également sous silence les éloges qui furent prodigués à son admirable conducteur; qu'il nous suffise de dire que bientôt la grande considération dont jouissait le fondeur de Rivel, jointe à l'influence de quelque haut personnage qu'on sut intéresser à sa cause, fit donner à la désertion de son fils une couleur qui la rendit presque excusable.

On mit tout sur le compte de la nostalgie, de la peine qu'ont certaines gens à s'éloigner des montagnes natales; on raconta une histoire dans laquelle l'amour jouait naturellement le grand rôle, et enfin on prouva, clair comme le jour, que le fait incriminé n'avait qu'un rapport fort éloigné avec l'indiscipline militaire. C'est ainsi que, grâce au Fillol, le jeune conscrit, connu plus tard sous le nom de Cadet Rolland, de Trausse, évita le conseil de guerre et en fut quitte pour quelques jours seulement de salle de police.

CHAPITRE SIXIÈME

I. Bélesta. — Fontestorbe. — Les rives de Lers : Foncirgue. — La Bastide et le Peyrat : leur commerce et leur industrie. — Ruines et vieux souvenirs. — Sainte-Colombe la Belle. — Restes de son antique manoir. — II. Rivalité de Rivel et de Sainte-Colombe. — Portrait des habitants. — La Calmète et nos annexes. — Produits du sol. — Climat.

I. Le bois des Emprieux est devenu presque méconnaissable depuis un demi-siècle, tant la nature s'applique à activer sa fécondité. La régularité de ses bas-fonds contraste merveilleusement avec la nature sauvage de la côte, qui projette son ombre éternelle sur les prairies humides s'étendant à ses pieds. Le bruit des haches que répercutent au loin les échos de la forêt, le tintement des sonnettes pendues au cou des génisses et le pas pesant de quelque colporteur ployé sous le poids de sa balle, viennent seuls troubler le calme de cette solitude, que l'on croirait encore habitée par les *Encantados* (1).

On y distingue un étroit sentier qui va rejoindre la grande route de la petite ville de Bélesta et la belle forêt de ce nom.

Cette forêt, une des plus grandes des Pyrénées, est toute composée de bois de sapins. On y admire des sites très-pittoresques, mais peu fréquentés par les touristes, par la raison

(1) Les fées enchanteresses.

qu'ils les ignorent. On y trouve des cavernes profondes qu'on n'a point sondées, mais qui décèlent l'existence d'un lac souterrain. Au nord-est s'ouvre un joli vallon connu sous le nom de val d'Amour: On remarque entre autres curiosités, à deux kilomètres de la ville de Bélesta, sur la route de Fougax, la célèbre fontaine de *Fontestorbe*, dont le nom (*fons turbatus*) signifie fontaine troublée dans son cours ou interrompue. Elle sort d'un antre large et profond, au pied d'un immense rocher qui s'élève perpendiculairement à une hauteur prodigieuse. Les eaux de Fontestorbe sont si abondantes que, réunies à celles de Lers qui, en cet endroit, n'est qu'un faible ruisseau, elles suffisent pour alimenter, en se divisant, une grande forge et plusieurs scieries échelonnées à quelques centaines de mètres de distance. Elle est particulièrement remarquable par son intermittence, qui a fait le sujet des méditations d'une foule de savants (1). Ce phénomène n'a lieu qu'à l'époque des grandes chaleurs; l'eau paraît et disparaît successivement de demi-heure en demi-heure. Son retour est annoncé par un bruit assez fort. Le lit, complétement desséché, se trouve en un clin d'œil envahi par le flot mugissant d'une onde verdâtre, mais si limpide qu'elle laisse apercevoir le marbre poli sur lequel elle s'enfuit.

La petite ville de Bélesta, qui faisait autrefois partie du département de l'Aude, fournirait ample matière à nos récits, si nous nous attachions à rapporter tous les événements auxquels elle s'est trouvée mêlée, surtout dans les dernières guerres de religion. Elle était le lieu de refuge habituel des chefs du parti protestant, entre autres du fameux Daudou de Léran, qui y fit construire, en 1550, le castel d'Amont (2),

---

(1) M. Astruc, savant distingué, et le P. Planquet expliquent son intermittence par la théorie du siphon.

(2) Archives de la commune de Bélesta.

dont on aperçoit encore les ruines, et dans lequel il finit ses jours en 1598 (1).

En descendant le cours de Lers, on trouve, à une faible distance de Bélesta, le petit village d'Eguillon, dont la plupart des habitants sont attachés à l'exploitation des bois de sapins. A quatre kilomètres plus bas environ, on rencontre, sur la rive droite, un établissement de bains d'un aspect gracieux, qui semble se cacher sous les difformités des noirs rochers qui le dominent. Là coule aussi une eau limpide et légère, utilisée pour un grand nombre de maladies, entre autres pour les gastrites. Ces eaux, désignées au pays sous le nom d'eaux de *Foncirgue*, ont joui de tout temps d'une grande réputation, nous les recommandons surtout aux estomacs paresseux.

A quelques centaines de pas en avant se trouve la Bastide, petit village sur les pentes d'une colline dont les pieds se baignent dans les eaux de Lers. On y jouit d'une vue magnifique sur la vallée coupée de canaux d'irrigation et traversée par de belles allées de platanes et de hauts peupliers. Sa principale industrie a consisté de tous temps dans la confection et le trafic des ouvrages en jais ou jayet que l'on extrayait des montagnes environnantes, et dans la fabrication des peignes en tous genres. C'est dans l'exploitation de ces deux branches de commerce que Larroque, le Peyrat, Sainte-Colombe, Léran et tous les hameaux voisins trouvèrent également la source de leur ancienne prospérité. La mise en œuvre et la vente du jais occupaient dans chacune de ces localités quinze cents ouvriers environ.

De nos jours, la fabrication des draps semble être devenue l'occupation exclusive des habitants de Sainte-Colombe, de Larroque et de Lavelanet, tandis qu'à la Bastide, au Peyrat,

---

(1) Castillon d'Aspet, *Hist. des comtes de Foix.*

à Léran, à Rivel et à Puivert, d'intelligents industriels s'appliquent à maintenir la bonne renommée qu'ont acquise au loin les produits de leur ancienne fabrication.

Puivert, que nous venons de citer en dernier lieu, se distingue par ses ouvrages de tourneur, tels que les instruments de filature, les ustensiles de ménage, les jouets d'enfants et les objets les plus communs qui sortent des fabriques de Saint-Claude, de Nantua d'Oyonna. On emploie pour cette fabrication le buis, le hêtre, l'alisier, le frêne, et autres bois durs que l'on tire des forêts de Puivert, Rivel et Nébias.

C'est sur les terres de la Bastide et aux environs du Peyrat, bourg voisin dont le clocher semble avoir emprunté le style à celui de Sainte-Cécile de Rivel, que se trouvent des traces nombreuses des guerres de religion dont ces lieux ont été le théâtre.

Une vieille tradition établit que la Bastide et le Peyrat ne faisaient qu'une seule ville, dont l'étendue était assez considérable. Les historiens qui rapportent les divers événements qui se succédèrent dans nos contrées, lors des guerres de la Ligue, semblent confirmer la vérité de cette assertion, en disant que le marquis de Mirepoix incendia « les faubourgs du Peyrat ». D'après les dispositions topographiques des lieux, ces faubourgs devaient s'étendre dans la partie sud du village actuel, en inclinant vers les rives de Lers. Quoi qu'il en soit, il est certain que, sous la période visigothe, il s'est ici livré au Peyrat une bataille qui dut être fort sérieuse. Des débris d'armures, des épées antiques et autres objets témoignent de l'importance de ce combat. Il est donc à présumer que la petite plaine qui s'étend le long de la rivière sur les bords de laquelle sont situés les deux villages actuels, était occupée par un nombre plus considérable d'habitations, qui, plus rapprochées, devaient former une cité assez importante.

A notre dernier voyage à la Bastide, nous avons remarqué une maison fort ancienne désignée sous le nom de maison des Chanoines. La date gravée sur le fronton de la porte d'entrée en ferait remonter l'existence au XIII* siècle. D'après une tradition locale, cette dénomination lui vient de ce que les chanoines du chapitre de Mirepoix, de Toulouse et d'ailleurs, attirés en ce délicieux séjour par les eaux bienfaisantes de Foncirgue déjà en renom, faisaient annuellement leur commun pied-à-terre de cette habitation, qui était une des plus rapprochées de la source.

Sur la crête de la colline de Foncirgue, se dressant au midi, dans la direction de Bélesta, les regards du voyageur sont surpris par une traînée progressive de rochers aigus coupés comme des dents de scie.

A l'entrée de la grande route bordée de platanes et de peupliers qui conduit de la Bastide au Peyrat et à Sainte-Colombe, on distingue, au milieu d'un oasis de verdure, une grande fabrique de peignes que font mouvoir les eaux de Lers. L'usine, coquettement assise à l'issue d'une superbe allée d'arbres séculaires, a plutôt l'aspect d'une maison de plaisance que d'un atelier où des centaines d'ouvriers, hommes, femmes et enfants, trouvent les moyens assurés de leur existence. Je me fis un plaisir de la visiter, sur la gracieuse invitation de l'intelligent industriel qui la possède (1).

Je me souviendrai longtemps de la joyeuse humeur empreinte sur la physionomie de cette foule d'ouvriers, qui semblent être venus au monde avec toutes les aptitudes que réclame une pareille industrie ; chacun, en effet, y excelle dans sa spécialité, en témoignant d'une souplesse et d'une habileté sans égales.

Après avoir parcouru plusieurs salles, effleuré cinquante

---

(1) M. Léo Bez.

petites machines, dont les roues circulaires résonnent en grinçant contre les morceaux amincis de corne de buis ou d'alisier, le jeune maître me conduisit dans la pièce où ont lieu les expéditions. Là, de jeunes filles alignées devant des tables surchargées de peignes de toutes les façons en faisaient le triage, et tandis que les unes les alignaient par douzaines et par grosses, les autres les poinçonnaient et les empaquetaient. Dans un coin, six jeunes gens, qu'on eût pris pour des pierriots échappés de Mabille tant ils étaient bariolés de la tête aux pieds, passaient à coups de brosse des couches d'ocre sur des peignes en bois qu'on eût confondus avec ceux en buis.

Tout ce petit monde, encapuchonné de coiffes blanches, propre, babillard et léger, causait, caquetait, en nous désignant du regard.

« Elles me prennent sans doute pour un gros monsieur ? dis-je à mon aimable conducteur.

— Ne soyez pas surpris, ajouta-t-il en souriant, que votre présence ici fasse monter le rouge à toutes ces jolies figures ; l'entrée de cette salle est interdite aux profanes... et, dame ! votre chapeau à haute forme... »

Il n'eut pas le temps d'achever sa phrase. La directrice de l'atelier était accourue à notre rencontre, en nous faisant une gracieuse inclination de tête.

C'était une fort jolie femme, et j'avoue que sa vue effaça de mon esprit tous ces vieux souvenirs que lui rappelaient quelques instants auparavant les faubourgs détruits du Peyrat et l'antique maison des Chanoines.

Figurez-vous une belle femme de vingt-cinq ans, grande et svelte ; ce n'était qu'une paysanne, mais une paysanne noble et distinguée, coiffée avec un haut bonnet de mousseline transparente un peu allongé en arrière, qui laissait paraître sur le front deux bandeaux de cheveux bruns ; le reste du costume était noir ; mais robe, tablier, mouchoir serré sur le sein, tout était propre, neuf, attaché avec un soin exact, en plis bien tenus et bien tirés. La taille ronde, les épaules abattues, le pied vif et ferme, elle allait et venait, parlant avec simplicité, commandant comme une reine. Tous ses mouvements se balançaient avec cette aisance de la femme qui se sait belle, et, en gardant l'air de pudeur et de modestie d'une jeune fille, elle laissait percer l'instinctive élégance et la gracieuse coquetterie d'une Parisienne.

Elle me montra des peignes de toutes sortes, et déploya force paquets, en m'en faisant remarquer la différence. Mais moi, je ne regardais rien qu'elle, dont le visage aux traits corrects, d'une pâleur semblable à la feuille de rose qui passe, était éclairé par deux beaux yeux noirs, et quand elle levait la tête à son tour et me regardait avec calme et douceur, je me détournais comme un écolier pris en faute, et me retournais pour la regarder encore. Elle en profita pour me vendre ce qu'elle voulut, pendant que son patron avait le dos tourné.

J'emportai une douzaine de petits démêloirs, que je distribuai en rentrant. J'en conservai seulement un en corne de buffle, qu'elle m'offrit comme treizième. Je l'ai depuis ébréché, n'en déplaise à la reine de céans, qui sera ainsi convaincue du long usage que j'ai fait de son modeste hommage. J'hésite à le remplacer quand je songe à ces beaux yeux qui se levaient de temps en temps avec un doux sourire.

Mais continuons le cours de nos explorations :

Après avoir suivi pendant une heure environ le cours poétique de Lers, on arrive à Sainte-Colombe.

Outre l'éclat et le renom de son ancienne église, dont les richesses et l'opulence égalaient, au XIIe siècle, celles des plus célèbres abbayes de la France, Sainte-Colombe, à cette époque, avait, elle aussi, à l'instar de Puivert, d'Eisalabra, de Villafort, de Pendels, de Pâris et d'autres lieux du Kercorbez, son redoutable manoir féodal, destiné à être remplacé, plus tard, par la somptueuse demeure des sires de Pressoires et des membres de la famille de Roux, qui en prirent, avec orgueil, et le titre et le nom avant d'être qualifiés marquis de Puivert.

C'est de l'ensemble merveilleux des nouveaux bâtiments, du parc, des bosquets, des bassins et de mille autres objets d'art et de construction, que Sainte-Colombe *la Riche* changea cette première dénomination contre celle, non moins flatteuse, de Sainte-Colombe *la Belle*.

Sur les quelques pans de mur du château primitif que les siècles ont respectés, on aperçoit les supports des mâchecoulis, quelques fragments de pierres sculptées, des figurines et des médaillons dont le caractère et les attributs rappellent le règne de la puissance féodale. Tout récemment encore, nous découvrions de nouvelles traces de ces âges de force, en compagnie de M. Gédéon Guinot, notre compatriote et ami, dont l'intelligence, rehaussée, comme chacun sait, par la plus aimable courtoisie, nous fait regretter les courts instants passés au milieu de ces ruines.

Dans la vaste enceinte où deux grandes tours rondes, aux trois quarts ruinées, témoignent de la fureur des révolutionnaires, on distingue, à quelques pas de l'entrée, l'orifice de l'ancien puits du château. Des restes de mosaïque et de ciment se trouvent mêlés aux décombres amoncelés en dehors comme en dedans des tours. Sur le témoignage des notables de l'endroit et les rapports circonstanciés du sieur Guillot, de Puivert, possesseur de l'enclos, ces restes proviennent d'une crypte mise à jour dans ces dernières années le long du mur qui longe à la partie sud le sentier de Plantaurel.

La façon particulière dont ce souterrain était construit,

l'état des squelettes qu'on y découvrit en enfonçant avec peine les parois de petites niches horizontales et superposées qui les recélaient, indiquent incontestablement une époque fort ancienne. Nous ne sachions pas, en effet, qu'au temps même des croisades, les grandes familles aient inhumé leurs morts dans de semblables caveaux.

Sans la présence de ces ossements, qui, au contact de l'air, tombèrent en poussière, on eût pris ces excavations cimentées pour des restes d'aqueducs, si fréquents dans ces parages.

Nous cherchâmes en vain, aux environs de la crypte, une petite dalle provenant de ces fouilles, ornée d'une inscription en caractères « tellement étranges », que personne ne songea même à les déchiffrer. Elle aura été probablement de nouveau enfouie dans la terre, à la suite des grandes transformations que le sieur Guillot a fait subir à ces lieux.

Cette rare découverte nous eût peut-être donné la clef de ces tombeaux antiques et édifié sur leur véritable destination.

En parcourant le vaste emplacement du superbe parc, qui, jusqu'à la veille de la grande Révolution, témoigna de la magnificence des seigneurs de Tournebouys et des prodigalités des de Roux de Sainte-Colombe, nous découvrîmes, à l'angle d'un mur en pierre sèche, une statue colossale faite d'un seul bloc de granit, représentant une femme nue, qu'il nous fut impossible de qualifier, vu le mauvais état de sa conservation et l'absence complète de tout attribut (1).

Nous n'eûmes point la même difficulté pour déterminer

---

(1) Les villageois, offusqués par les formes indécentes de cette statue, la désignent sous le nom de la *Saloppo*. Ils eussent pu choisir un terme qui rendît mieux leurs chastes scrupules.

le genre et l'époque de la sainte Madone surmontant le modeste oratoire élevé à l'extrémité du village.

Ses divers ornements empruntent le style et le caractère du XII° siècle. Quelles que soient les nombreuses blessures qu'elle ait reçues du temps, on ne saurait se méprendre sur l'expression religieuse et suave de la physionomie, l'aisance grave de la pose, l'ampleur des vêtements et leurs élégantes draperies, le gracieux abandon de la chevelure ondulée, et enfin cette verve de ferveur qui caractérise toutes les compositions de ce genre à cette époque.

Nul doute, par conséquent, que cette rareté, que la plupart des villageois ignorent, ne provienne de l'antique demeure féodale, citée par les historiens du Languedoc comme l'une des plus remarquables de tout le pays de Kercorb, au temps surtout où les du Puy en étaient les maîtres-seigneurs sous la suzeraineté des Trencavel, vicomtes de Carcassonne.

Là se trouvait tout ce qui compose une société : chapelle, salle d'honneur, oratoire dans les tourelles, corps de garde, arsenal, prisons, oubliettes. Le baron et la châtelaine, le chapelain et le fou, le héraut, les hommes d'armes et les varlets, le bourreau, les chevaux et les chiens, rien n'y manquait : on y pouvait naître, vivre et mourir. Mais hâtons-nous d'ajouter que, dans le pays de Kercorb comme partout ailleurs sur le sol de la vieille France, le pouvoir des seigneurs qui fixèrent leur séjour dans ces châteaux superbes et redoutables fut continuellement en butte à toutes les haines populaires. De nos jours, aussi bien que dans les temps passés, le nom seul de la féodalité réveille dans l'esprit des sentiments de crainte et d'aversion tels, que presque tous les rangs regardent cette époque comme l'âge de fer de la nation française, et ce régime comme un ennemi à combattre et à exterminer à tout prix. Depuis sa naissance jusqu'aux jours de sa décadence et de sa chute, le régime féodal n'a jamais été accepté des peuples ; ils l'ont toujours supporté avec haine et attaqué avec ardeur. Quelle est la cause de cette antipathie? C'est que le sentiment d'égalité devant la loi, toujours vivace en France, fut prodigieusement froissé par le despotisme de la puissance féodale. L'opprimé se sentit naturellement porté à maudire celui dont les caprices et les exigences lui rendaient si amers son asservissement et sa dépendance. En entendant chaque jour le seigneur parler de ses droits, de ses priviléges, qu'il était obligé de soutenir avec lui les armes à la main, selon ses caprices et son bon plaisir, il finit par se persuader que lui aussi pouvait avoir des droits à réclamer, et qu'il ne lui serait pas impossible, à un moment donné, de conquérir par la résistance son affranchissement et sa liberté. Un siècle ne s'était pas écoulé, qu'au mouvement général des communes, on put reconnaître que le peuple, loin de s'être entièrement abruti, avait recouvré quelque dignité et quelque énergie sous le régime le plus arbitraire et le plus absolu qui fut jamais.

Au résumé, néanmoins, tout oppresseur qu'a été le régime féodal, il tira la nation de l'abîme où plusieurs siècles d'anarchie l'avaient plongée. Sous son empire, la société, jusque-là dissoute et sans forme, retrouva enfin, avec une forme déterminée, un point de départ et un but; au milieu du pêle-mêle où se débattait la France, la féodalité fut un pis aller nécessaire : elle fut plus encore que cela, elle fut la main qui ouvrit la barrière à l'indépendance du peuple. Car, par là même que le pouvoir féodal était à la fois rapproché, et s'exerçant pour ainsi dire d'homme à homme, il devait réveiller dans ses subalternes les instincts de résistance, les besoins de liberté, et peu à peu découvrir à la population sujette une voie vers un meilleur avenir.

L'aristocratie féodale, par les abus d'une autorité toujours présente, provoquait, en effet, les résistances locales, les rébellions partielles, qui souvent eurent des succès plus assurés, parce qu'elle était rarement capable de les surmonter, sans qu'il en restât un germe plus vivace dans le cœur des opprimés.

L'historien doit, avant tout, être juste et impartial. On ne peut nier que les siècles qui virent la féodalité prospérer furent des siècles de foi et de vertus chrétiennes, et que conséquemment ils ont droit de revendiquer dans nos annales leur part de progrès et d'organisation; organisation fort incomplète, à la vérité, mais bien préférable à la barbarie qui aurait fini par tout envahir. Ils ont vu successivement en effet naître la chevalerie, la meilleure école de discipline morale après le christianisme, la langue et les littératures populaires se former, le commerce et l'industrie prendre un commencement d'essor; ils ont vu l'Église briller par les saints et les confesseurs les plus illustres. Ils ont vu s'accomplir les croisades qui enfantèrent tant de héros auxquels notre France doit sa grandeur et sa noblesse.

Dans ces vieux temps, comme la force était un droit, il fallait bien que la valeur fût une vertu, et ces hommes à qui l'on donna dans la suite le nom de chevaliers le portèrent au plus haut degré d'estime et de considération publiques, en s'inspirant sans cesse des sentiments de l'honneur, de cette exquise courtoisie, de cette politesse qui nous distingue parmi tous les peuples de l'Europe, et de cette générosité envers ceux que nous avons vaincus sur un champ de bataille.

Et c'est en souvenir de leurs vertus, comme nous le fait remarquer un de nos premiers écrivains (1), que ces temps,

---

(1) Eugène Loudun, *la Vendée*.

où de hardis et valeureux chevaliers habitaient ces vastes châteaux, plaisent d'autre part à l'esprit, non comme un mode et une fantaisie, mais parce qu'ils nous rappellent toute une race choisie, qui savait descendre des conquérants et des vainqueurs, et s'élevait pour la gloire et l'honneur. Le pouvoir et la guerre, c'était là leur existence; la guerre et ses grands coups, et ses périlleuses entreprises, et cet élan désordonné avec lequel ils bravaient la mort, ce dédain généreux de la vie qu'ils allaient jouant dans les combats, tout les enveloppait comme d'une auréole. Ils semblaient, aux yeux du vulgaire, vivre d'une vie et de sentiments qui n'étaient pas les siens; et, quand ils sortaient de leurs manoirs, au son des cors, montés sur leurs grands destriers, couverts de fer, la tête enveloppée d'un casque d'acier qui laissait passer de fiers regards, la lance haute, et suivis de pages, d'hommes d'armes et d'écuyers, dont, au passage, retentissaient les armes; quand tout un peuple se courbait devant eux, ils se voyaient les rois de la terre, l'idée de la force s'élevait jusqu'à un sublime orgueil chez ces capitaines, elle en faisait des demi-dieux.

Partout, en France, les vastes demeures disparaissent, la société se transforme; quelques pans de châteaux forts ne restent debout que pour attester un temps qui ne reviendra plus. Le monde, en vieillissant, voit s'accumuler les ruines. Un jour, quand les villes célèbres aujourd'hui en Europe seront dépeuplées et détruites, quand le nouveau monde brillera à son tour, l'homme énumérera les siècles par les débris qu'ils auront laissés.

A l'aspect de ces châteaux démolis, l'âme est d'abord saisie de tristesse; on regrette ces superbes habitations, comme, en avançant dans la vie, on suit d'un morne regard les fraîches idées de la jeunesse et les espérances dont on s'enivrait. Mais bientôt une autre pensée domine :

Ces puissants manoirs, ces forteresses, après avoir duré quelques siècles, ont vu s'en aller leurs hôtes ; le silence les habite, chaque pierre s'en détache peu à peu et roule dans les fossés, pour n'être point relevée. Si ces œuvres colossales ont été renversées et s'effacent, si la puissance et le prestige du régime féodal et des institutions seigneuriales sont venus, avec leurs éléments de force et de vie, se briser, après tant de siècles d'existence, contre les idées de progrès, de liberté qui parcourent le monde, qu'est-ce donc des projets qu'on élève, et des passions qu'on dépense, et de l'importance qu'on y attache, comme si elles étaient nécessaires et éternelles ? Tout se transforme, les montagnes mêmes changent de figure et d'aspect, la mer modifie ses rivages. En cherchant autour de nous, nous ne voyons rien qui persiste ; les hommes, leurs travaux et la terre sont également poussés d'un mouvement qui mène à la mort ; tout passe, tout s'écoule et périt. Et pourtant, vis-à-vis de tant de destruction, sentant au-dedans de nous une force de vie, et au-dessus de nos têtes Dieu qui emplit tout, inébranlable, inaltérable, nous vivons avec une espérance infinie, par souvenir d'une vérité qui a été révélée, non à un homme, mais à la terre entière ; nous avons le sentiment de la vie immortelle, et, mortels qui nous agitons sans repos, nous tendons instinctivement à Dieu, qui, seul, nous donnera la stabilité et l'apaisement.

II. Au levant de Sainte-Colombe, à l'extrémité d'une longue allée de platanes dont les branches s'entrelacent avec une admirable symétrie, on rencontre plusieurs corps de bâtiment transformés en usine que fait mouvoir le puissant cours d'eau qui alimente le moulin de l'Évêque. C'était naguère la forge en renom de M. Aimé Avignon, une des plus florissantes familles du pays, qui a eu le regret de voir passer ce beau domaine en des mains étrangères : il est devenu la propriété du premier capitaliste de nos contrées, M. Narcisse, un des membres de la grande famille des Anduze, à laquelle la ville de Chalabre s'honore d'être redevable de ses premiers officiers municipaux comme de ses plus grands industriels.

Les habitants de Sainte-Colombe ont conservé une certaine élégance de manières qui décèle leur bien-être d'autrefois. L'hospitalité chez eux est traditionnelle. La rondeur de caractère et l'esprit naturellement ouvert de la vive jeunesse continuent à porter la joie et la gaieté dans les fêtes publiques. Mais, pourquoi le cacher? leur fierté fut trop souvent une cause de mésintelligence avec leurs voisins. A ce sujet, rappelons les démêlés qui, à la fin du dernier siècle et au commencement de celui-ci, entretinrent l'animosité des deux communes, Rivel et Sainte-Colombe.

Les rivalités suivies de haines furieuses entre les deux villages prirent naissance dans les divertissements auxquels les jeunes gens de nos contrées ont l'habitude de se livrer, à l'époque de leur fête patronale.

Quelques difficultés s'étant élevées au sujet des conditions que les Rivelois imposaient à leurs voisins, désireux de prendre part à leurs danses, les parents intervinrent; hommes et femmes se mirent de la partie, et la rixe s'envenima à tel point, que les autorités furent impuissantes à la réprimer. Les *Couloumats* (1), vaincus, se retirèrent, en jurant de prendre une éclatante revanche à la première occasion.

Un égal courage, une égale hardiesse animaient les deux partis. La jeunesse de Sainte-Colombe, vive, pétulante,

(1) Ainsi sont désignés, dans la langue usuelle de nos contrées, les habitants de Sainte-Colombe (Santo-Couloumo).

prompte à la provocation et acharnée dans la lutte, ne laissait point que de redouter les Rivelois, moins brillants peut-être, mais se flattant d'une souplesse et d'une ténacité au moins égales à celles de leurs voisins. Ils avaient, de plus, sur ces derniers, l'avantage de la force physique et de la sûreté des coups. Nul doute, en effet, que l'air pur que l'on respire au pied de nos sapins ne soit plus propre à entretenir les forces que l'air vicié des usines et des manufactures de Sainte-Colombe.

D'après le rapport circonstancié des faits qui eurent lieu à la fin du dernier siècle et que nous tenons de la bouche d'un des principaux auteurs (1), les Couloumats ayant été évincés de la fête de Sainte-Cécile de Rivel, en souvenir des mauvais traitements que la jeunesse riveloise avait reçus chez eux, attendaient l'occasion de prendre leur revanche.

Elle ne tarda pas à se présenter.

Le sieur Jean Bergés, sémalier de Rivel, l'un des principaux acteurs de la dernière scène, ayant été aperçu dans les rues de Sainte-Colombe, fut vivement appréhendé par un groupe de jeunes gens qui, sans lui donner le temps de se reconnaître, le terrassèrent ; puis, au moyen de sa longue tresse de cheveux qui, sous le nom de queue, distinguait, à cette époque, les purs royalistes, ils l'attachèrent à un des arbres de la place, la face tournée vers le soleil.

Se voyant dans l'impossibilité de se défendre, le patient, comme un chef sioux au poteau de la torture, n'avait soufflé mot. Cependant la position devenait pour lui intolérable, et il eût été bientôt asphyxié si le sieur Bigou, homme de bon sens, n'était venu briser les liens du captif, qu'il mit sous sa protection.

Bergés se donne à peine le temps de serrer la main de son

---

(1) Bergès Crespy, sémalier.

sauveur. Il échappe comme un éclair, gravissant la côte de Rivals pour se rendre au village.

A la nouvelle de l'outrage qui avait mis en péril les jours de l'un des siens, toute la jeunesse de Rivel se leva comme un seul homme, jurant de prendre une revanche immédiate. Quelques hommes mariés voulurent être de la partie et déterminèrent quatre ou cinq bouviers de la Calmète, qui arrivaient avec leur attelage sur le Port-de-Moussu, à prendre part à l'expédition. Mais au moment où ils se disposaient à franchir la Grande-Côte, l'un des combattants fit observer que l'heure avancée n'était guère favorable à l'exécution de leurs desseins; il ajouta fort à propos que la journée du lendemain étant désignée d'avance pour la réunion des deux communes, le plus sage était d'attendre.

C'est, en effet, le lendemain que Rivelois et Couloumats devaient se présenter dans l'église de Sainte-Colombe pour procéder à l'élection d'un juge en commun.

Quelle que fût l'exaltation de la jeunesse riveloise, la voix de maître Lengoil, ainsi se nommait l'orateur, fut entendue.

A l'heure dite, aucun ne se fit attendre au lieu de réunion. D'abord rien ne fit pressentir l'animosité réciproque des partis, on eût dit que les habitants des deux villages agissaient sous l'inspiration d'une entente parfaite; mais à la fin, un membre du bureau, composé en majeure partie des gens de l'endroit, ayant substitué, par inadvertance ou à dessein, dans la lecture des bulletins, le nom de leur candidat à celui qu'avaient porté les Rivelois, ceux-ci, ravis de trouver dans ce fait un sujet de provocation, se hâtèrent, comme on dit, de mettre le feu aux poudres.

Bennés Jean Pichou, surnommé l'Hercule de la Calmète, qui d'avance s'était réservé le rôle de provocateur, entra aussitôt en scène.

En une seconde, il fend les groupes qui le séparent du

bureau, se dresse fièrement devant la table sur laquelle s'opérait le dépouillement, toise avec dédain les scrutateurs confondus, lève son bras et décharge un vigoureux coup de poing sur la boîte du scrutin, qui vole en éclats.

« Alerte ! alerte, camarades ! sus aux tricheurs, » s'écrie ensuite le colosse d'une voix de tonnerre.

D'une enjambée, il saute dans le sanctuaire, où se trouvaient amoncelées toutes les chaises de l'église. Il les saisit une à une, les fait craquer sous son pied et, de ses bras de fer, en arrache les montants qu'il passe successivement à ses amis.

Les habitants de Sainte-Colombe, terrifiés par cette brusque algarade, ont peine à se remettre de leur trouble. Un moment ils semblent vouloir agir, mais ils s'arrêtent devant l'attitude menaçante des Rivelois.

Qu'eussent-ils fait sans armes ? Ils étaient pris comme dans une souricière. Car les robustes bouviers de la Calmète avaient précipitamment fermé les portes de l'église, qu'ils défendaient avec l'arme improvisée de Jean Pichou.

« A genoux ! s'écria aussitôt Bergés, le quasi-martyr de la veille... à genoux !... »

Et on dit même que, sans respect pour le saint lieu, il assaisonna son injonction du juron le plus formidable.

L'ennemi, acculé pêle-mêle dans les coins, comprit qu'il n'y avait rien à faire. Pour la première fois, il demande grâce et merci !

On lui répondit par une huée suivie d'un immense éclat de rire.

Ce fut là toute la vengeance de nos généreux Rivelois, au grand désappointement des bouviers de la Calmète, qui s'étaient promis de bûcher à tour de bras. Aussitôt les portes s'ouvrirent et les vaincus passèrent sous ces nouvelles Fourches Caudines !

Nos héros sortirent après eux, faisant tournoyer les montants des chaises pour écarter la foule, ivre de rage. Puis, entonnant en chœur certains couplets où les travers et les ridicules de leurs voisins étaient peints au vif, ils gravirent la côte de Rivals, dont les joyeux échos portèrent jusque sur les bords de Riveillou la nouvelle de leur victoire.

Un temps se passa, et le ressentiment des deux communes semblait être apaisé, quand la joyeuse humeur, peut-être aussi, pourquoi ne pas le dire, l'insolence des Rivelois vint l'exciter de nouveau.

D'après les rapports officiels dans lesquels se trouvent constatées les nouvelles hostilités, notre jeunesse se livrant aux réjouissances du carnaval, résolut de pousser une pointe jusqu'à Sainte-Colombe. Mais cette fois, elle trouva à qui parler. Les masques de Rivel furent fustigés d'importance par leurs ennemis, qui les accablèrent de coups avec le plat des sabres qui faisaient partie de leur travestissement. On dit même que les Rivelois, aux trois quarts dépouillés de leurs habits, arrêtés dans leur fuite par les ouvriers de la Forge, qui prenaient fait et cause pour leurs voisins, craignant de retomber sous les coups des vainqueurs qui les suivaient de près, ne virent d'autre moyen pour leur échapper que de traverser les eaux du béal, quelles que fussent les rigueurs de la saison et la rapidité du courant.

Mais déjà, à la mi-carême, les Rivelois avaient lavé leur affront (sans jeu de mots), en immergeant dans le canal du moulin de l'Evêque une douzaine de Couloumats. De retour chez eux, trempés jusqu'aux os et pleins de vase, ceux-ci soulevèrent l'indignation de leurs frères, qui résolurent le jour même d'apaiser leur ressentiment.

A cinq heures du soir, leur troupe arrive à l'endroit où leurs camarades avaient dû faire le plongeon le matin. Une partie se cache sous le pont, une autre dans les bas-fonds d'Ourjaquet, tandis que cinq ou six des plus déterminés prennent la route de Rivel, avec ordre d'attirer, par toutes sortes de provocations, l'ennemi dans l'embuscade.

A leur entrée au village, quelques personnes, bien intentionnées, les invitèrent à se retirer. De ce nombre était le sieur Henri Peille, qui, pour prix de son insistance, reçut un coup de couteau en pleine poitrine.

Ils n'y allaient point de main-morte !

Le couteau d'un nouveau provocateur se levait déjà sur la tête d'un autre assistant, quand le sieur Lourlou, franchissant à pieds joints le mur qui le séparait des assassins, abattit d'un coup de fourche le bras homicide, et prévint ainsi un irréparable malheur.

Cependant la foule des jeunes gens, laissant au colosse du Portail de l'Horto, dont personne au pays n'égalait la vigueur, le soin de châtier ces lâches agresseurs, courait déjà dans la direction du moulin de l'Évêque, se doutant de la ruse de l'ennemi. Le maire, Jean-François Rolland, ceint de son écharpe, avec le sieur Labeau, adjoint, et Jean Pont Fillol, s'étaient mis à leur tête, tant pour calmer leur effervescence que pour dissuader leurs rivaux de leurs projets de vengeance.

Grâce à leur intervention, on n'eut à regretter aucune autre voie de fait : de part et d'autre on se retira, quoique maugréant.

Le procès-verbal auquel nous empruntons ces faits est daté du 24 mai 1825. Il nous donne le nom des jeunes gens de Sainte-Colombe qui se trouvaient à la tête des émeutiers et assaillirent le sieur Peille, dont la blessure ne fut heureusement pas mortelle.

Ces faits regrettables marquèrent, à cette époque, la fin de la longue lutte des deux communes rivales. Les rancunes firent place à des sentiments plus dignes, et la raison finit par l'emporter sur les passions ardentes de cette vive jeunesse, type parfait des natures méridionales, avec toutes leurs qualités, mais aussi avec tous leurs défauts.

On se souvient à peine aujourd'hui de ces terribles passe-temps de la jeunesse d'alors, et les liens de la plus parfaite amitié unissent plus étroitement chaque jour Sainte-Colombe et Rivel. Pourraient-elles oublier, ces deux petites cités, qu'une communauté d'origine et qu'une égale destinée les engagent à s'aimer comme deux sœurs jumelles !

Quant aux habitants de la Calmète, cette première étape de la montagne, ils ne diffèrent de leurs frères de Rivel que par la robuste constitution qu'ils empruntent à la nature agreste des lieux qu'ils habitent. Ils sont, en outre, dans leurs négociations journalières, d'un tact, d'une finesse dont rien n'approche. Ce n'est qu'à la dernière extrémité que leur violence éclate ; mais alors rien ne leur résiste, et gare ! Comme dit le proverbe patois en désignant *les Calmétiers*, *quand trucoun, trucoun* (1).

Ajoutons ici, pour achever le portrait de nos compatriotes, que, quoique doués de vertus estimables, ils ne sont pas, bien loin de là, exempts de défauts : ils laissent trop souvent courir leur langue sur le chapitre de la médisance et de la calomnie. Néanmoins leur caractère est doux et sociable, comme celui de leurs voisins de Chalabre et de Sainte-Colombe. Sans doute ils sont chatouilleux à l'endroit de l'amour-propre et surtout du sentiment national, mais c'est là un reste de cette vieille fierté riveloise passée dans leur sang, et que justifient le courage de leurs pères et le brillant prestige de leur antique cité. Leurs relations commerciales, la fréquentation des foires ont depuis un demi-siècle surtout élevé leur intelligence et donné de la souplesse

---

(1) Quand ils frappent, ils frappent.

à leur esprit naturel, mais c'est peut-être au détriment de leur franchise. Quoi qu'il en soit, ils portent au plus haut degré l'amour de la famille et l'attachement du sol natal. Les étrangers font le plus bel éloge de leur dévouement et de leur fidélité.

Le dernier recensement a porté à 1,200 âmes l'effectif de la population de Rivel, y comprenant ses annexes. Disons ici que, sans les fréquentes émigrations qui, depuis trente ans, disloquent nos familles, on pourrait élever ce chiffre d'un bon tiers.

Rivel produit tout ce qui est nécessaire à la vie; le terrain est propre à la culture du blé, surtout du maïs et des pommes de terre; les fruits de toutes espèces y abondent; ses coteaux, semés de pierres à fusil, fournissent un joli vin clairet qui emprunte la couleur de sa robe à l'améthyste; sa fraîcheur, dans les grands jours d'été, vous donne d'amoureux frissons!... Aussi se garde-t-on d'en déboucher seulement une bouteille dans les longues veillées d'hiver. Ils sentent que le pur Roussillon a des vertus plus généreuses à la saison des frimats. Ajoutons que depuis vingt ans le prix du vin a été doublé dans nos campagnes.

Le vieux Fillol, quoi qu'il en dise, fut bien plus redevable de la persistance de ses vives couleurs au jus de ses riches espaliers qu'aux eaux de Fonspurgens et du Caxeau. On sait en effet, qu'en dehors de son cru, notre gourmet se montrait assez difficile dans le choix des vins qu'on servait à sa table. Témoin cet incident qui excita un jour une hilarité générale :

A la fin d'un grand repas qui réunissait, à l'hôtel Bernard, à Limoux, l'élite de nos commerçants et de la noblesse du pays, le Fillol refusa carrément d'échanger son grand verre contre le petit verre mousseline destiné aux vins de dessert. Comme les convives paraissaient s'en étonner, il les éclaira sur sa manière d'agir en leur disant :

> Si, per béouré lé bi qué n'a cap dé fumét,
> M'abex pos al répaïgs cambiat dé goubélét,
> Quand bési rousségéa las fiolos cachétados,
> Bourdiox dīns ūn didal, fé picha las rajados (1).

Après cette courte digression, qui ne manquera pas d'intéresser les rares survivants du Fillol, qu'il aimait tant à voir réunis à sa table, ajoutons quelques renseignements sur nos annexes.

Sur le versant nord de la grande colline que domine au midi la belle forêt de sapins à laquelle Rivel a donné son nom, se trouvent échelonnés plusieurs hameaux de la plus modeste apparence. Nous avons déjà fait connaître les deux plus importants; ils ont une communauté d'origine avec Rivel, qui est comme le chef de famille de toutes ces maisons éparses :

Le premier, la Calmète, a toujours conservé son nom de baptême. « On n'y récolte que des pierres », pour nous servir d'une expression consacrée au pays.

Le second, les Métairies-des-Bois, n'a fait que franciser son ancienne dénomination de Saltes, qu'il portait dans le Kercorb. L'aspect imposant, la *majesté* des hautes futaies qui les couronnent, l'élégance et l'uniformité des troncs unis des sapins que la nature y a plantés comme autant de *jalons* pour se reconnaître dans ces parages, les ont fait appeler quelquefois les *Majestés* et les *Jalets*.

La nature a été si ingrate vis-à-vis de l'un et de l'autre, qu'à peine leur sol peut suffire à l'entretien des habitants.

---

(1) Si, pour boire le vin qui n'a aucun fumet,
    Vous ne m'avez pas, au repas, changé mon *grand* verre,
    Quand je vois la nuance dorée des fioles cachetées,
    Vous voudriez dans un dé faire couler les ondées.

Relativement, le mieux partagé de nos hameaux sous le rapport des productions serait *Luxault*. Dans la petite vallée qui sépare ses modestes masures, s'élèvent quelques arbres fruitiers sur des prairies verdoyantes où paissent de riches troupeaux. De là, on peut, à travers champs, par des sentiers plus ou moins accidentés, monter aux *Bouichous*, qui est le plus élevé des hameaux situés dans le rayon de notre village : ici commencent à compter quelques terres labourables. On prendrait ce hameau pour la sentinelle perdue de la Grande-Côte ou *Costo*, qui fait face à Rivel et le dérobe à nos regards.

Le travail et l'industrie de nos villageois ont peu à peu amélioré l'état primitif de l'immense colline dont les pieds se mouillent dans Riveillou, et de joyeux vignobles, des moissons dorées, les dédommagent chaque année des peines et des sueurs que leur coûte son défrichement.

Avant de nous éloigner de ces parages, disons un mot de Plantaurel (1)... Plantaurel ! l'interminable côte, comme on dit, couverte, à l'origine, de la plus belle forêt de chênes de tout le midi de la France, que l'insatiable avidité de nos seigneurs et l'usage immodéré que leurs vassaux firent de ces hautes futaies ont fini par dépeupler. On n'y aperçoit que quelques maigres rejetons de ces *plants* jadis si féconds et que la nature semble enfin être lasse de renouveler. Les villageois les employaient de préférence pour la construction de leurs maisons, car ils pouvaient alors couper et tailler librement à Plantaurel. Ce droit, on le sait, était acquis de temps immémorial aux habitants de Rivel et de Sainte-Colombe (2).

(1) *Plantaurel, plante aoure,* aoubré, albré, aoureil, petit arbre, nom donné à l'origine.

(2) Reconnaissances et transactions des deux communes. — Arrêt du Parlement de Bordeaux, 1612. — Jugement de la cour de Montpellier, 1868.

Dans la direction de Puivert, aux environs de la fameuse plaine de Roupudés, se trouvent plusieurs métairies. La plus pittoresque et la plus riche, celle qu'on serait tenté de prendre de loin pour quelque demeure princière, se trouve au milieu d'une nature dont les contrastes vous surprennent; elle est connue sous le nom de *Carbounas*, nom fort ancien, puisque les exploits chevaleresques de celui qui le portait se trouvent constatés dans une lettre patente signée par Louis XIII, actuellement dans les mains de la famille Olive, de Rivel.

On sait que l'exploitation du charbon, en patois *carbou*, a été de tout temps la principale industrie des habitants de ces côtes et une source de richesse pour le maître et seigneur. Il ne serait point impossible, qu'à l'origine, on eût appelé ce dernier du nom du produit de ses terres, *carbou*, *Carbounas*.

Sur les hauteurs dites de *Mouiche* s'élève le hameau de ce nom, au milieu d'un terrain pierreux, sur lequel la végétation a peine à prendre racine; mais en revanche, les coupes de chênes s'y multiplient. On recueille avec soin dans les bois de Mouiche un petit champignon gris perle, d'un parfum, d'une saveur sans égale; à son nom de *mouicharou*, on devine que ces parages doivent leur dénomination à ce précieux cryptogame, à moins qu'il ne tienne la sienne de ce pays accidenté.

Notre bois de sapins n'a rien à envier à ce produit parfumé de Mouiche. Il abonde, lui aussi, en champignons de toutes espèces. Dans le nombre se distingue au premier rang le *rouzillou*, si recherché par les gourmets. Tous les ans, au mois de septembre, il en est expédié des quantités considérables dans toutes les directions. Les Carcassonnais en raffolent, et les Toulousains voient avec plaisir sa robe écarlate s'étaler sur leur marché du Capitole.

En août et en septembre, les fraises des bois y pullulent.

On croirait, à première vue, que, par sa position topographique, Rivel, caché au fond d'un trou, pour nous servir de l'expression du pays, se trouve à l'abri de la rigueur des saisons. Pas autant qu'on pourrait le croire : le voisinage des montagnes y rend la température fort variable; mais l'air, quoique un peu vif, y est très-sain. On sait avec quelle violence les orages y éclatent. Mais si la chaleur y est quelquefois extrême, il descend aussi, à la nuit tombante, de la forêt de sapins, une brise chargée de parfums résineux que l'on respire avec délices ! « C'est l'haleine de la montagne ! » comme disent nos villageois, assis sur les dalles du Portail de l'Horto, après les rudes travaux de la journée.

CHAPITRE SEPTIÈME

I. Calamités et désastres : l'orage du 7 juillet 1767. — Inondation de Saint-Jean. — L'année de la sécheresse. — Mort de Jean Pont. — Origine du nom de Fillol. — L'ouragan du 27 mai 1852. — Dévouement maternel. — Prodige de la Fête-Dieu. — Un grand incendie. — Découverte d'un trésor.— II. Foussaries le centenaire et son précieux dépôt. — Histoire des hirondelles. — Joseph Vives et Mme Langlaise. — La maison Garzelles. — Le démolisseur. — Fouilles et précieuses découvertes. — La vérité sur la demeure particulière des barons de Rivel.

I. Nous avons rapporté au temps de Philippe de Bruyères l'apparition du terrible fléau qui, sous le nom de Peste noire, vint s'abattre sur la France entière et plus particulièrement sur les provinces du Midi. Dans nos contrées, la ville de Larroque-d'Olmes ne saurait perdre le souvenir de l'immense deuil où elle fut plongée en ces temps d'affreuses calamités.

D'autres fléaux sont venus, à différentes époques, éprouver cruellement notre pays : signalons les années 1500, 1521, 1550 et, dans des temps moins reculés, 1631, pendant lesquelles la fatale épidémie connue sous le nom de Fièvre jaune sévit avec la plus grande intensité.

Le temps, ce grand remède contre les douleurs et les infortunes, avait presque effacé ces funestes époques de la mémoire de nos populations, quand le cruel fléau reparut en 1854, plus impitoyable que jamais, sous les formes hideuses du Choléra, qui entassa victime sur victime!... Rivel, pour sa part, dut lui céder le dixième de ses habitants. Les communes voisines, notamment Sainte-Colombe, ne furent pas moins éprouvées.

Il est, hélas! pour nos villageois, certaines époques dont le souvenir les trouble et les émeut, chaque fois que quelque nouveau malheur les menace.

Tous ont entendu parler du terrible ouragan du 7 juillet 1767, qui bouleversa la commune. La fondation de la messe annuelle commémorative, qui depuis se célèbre dans la paroisse, est due au zèle et à la piété de l'archiprêtre Bausil, des sieurs Jean-Pierre Olive, Joseph Boyer et Jean Bernioles, consuls d'alors. Elle éternisera la douloureuse mémoire de ce fléau.

Voici les renseignements que nous avons recueillis sur cette journée néfaste :

Une pluie torrentielle mêlée d'énormes grêlons tomba plusieurs heures sans désemparer sur toute la superficie du territoire, et cela avec une telle intensité, qu'en un clin d'œil, pas un épi de nos moissons dorées ne demeura debout. Les courants rapides qui sillonnèrent soudain les collines déracinèrent nos vignobles, et des quartiers de roche, entraînés sous leur effort progressif, renversèrent, dans leur course furibonde, tout ce que nos fertiles coteaux avaient d'arbres fruitiers et de plantations.

La plupart des troupeaux périrent dans la tourmente.

Les petits ruisseaux qui traversent notre village, Riveillou en tête, ne connurent bientôt plus d'obstacles ; ils renversèrent jusqu'aux maisons voisines de leurs cours. La fameuse voûte du Casal tint bon encore cette fois, grâce, dit-on, aux nombreuses issues que trouvèrent les eaux du torrent dans les soupiraux des maisons qui la recouvrent(1).

---

(1) Archives de la commune, *Registre de l'église paroissiale de Sainte-Cécile.*

L'orage éclata vers les trois heures du soir; c'était jour de fête au village, et la plupart de nos bourgeois se trouvaient réunis en un joyeux banquet, pour célébrer les épousailles du sieur Rives Lange. La grêle surprit les convives à table et brisa subitement les vitres de la salle du festin. On dut ajourner le dessert... Bien plus : à partir de ce moment, racontent nos octogénaires, le diable vint habiter la maison des jeunes mariés jusqu'à ce que le Fillol l'en eût chassé en devenant, comme nous l'avons vu, l'acquéreur de l'immeuble abandonné et qu'on ne désignait plus que sous le nom de la maison de la Peur.

Le sieur Basque, surnommé Campanil (1) à cause de ses fonctions de carillonneur, avait prédit l'orage, se fondant sur certains signes précurseurs qui lui troublèrent le cerveau. Occupé à défricher son lopin de terre sur la Grande Côte, il vit passer en plein midi, à deux longueurs de pioche, la *mandro*, qui poussait des cris plaintifs et déchirants (2).

L'atmosphère était lourde et la chaleur accablante!

Coup sur coup, notre carillonneur crut entendre résonner les cloches de Saint-Jean, comme si quelqu'un les fouettait.

« *Noum d'ün gat* (3) !... s'écria-t-il en colère. En mon absence, oser toucher au carillon. »

Tournant aussitôt les regards vers le clocher, il vit l'esprit follet lancer des feux (des jets de fluide électrique sans doute) sur la cime du campanile! A cette vue, la peur le saisit et la sueur inonda son visage. Il se hâta de gagner le sommet de la côte pour voir quelle mine avait Plantaurel et quelle était la qualité du nuage qui pesait sur le Roc de l'Homme-Mort. Mais à peine arrivé, un bruit sourd et

---

(1) *Campanil*, du patois *campano*, qui veut dire cloche.
(2) *Mandro*, nom que l'on donne à la femelle du renard.
(3) *Nom d'un chat!* locution employée au pays pour marquer le dépit, l'irritation.

lointain, semblable à celui des vagues de la mer en fureur, frappa ses oreilles. Un trait de feu livide sillonna soudain la brume noire de Plantaurel !

« C'est l'*Aouro !* » s'écria-t-il hors de lui, et, se signant, il se mit à courir à travers les champs comme un possédé.

« L'Aouro ! l'Aouro (1) ! » répétait-il dans sa course vertigineuse, et il fit irruption dans le village, les habits en lambeaux, la face décomposée et criant toujours l'Aouro, en montrant la cime de Plantaurel.

On crut que la chaleur excessive du jour et les ardeurs d'un soleil torride avaient atteint ses facultés mentales. Personne ne fut donc ému à l'annonce du funeste présage. Les enfants se mirent à sa poursuite en poussant des cris de joie; mais Campanil, semant toujours l'alarme sur son passage, gagna l'église Saint-Jean et s'enferma à double tour dans le clocher.

L'événement justifia bientôt les prédictions du fou-prophète, comme on l'appela depuis.

Pendant que se déchaînait le terrible ouragan, lui, pendu aux huit cordes de son carillon, les agitait convulsivement des pieds et des mains, sonnant le glas funèbre comme aux jours de grand deuil !

A la date du 24 juin 1807, les registres de la commune signalent la fameuse inondation dite de Saint-Jean. Il tomba cette fois assez d'eau, disent nos paysans, pour éteindre tous les feux de la Saint-Jean qu'on allume sur toute la surface de la terre. On crut en vérité à l'arrivée d'un nouveau déluge ; de mémoire d'homme on n'avait vu les eaux s'élever à une telle hauteur. Il n'y eut heureusement pas de grêle, et le débordement des rivières fut progressif.

(1) L'*Aouro*. On désigne ainsi un bruit sourd et lointain qu'on entend dans nos montagnes quelques instants avant l'arrivée des grands orages. — *Aura*, latin et italien, *souffle, vent ;* prononcez aouro.

Néanmoins, on eut à déplorer la perte des récoltes sur pied ; l'eau qui les couvrit, surtout dans les bas-fonds, les laissa englouties, en se retirant, sous une couche épaisse de vase et de gravier. Les eaux de Lers grandirent à tel point, qu'on put les mesurer au niveau du pont de l'Évêque, où elles entraînèrent tout d'une pièce le pont en bois qui reliait Sainte-Colombe à Campoulheries.

La date du 7 août 1840 marque une nouvelle inondation dont nous avons été le témoin.

Maître Riveillou se chargea cette fois de la plus forte besogne.

Ce nouveau désastre fit songer par contraste à la fameuse année de la sécheresse 1832, en patois l'*Annado de l'Eichut*, à laquelle se rapporte la mort de celui que chacun considérait comme un père, comme un protecteur ou comme un ami, Jean Pont Fillol, dont les dernières paroles, tombées comme autant de sentences de la bouche de la sagesse, sont passées depuis à l'état de proverbes auprès de ses chères populations montagnardes, dont il fit le bonheur pendant plus d'un demi-siècle (*n*).

Quelques instants avant de rendre le dernier soupir :

« La mort, dit-il à ceux que l'affection réunissait au pied de son lit, la mort n'est qu'une paresse qui vous glace et qu'il faut savoir bravement surmonter.

> Ya pos à réguinna ! cal parti sans pigréso
> Quand oun a plia biscut et quó rés nou bous péso (1).

« Et, d'ailleurs, qu'ai-je à craindre d'elle ? ajouta-t-il. Ne sommes-nous pas de vieilles connaissances depuis nos premières entrevues dans les hasards de la vie. »

(1) Il n'y a pas à regimber ! il faut partir sans paresse,
Quand on a bien vécu et que rien ne vous pèse.

Ces dernières réflexions, que nous rapportons textuellement, n'étaient point de vaines bravades au moyen desquelles la faiblesse humaine et l'espoir enraciné de vivre, même en présence des plus funèbres apprêts, se donnent le change à eux-mêmes et pensent le donner à d'autres. Non, le Fillol parlait dans l'énergique simplicité de son cœur : son âme conservait encore ce feu sacré que rien n'avait pu éteindre, ni les embarras du commerce, ni la situation présente, ni les divers accidents de la vie.

Il réclama lui-même les soins religieux de son cher M. Aymés, curé de la paroisse, pour s'entendre, dit-il, une bonne fois, avec sa conscience.

Sa sublime résignation autant que sa piété édifièrent le saint prêtre, qui lui prodigua les suprêmes consolations et lui administra les derniers sacrements.

La mort, comme il l'avait dit, le traita en ami ; elle le laissa s'éteindre doucement, sans secousses. On eût dit qu'elle craignait de ravir une si belle intelligence (1).

Citons, en terminant ce paragraphe, quelques lignes d'un auteur étranger au pays, dans lesquelles se trouve brièvement exquissé le portrait de Jean Pont Fillol tant au physique qu'au moral (2). De son propre aveu, les renseignements qu'il nous transmet lui furent autrefois fournis par un digne commerçant de Castelnaudary, lequel avait eu plusieurs fois l'occasion de rendre visite au renommé marchand de Rivel et de le recevoir chez lui aux quatre grandes foires annuelles de cette ville.

« C'était, nous dit-il, dans ses derniers temps, un beau vieillard, ayant la dignité d'un centenaire, grand, frais, droit

---

(1) Extrait de l'*Histoire de Jean Pont Fillol*.
(2) M. Calas, ancien chef d'institution à Toulouse, auteur de précieux ouvrages d'éducation, notamment du *Journal de Gaston*, 2 vol. in-12, Paris, librairie de la Société des Gens de lettres, où il est parlé du Fillol.

comme un sapin, toujours souriant. Il faisait beau le voir, le dimanche, avec ses culottes courtes, ses boucles aux souliers, sa queue et sa poudre et son chapeau à cornes, conduire à l'église quatre générations d'honnêtes gens, parmi lesquels il eût pu compter ses rejetons directs par douzaine.

« Les seigneurs du pays le tenaient en grande estime. A dix lieues à la ronde, les hommes de la contrée le prenaient pour arbitre dans leurs différends. *Foi del Fillol!* était la formule solennelle, le serment sacré qui concluait les marchés.

« C'est ainsi que, par le seul prestige de sa haute intelligence et des rares qualités de son cœur, cet homme, qu'on n'appelait que le Père ou le vieux Fillol, devint le bon génie de la montagne et la providence des bûcherons.

« Du reste, ce nom de Fillol, qui marquait une véritable prédestination, fut donné à son aïeul dans une circonstance qui ne déparerait pas une légende et qui mérite d'être racontée :

« Un dimanche, jour de sainte Cécile, les habitants de Luxault se réveillèrent tout émerveillés : six pieds de neige couvraient les maisons et l'unique rue de la bourgade qui se prolonge en un sentier dont la pente rapide conduit à Rivel. Or, ce même jour, devait se faire le baptême d'un enfant, né depuis vingt-quatre heures, dans la famille du sieur Pont, sémalier ; et, comme tout le monde le savait, on se demanda aussitôt comment ferait le joyeux cortége pour se rendre à l'église.

« On avait bien pu tracer un sentier à M. le curé qui logeait presque à l'ombre du clocher, mais les parents de l'enfant logeaient bien en haut du village, et toute la journée du dimanche n'aurait pu suffire à déblayer le chemin. Alors une idée aussi ingénieuse que touchante vint à l'esprit de ces bons montagnards. Le parrain et la marraine se rendirent à l'église comme ils purent, puis, à l'heure marquée pour la cérémonie, les hommes de la bourgade, s'échelonnant sur tout le parcours qu'eût dû suivre le cortége en se rendant à l'église, l'enfant fut passé de main en main, depuis la maison paternelle jusqu'aux fonts baptismaux. Et c'est ainsi que le nouveau-né devint le *filleul* de tout le village, en patois languedocien le *Fillol*.

« Certes, si ce baptême fut un événement, et si chacun des parrains fit des vœux pour l'enfant à mesure qu'il passait dans ses bras, celui qui, cent ans plus tard, fut son petit-fils et hérita de ce nom affectueux, le leur rendit bien par son dévoûment, ses bons conseils et ses exemples. »

Mais continuons à relater les événements qui ont laissé de pénibles impressions dans l'âme de nos compatriotes :

Le 27 mai 1852, un véritable déluge de grêle et de pluie tomba sur Rivel. Le grand désastre du 7 de juillet 1767 eut en lui son pendant.

Une raie blanche, tracée sur les piliers de la place et sur le mur des maisons voisines des torrents qui traversent le village, indique à quelle hauteur s'éleva le niveau des eaux; les maisons qui surplombent sur Riveillou furent fortement éprouvées, l'une d'elles dut céder à la violence du torrent qui, d'un côté, la sapait dans ses fondements, tandis qu'elle subissait de l'autre toute la pression des eaux du Casal, qui, regorgeant à la naissance de la voûte, franchissaient la Place et retombaient en tourbillon dans le sous-sol, qui finit par céder.

Lé rec dé la Pichareillo
A quel joun s'alliarguec (1).

Les bassins de la Font-d'Amont furent comblés par le gravier de la rivière ; à côté, le sol ou yère du sieur Cadet

---

(1)   Le ruisseau de la Pichareillo
               Ce jour-là se débonda (*mm*).

Olive disparut sous une avalanche de pierres, qu'entraîna un petit ruisseau à peine connu du village et qui porte le nom de Coumomouichetto, venant, comme le dit son nom, des côtes de Mouiche ; et ce fut grâce à cet encombrement subit, qui brisa le courant rapide, que la maison voisine fut préservée d'une ruine inévitable.

Les membres de la famille Olive, dite Font-d'Amont, ainsi appelée au pays en raison de la proximité de la fontaine de ce nom, purent seuls, s'ils avaient bonne mémoire, se douter du péril que devait courir la vieille maison paternelle placée dans le voisinage de Coumomouichetto.

En effet, après un entretien égayé un soir de fête par les récits de l'ancien temps, le vieux Font-d'Amont, profitant de la circonstance qui réunissait autour de lui sa nombreuse famille, voulut, au nom de son bon sens et de son expérience, lui donner pour la dernière fois quelques salutaires avis. Ses enfants et ses petits-enfants, qu'il distinguait à peine, tant le vieil esquiller avait usé ses yeux pendant trois quarts de siècle à l'ardeur incandescente de son fourneau, ses enfants, disons-nous, s'approchèrent aussitôt et, l'enfermant à l'envi comme dans un cercle de respect et d'amour, l'écoutèrent avec un saint empressement.

Il finissait de parler quand, attirant dans ses bras l'aînée de ses enfants, dont l'émotion se traduisait par d'abondantes larmes :

« Pour preuve, ajouta-t-il, ô ma belle Jeannette, et vous, mes chers enfants, qu'il faut toujours vous méfier des faiseurs de beaux discours et ne jamais juger les gens sur l'apparence, sachez et retenez bien ceci : Un jour viendra, et ce jour n'est pas loin, où le petit gué de Coumomouichetto que vous avez toujours passé à pied sec, hiver comme été, regorgera des eaux roussâtres de la côte et grondera comme un tonnerre !... Aussi, quand vous verrez la brume noire s'épaissir sur Puivert, quand vous verrez, à la *Roucado* (1), la *poulido* (2) sortir de son trou, vite, vite, emmenez les enfants et fuyez au village! car le torrent emportera cette fois la maison sans vous donner ni à vous, ni à toi, ô ma Jeannette, le temps de monter à la salle, ni d'ouvrir l'armoire où sont enfermées tes jolies pendeloques et la chaînette d'or de ta pauvre mère! »

L'événement prouva plus tard ce que ce conseil avait de prophétique. Il est incontestable, en effet, que, sans l'amoncellement subit du gravier qui lui servit de rempart, la maison du vieil esquiller eût été emportée.

Mentionnons ici un trait admirable de dévouement maternel que tout le monde connaît au village :

La partie la plus exposée de la maison de Font-d'Amont avait été louée, cette même année, à une famille d'ouvriers (3) que les travaux des champs retenaient loin de leur ménage, au moment où l'orage éclata. Seul, un enfant de deux ans gardait, comme on dit, la maison. Sa mère, confiante dans le sommeil du gros poupon, s'en était allée bavarder avec quelque commère du haut quartier. Les premiers coups de tonnerre la trouvèrent indifférente; mais quand elle vit la foudre éclater, la pluie, la grêle obscurcir le jour, le souvenir de son enfant réveilla bien vite sa fibre maternelle; elle se précipita au dehors sans songer à la tempête et courut à la Font-d'Amont.

Coumomouichetto avait déjà fait son entrée en scène, mais heureusement l'angle de la maison se trouvait préservé par l'obstacle que nous avons dit; néanmoins, les eaux inondaient à plus de cent pas le chemin qui y aboutit.

(1) *Roucado*, roc, roche.
(2) *Poulido*, en français *jolie*, espèce de belette, de fouine qui se montre à l'approche de l'orage.
(3) Famille Doumengé.

Entraînée par cet instinct sublime qui enfante des prodiges, la pauvre mère, à la pensée du danger que court son enfant, s'arme d'audace et de sang-froid, et affronte sans trembler les eaux du torrent. Elles lui arrivent à la taille quand elle touche le seuil de la porte ; par un effort surhumain qu'on serait impuissant à expliquer, elle ouvre et, faisant irruption dans l'intérieur avec les eaux qui l'entraînent, se cramponne à la rampe de l'escalier !... L'onde qui s'engouffre dans le bas-fond s'est fait heureusement une issue près du mur inférieur, par laquelle elle s'écoule en tourbillonnant, ce qui permet à notre héroïne de toucher terre et d'enjamber les premières marches de l'escalier.

La vue de son cher enfant, qui dormait paisiblement dans son berceau, lui arracha un de ces soupirs de satisfaction que seule peut pousser une mère. Elle faillit s'évanouir de bonheur. Ce ne fut que plus tard qu'elle se rendit compte du danger qu'elle venait de courir.

Tel est, avec le choléra de 1854, le dernier grand désastre qui soit venu éprouver notre commune.

Citons deux grands incendies dont elle n'a pas non plus perdu le souvenir :

Le 16 du mois de juin de l'an 1765, à quatre heures de relevée, les cris au feu ! au feu ! vinrent épouvanter la population, que la cérémonie de la Fête-Dieu réunissait le long de nos rues pavoisées. Les hommes, rompant soudain les rangs, accoururent au quartier d'Amont, où la maison Durou, sise en face de la grande croix de pierre, paraissait tout en flammes. On organisa les secours du mieux qu'on put ; mais l'éloignement de la rivière, l'absence de fontaines en cet endroit, permirent au feu d'étendre ses progrès, et on désespérait de s'en rendre maître, quand apparut, au bas de la montée, notre saint archiprêtre, qui élévait le saint sacrement vers le lieu du sinistre.

Seuls les enfants et les vieilles dévotes n'avaient point quitté le cortége, et le carillon de Saint-Jean continuait de résonner aux joyeuses ritournelles de maître Campanil.

Nouveau Moïse, l'archiprêtre Bausil, à genoux sur les dalles de la place, couvertes des joncs de Riveillou, ne cesse d'élever vers le ciel le vieil ostensoir argenté de Sainte-Cécile ! Et ses traits augustes rayonnent d'une ferveur divine ! Qu'arriva-t-il alors ?... Sans doute Dieu se laissa toucher par ses prières, puisque, en un clin d'œil, le ciel pur et serein se couvrit de gros nuages d'où s'échappèrent, par miracle, des torrents de pluie qui éteignirent l'incendie.

La procession se reforma en partie. A l'éclat radieux de l'arc-en-ciel, elle gagna sous ce dernier pavillon que le grand Architecte venait de pendre aux nues, comme pour rehausser l'éclat de sa fête, elle gagna le sanctuaire de Saint-Jean, entonnant des hymnes d'actions de grâces et de reconnaissance.

Nous n'avons enregistré ces faits, qui tiennent du merveilleux, que sous la déposition sincère et désintéressée d'un de nos compatriotes (1) qui les avait entendu raconter à la victime elle-même du désastre, Marie Durou. Elle lui avoua, en outre, que le feu avait été mis à sa maison par un ennemi de la famille, pendant que tous ses membres assistaient à la procession. Après son lâche attentat, l'incendiaire s'était réfugié sur les hauteurs du Pesquier, pour mieux jouir de l'effet de sa criminelle vengeance.

A quoi servirait de divulguer le nom de ce malheureux ? Nous craindrions de blesser la susceptibilité de la famille qui le porte de nos jours et qui jouit d'une parfaite considération au village, comme si elle avait à cœur de réparer, par sa noble conduite, l'attentat odieux de ce fils égaré.

---

(1) Le vieil Alexis dit Cassaïré.

Dans la nuit du 31 mars 1839, le tocsin sonnait l'alarme dans le village! Les flammes s'élevaient en tourbillon sur les toits voisins de la place ; la maison de M. Catuffe était tout en feu! Les cris au secours! sortant de l'intérieur, eurent bientôt trouvé de l'écho dans l'âme de quelques intrépides, qui, enveloppés de draps trempés dans l'eau, s'élancèrent résolûment dans la maison. Les malheureux incendiés furent bientôt hors de danger; toutefois, on dut lancer par la fenêtre un des enfants (1) du maître, car l'escalier s'était subitement changé en une spirale de flammes.

Chacun rivalisa de zèle et de dévouement pour sauver les objets les plus précieux ; le sieur Jean Salinier, de la famille tant renommée de nos sémaliers, trop confiant dans sa force physique, eut une jambe broyée sous le poid d'une grande armoire remplie de linge, qu'il était parvenu à traîner seul jusque sur le bord d'une fenêtre. Les sieurs Raymond et Cadet Vidal, Sylvestre Maouget, Jean Plantié, Crepin Capéra, Huillet, dit Carretou, Pierre Bergé, ayant à leur tête l'intrépide Sébastien Plantié, leur maître à tous en force et en courage, et qui, malheureusement, en cette circonstance, eut un œil brûlé, firent des prodiges d'audace et de sang-froid. Ils surent à temps faire la part du feu, en abattant une partie de la maison Bézart, contiguë à celle qui était devenue la proie de l'incendie. On ne se douterait jamais, en voyant le bel immeuble qui la remplace, que ces lieux ont été les témoins d'un tel sinistre.

Terminons ce trop long chapitre de nos désastres par la relation précise d'un événement plus heureux, du moins à son origine.

Le 2 juillet 1826, tout Rivel fut mis en émoi par la

---

(1) Mlle Célestine Catuffe.

découverte d'un trésor : les sieurs Henri Peille et Malecamp, dit Tist, au service de M. Henri Vié, déterrèrent, dans la cave de sa maison, un pot de moyenne grandeur tout rempli de pièces d'or. Qu'on juge de la surprise et de la joie du maître ! Mais, hélas ! croirait-on que cette première découverte dut être pour lui et les siens une source de peines et de mortels soucis?

La reconnaissance que méritaient les deux ouvriers pour leur riche trouvaille aurait dû se traduire instantanément par une bonne poignée de ces louis d'or acquis à si peu de frais. Il n'en fut rien. Un hectolitre de mil chichement mesuré satisfit si peu leurs justes prétentions, qu'ils ne se gênèrent point pour déchaîner leur langue. En même temps, une erreur de 300 francs, commise dans un premier échange de 16,500 francs, au préjudice de M. Viguerie, banquier à Toulouse, et auquel M. Vié refusa de donner satisfaction, fit naître un procès dans lequel le gouvernement intervint de droit. La prison préventive s'ensuivit pour notre compatriote ; l'affaire s'aggrava par quelques fausses dépositions : la moitié du village fut invitée par voie d'huissier à aller déposer à Limoux. Bref, à la longue, le tribunal, ne pouvant démêler l'exacte vérité au milieu de tant de dépositions contradictoires, acquitta le prévenu, mais après que la justice lui eut mangé, comme on dit, son trésor en faux frais et en amendes. Toujours l'histoire de *l'Huître et les Plaideurs*.

Personne ne put édifier les juges sur l'existence d'un petit rouleau en parchemin que M. Vié aurait adroitement enlevé du milieu du trésor, à l'insu même des deux ouvriers. Les exclamations de surprise que poussèrent ces derniers au moment de leur découverte avaient fait approcher jusqu'à la porte de la cave une personne qui venait d'entrer pour acheter du tabac ; cette personne vit tomber le parchemin d'une petite boîte que M. Vié essayait déjà d'ouvrir en remontant précipitamment l'escalier. — La crainte seule de paraître en justice, sans compter les promesses que lui fit sur-le-champ l'homme du trésor, suffit pour lui faire garder son secret tout le temps que dura le procès (1).

Cependant, l'émotion avait brisé l'âme de M. Vié. De retour au village, où il osait à peine se montrer, il ne tarda pas à succomber à une violente fièvre, maudissant la fortune et les rigueurs de la justice humaine.

Le trésor fut évalué à 50,000 francs environ. La plupart des pièces d'or étaient frappées à l'effigie de Louis XIV et des Bourbons d'Espagne.

La veuve Vié, la seule qui survécut dans sa maison à tant de peines et de soucis, avait eu soin, dit-on, de mettre de côté quelques poignées de quadruples qui furent joyeusement échangées à la suite de sa nouvelle alliance.

II. A l'époque de la découverte du trésor à la maison Vié, Rivel fut péniblement affecté par la perte d'un homme recommandable à plus d'un titre; bien que nous ayons déjà fait ailleurs son éloge (2), nous devons ici rappeler son souvenir et citer quelques traits de sa longue existence, pour la parfaite intelligence des faits qui suivront.

Son grand âge, ses mœurs simples et sévères, avec je ne sais quel divin prestige qui environnait sa personne et qui l'eût fait prendre pour un anachorète, dans les siècles de la primitive Église, l'avaient fait surnommer « le Juste du village ».

C'était Jean Foussaries, descendant d'une des plus honorables et des plus anciennes familles du pays, mais que la fortune semblait depuis longtemps accabler de ses coups.

(1) C'était la femme de Jean Vives, dit le Bourt (Déposition de Marie Vives, l'aînée de ses filles.)

(2) Voir l'*Histoire de Jean Pont Fillol*, 1 vol. in-18, Paris, 1871.

Tout le monde au village connaissait la demeure du centenaire, et personne n'eût osé troubler le calme profond de cette vie toute patriarcale. Les enfants, peu respectueux d'habitude pour la vieillesse, aimaient le vieux Foussaries non-seulement à cause de cette affection générale que l'aménité de son caractère inspirait à tous ses concitoyens, mais surtout pour le merveilleux divertissement que, peut-être sans s'en douter lui-même, il leur procurait chaque jour.

En effet, pendant la belle saison, le vieillard sortait régulièrement tous les soirs, pour aller remplir sa cruche à la Font-d'Amont. Or, aussitôt qu'il paraissait, sa présence avait le privilége étrange d'ameuter des troupes d'hirondelles qui fendaient l'espace et s'élançaient des hauteurs du ciel pour venir s'abattre joyeusement sur ses pas. Elles allaient et venaient, tourbillonnant au-dessus de sa tête chauve, en faisant entendre leurs plus aimables gazouillements.

« Voilà Foussaries ! s'écriaient les enfants, prévenus de sa présence par le cri des hirondelles. Vite, vite, courons à la fontaine ! »

Et les plus vifs, les plus espiègles, dépassaient le vieillard, qui montait péniblement le Barri-d'Amont, allaient se percher, comme de véritables oiseaux, sur les branches de l'ormeau séculaire qui ombrage la fontaine, afin d'attendre l'arrivée du cortége et d'être plus à portée de voir travailler, comme ils disaient, *las randoulos d'en Foussarios* (les hirondelles de Foussaries).

Quand celui-ci était arrivé sur les bords de la fontaine et qu'il se baissait pour emplir sa cruche, aussitôt les plus hardis, ou plutôt les plus familiers de ces oiseaux, venaient se reposer doucement sur sa tête et sur ses épaules, comme s'ils eussent voulu lui demander à boire.

Ce fait, affirmé par un grand nombre de témoins oculaires, est d'autant plus surprenant que l'hirondelle, cette fille de l'air, cette reine de la liberté, est très-difficile à apprivoiser. Elle aime le domaine et la compagnie de l'homme, mais elle fuit et ne saurait souffrir sa main.

Mais hâtons-nous d'ajouter que l'oiseau voyageur avait eu le temps de lier connaissance avec le centenaire. Depuis plus d'un demi-siècle, des générations d'hirondelles se succédaient sous le toit de sa modeste mansarde. Elles étaient heureuses de regagner, chaque année, au printemps, les nids qui les avaient vu naître et d'en construire de nouveaux entre les poutrelles resserrées de la vieille masure de leur hôte. Quant à lui, il n'eût osé rien entreprendre pour contrarier ses joyeuses et fidèles compagnes; bien au contraire, il favorisait leurs allées et venues, et, plusieurs fois dans la journée, il leur émiettait du pain de maïs, dont elles se montraient très-friandes. La douceur de ses procédés envers ses filles chéries, comme il se plaisait à les appeler, avait fini par établir entre l'hôte généreux et ses fidèles convives une telle familiarité, que le vieillard, obsédé parfois par leur trop affectueuse démonstration d'amitié, était obligé de secouer la tête et les bras pour s'en débarrasser. Elles s'envolaient aussitôt par la croisée entr'ouverte et ne reparaissaient que pour prendre soin de leur couvée.

Mais bientôt, hélas! le centenaire, accablé sous le poids de l'âge et des infirmités, dut adresser un éternel adieu à ses chères hirondelles. Il mourut... Et quand vint le printemps suivant, l'unique fenêtre de la mansarde était fermée... et fermée pour toujours!

En ne voyant plus reparaître celui qui les avait tant aimées, qui les avait si bien traitées, les hirondelles comprirent que la mort était passée par là : aussi les vit-on à leur retour, inquiètes et effarées, passer par bandes devant la maison de leur protecteur, frôlant une à une, de leur aile légère, l'auvent vermoulu de la triste mansarde et poussant de petits cris plaintifs, en signe de regrets et de deuil. Cela fait, elles s'envolèrent en des parages moins sombres, afin de choisir un nouveau toit hospitalier.

Quelques instants avant sa mort, Foussaries, voulant témoigner toute sa gratitude à Joseph Vives, dit le Bourt, pour les soins affecteux qu'il en avait reçus dans ses derniers jours, réunit tout ce qui lui restait de forces, se souleva sur son lit, et, se tournant ensuite vers un petit meuble en vieux chêne qui semblait avoir été jeté dans un coin de la chambre comme un meuble de peu de valeur :

« Tu vois ce coffre, dit-il à Joseph, je l'ai laissé envahir par la poussière, afin de ne pas éveiller les soupçons sur son contenu. Je te le lègue aujourd'hui en récompense de tes bons services; sache donc qu'il renferme des papiers précieux qui me furent confiés, il y a bien longtemps de cela, par le dernier des Garzelles, lequel les tenait, à son tour, en dépôt de la main des anciens seigneurs du pays. J'ignore ce que peut renfermer cette écriture, n'ayant jamais su lire; eussé-je d'ailleurs été plus habile, je n'aurais jamais cherché à le savoir, car ma volonté se trouvait liée par un serment. »

Et, tout en parlant ainsi, le malade faisait signe à Joseph de prendre la clef du coffre qui pendait à son cou, en lui recommandant de ne se défaire jamais des vieux parchemins qu'il renfermait.

Épuisé par ce long discours, Foussaries était retombé sur l'épaule de son ami, que l'émotion avait rendu muet.

Or, au moment où il allait s'endormir de l'éternel repos, soudain la porte de la mansarde s'ouvrit, et une personne, portant le deuil, entra comme pour s'informer de la santé du vieillard. Elle s'approcha de son lit, fit semblant de lui adresser quelques paroles de résignation et d'espérance; mais, en même temps, elle embrassa d'un regard scrutateur tout ce que contenait la chambrette : deux chaises défoncées sur l'une desquelles l'ami Joseph était assis, une cruche sur le rebord de la fenêtre, un christ en plâtre noirci par la fumée et cloué sur le mur de la même couleur, et enfin le vieux bahut que de grosses toiles d'araignée semblait confondre avec le mur. Après cette rapide inspection, la femme regagna la porte en recommandant, avec un certain air d'autorité, au fidèle gardien de venir la prévenir dès que le malade aurait rendu le dernier soupir.

Foussaries n'avait rien vu, rien entendu.

Un moment après, il entr'ouvrit une dernière fois ses paupières et parut jeter un regard d'adieu sur les nids déserts de ses filles chéries ; il pressa ensuite doucement la main de son ami et expira en murmurant :

« Je vais retrouver au ciel mes chères hirondelles ! »

Joseph Vives lui ferma les yeux ; puis, s'agenouillant au pied du lit, il fit dévotement une prière pour le repos de l'âme du vieillard, dont la face resplendissait d'une divine sérénité.

Cela fait, chargeant avec peine le vieux coffre de chêne sur ses épaules, il l'emporta précipitamment dans sa maison, qui, par un singulier hasard, n'était autre que celle des Garzelles, d'où provenait le précieux dépôt de Foussaries. L'immeuble venait d'être vendu par Mme Rolland, plus connue sous le nom de Langlaise, au sieur Durand, de Saint-Hilaire, et au sieur Joseph Vives, qui se la partagèrent. Dans l'acte de vente, la veuve avait introduit cette clause que, si les acquéreurs venaient à y découvrir un trésor, elle aurait droit à la moitié. Cette réserve, qui lui fut inspirée par la récente découverte du trésor de la maison Vié, éveilla plus tard les soupçons et la cupidité du fils de Joseph Vives, qui se mit à faire des fouilles insensées dans la partie qui lui était échue.

Avant de suivre notre chercheur de trésor, rappelons

une seconde fois ici que la famille des Garzelles, dont cette maison porte encore le nom, était jadis une des plus riches et des plus vénérées au village; sa descendance, comme nous l'apprenons dans l'entretien de Foussaries, était à jamais éteinte en la personne de celui qui avait confié le précieux coffre au centenaire. Ses membres se livraient, depuis un temps immémorial, au commerce des bois, et ils étaient en grande considération auprès de nos anciens seigneurs, qui choisissaient d'habitude parmi eux leur représentant ou baile de la baronnie (1).

Une circonstance étrange tirant son importance d'un absurde préjugé, mais que nous devons relever ici, à cause de l'influence qu'elle exerça sur l'esprit de Jean Vives, lui fit considérer comme certain le succès de ses fouilles.

Sa femme, revenant un samedi du marché de Chalabre, en compagnie de la nommée Raymonde Vidal, fut accostée, en face du pont Saint-Martin, par une vieille mendiante, espèce de bohémienne en guenilles, qui lui annonça qu'elle avait dans sa belle maison de Rivel un trésor caché, et que, si elle voulait généreusement la récompenser de cette première révélation, elle irait lui montrer la place où il se trouvait enfoui. Nos deux villageoises, comme elles nous l'ont avoué elles-mêmes, se croyant sous la puissance d'un mauvais esprit, se signèrent en poussant des *Jésus, mon Dieu!* à fendre le cœur et prirent la fuite, tandis que la vieille sorcière, assise sur le parapet du pont, riait d'un rire éclatant et narquois en les montrant du doigt.

Le récit de cette aventure, fait le soir même à Jean Vives, n'était point de nature à lui arracher la pioche des mains. En effet, il poursuivit de plus belle son œuvre, et tout dans sa maison, de la cave au grenier, fut bouleversé.

---

(1) Archives du château de Chalabre, notes.

Tout le monde savait que la maison Garzelles était vaste et grandiose, qu'on y découvrait partout le cachet et les attributs des demeures habitées par les grands personnages. Quels que fussent le prestige et la renommée de la famille qui lui a légué son nom, il existait comme un vague souvenir, comme un écho lointain d'une rumeur mystérieuse se perdant dans la nuit des temps; rien néanmoins, jusqu'à ce jour, n'avait pu donner d'indications précises sur sa véritable origine et sa première destination.

A quelque chose malheur est bon, dit un vieux proverbe.

Jean Vives, appliqué nuit et jour à démolir sa maison pour trouver le trésor pressenti par Mme Langlaise, nous donnait, à son insu, la clef de la mystérieuse énigme de la maison Garzelles, grâce aux précieuses découvertes qu'il y fit.

Hâtons-nous de les signaler, en prévenant d'avance qu'à notre grande joie, et pour l'intérêt de notre œuvre, ces découvertes nous font connaître d'une manière certaine, irrévocable, la demeure particulière des seigneurs de Rivel, dont nous faisons remonter l'origine au temps de sire Philippe de Bruyères, notre premier baron (1350).

Dans une pièce du rez-de-chaussée donnant sur le jardin et dite de Lembourradou, Jean Vives déterra, à une profondeur de 1 mèt. 50 cent., quatre statues en pierre, de grandeur naturelle, représentant des guerriers; sur leur socle étaient gravés fort distinctement en caractères romains les noms de BRUIERES, YSSALABRE, PUEYBERT et RIUEL, d'après le rapport circonstancié de plusieurs témoins oculaires (1). Des chiffres romains, dont on ne put apprécier la valeur, indiquaient en outre, au pied de chaque statue, la date de leur origine.

(1) Paul Guinot, Isidore Senié, Brangé, filateur ; Pierre Pont, dit Taïs, Théodore Fabre, Olive Lenfantou, Louis Dilhat, Mme Rolland-Langlaise, M. et Mme Castres, Marie et Cadette Vives, les deux filles du Bourt.

Bien que cette précieuse découverte ne fût pas du goût de Jean Vives, il songea néanmoins à en tirer partie.

La moindre pièce d'or eût mieux fait son affaire!

Après les avoir laissées exposées quelque temps dans ce même lieu et s'en être servi, à l'occasion, comme d'un épouvantail pour ses enfants et ceux de ses voisins, il les brisa à coups de merlin pour en faire servir les morceaux à la construction du mur de son jardin. Nous en avons nous-même trouvé quelques éclats parmi les tas de pierres et de briques qui encombrent encore cette pièce.

Notre intrépide piocheur mit encore à découvert, dans cette salle basse, quatre grandes dalles mesurant environ 1 mèt. 40 cent. de longueur, sur 0,60 de largeur; sur la surface unie et polie de la plupart, étaient gravés des signes et des caractères analogues à ceux qui figuraient au bas des statues. Le sieur Durand, de Saint-Hilaire, occupant l'autre côté de la maison, aida son voisin à opérer leur emménagement. Ni l'un ni l'autre n'étaient assez instruits pour déchiffrer, comme ils dirent, « l'ancien gribouillage qu'il y avait dessus. » En attendant qu'on pût les utiliser, ces dalles furent placées symétriquement dans l'allée de la petite terrasse qui domine à gauche le jardin.

Quelques mauvaises planches de sapin recouvrent depuis les deux fosses où furent opérées ces importantes découvertes.

Dans un angle du mur, on aperçoit une troisième excavation, qui paraît avoir été pratiquée antérieurement à cette époque; elle est remplie d'une eau croupissante.

Cependant, Mme Langlaise, prévenue en secret des trouvailles qui avaient été faites dans son ancien immeuble, accourut à la hâte sur les lieux, presque convaincue que les nouveaux propriétaires avaient mis la main sur le trésor; mais elle ne trouva que quelques fragments des statues et les susdites dalles, qu'elle se fit céder, séance tenante, pour une modique somme, à valoir sur l'argent qui lui était encore dû par Jean Vives.

Dans la semaine, son métayer de la Luxière vint chercher les grandes dalles sur une charrette à bœufs : les sieurs Lourlou, Rey, dit Padéno, et Guillaume Plantié, dit Frisat, aidèrent ce dernier à les charger. Mais, quand l'attelage passa devant la maison de la veuve, celle-ci fit descendre l'une des dalles sans inscription pour en faire un perron à la porte d'entrée de sa maison, où elle est restée depuis.

Plusieurs plaques de fer, réunies au moyen d'un fil en laiton, furent trouvées par Jean Vives sous l'âtre de l'appartement contigu à la grande salle; sur chacune d'elles figurait un personnage en relief avec une légende au-dessous que personne, il va sans dire, ne put encore déchiffrer, mais dont nous devinons la teneur par l'existence de l'écusson qui se détachait dans un des coins, et dans lequel figurait un « lion à la queue fourchue. » C'était bien, à n'en pas douter, le lion qui orne les armes des sires de Bruyères.

Toutes ces pièces, monument des siècles passés, qui nous eussent donné comme l'histoire en action de nos seigneurs et de notre contrée, eut, hélas ! un sort aussi déplorable que les statues : tout le paquet, qu'on me pardonne l'expression, fut vendu au poids de la vieille ferraille au sieur Rives, forgeron de Sainte-Colombe, pour la somme de 20 fr. Le sieur Baptiste Durou, meunier de Rivel, fut témoin du marché; il lui semble voir encore « le petit lion dressé sur ses pattes de derrière et ayant l'air en colère » (sic) qu'il eut le temps de bien considérer. Il juge la dimension des plaques à 0, 25 c. de haut sur 0,18 de large environ.

Sur ces entrefaites, l'achat que fit Jean Vives de l'autre moitié de la maison au sieur Durand, et une certaine aisance que respirait son ménage, éveillèrent à un tel point les soupçons de Mme Langlaise, qu'elle osa le faire comparaître devant le juge de Chalabre, espérant lui arracher par intimidation quelque aveu significatif. Il fut facile à l'accusé, qui, du reste, dans sa grande ignorance, ne manquait pas de malice, de se disculper de toutes ces allégations mensongères.

La même semaine, il paya en entier la maison à la dite veuve, en lui intimant l'ordre de ne plus mettre les pieds chez lui. Mais la veuve, trop intéressée à avoir ses entrées franches dans son ancien immeuble, eut bientôt fait lever à Jean Vives la rigueur de cette consigne, et elle continua chez lui ses allées et venues comme par le passé.

A son entrée en jouissance de l'appartement du sieur Durand, notre maniaque, toujours la pioche en main, malgré les prières et les supplications de sa famille, commença à attaquer les murs, à abattre les cloisons. Il mit à nu une excavation ingénieusement effacée sur le côté gauche de la grande cheminée, qui mesure un bon quart de la longueur de la salle donnant sur la rue, et en arracha quantité de liasses de parchemins, dont la plupart, selon le rapport d'un témoin oculaire dont nous admirons la naïveté, « étaient traversés par un bout de ficelle où pendait comme un gros sou en plomb ou en cire » (1). Ce n'était autre chose, on le devine, que les sceaux apposés aux chartes, lettres patentes, titres authentiques des priviléges et des faveurs royales accordés à nos seigneurs.

N'était-ce pas là le trésor le plus précieux que Jean Vives pût découvrir et que Mme Langlaise pût ambitionner? Que de pages obscures de l'histoire de nos contrées, que de dates, de noms et de faits nous eussent révélés ces précieux et uniques documents, dont on n'eût pas seulement osé songer

---

(1) Paul Guinot, filateur.

à mettre en doute la véracité... Or, sait-on la destinée que réservait le Vandale à cette merveilleuse découverte? Voici :

Les parchemins éparpillés sur le parquet furent ramassés à brassées et jetés pêle-mêle dans le four, en attendant que le cousin lettré, maître Paul Guinot, y vint jeter un coup d'œil. Ce dernier fut, en effet, mandé le soir même dans cette intention; mais le savant fut mis cette fois au pied du mur, ou plutôt au pied de la lettre, par tout « ce verbiage indéchiffrable de vieux actes propres, dit-il, à allumer le feu et à recouvrir des pots de confiture. »

Le cousin avait dit, et le Bourt se trouva suffisamment renseigné sur la valeur des parchemins. La porte du four se referma sur toute cette prétendue paperasse en attendant la première fournée, qui, hélas! les consuma.

Restait le vieux coffre, précieux legs que le vénérable Foussaries avait tant recommandé à Joseph de ne jamais abandonner; ce dernier avait suivi de près dans l'oubli l'Amant des hirondelles. On enleva chaque jour les parchemins du dépôt des Garzelles au fur et à mesure, et on les fit servir aux plus vulgaires besoins du ménage. Mme Langlaise, que l'on a devinée dans ce personnage mystérieux qui apparut soudain dans la chambrette de Foussaries expirant, hérita du reste.

Après la perte de pareils trésors, nous avons à peine le courage de signaler d'autres découvertes d'un intérêt secondaire. N'oublions pas cependant un faisceau de petites boiseries couvertes de sculptures, et quelques statuettes représentant des sujets allégoriques, cachées dans une armoire murée de la salle du deuxième étage, donnant vue sur la chapelle de Sainte-Cécile.

Les ferrures anciennes aux élégantes spirales qui ornaient les portes des appartements, et dont on peut encore admirer quelques restes, furent tour à tour arrachées ou brisées par les chasseurs qui, journellement, venaient rendre visite à Jean Vives, réputé l'un des premiers tireurs du village, ce qui ne l'empêcha pas, l'imprudent, disons-le en passant, de recevoir une fois la charge de son fusil dans le creux de la main.

Deux longues rapières trouvées entre les poutrelles du plafond sont restées longtemps suspendues au mur de la grande salle. Il nous souvient qu'enfant, travesti en messager d'amour et servant innocemment les fiévreuses impatiences d'un frère épris des charmes de la fille aînée de Jean Vives, il nous souvient, dis-je, d'avoir tourné et retourné les deux vieilles épées sans pouvoir réussir à leur faire perdre terre, tant elles étaient lourdes. Nous leur préférions les statuettes que nous traitions de « petits bonshommes noirs, » et que la reine de céans mettait gracieusement à notre disposition après les avoir exhumées d'une vieille armoire.

C'est le seul souvenir qui nous soit resté de cette maison, à cette époque, avec celui d'un tourne-broche fonctionnant au moyen d'une roue-tambour mise en mouvement par un chien. Ses restes ont été naguère arrachés par le sieur Vidal, dit Ganaïchou.

Quant aux deux rapières, elles furent dérobées un matin, en l'absence du maître, par un de ses voisins, Pierre Blancard, si connu sous le nom de la Boto. Le malheureux, mordu par un chien enragé, était atteint d'hydrophobie et n'avait plus conscience de ses actes. On ignore ce que devinrent les épées entre ses mains.

De ces faits, la vérité ressort claire, évidente et sans contestation possible sur l'origine et la première destination de la maison dite des Garzelles. Elle ressort, disons-nous, des découvertes qui y ont été faites et que nous rapportons sur la foi des héritiers naturels de Jean Vives, du nombre considérable de témoins que nous avons déjà cités, et des membres même de notre famille, qu'une intrigue particulière, avons-nous dit, attirait journellement, à cette époque, dans ladite maison.

La présence en ces lieux des statues représentant les sires de Bruyères, les inscriptions fidèlement relevées par des témoins différents, le blason de l'illustre famille reproduit sur les plaques de fer vendues au forgeron de Sainte-Colombe, le précieux dépôt du vénérable Foussaries provenant, sur sa sincère déposition, d'un de nos derniers seigneurs, puis toutes ces liasses de parchemin devenues la proie des flammes, le rapport authentique de certains actes qualifiant les membres de la famille Garzelles de bailes de la baronnie de Rivel, et justifiant par ce fait leur séjour dans la maison du seigneur qu'ils étaient appelés à représenter en leur absence, indiquent bien que nos barons avaient fait de cette demeure leur habitation particulière, au moins tant qu'ils fixèrent à Rivel le chef-lieu de leur baronnie.

Nous savons, en outre, que c'est à Philippe de Bruyères qu'est dû, en majeure partie, l'achèvement de la cité dont il prit de préférence le nom, après en avoir fait son séjour de prédilection. Nous pouvons donc certifier que notre premier baron ne chercha point à bâtir ailleurs sa demeure que dans le quartier qui lui devait son existence et son entière édification.

L'aspect de la maison est grave et imposant dans la partie qui confronte au midi; c'est, du reste, le seul côté qui ait conservé son caractère primitif sans avoir subi la moindre modification. Quant à la partie qui donne sur la rue, la forme des fenêtres, la coupe des montants, les moulures des corniches dénoncent incontestablement une addition du XVIIe siècle.

Sans entrer dans des détails qui nous entraîneraient trop

loin, disons que dans l'ensemble de l'édifice on découvre, à première vue, le genre et le style dégénérés du pur roman employé au XIVe siècle pour les constructions secondaires.

Les deux terrasses du jardin, que sépare un escalier en pierres de taille, dont la vingtième marche gagne le terre-plein du verger, étaient autrefois deux compartiments casematés, éclairés par une fenêtre garnie de barres de fer et dont on aperçoit encore le fronton. Nous nous demandons quelle fut la première destination de ces deux compartiments avant que le mari de Mme Langlaise les eût fait combler avec l'excellent terreau provenant des anciens retranchements de Pendels, et qui encombrait les abords de sa maison paternelle (1). Il est de toute probabilité qu'ils furent affectés au service des prisons, puisque, d'après plusieurs actes de notoriété publique, ces dernières devaient être tenues en la maison seigneuriale. Nous ne voyons, en vérité, aucun autre endroit plus propre à cet usage, à moins qu'il n'existe quelque réduit caché, ce qui ne nous paraît pas impossible, bien que cette demeure se trouve bâtie sur le roc. Il nous semble que nos doutes, sur ce dernier point, vont se trouver éclaircis par la découverte de quelque salle, de quelque galerie souterraines ; car, comment se faire à l'idée qu'une habitation de cette importance n'ait pas un sous-sol, par même une cave ?

Nous engageons fortement la commune de Rivel, si connue par son désintéressement, elle qui, par la voix de ses nobles conseillers, nous a donné en deux circonstances solennelles (2) tant de preuves d'attachement et de sympathie pour tout ce qui a trait à l'histoire de ses vieilles institutions, nous l'engageons, disons-nous, à faire achat du vieil

---

(1) Baptiste Rives, témoin oculaire.
(2) Session annuelle de mai 1872. — Session annuelle de mai 1873.

immeuble en ruines pour y poursuivre avec plus d'intelligence, mais avec une égale opiniâtreté, les fouilles et les découvertes de Jean Vives.

Nul doute qu'avec les grandes ressources dont dispose l'administration actuelle et la juste répartition qu'elle en fait en imitant la généreuse conduite de la municipalité qu'elle remplace, elle ne s'empresse d'acquiescer d'une commune voix à notre proposition.

Encore un mot sur la vieille demeure seigneuriale.

L'immeuble appartient toujours à la famille de Jean Vives; mais, depuis une quinzaine d'années, ses enfants dispersés semblent l'avoir complétement oublié.

Ces murs, jadis resplendissants des magnificences du seigneur et maître, qui retentirent tant de fois des chants de fête et de triomphe au retour des lointaines expéditions des braves sires de Bruyères, ces murs sont aujourd'hui déserts et livrés à toutes les rigueurs des saisons. La charpente fléchit sous le poids des siècles; le toit, sur le sommet duquel flotta la glorieuse bannière qu'illustrèrent en tant de rencontres les barons de Rivel, est sur le point de s'écrouler; ces vastes cheminées où cuisait chaque soir le quartier réservé de grosse venaison, ont l'âtre défoncé. Encore quelques jours, et, de la demeure habituelle de nos seigneurs, de ce séjour adoré des Marguerite de Capendu, des Béatrix de Mauléon, il ne restera plus que des décombres!

Mais en s'aidant de ces débris, de l'étude des chartes, du témoignage de nos vieillards, de nos traditions populaires, de tant de précieuses découvertes, notre pensée aimera encore à reconstruire pour un instant cette vieille demeure seigneuriale. Notre imagination, éprise des antiques mœurs se représentera, au sein de la vaste salle d'honneur, nos vertueuses châtelaines entourées de nombreux et beaux rejetons jouant avec des osselets d'ivoire dans le casque étincelant de leur père, pendant qu'elles-mêmes font courir l'aiguille sur une éclatante broderie, tournent leur fuseau doré chargé de laine, entonnent avec leurs fidèles les louanges de la sainte qui les protége, écoutent le récit émouvant d'un ménestrel, quand, au dehors la neige enveloppe tout de ses tourbillons, que leurs époux poursuivent l'ours au fond des bois, et qu'au dedans les escaliers sonores s'emplissent de clameurs guerrières, de sons lointains des trompes de chasse ou du cliquetis des armes des archers qui veillent aux portes. Quelle que soit l'apparition évoquée par l'esprit fiévreusement excité, elle surgira de ces débris lumineuse, pittoresque, pleine de contrastes, image fidèle et vivante de mœurs à jamais perdues.

Si nul fait important ne donne à ces vieux murs une célébrité que l'histoire réserve à de plus remarquables édifices, si la légende n'est pas encore venue leur prêter des attraits fantastiques, ne sont-ils pas assez riches de souvenirs, n'ont-ils pas été la joie, la terreur, l'orgueil de nos pères, et, à ces titres, ne méritent-ils pas que nous leur ayons consacré nos loisirs et nos veilles ?

CHAPITRE HUITIÈME

I. Rivel de las Sémals : son commerce et son industrie. — Exploitation des bois de sapins. — Les sémaliers. — Les esquillers. — Nos fondeurs. — Le plus grand de nos industriels. — L'âge d'or de la commune. — II. La ville de Chalabre et son ancien commerce de draps. — Antiques et glorieuses prérogatives des habitants. — III. Joyeux parcours de Chalabre à Rivel. — Hameaux, métairies et campagnes. — Les côtes de Riveillou. — Le doyen de la contrée. — La fête au village. — Souvenirs de 1848.

I. Les principales branches du commerce et de l'industrie de la commune de Rivel, ont consisté, de temps immémorial, et consistent encore aujourd'hui, dans l'exploitation des bois de sapin, la fabrication des comportes ou *Sémals*, et celle d'un genre spécial de sonnettes en bronze, en forme de cloches et de grelots, et aussi d'une autre qualité de sonnettes en fer connues sous le nom d'*esquillos*.

On désigne par le mot sémal une cuve de moyenne grandeur, faite en bois de sapin ; un vaisseau de forme ovale qui n'est point couvert, se rétrécissant dans sa partie inférieure, et ayant de chaque côté, en dehors de l'orifice, une espèce de corne communément appelée cornelière, qui sert à le porter.

La sémal sert à un nombre infini d'usages, principalement au transport des vendanges (1). Mais, dans le sens de son

(1) Le mot *sémal*, sous une forme identique, *sémalo*, *sémacco*, sert à désigner en Italie, et plus particulièrement en Hollande, le petit vaisseau ou récipient dont on se sert dans les ports maritimes pour charger et décharger les gros navires.

étymologie, elle dut être, à son origne, employée de préférence au transport et au recel des grains et semences, *semina*.

Depuis un temps immémorial, la commune de Rivel est en possession de ce genre d'industrie; aussi porta-t-elle toujours, ainsi qu'on peut s'en assurer en lisant les anciennes cartes géographiques, le nom de Rivel de las Sémals.

C'est en vain que la rivalité et la concurrence de quelques communes voisines, telles que Quillan, Nébias et Bélesta, ont essayé d'éclipser son ancien renom. Elles n'ont signalé que leur inexpérience, par les produits inférieurs de leur fabrication.

Il est peu de familles dans notre commune dont quelque membre n'ait exercé jadis la profession de sémalier. Le Fillol lui-même, devenu le plus grand marchand de bois de son époque, dut à cette industrie le commencement de sa fortune. Sa famille, de tout temps, avait été renommée par l'élégance et la solidité des produits de sa fabrication. Citons à ses côtés, la famille des Saliniés ou Courals, des Bergés, des Jean de la Jeanne, des Olives dits Pétrins, etc., tous hommes de forte trempe, de haute stature, d'une force et d'une souplesse peu communes, qualités essentielles pour faire, comme on dit, un rude sémalier, enlevant journellement ses huit comportes ordinaires.

Le sémalier, debout au chant du coq, débute par l'assemblage des douves; il fonce ses cuves après son déjeuner, et procède, sur le soir, à leur toilette par le polissage. Quelques grands coups de massue frappés en cadence achèvent le cerclage : cette ceinture en lattes de châtaignier rehausse la blancheur de la sémal. Dès lors elle est complète. Elle ira dans cet état définitif, comme une belle fiancée le jour de ses noces, briller sur la place de Quarantan, aux foires d'Azille, d'Alzonne, de Caunes, de Lézignan, de Peyriac et de Saint-Maurice de Mirepoix.

Cette dernière termine la campagne de nos industrieux sémaliers ; c'est là que leurs poches se remplissent d'écus, car il faut y vendre quand même ; c'est l'époque habituelle qui leur est fixée pour effectuer leurs payements et contracter de nouveaux engagements. L'hiver approche et chacun songe déjà à aller établir son nouveau quartier général à la forêt.

C'est au plus fort de l'hiver, dans les quartiers les plus reculés de la forêt, qu'ils exécutent leurs grands travaux. Ils s'abritent la nuit dans une cabane faite en écorce de sapin recouverte de branches sèches et de mousse. Après leur frugal repas, où les pommes de terre ont toujours les honneurs de la table, ils se couchent simplement sur la paille ; à leurs pieds brille un immense brasier qui les réchauffe jusqu'à l'heure de leur réveil.

Jadis, auprès des Rivelois, fiers du renom qu'avait acquis leur industrie, nul n'était réputé bon sémalier, connaissant à fond son métier, s'il n'avait hiverné plusieurs années consécutives au milieu des sapins, occupé à façonner un nombre déterminé de « charges de douves ou douelles » destinées à la fabrication des comportes.

Les maîtres ouvriers pouvant disposer de quelques économies mêlaient de temps à autre quelques douceurs aux dures servitudes inhérentes à leur profession : ils attendaient impatiemment le dernier jour de la semaine, pour aller goûter, pendant vingt-quatre heures, les joies du ménage ! C'était toujours la nuit qu'ils regagnaient leurs foyers.

Le lendemain, endossant l'habit de fête au collet montant, ils s'acheminaient, à l'heure dite, vers le village, suivis de leurs femmes et de leurs enfants. Seuls alors dans leurs chaumières, restaient les malheureux vieillards incapables de franchir l'âpre sentier de la colline.

Ce jour-là aussi, les bergers, confiant pour quelques heures la garde des troupeaux à leurs chiens vigilants, descendaient les hauteurs de Mouiche, du Triodinna, du Sarrat-Gros et de Plantaurel, en fredonnant sur la musette un de ces airs champêtres qui sont comme une peinture naïve de leurs habitudes patriarcales :

> Quand las Pastressos éroun prestos,
> Les pastrés éroun léou parats
> Del bestit dé las grandos festos
> Et des capels enrubantats.
> Nostris biels, sans boutcha dé plaço,
> Al leyt prégaboun arrucats.
> Mais, sans crégné ni frech, ni glaço,
> Cap à Ribeil, cap à Sant-Jean,
> Courrission toutis en cantan (1).

Tous, en effet, comme l'exprime cette poétique strophe en patois, composée par l'archiprêtre Cazintres, tous se donnaient rendez-vous à Rivel, sur la place publique, attendant que le joyeux carillon de Saint-Jean ou la voix argentine de la cloche de Sainte-Cécile les appelât à la première messe paroissiale. Pas un n'eût osé s'absenter du prône fait par le desservant en leur langue usuelle. Mais nos dévots ne se montraient point aussi empressés pour l'office du soir, sachant bien que les vêpres ne sont point obligatoires.

Ils se réunissaient alors par bandes à l'hôtellerie du Cheval blanc, à celle du Lion d'or, où les attendaient quelque quartier de mouton mitonnant dans une ample ration de haricots parfumés à l'ail et au jambon.

(1)   Quand les bergères étaient prêtes,
   Les bergers étaient bientôt parés
   De l'habit des grandes fêtes
   Et des chapeaux *enrubanés*.
   Nos vieux, sans bouger de place,
   Au lit priaient, ratatinés.
   Mais sans craindre ni froid, ni glace,
   Vers Rivel, vers Saint-Jean
   Ils couraient tous en chantant.

Au premier son des cloches, les salles étaient envahies et les tables au grand complet, fléchissaient bientôt sous le poids des bouteilles :

<blockquote>Les verres se heurtaient sur la nappe rougie.</blockquote>

Si dans leurs bruyantes conversations nos campagnards ne partageaient point toujours les mêmes opinions, tous du moins pouvaient se féliciter de la parfaite harmonie existant dans leur appétit.

Adieu cette fois les eaux limpides de Fonspurgens, du Menier, du Travanet, de la Hisque, de la Guinéou, des Entounnadous, du Pas de l'Homme-Mort et du Sérié! Adieu ce jour-là le pain aigri de maïs qui, sous le nom de *Tougno*, a fait de tout temps la principale nourriture des ménages peu fortunés. Avec quelle délectation ils mordaient dans le pain blanc du boulanger!

Bouviers, bûcherons, sémaliers, pâtres et charbonniers, fraternisaient au choc des verres remplis du plus pur Roussillon, du meilleur cru de Magrie, du petit bleu de Rouvenac et quelquefois aussi de la délicieuse blanquette de Limoux!... Quant au petit vin clairet de Rivel, on le conservait pour le temps de la moisson.

Le repas se terminait par le gai refrain de quelque vieille chanson populaire, suivi ou précédé de quelque fine partie de *Truc*, le jeu favori des Rivelois. Chacun sait en effet qu'aussi bien que leurs frères de la Calmète, ils rendraient aisément des points aux plus forts joueurs de Chalabre, de Sainte-Colombe et de Puivert.

Vêpres dites, les hôtelleries se vidaient comme par enchantement, chacun rejoignait sa femme et ses enfants, et s'empressait de regagner son logis avant la nuit, car le lendemain il fallait être levé dès l'aube pour reprendre leurs travaux.

Rivel, qui façonnait si bien le bois de sapin, n'était pas

moins renommé autrefois par sa fabrication spéciale de sonnettes. Celles désignées sous le nom d'esquillos furent formées à l'origine de feuilles de fer battues au marteau, et plus tard de feuilles de tôle brasées en même temps qu'elles prennent leur teinte cuivrée à l'action du feu, après certaines préparations que nous allons indiquer.

Les Rivelois se flattent d'avoir été (après leurs aïeux de l'âge de bronze peut-être) les inventeurs de ce genre de sonnettes. Quoi qu'il en soit, il faut reconnaître qu'ils ont toujours exploité sans rivaux sérieux ce genre d'industrie.

Nous trouvons dans les judicieux mémoires du baron Trouvé une particularité, au sujet du secret de cette industrie, que nous ignorions encore : « Les familles Dilhat et Olive, dit-il, étaient en possession exclusive de fabriquer les sonnettes en fer battu, dites esquillos; on avait soin de ne pas enseigner le procédé employé pour les bronzer; mais un maréchal-ferrant, qui aidait aux fabricants dans le moment où l'ouvrage était pressé, saisit toutes leurs opérations et se mit à en fabriquer pour son compte; son intelligence suppléa à ce que l'expérience ne lui avait pas tout à fait appris, et bientôt ses sonnettes furent aussi recherchées que celles de ses maîtres. »

Quand les diverses pièces qui doivent composer l'esquillo ont été découpées dans les feuilles de tôle flexible, elles prennent la forme voulue sous le marteau de l'ouvrier qui les assemble ensuite à joints recouverts par le moyen d'entailles coupées à queue d'hirondelle. C'est ce qui constitue le corps d'ouvrage; l'anse et la bordure lui donnent ensuite de la grâce et de la consistance. Les sonnettes symétriquement rangées par quatre, six, huit, etc., suivant leur grosseur, sur une couche d'argile qui les recouvre, sont montées pour quelques instants au séchoir d'où on les glisse dans la fournaise dont l'ardeur incandescente est sans cesse activée par un soufflet de forge. A l'action du feu, des parcelles de laiton qu'on a eu soin de semer dans l'intérieur de la coiffe d'argile et au dedans de chaque sonnette, s'étendent uniformément sur toute la superficie de l'esquillo, en soudent ou brasent uniformément les diverses parties et donnent à la pièce sa teinte bronzée en même temps que sa sonorité.

L'esquillo s'emploie pour les troupeaux, bêtes à laine ou gros bétail qu'on envoie paître sur la montagne. Elle fait l'objet d'un grand commerce dans les départements de l'Ariége et des Pyrénées. Son tintement, quoique plus grave et plus voilé que celui de la clochette en bronze pur, tient constamment le troupeau en éveil, active sa marche, tout en prévenant les gardiens de la direction qu'il prend à travers les sentiers escarpés de la montagne et les fourrés presque impénétrables de la forêt.

Le mot esquillo (1), comme celui de sémal, a servi de tout temps à désigner les ouvriers qui sont attachés à la fabrication de ce genre de sonnettes; on les appelle esquillers.

Le village même lui emprunte quelquefois ce surnom ; il est appelé Rivel de las Esquillos.

Quant aux sonnettes en bronze, ajoutons que la famille Rolland de Rivel a été la seule, pendant des siècles, à conserver dans nos contrées le monopole de cette riche industrie. Comme à l'envi, de père en fils, ses membres ne firent qu'accroître le renom qu'avaient acquis au loin les produits de leur fabrication. Ils y trouvèrent une source féconde de prospérité et de richesses. Mais, disons-le à sa louange, aucun de ses membres ne poussa son art à un plus haut degré de perfection et ne donna une plus vaste étendue à son commerce que Jean-François Rolland, au commencement de ce siècle.

(1) Du latin *exquilius, excussus*, marquant une idée de réveil, d'excitation et de sécurité.

Jaloux de perpétuer les vieilles traditions de la famille, son fils Auguste, formé de bonne heure à si bonne école, a exercé, pendant plus de vingt ans la même profession avec le même succès et le même bonheur.

Grâce à l'intelligence et à l'activité d'un nouveau fondeur, le jeune Pierre Rives dit Pampourret, Rivel ne laissera pas s'éteindre la grande industrie des Rolland et continuera à conserver au dehors, par l'élégance et la bonté de ses sonnettes, le même renom que lui ont acquis la solidité et « la bonne façon » de ses comportes.

Ici nous n'oublierons pas de mentionner l'excellente qualité des faucilles qui ont fait la réputation des forgerons rivelois. Les montagnards du pays de Sault qui, chaque année, au temps de la moisson, quittent en foule leurs hameaux pour aller, comme ils disent, « faire la campagne du Pays-Bas, » avaient autrefois l'habitude de passer par Rivel, afin d'y faire emplette d'une paire de *boulants.* C'est le nom que l'on donne au pays à ces sortes d'instruments. On les distingue à leur marque de fabrique R R gravées sur la lame; ces lettres désignent les Rives de Rivel, qui ont de tout temps excellé dans leur fabrication.

Cet instrument consiste en une lame recourbée, formant à peu près les deux tiers du cercle, partie en fer doux et partie en acier. L'un des bouts est pointu et l'autre emmanché dans une poignée de bois. Le diamètre de la courbure est d'environ 35 centimètres; la lame en a 6 environ dans sa plus grande largeur.

Enfin il existe dans nos montagnes de nombreuses minières de couperose et de jayet qui furent une des premières exploitations auxquelles se livrèrent les anciens habitants du pays, ainsi qu'il en est fait mention dans une foule d'actes et transactions. Ces minières ont été complétement abandonnées.

Tous les historiens qui ont écrit sur nos contrées no u

apprennent avec quelle avidité les Romains, maîtres de nos provinces, exploitèrent les nombreuses mines de fer et de métaux plus précieux encore que renferment les montagnes de l'ancien pays de Foix. C'est à eux que nous devons la découverte des mines inépuisables de Vic-Dessos, qui fournissent chaque année des moyens d'existence à des centaines d'Ariégeois.

Le commerce du bois à Rivel fut porté à son apogée à la fin du dernier siècle.

A la tête des grands industriels de la contrée se trouvait Jean Pont Fillol, dont nous venons de raconter la belle mort. Parmi les noms encore pleins de vie et prononcés au pays avec une juste vénération, son nom est celui qui, de l'aveu de tous, acquit la plus incontestable célébrité. Jamais en effet l'intelligence et la probité ne trouvèrent une plus digne personnification. Nous osons le proclamer hautement, bien que les liens du sang qui nous unissent à cet homme remarquable nous fassent un devoir de la modestie et nous avertissent de restreindre nos éloges.

La réussite de toutes les combinaisons tentées par le Fillol stimula le zèle des autres marchands de bois du pays qui recherchèrent tour à tour ses conseils et son amitié. La douceur de son commerce avec les étrangers, en étendant au loin sa popularité lui assuraient les préférences des nombreux acheteurs qui, de tous les points du département, fréquentaient alors notre village. Si personne ne s'entendit mieux que lui à saisir une bonne occasion, à enlever, comme on dit, hardiment une affaire, personne ne fut plus exact à remplir ses engagements. Aussi, en maintes circonstances, ses justes appréciations servirent-elles de base et de règle de conduite dans des opérations de la plus haute importance. Ajoutons que sa seule parole fut toujours une garantie suffisante de l'entier accomplissement de ses promesses.

Foi del Fillol! était et est encore la formule solennelle qui conclut les marchés, et, à dix lieues à la ronde, les maquignons et les marchands forains n'invoquent d'autres témoignages et ne font d'autres serments pour confirmer la validité de leurs contrats.

Cent fois il fut pris pour arbitre dans les différends particuliers que la rivalité, les haines et les rancunes avaient fait naître; et cent fois, l'apaisement des passions le plus chaudement excitées révéla les inépuisables ressources de son esprit et sa parfaite connaissance du cœur humain et des affaires.

Cette opinion qu'on avait du Fillol au village, et qui était partagée par les riches et les grands du monde, augmentait la considération que l'on avait pour lui au dehors. C'est ce qui fit dire, en une circonstance solennelle au comte Mathieu-Antoine de Mauléon-Narbonne, que « le crédit et le blason de Jean Pont étaient dans sa franchise et dans sa probité. » C'est le plus bel éloge que l'on ait pu faire de lui. D'autre part, on ne saurait se méprendre sur la portée de ces paroles quand on connaît l'esprit judicieux et la loyauté traditionnelle du haut personnage qui les prononça (1).

La Révolution arrêta un instant le glorieux essor que le renommé marchand de bois avait donné au commerce de sa commune. L'Empire qui vint ensuite avec son cortége de guerres ne put qu'inspirer aux affaires une confiance stérile : car, si d'un côté la France se rassasiait de gloire sur les champs de bataille à la suite du grand capitaine, de l'autre, nos campagnes désertes voyaient tomber l'agriculture, et nos industriels reculaient devant la moindre entreprise, quand le désespoir et le deuil siégeaient à la porte de chaque foyer.

(1) Voir l'*Hist. de Jean Pont Fillol*, 1 vol. in-18, Paris, 1871.

L'avénement de Louis XVIII fit présager des jours plus prospères. Délivré du fléau de la levée en masse, la province respira librement. Après les terribles secousses des deux précédents régimes, le crédit reprit son essor, et le commerce, dégagé de ses appréhensions et de ses terreurs, refleurit comme par enchantement. On eût dit, à la dévorante activité des esprits, qui se manifestait dans les villes et dans les campagnes, que chacun avait hâte de regagner le temps perdu. Notre commune ne tarda pas à reprendre son ancienne exploitation de sapins, une des grandes ressources de sa prospérité, et, en peu de temps, elle se montra avec la joyeuse physionomie de ses plus heureux jours.

En repassant dans leur esprit les diverses phases que Rivel a traversées depuis un siècle, nos vieillards, dans leur sincère enthousiasme, considèrent cette époque comme une réminiscence de l'âge d'or, disparu, à ce que racontent les annales du pays, avec notre bon seigneur Philippe de Bruyères, d'immortelle mémoire.

Devant l'affluence des acheteurs accourus de tous les points de la province, nos fabricants de comportes furent obligés de se multiplier; la forge de nos industrieux esquillers, alimentée jour et nuit, eut peine à contenter les exigences des montagnards de l'Ariége et des Pyrénées. Jean-François Rolland multipliait les produits supérieurs de son industrie, et, à plus de cinquante lieues à la ronde, on se disputait ses sonnettes en bronze. A leur tour nos marchands de bois, le Fillol en tête, étaient en de continuels rapports avec les entrepreneurs des villes voisines.

« Il n'est point, disait un jour ce dernier, de bâtisse grande ou petite, à Carcassonne, à Narbonne, à Castelnaudary et à Mirepoix, qui ne m'ait emprunté au moins une poutre de sapin. »

Les usines de Bélesta, de Lescale, de la Pradeille, de Puivert, de la Calmète et de Rivel ne suffisaient pas à alimenter ses entrepôts. Nos braves montagnards n'avaient point un seul instant de repos.

Aussi ce fut à la suite de ce grand mouvement commercial que le Fillol fit construire la scierie du Pont de l'Évêque, afin d'avoir toujours sous la main les pièces de bois et les différentes sortes de planches qui lui étaient le plus fréquemment demandées (1830).

Un hangar élevé au fond du village, en face le nouveau moulin de l'Horto, dans la prairie du même nom, servit à renfermer les produits de cette usine. Ce magasin provisoire avait son entrée dix pas au-dessous du portail ogival en pierres de taille qui marquait la naissance du sentier conduisant au moulin en coupant en deux la grande prairie. C'est de l'existence de cette porte que date la dénomination si connue de portail de l'Horto. Elle sert, de nos jours, à désigner la partie du grand chemin où ce portail s'élevait il y a vingt ans au plus.

Ses environs sont devenus depuis le site le plus agréable du village et le rendez-vous préféré des Rivelois qui ont des loisirs.

De ce point qui fait face au rustique et immortel clocher de Sainte-Cécile, les ruines de l'antique château de Pondels, comme les hauteurs infranchissables du roc de l'Homme-Mort, apparaissent sous leur plus bel aspect.

De ce lieu, en effet, le spectacle de la montagne ne charme pas seulement les yeux, mais il élève l'âme et saisit le cœur. On ne saurait en perdre le souvenir quand on l'a contemplé seulement une fois. Pour nous en particulier, bien que vivant au milieu des merveilles et des magnificences de la capitale, où le sort nous enchaîne, l'image fidèle de ces parages enchanteurs, témoins de nos jeux et de nos premiers rêves, se reproduit sans cesse à notre esprit avec des couleurs et des attraits nouveaux !

> Les voilà, ces sapins à la sombre verdure,
> Cette gorge profonde aux nonchalants détours,
> Ces sauvages amis dont l'antique murmure
> A bercé nos beaux jours (1).

C'est dans le voisinage du portail, à la place qu'occupe le jardin de M. Auguste Rolland, que se trouvait jadis le port de Rivel. Il appartenait au seigneur qui l'abandonnait volontiers aux besoins de ses vassaux ; c'était comme l'entrepôt général de leurs marchandises.

Notre mémoire de trente ans nous reporte au déclin de la prospérité de notre commune. En nous ressouvenant de l'activité qui l'animait alors, nous pouvons juger de l'éclat dont elle dut rayonner à l'époque où son commerce avait atteint son apogée.

Même alors, nous voyions se succéder, sans interruption et à toute heure, les robustes bouviers de la Calmète, des Métairies-des-Bois, de Lescale, de Nébias, de Puivert et de toute cette pléiade de villages et de hameaux qui entourent notre localité. Ils défilaient, alertes et joyeux, par le quartier d'Amont, traînant, à rosse, avec deux, trois et quatre paires de bœufs, d'énormes sapins qui avaient laissé le reste de leur écorce sur les aspérités du sentier rocailleux de la Calmète, à l'étroit passage du Pas-de-Mouna, et sur les dalles célèbres du Campo-Beato.

Les troncs polis des sapins désignés sous le nom de *rouls* prenaient tous un vernis caractéristique en traversant les bourbiers du Rec d'en Bédeillos.

Aux environs du portail de l'Horto d'adroits piqueurs, avec le seul secours de leur hache, cette arme favorite de

(1) Alfred de Musset.

nos montagnards, la même qui fit autrefois merveille à la plaine de Roupudés, façonnaient à vive arête les arbres les plus longs, les plus droits, pour en former ce qu'au pays on nomme des *filates*. Les scieurs de long aux bras et aux muscles d'acier, fendaient d'élégants soliveaux, tandis que d'autres, les forts du village, de vrais hercules, opéraient sans relâche, les pesants chargements des équipages arrivés de la ville et qui attendaient chacun leur tour, comme les ménagères au moulin.

Aux hennissements des chevaux qui trépignaient d'impatience, aux cris des bouviers dont on voyait s'abattre l'aiguillon, au bruit des haches qui tombaient en cadence et parfois aussi aux jurons traditionnels des charretiers, se mêlaient le bruit des marteaux raisonnant sur l'enclume, le carillon incessant des sonnettes et des grelots, et par-dessus tout, les coups sonores portés sur les cuves rebondies par la pesante massue des sémaliers.

Le tableau sera complet si j'ajoute au bourdonnement de la ruche riveloise les joyeux essaims de femmes, d'enfants et de jeunes filles qui accouraient, à la nuit tombante, à la rencontre de leurs pères, de leurs époux, de leurs frères, et ramassaient en route, sans que personne s'y opposât, les débris de sapins qui allaient alimenter leurs foyers.

Si les choses étaient ainsi à cette époque, qu'était-ce donc que Rivel pendant les années de la Restauration ?

La mort du vieux Fillol, en 1832, sembla marquer le terme de nos prospérités. La cherté des arbres fut une des premières causes de la ruine de notre commerce, ruine qu'activa bientôt la concurrence furieuse des voisins.

Il n'était plus ce temps où le plus gros sapin, au choix, ne valait qu'un écu de six francs. A de telles conditions, le Fillol pût exploiter avec succès les différents cantons de notre immense forêt. C'est sur ces bases qu'il traita, plusieurs années consécutives, avec le généreux comte de Mauléon, qui lui ouvrit ses belles et riches forêts du Menier et du Travanet, si renommées, autant pour la grosseur que pour la bonne qualité de leurs produits.

« Pour chaque pièce ronde que vous mettrez au pied des sapins, allez et abattez, dans tout le domaine de notre cher marquis, » disait au Fillol M. Morel, de Bélesta, intendant de la famille de Puivert; et le Fillol répétait cela à ses hommes, et la prospérité était dans le pays.

On ne saurait espérer, au milieu des exigences de la vie fiévreuse de ce siècle, le retour de ces époques fortunées.

M. de Puivert est le seul, aujourd'hui, qui exploite à Rivel les riches forêts qui lui appartiennent, le seul qui perpétue, dans notre commune, cette puissante branche de commerce qui fit la gloire et la prospérité de nos pères.

Les fils du Jean Pont Fillol, en héritant de la fortune et de la réputation qu'avait acquises sa maison, voulurent marcher sur les traces de leur père, sans tenir compte des circonstances qui avaient tout changé autour d'eux et rendu impossible l'ancien mode d'exploitation. Aussi leur fortune, loin d'augmenter, se trouva bientôt compromise.

C'est à eux que nous devons la création de la scierie de la Prade, sur les bords de Lers, dont la commune vient de faire l'acquisition pour la façon de ses bois d'usage. Et c'est par ce dernier acte que M. Auguste Rolland, maire de Rivel, s'honore d'avoir terminé sa longue carrière administrative (1870).

II. Anciennement, les habitants de Chalabre s'étaient livrés avec succès à la fabrication des draps. Quelques courageux commerçants essayèrent, à la fin du dernier siècle, de faire revivre cette industrie, et grâce à leur persévérance et au genre spécial de leur fabrication, leurs produits acquirent en peu d'années une telle réputation, qu'on venait de toutes parts se les disputer en fabrique pour les revendre sous les marques des premières manufactures de France. Le nombre de fabricants augmentant de jour en jour, de nouveaux et superbes établissements alimentés par les eaux de Lers furent fondés ; la population de Chalabre et celle des communes environnantes y trouvèrent une source féconde de prospérité et de richesses.

Cette heureuse renaissance s'opéra vers l'an 1780.

Nous devons citer, parmi ceux qui contribuèrent le plus à relever la commune de Chalabre et à lui ouvrir des routes nouvelles, Isidore Lassale, petit-fils d'un des plus renommés fabricants de son époque. Après avoir parcouru les principales villes, visité les manufactures du Nord, étudié et travaillé lui-même dans les ateliers, pour se rendre compte des divers procédés de fabrication, le zélé Chalabrois revint dans sa ville natale, où ses premiers essais furent couronnés du plus grand succès.

La grande Révolution vint paralyser pour quelque temps ce généreux élan... Mais, en 1800, Chalabre apparaissait sous la joyeuse physionomie de ses plus heureux jours. Toutefois, à partir de cette époque mémorable, pendant laquelle on peut affirmer que sa riche industrie atteignit à son apogée, son mouvement ordinaire se ralentit. Le nombre des ouvriers employés à la fabrication, que l'on évaluait à plus de trois mille, se trouva bientôt réduit de moitié ; tout, insensiblement, alla périclitant, alors que l'achèvement des grandes routes, en facilitant les moyens de transport, en étendant les communications et les rapports, assurait aux fabriques de Chalabre une importance exceptionnelle et allait les mettre au rang des premières manufactures du Nord.

D'ineptes rivalités semant les haines et les jalousies,

engendrant les divisions, excitant à de folles ostentations soutenues par des prodigalités ruineuses, vinrent détruire le grand œuvre des restaurateurs de l'industrie chalabroise.

Depuis, quelques familles en renom conservent le monopole de la richesse, et les regrets du peuple, au souvenir de ces époques fortunées, sont d'autant plus amers que leur prospérité était plus grande et leur bien-être mieux assuré.

C'est bien le moins que nous nous associions à ses regrets, et que nos vœux, mêlés à ses espérances, lui présagent le prompt retour des anciens jours; car, quelles que soient les rigueurs du sort, il ne saurait être inflexible et étouffer à tout jamais les aspirations d'une si charmante cité, où tout, travail de Dieu et travail des hommes, semble avoir été fait pour plaire et pour charmer! Difficilement, en effet, trouverait-on ailleurs pays plus pittoresque, habitants plus spirituels, voisins plus gracieux et plus affables.

Nos villageois, esclaves des traditions et des vieilles coutumes, ne sauraient aller s'approvisionner ailleurs qu'à la *Ville*, qu'ils considèrent, de père en fils, comme leur petite mère-patrie, de même que les habitants du Kercorbez et de la Terre Privilégiée, en la décorant du titre de chef-lieu, en avaient fait le centre de toutes leurs opérations. Faut-il s'étonner, après cela, de l'importance et du renom qu'ont acquis ses marchés de toutes les semaines et ses grandes foires annuelles, où se perpétue encore de nos jours le trafic des laines et des bestiaux de nos montagnes?

Tous les étrangers parlent avec éloge de l'exquise urbanité des Chalabrois et avouent que, nulle part, ils n'ont rencontré une petite ville plus régulière et dans une situation plus agréable. Ils vantent surtout le boulevard intérieur, qu'on désigne sous le nom de *Cours*, ses luxuriantes allées de platanes qui l'ombragent et resserrent, comme dans une couronne naturelle, la partie centrale de la ville, où chaque rue, chaque maison, la vaste place en belles pierres de taille s'élèvent dans d'admirables proportions et dans une parfaite symétrie. Le clocher de l'église Saint-Pierre, surmonté d'une flèche élevée et flanqué d'une élégante tourelle, ainsi qu'un ermitage perché sur un haut mamelon, ajoutent encore au pittoresque de sa situation.

Mais hâtons-nous de dire que rien n'est propre à exciter l'orgueil des Chalabrois comme la vue de leur superbe château, ce séjour adoré de leurs illustres seigneurs, ce monument splendide que le temps et les révolutions semblent n'avoir épargné que pour perpétuer le souvenir de leurs antiques vertus et de leurs glorieuses prérogatives !...

Quel est, dans toute la contrée, le villageois qui n'ait ambitionné d'aller, une fois en sa vie, visiter le poétique manoir des sires de Bruyères, pour en redire les merveilles à ses enfants, jusqu'à ce que ceux-ci aillent les contempler à leur tour, et trouver un plus juste sujet d'admiration encore dans l'accueil gracieux de M. le marquis de Mauléon, qui en fait sa demeure de prédilection.

III. On ne saurait imaginer trajet plus agréable, plus pittoresque que celui qu'on fait de Chalabre au moulin de l'Évêque. Dans toute sa longueur, la route est bordée, des deux côtés, par de hauts peupliers, dont on voit serpenter au loin les longues files au pied des coteaux verdoyants qui forment la vallée de Lers.

Sur les flancs des collines de gauche pendent, de place en place, des champs artificiels où le maïs et le sainfoin aspirent jusqu'au dernier rayon du soleil ; à sa droite, la route est bordée par un petit canal ou béal alimentant plusieurs usines échelonnées sur son parcours, dont l'usage primitif fut affecté à la fabrication des draps. On entend dans le lointain le murmure des eaux de Lers qui franchissent la grande chaussée de Chalabre et poursuivent leur cours dans un lit rocailleux.

Au premier détour du chemin, en sortant de Chalabre, on aperçoit à gauche, groupées sur un petit mamelon, quelques rustiques habitations qu'on désigne sous le nom de *Cazal;* la modeste chapelle aux murs lézardés qui s'élève à l'entrée du hameau témoigne de la foi et de la piété de ses premiers habitants. La petite cloche qui se balance dans la baie sort de la vieille fabrique des Rolland de Rivel.

Plus loin, du même côté, sous la crête de la plus haute colline, les regards sont soudain attirés par la blancheur éblouissante que reflètent au soleil du midi plusieurs corps de bâtiments d'un aspect assez imposant : c'est la belle métairie de l'*Anglade;* on y arrive par d'élégantes allées de mûriers; quelques plantes rares pour le pays, quelques arbustes de prix ornent le parterre qui borde le grand chemin, mais que les eaux de la montagne viennent par trop souvent ensabler.

Sur un plan moins élevé, on embrasse du même coup d'œil la *Prade* et la *Luxière*, qui comprennent quelques vastes prairies et quelques riches dépaissances.

Du côté opposé s'étendent à l'infini, sur les hauteurs du Parréguas, que contourne la rivière de Lers, d'immenses taillis de chênes dominés, dans le lointain, par les clochetons du château de Léran.

On arrive enfin à l'endroit où la route, qui fait un coude, se trouve traversée par Riveillou. Le pont que l'on franchit, comme le moulin qui s'élève sous la rive inférieure avec les usines qui font suite, portent tous la dénomination bien connue de l'Évêque.

Derrière le moulin de ce nom se dresse coquettement, en plein midi, sur le versant du Parréguas, qui l'abrite des vents du nord, l'élégante campagne de *Philippou*. Aussi fière de sa position que de ses riantes pelouses, ne croirait-on pas, riche de tant d'attraits, qu'elle est faite pour se mirer dans les eaux limpides de Lers, qui lui servent de ceinture?... M. Doumerc, son dernier propriétaire, l'appelait l'Eden des poulinières.

La route que nous venons de parcourir de Chalabre au Pont-de-l'Évêque est la grande voie de communication de Limoux à Foix. Nous la quittons pour prendre, en cet endroit, l'embranchement qui la relie à celles de la province du Roussillon, en passant par Rivel.

Dix minutes suffisent pour franchir la distance du moulin à nos premières habitations.

La voie tracée dans la dépression de deux coteaux, en remontant le cours de Riveillou, semble se rétrécir au loin en forme d'entonnoir, et cela par un effet de perspective produit par la double allée de platanes qui s'entrelacent dans toute sa longueur en formant une magnifique voûte. On est dominé, d'un côté, par les hauteurs d'Ourjacquet, et de l'autre par la colline de Pendels, sur le sommet de laquelle on distingue quelques vieux pans de murs du château de ce nom. Mais, à chaque pas vers le village, l'œil est agréablement surpris par les progrès de la végétation : de part et d'autre, la nature devient plus vive et plus animée; aux coteaux arides des Potences, que la nature semble délaisser par horreur de leur première destination, ont succédé de gracieux vignobles et des plants d'arbres fruitiers. De riantes plantations ombragent les bords de Riveillou. On voit enfin, au tournant du fameux Rec de Tiro-Fennos, à l'endroit où s'élève notre belle croix de mission, on voit, dis-je, au fond de la vallée, pointiller quelques cheminées, puis enfin un modeste clocher en triangle dominant les habitations.

C'est Rivel!

Dans ces lieux où tout semble avoir été créé pour l'étonnement et la surprise, c'est à la nature que revient de droit notre premier sentiment d'admiration et de reconnaissance.

L'étranger qui, pour la première fois, fait son entrée dans Rivel, tombe comme en extase devant un arbre gigantesque dont il n'a nulle part rencontré le pareil; et nous-même, hâtons-nous de l'avouer, dans nos vingt années de voyage en France et à l'étranger, nous avons cherché en vain un rival au fameux *Noyer de l'Horto*. Qui pourrait nous dire l'âge de ce géant, véritable doyen de la contrée, qui a vu défiler tant de générations, en dépit de l'âge et des tempêtes. Le vieux Fillol, dans ses derniers jours, déclara à M. Auguste Rolland, qui le questionnait à son sujet, que, dès sa plus tendre jeunesse, il avait entendu dire aux octogénaires de l'endroit que le colosse leur avait toujours paru avec la même physionomie. Or, le témoignage de ces derniers ne faisait que reproduire les aveux de leurs pères. Ainsi, par cette sorte de filiation, on arrive déjà à une distance de trois siècles :

> Tout Ribeil a cambiat dé peil et dé camiso :
> L'ache és bengut, tout sens anat,
> Lé nouyé soul ammé la mémés babardiso
> S'és tengut recte al mietch del prat (1).

Sa forme est des plus élégantes et des plus gracieuses. Pour la dépeindre, nos villageois emploient, dans leur langage, cette formule devenue proverbiale : *Es roun coummo uno bolo* (Il est rond comme une boule).

(1)   Tout Rivel a changé de peau et de chemise,
            L'âge est venu, tout s'en est allé ;
        Le noyer seul, avec le même orgueil,
            S'est tenu raide au milieu du pré.

Ses branches s'éloignent du tronc à une égale distance, et leur pourtour mesure plus de cent mètres de circonférence. Cette étendue n'est nullement exagérée ; nous la garantissons le mètre à la main.

Il a produit, en certaines années, jusqu'à douze hectolitres de noix ; la moyenne est de six à huit.

On dit que sa vertu et le secret de sa longévité résident dans la fontaine qui coule en réalité goutte à goutte d'une de ses principales branches. C'est comme une fistule, ajoutent nos villageois, qui l'épure de tout le mauvais sang qu'il se fait depuis qu'on l'accable de coups, mais qui pourrait bien lui jouer un tour en se cicatrisant.

Ses énormes branches, dont chacune serait un arbre, étendent au loin leur ombre, et à travers le feuillage, le soleil glisse ses rayons, qui argentent les eaux de Riveillou. Pour le mesurer, les enfants, qui viennent de cesser leur jeu de barres, se prenant les mains, l'environnent de leur ronde folâtre et sautent autour en jetant des cris joyeux ; charmante et oublieuse génération qui passera sous l'ombre du vieil arbre vingt fois séculaire !

Chaque année, à la fête de Sainte-Cécile, la vive jeunesse du village se livre à ses joyeux ébats sous les derniers rameaux que lui laisse l'automne. A leur tour, à l'ombre du géant, fillettes et garçons se mettent en branle au son des violons et des clarinettes, en plein vent ; et, pendant des heures entières, ils piétinent sans désemparer ses tant vieilles racines, qui serpentent au loin sous la verte pelouse. Puis, à l'heure du gala, la foule des danseurs et des danseuses fait ses adieux jusqu'au lendemain à l'éternel spectateur de leurs fêtes et de leurs plaisirs, et remonte au village à la lueur des chandelles enveloppées dans des cornets de papier, qui forment comme autant de lanternes vénitiennes. Après un dernier tour de village, les plus hardis tentent d'embrasser sur les deux joues leur future, et chacun rentre ruisselant de sueur sous le toit paternel, dont les carreaux vibrent encore des sons retentissants de la *Tambouro* (1).

Il va sans dire que le vieux noyer, tout en flattant l'orgueil des Rivelois, devient un perpétuel objet de convoitise pour les communes environnantes. Les habitants de Rouvenac l'échangeraient volontiers contre leur orme antique. Le vieux marquis de Puivert en eût donné volontiers cent des plus gros sapins au choix dans toute l'étendue de la forêt. Des marchands étrangers, songeant au produit qu'ils pourraient retirer de l'exploitation de l'arbre gigantesque, en ont souvent offert des sommes considérables! Peine perdue! c'est avec le dédain sur les lèvres et l'indignation dans l'âme que leur a répondu, chaque coup, le possesseur du noyer.

Rien ne saurait égaler le refus, ou plutôt la boutade jetée récemment, par M. Auguste Rolland, à la face d'un de ces accapareurs, qui insistait opiniâtrément dans ses offres :

> Mé boulex, si bou plait, f... l' camp dé dabant !..
> Amagariox lé prat d'or et billets de banquo
> Mé dichario sanna per né coupa uno branco (2).

Devant la maison paternelle des Rives, dit Ferré, subsistait encore, au commencement de ce siècle, un saule d'une grosseur prodigieuse ; son tronc creux servait de cachette aux enfants et marquait le but de leurs barres aux plus âgés.

A la même époque, un orme de première force ombrageait

---

(1) *Grosse caisse.* — Les coups sonores de la grosse caisse se peignent bien dans la consonnance de *tambouro*.

(2) Voulez-vous, s'il vous plaît, me f... le camp de devant;
Vous cacheriez le pré sous l'or et les billets de banque,
Je me laisserais plutôt saigner que d'en couper une branche.

le large espace vide qui se trouve devant la maison du vieux Fillol, connue autrefois sous le nom de Maison de la Peur... C'est probablement le diable aussi qui fit sécher l'orme de Rives Lange.

De nombreux acacias s'élevaient jadis autour du mur d'enceinte de Rivel et jusques au milieu de nos rues. Le terrain y est très-favorable à ces sortes de plantations. Les pinsons et surtout les chardonnerets aiment à construire leurs nids sous leurs rameaux touffus.

On se souvient que les républicains de 93, voulant consacrer à jamais la date de leur triomphe, plantèrent, à l'endroit le plus marquant du village, devant la place publique, un superbe mai qualifié d'arbre de la Liberté. Ils choisirent à cet effet un peuplier à larges feuilles, d'une espèce toute différente de celle qui est si propagée dans nos contrées. Sa tige, au lieu de s'allonger en pointe, se divisait, à une certaine hauteur, en plusieurs branches égales, se recourbant à leur extrémité, ce qui lui donnait l'aspect d'un immense champignon. On l'appelait *Caroline*, et peu de gens savent encore que ce nom, qu'ils n'ont pas cessé de trouver singulier pour un arbre, lui vient de son pays des Amériques (la Caroline du Sud).

Il eut bientôt pris racine sur un terrain humide, à la place de la vieille fontaine dite de la Place. Mais, à l'avénement de Napoléon Ier, les autorités de l'endroit, débarrassées des soucis de la sanglante Révolution, et voulant effacer tout ce qui leur en rappelait le douloureux souvenir, résolurent d'abattre le fier républicain, qui étendait ses larges bras jusque sur le toit des maisons voisines.

Les habitants s'y opposèrent, non par esprit politique, mais par un pur sentiment d'amour-propre. Il n'y avait, en effet, dans toutes les communes environnantes, aucun arbre d'une si belle venue et d'une forme si élégante;

n'était-il pas, en outre, le seul ornement de cette grande place nue qu'il protégeait de son ombrage?

On respecta le vieux républicain !

Mais, l'automne suivante, la veuve Verniolles, occupant la maison qui touche au portail de la Place, se plaignit à son tour du voisinage de Caroline. Elle prétexta les nombreuses gouttières occasionnées à son toit par l'amoncellement des feuilles dans les rigoles des tuiles. Le peu d'égards qu'on eut pour sa réclamation inspira à la vieille une singulière vengeance.

Pendant deux années consécutives, chaque nuit, à la même heure, elle vint arroser le pied de l'arbre.... Devinez avec quoi?... Avec de l'eau bouillante de haricots. Cette eau renfermant, dit-on, certain principe corrosif, produisit sur le géant l'effet d'un breuvage empoisonné. Ses rameaux, en pleine floraison, jaunirent tout à coup aux rayons de juillet, et un beau matin, ses dépouilles jonchèrent la terre. On crut communément que c'était par l'effet du passage de quelque mauvais nuage, et que Caroline reprendrait sa belle robe verte au printemps prochain. Il n'en fut rien.

Le doyen de 93 était mort; Caroline avait vécu.

Son bourreau n'eut garde de se vanter de cet exploit; mais quand, à son tour, la veuve Verniolles ne fut plus de ce monde, sa vieille servante découvrit ses manœuvres arboricides.

Par un de ces étranges contrastes que semble faire naître à plaisir la Providence, l'arbre de la Liberté fut abattu par un de ces mêmes républicains qui avaient eu la plus grande part à sa plantation. Il tomba au milieu des regrets de tous les villageois, sous les coups assurés du fameux Huillet Carretou, que nous avons vu si bien manœuvrer au clocher de Saint-Jean (1).

(1) Rapport de Charles-Olive Lenfantou, greffier, témoin oculaire.

La République de 48 planta à la place de Caroline un magnifique ormeau qui ne le cède pas, en vigueur et en grâce, à l'ancien symbole de la liberté française. On procéda à son inauguration avec toute la pompe et tout l'éclat des solennités religieuses. Après avoir arrosé ses racines d'un vin généreux, le prêtre (1), revêtu de ses plus beaux ornements, s'approcha du nouveau rejeton et le bénit en lui souhaitant l'âge et la vigueur du superbe géant de l'Horto. Puis, un jeune orateur, plein de verve et d'entrain, improvisa un discours de circonstance, et la cérémonie finit au cri de : « Vive la République ! »

M. Prosper Rolland fut alors nommé maire provisoire en remplacement de Jean-Pierre Olive, qui, depuis de longues années, était investi de cette charge. Six mois après son élection, l'intelligent officier de la commune, aussi remarquable par ses vertus privées que par le zèle et la sagesse qu'il déployait dans l'exercice de ses fonctions, dut céder ses pouvoirs à M. Auguste Rolland, qui, pendant plus de vingt ans, a administré la commune avec la même intelligence et le même dévouement que montrèrent les membres de son ancienne et digne famille.

La garde nationale fut réorganisée : les urbains de Louis XVIII purent admirer leur fils maniant avec le même entrain, avec le même courage, les vieux fusils à pierre qui se rouillaient à plaisir, depuis trente ans, dans la salle de la Maison commune.

Dans une première grande revue, qui se passa à Chalabre, la bonne tenue de la compagnie riveloise, les fières allures de son intrépide commandant, son brillant uniforme qu'il portait avec tant de distinction, ou, pour nous servir d'une expression plus militaire, avec tant de crânerie, excitèrent

---

(1) M. l'abbé Viguier, de Villechy, curé de la paroisse.

la jalousie des autres compagnies du canton, qui refusèrent de fraterniser avec la brillante escouade.

— Nous faudrait-il dégaîner, dit le bouillant Taïs (1) en portant la main à la garde de son épée :

— Arrêtez, commandant, s'écria avec sa vivacité ordinaire maître Sébastien Plantié, je me charge, à moi seul, de les faire capituler.

Et le terrible Rivelois, comme on l'appelait alors dans la contrée, tant à cause de sa force et sa souplesse qu'à cause de son sang-froid et de son courage, s'avance d'un pas ferme et résolu vers la troupe des mécontents. Il fait aussitôt pirouetter son arme, l'empoigne par l'extrémité du canon, et provoque les plus mutins à venir par deux, par trois, par quatre, à leur choix, s'expliquer avec lui. Pas un ne broncha heureusement. Les chefs des deux camps s'interposèrent aussitôt et la présence du procureur de la République, prévenu à temps des dispositions hostiles des partis, ramena l'ordre et le calme dans les rangs.

La paix fut signée et cimentée aux chocs des verres qu'on remplit ce jour-là gratis et sans mesurer, ce qui dut engager surtout la foule de tous ces braves réunis à fraterniser en bons républicains.

Tous les renseignements que nous avons relatés dans le cours de notre histoire sont connus de nos chers compatriotes ; ils leur offriront, par conséquent, peu d'intérêt. Mais on nous saura gré, du moins, de les avoir enregistrés pour l'instruction de ceux qui viendront après nous, et qui, à notre exemple, seront heureux et fiers de connaître l'histoire de leur pays, les mœurs et les coutumes de leurs aïeux.

(1) Surnom donné à Pierre Pont, petit-fils de Jean Pont Fillol.

NOTES, ADDITIONS

PIÈCES JUSTIFICATIVES

(*a*) Il existe dans la cité de Carcassonne un puits qui, par sa grandeur, par sa forme, par sa profondeur et l'abondance de ses eaux, moins encore que par tout ce qu'on en raconte de curieux, a mérité de trouver sa place dans l'histoire du Languedoc. On a prétendu longtemps, et c'est encore un préjugé populaire, que le trésor des rois Visigoths avait été jeté dans ce puits, trésor, formé, dit-on, des dépouilles enlevées du temple et du palais de Salomon à Jérusalem par les Romains, transportées depuis à Rome, et pillées par Alaric Ier après la prise de cette ville. Procope parle, en effet, de ce trésor renfermé dans Carcassonne, dont Clovis fit le siége avec des forces formidables, après avoir tué Alaric II, roi des Visigoths.

(*b*) L'*Ariége*, du latin *aurigo aurigera*, porte, charrie de l'or, comme le dit son nom. Cette rivière a sa principale source à l'étang d'Embec, sur les limites qui séparent de la France le territoire de la petite république d'Andorre.

L'*Aude*, connue primitivement sous le nom d'*Atax*, a sa source dans un étang situé dans les Pyrénées, au pied du pic de Carlitte, dans le département des Pyrénées-Orientales, à 90 mètres de Mont-Louis, et à 23,000 mètres au sud des frontières du département auquel elle donne son nom.

(*c*) L'origine de la cité de *Carcassonne* se perd dans l'obscurité des siècles. Les historiens du Languedoc, dans leurs laborieuses recherches, n'ont pu découvrir la véritable époque de sa fondation. Cette ville est appelée *Carcassum, Carcasum, Carcasso, Carcassonna*, par un grand nombre d'auteurs anciens; mais ils nous laissent ignorer d'où ce nom lui est venu. Si nous nous en rapportons à l'étymologie indiquée par Astruc, le nom de Carcassonne peut venir du mot *car* ou *caer*, qui, dans la langue celtique, signifie *ville*, et du mot *casi* ou *cassi*, qui voulait dire *borne* ou *limite*. Carcasso signifierait donc la ville des limites et elle aurait été ainsi appelée, parce qu'elle se trouvait sur les limites communes des Volces Tectosages et des Volces Arécomiques. Les Volces Tectosages sont les premiers habitants de Carcassonne dont l'histoire fasse mention.

Le premier monument connu où il soit fait mention de *Limoux* est un diplôme de Charles le Chauve, en faveur de l'abbé de Saint-Hilaire, en 854.

Nous avons déjà dit, qu'après la prise de Carcassonne par les Croisés, Limoux se soumit à Simon de Montfort, qui en fit raser le château. Ce fut son fils Amaury, qui, en 1218, par reconnaissance de l'affection que lui témoignèrent les habitants, l'érigea en ville, de simple château qu'elle était auparavant. C'est depuis ce temps-là que Limoux est devenu la capitale *Razès*.

Le Razès, ancien apanage de la maison des comtes de Carcassonne, tenait son nom d'un château appelé *Redas*, qui ne subsiste plus. Ce devait être un lieu assez important, car, en 798, Leydrade, archevêque de Lyon, et Théodulphe, évêque à Orléans, furent envoyés à *Redas*, comme délégués de Charlemagne.

Cependant, une ancienne tradition veut que la ville de Limoux ait existé du temps de César; qu'elle fût bâtie sur la petite montagne nommée *la Canal*, qui n'est éloignée de la ville actuelle que de 300 mètres environ, et qu'elle fût protégée par un fort appelé *Reda*. Cette tradition s'appuie sur un passage des Commentaires du général romain, où il est dit qu'en un seul jour il construisit un pont sur l'Aude : *una die super Atacem pontem ædificavit*. Elle cite comme témoignage les anciens fondements et les masures qui existent sur la montagne de la Canal, et l'ignorance où l'on est sur l'époque de la construction du vieux pont, tandis qu'on connaît celle de tous les autres qui se trouvent sur la même rivière.

On ne sait rien de certain sur l'origine de *Foix*, et, sans nous arrêter aux légendes fabuleuses sur lesquelles on la fait reposer, nous dirons que c'est seulement au viiie siècle qu'il en est pour la première fois question.

Charlemagne, au retour de son expédition contre les Sarrasins, avait fait élever, près du confluent de l'Arget et de l'Ariége, une basilique dédiée à saint Nazaire : les reliques de saint Volusien, évêque de Tours, martyrisé deux siècles auparavant par les Visigoths, au lieu appelé *Couronne*, près de la ville *pierreuse* (villa saxona), que l'on croit être Varilhes, y furent transférées. L'église devint une abbaye, et autour de l'abbaye, qui prit le nom de Saint-Volusien, se forma une petite ville dont les abbés furent les premiers seigneurs, et à laquelle la montagne voisine de *Pech* fait donner le nom de *Fouch*, dont Foix n'est que la traduction dans l'idiome moderne. L'abbaye, la petite ville qui grandissait, appelaient la fondation d'un château pour les protéger; l'emplacement était propice, le château fut construit et couronna le sommet du fameux rocher qui surplombe sur les habitations. Lors de la terrible guerre des Albigeois, Simon de Montfort vint en personne mettre le siége devant Foix, se vantant *de faire fondre comme graisse le rocher de Foix et y griller le maître.* Le courage des habitants lui enleva ce plaisir, après dix jours d'assauts et d'efforts impuissants.

Pas plus que ceux de Foix, les habitants de *Pamiers* ne se contentent des antécédents que les documents historiques semblent assigner à leur ville. Aucun fait positif, aucune donnée acceptable ne vient corroborer l'opinion émise par quelque auteur, qu'elle est d'origine celtique, et fut, sous les Romains, une des plus importantes cités de la Narbonnaise première.

« Au xe siècle, sur l'emplacement où s'élève aujourd'hui la ville de *Pamiers*, existait un petit village appelé *Frédéras*, qui dépendait de l'abbaye voisine de Saint-Antonin. Les abbés de Saint-Antonin relevaient des comtes de Carcassonne; aussi leurs terres furent-elles comprises dans l'apanage des comtes de Foix, lorsque cette maison fut constituée par une branche puînée de celle des comtes de Carcassonne. Roger II, à son retour de Palestine, en 1104, voulut donner au château qu'il fit construire à Frédéras un nom qui rappelât le théâtre de ses exploits : il l'appela *Appamée*, ou *Appamia*, nom de la capitale de la seconde Syrie, où il avait combattu. L'importance relative du manoir féodal fit oublier la désignation primitive du village et de l'abbaye, et la ville, qui grandit à l'ombre de ses remparts, ne fut plus connue que sous le nom du château lui-même : *Appamia, Pamiers.*

L'origine de *Mirepoix*, sans être encore incontestable, nous semble beaucoup mieux établie que les prétentions de Foix et de Pamiers. Plusieurs historiens voient en elle la capitale d'une peuplade celto-ligurienne citée par Pline sous le nom de *Tascodunitari.* Toutefois, d'après cette donnée, si la ville actuelle n'est autre que l'ancienne cité gauloise, il faut reconnaître qu'elle a subi deux transformations à peu près complètes.

Elle dut disparaître sous les invasions des barbares dans les premiers siècles de l'ère chrétienne, sans qu'aucun document historique nous donne le moindre éclaircissement sur cette catastrophe. Elle fut rebâtie vers l'an 1000, sur la rive droite de Lers, entre la rivière et le coteau, sous la protection d'un château fort qui prit plus tard le surnom redouté de Terrides et dont aperçoit encore les restes imposants ; elle prit alors de sa position même le nom de *Mirapech* (qui regarde la montagne), *Mirapic*, dont on a fait Mirepoix.

Nous nous sommes étendu, dans le cours de cet ouvrage, sur l'épouvantable inondation de la rivière de Lers, occasionnée par la rupture du grand lac de Puivert en 1289, qui détruisit la ville de fond en comble. Les habitants qui survécurent à ce grand désastre se réfugièrent sur la rive gauche de la rivière et y bâtirent la ville actuelle; les accroissements de la nouvelle cité durent être considérables et rapides, puisque le siècle suivant, en 1318, nous la voyons dotée d'un évêché. Moins de cinquante ans plus tard, son opulence excite la cupidité d'une de ces bandes de pillards si puissamment organisées au moyen âge, et qui, sous la conduite d'un chef audacieux, nommé Jean Petit, surprit la ville en 1363, enleva tout le butin susceptible d'être transporté, et laissa derrière elle en se retirant la dévastation et l'incendie.

Les fossés et les remparts, dont quelques traces se distinguent encore, mais qui, pour la plupart, ont été convertis en magnifiques boulevards, datent de ce temps; ces travaux de défense furent entrepris pour éviter le renouvellement de pareilles catastrophes.

(Consulter MALTE-BRUN.)

PIÈCES JUSTIFICATIVES. 401

(*d*) Dans le hameau de *Balaguer*, dépendant de la commune de Corbières, existe une église dont les murs ont près de quatre pieds d'épaisseur; ce devait être un lieu assez important, d'après les débris de maisons et de murailles qu'on y découvre tous les jours. Il y a quelques années qu'on trouva dans les bois une fontaine bâtie en belles pierres de taille. C'est du pic de Balaguer et du château du même nom que le hameau tire son nom. Il était autrefois connu sous le nom de Planet : il est étonnant que Raymond de Trencavel résidât dans un lieu si triste, presque entièrement inculte et désert.

(*e*) *Lers* ou le *Lhers* sort des lacs de Tabe ou Saint-Barthélemy, dans les plus hautes vallées du département de l'Ariége. Il a déjà reçu la Frau, lorsqu'il entre, près de Bélesta, dans le département de l'Aude. En ce dernier endroit, les eaux de Fontestorbe doublent son volume; après avoir servi quelque temps de limite aux deux départements, il entre dans celui de l'Ariége et revient, après de longues sinuosités, dans celui de l'Aude, marque encore la division des deux départements, puis enfin, à Cintegabelle, se jette dans l'Ariége, qui porte ses eaux à la Garonne et de là à l'Océan.

(*f*) Les châteaux ou tours de *Cabaret*, qui sont aussi l'origine de la dénomination de *Cabardès* que porte le pays environnant, sont de la plus haute antiquité, puisque déjà, l'an 585, Récarède, roi des Visigoths, s'en empara. Grégoire de Tours les appelle *Caput arieti castra*. Le terme de Cabaret, sous lequel elles sont connues dans l'histoire du Languedoc, correspond au nom latin ; dans le langage du pays même, *cab* veut dire tête, et *aret* bélier. La montagne sur laquelle elles sont placées ressemble, en effet, à la tête de cet animal.

Le plus mémorable des siéges qu'aient soutenus les châteaux de Cabaret est, sans contredit, celui de 1209, contre les Albigeois. Outré de la résistance de ce poste, Simon de Montfort ayant fait au château de Bram, l'année d'après, une centaine de prisonniers, leur fit crever les yeux et couper le nez, et les envoya ainsi à Cabaret, sous la conduite de l'un d'entre eux, à qui il avait laissé un œil pour mener les autres. Enfin, en 1211, Pierre Roger, seigneur de ces châteaux, se soumit à Montfort, qui le dédommagea en lui cédant d'autres domaines.

Le château de *Termes*, qui a donné son nom au petit pays de *Termenès*, dans les Corbières, est situé sur une haute montagne environnée de toutes parts de vallées profondes, de rochers et de précipices affreux. Il est célèbre dans l'histoire du Languedoc par le siége qu'il soutint, en 1210, contre Simon de Montfort, et surtout par l'illustre maison qui l'a possédé, et d'où sortit Olivier de Termes, renommé parmi les plus illustres capitaines de son siècle. C'était, selon le sire de Joinville, l'un des plus vaillants chevaliers qu'il eût connu à la Terre sainte. Il se trouvait auprès de saint Louis lorsque ce grand roi mourut à Tunis. Dépouillé de ses biens pour avoir embrassé la cause du vicomte de Carcassonne, son seigneur suzerain, il recouvra plus tard une partie de ses domaines, qu'il employa avec profusion au service de la religion et du roi. Envoyé en Palestine par Philippe le Hardi, il y perdit la vie le 12 du mois d'août 1275.

Le château de Termes nous met en mémoire celui que possédait la petite ville de *Saissac*, dépendant aussi du comté de Carcassonne. Simon de Montfort s'en empara presque aussitôt après la prise de Carcassonne et le donna à Bouchard de Marly, qui s'y était établi avec soixante Croisés. Suivi de quelques chevaliers de sa garnison, Bouchard entreprit un jour de faire des courses jusqu'aux tours de Cabardès ; mais Pierre Roger, seigneur de ce pays, se mit en embuscade, tailla en pièces le détachement, fit Bouchard prisonnier, et le tint en capivité pendant près de dix-huit mois.

Saissac, d'abord baronnie, fut érigé en marquisat, et appartenait à la maison de Luynes.

(*g*) Frédéric Soulié a choisi Guy de Lévis, comme un de ses principaux héros de son dernier roman historique : *le Comte de Foix*. L'épisode du siége et de la prise du château de Mirepoix nous montre jusqu'à quel point la foi et les croyances religieuses poussèrent le fanatisme de l'illustre maréchal.

(*h*) Au temps des luttes domestiques engagées entre les membres de la famille de Bruyères et les de Voisins de Limoux, appartient le manuscrit rempli de détails trop longs pour être rapportés en entier, intitulé ainsi :

Comptes des recettes et dépenses de la terre de Puybert, fait par moi Iehan de Teffons, chanoine de Mirepoix, pour nobles et puissantes demoiselles Marguerite Iehanne et Isabelle de Bruieres, filles légitimes et héritières de noble puissant seigneur Monseigneur Thomas de Bruières, chevalier, seigneur de Puybert, que Dieu absolve.

Nous y lisons, entre autres choses :

« Trois parties de ladite terre de Puybert appartiennent auxdites demoiselles, et la quatrième à Monseigneur Guiraud de Voisin à cause de mademoiselle Hélix, sa femme, sœur desdites demoiselles. » Nous y voyons aussi mentionnées plusieurs sommes payées : à un notaire venu à Puybert par mandement du procureur du roi pour faire vendre les blés des trois sœurs ; à un serviteur, nommé Adam, qui était allé à Carcassonne pour empêcher que ces blés ne fussent vendus ; à un hôtelier qui avait fourni des vivres au baron de Rivel et à Gaston de Laparade, mari de mademoiselle Ysabel ; n'ayant pu entrer dans le château, ils s'étaient logés « à la chapellerie ».

La part des quatre filles de Thomas à l'héritage paternel était égale : on le voit par la première citation ; les deux suivantes indiquent l'intervention des gens du roi dans la querelle suscitée par l'époux d'Hélix, et la dernière prouve que les hommes d'armes de Guiraud de Voisins occupaient le château de Puivert, puisque l'entrée en était refusée au baron de Rivel, c'est-à-dire à Philippe de Bruyères.

Mais reprenons le cours de notre récit :

Guiraud de Voisins, Hélix de Bruyères, ses trois sœurs et leur cousin Philippe II de Bruyères se réunirent, en 1376, dans la chapelle du château disputé, pour mettre fin à leurs contestations sans cesse renaissantes. On divisa la baronnie en quatre lots, dont trois comprenaient chacun le tiers du château. Voici comment s'exprime l'acte dans lequel leur contenance respective fut consignée :

« .... Aura ceste partie (le premier lot) la tierce partie du chastel de Pueybert, cest à savoir toute la grant tour et toute la tour vert, et de passe de la sale et de tout lostel du donjon, tant de passe come il y a depuis le aut de la grosse tour, tant come comptient toute la fenestre de devers Yssalabre, et toute ycelle... semblable espace en tous les estages du dit donjon comme la dessus dite passe, depuis le comport de la dite grant tour come tout en aut jusques auprès d'ycelle pour avoir entrée et yssue es estages de la dite tour grant... »

Ces droits de passage dans le donjon pouvaient susciter des difficultés pour la clôture des portes ; afin de les prévenir, il fut ajouté : « Celuy à qui le donjon escherra,... la cloture sera faite en commun entre luy et celuy à qui la grosse tour sera, se passera par meytie autant la un come laultre, — et demorera aux dites parties la cisterne en commun, et aveques ce aura celuy qui aura les dites tours grosse et vert lestage aut de lalee de la tour de la tresorerie par aquelle il passera es aux dites tours... »

Pour la seconde portion, il fut dit : « Aura ceste partie du chastel la porte de lyere et les deues tours des quayres, la tour gualharde et la tour bossue jusques à la mesure que feyt Gaston de Laparade. »

La troisième fut ainsi formée : « Aura ceste partie du chastel tous les estages du donjon, tout ce qui est devers le pont (1) come il se comporte, excepte solament la grant tour, la tour vert aveques le passe et alers ordenes au partage des dites tours et demorera la cisterne comme il est devise au dit partage. »

Le nombre total des hommes que devait fournir la baronnie pour la garde du château fut, en outre, ainsi réparti entre ces trois lots : « Plus celui qui aura ceste partie (la première) aura dos homes de la ville et appartenence de Pueybert pour son gayt tant solament... li sera remis le gayt que devent les gens de sant Johan et de Vilafort à sa volunte pour les usagies que li plaira, et sauve ce aler quils seront tenus de guayter en temps de guayt aux aultres dites parties du chastel. — Qui aura ceste partie (la deuxième) aura la meytie de tout lo gayt de la vila et appertenence de Pueybert, sauve dos homes qui sont ordenes pour guayter à la grosse tour. — Qui aura ceste partie (la troisième) aura la meyte de tout le guayt de la ville et appartenence de Pueybert, sauve dos homes qui sont ordenes de guayter chascune nueyt à la grosse tour... »

Citons encore quelques passages : « Qui aura ceste partie (la précédente) parera le chapelan du chastel pour ce quil impausera la queste et doura la chapelle quand elle vaquera. — Les moubles

---

(1) Le pont sur le Blau, à l'ouest du château.

du chastel tous seront communs à tous les dits seigneurs... aura chascun toute justice aute meyane et basse et premier ressort en son balliage... Demorent les gens de la terre en lors costumes acostumees tant es fores comme ailleurs. »

Nous regrettons de ne pouvoir citer en entier, à cause de sa longueur, la pièce à laquelle sont empruntés ces courts fragments ; nous avons cru devoir en extraire seulement les passages relatifs à cette étrange division d'une forteresse, dont l'impossibilité pratique amena d'inévitables différends ; mais elle donne, en outre, les plus grands détails sur les droits seigneuriaux en vigueur dans la baronnie de Puivert, et fait connaître l'administration féodale de ce pays avec toutes ses particularités. Toutefois, après avoir établi nettement la contenance des quatre lots, elle ne dit pas à qui chacun d'eux échut, et nous n'avons pu le savoir d'une manière précise. Selon les indices fournis cependant par d'autres actes, le donjon et ses dépendances furent laissés à Guiraud de Voisins ; Gaston de Laparade et sa femme Isabelle eurent la première portion indiquée dans le partage ; la troisième devint la propriété de Marguerite, mariée à de Bordis ; quant à Jeanne, sa part ne comprenait aucun droit sur le château.

A l'appui de l'assertion attribuant la propriété du donjon à Guiraud de Voisins vient le procès intenté par lui, en 1379, « aux habitants de Puivert, qui se refusaient à faire guet et garde au donjon (1), comme ils y étaient obligés en vertu du privilége accordé à Jean Ier de Bruyères, se fondant sur ce que le droit de les y contraindre n'était pas attaché à la possession du château, mais concédé seulement aux Bruyères, à titre de faveur personnelle. Le Parlement n'admet pas leur défense, attendu que, n'ayant pas cessé de jouir de leurs immunités à cause de cette obligation de garde permanente, ils étaient tenus de continuer ce service sous n'importe quel seigneur. (*Archives du château de Léran.*)

(*i*) Il est question de *Quillan* dans un acte de 782, par lequel Milon, comte de Narbonne, restitue à l'archevêque de cette ville plus de cinquante terres ou villages qui avaient été usurpés sur le domaine de son Église.

(1) Le marquis d'Aubais, *Généalogie des Voisins.*

Quillan, chef-lieu de district sous la grande Révolution, jouit, dans nos contrées, d'une grande considération. Il est aujourd'hui un chef-lieu de canton et de justice de paix. Sa position aux pieds des montagnes et des forêts, sur la rivière d'Aude, qui sert au flottage des bois dont la vente se fait ordinairement dans ces murs, l'industrie de ses habitants, la nécessité où sont les autres parties du département de tirer de là les matériaux propres aux constructions, l'étendue que va donner à son commerce l'embranchement du chemin de fer destiné à le relier à la grande ligne du Midi, tout contribuera à faire de Quillan un des lieux les plus importants de la contrée.

A quelques pas de Quillan est une usine qui mérite d'être remarquée. C'est une forge alimentée toute l'année au moyen d'une percée de 163 mètres dans une montagne, par laquelle on fait passer une prise d'eau de la rivière d'Aude. L'idée de cette percée est due au P. Belon, jésuite. Elle fut exécutée avec tant de précision, que les ouvriers travaillant des deux points opposés de la montagne se rencontrèrent au milieu de leur ouvrage. Rien de plus pittoresque que la nappe d'eau qui, par là, vient à la forge. Cette usine réunit à l'utilité tous les agréments de la plus belle maison de campagne.

C'est dans le canton de Quillan, entre Belvianes et Axat, en suivant la rivière d'Aude, que se trouve la fameuse *Pierre-Lis;* c'est le nom que l'on donne au chemin pratiqué entre deux murailles d'une hauteur prodigieuse et formées par les montagnes. A l'une des extrémités de ce chemin se trouve une espèce de grotte qu'on appelle le Trou du Curé, pour consacrer la mémoire du bon curé de Saint-Martin, M. Armand, qui la fit ouvrir, et qui consacrait tous les ans une partie de son temps et de ses faibles revenus à la réparation et à l'entretien de ce chemin extrêmement utile pour la communication des cantons de Quillan et de Roquefort.

A deux kilomètres environ de Quillan, dans la direction des Bains de Rennes, se trouve une petite et riante vallée dans laquelle se trouve le hameau de *Ginoles*, si renommé par ses eaux minérales et la bonté de ses fruits, qu'on y récolte en quantité.

(*j*) Voici l'anecdote du fameux salon enchanté, racontée par le Fillol au banquet de Limoux ; elle emprunta un charme nouveau à la façon dont elle fut dite dans la langue usuelle de nos montagnes:

> Lé païsant dé Ribeil dïns bostro souciétat
> Fario, crési, millou dé sé téne arrucat (1) ;
> Mais, per bous fé pliasé, jaqué moun tour arribo,
> Sé qual déiroubilla : Bous dirai, gens de bilo,
> Qu'ai un saloun à l'oustal oun fa talomént fret
> Qué les mots en parlan torroun sus la paret (2) !
> Sus la tapissaïrio, per qué ba qual tout diré,
> Sul cop béiriox glaça les souspirs et lé riré !
> A bostro fantésio durbirai moun saloun :
> Las paraoulos, messieus, y penjoun al plafoun ;
> Mais l' souleil dé l'estiou qué rébat las muraillos
> Las fa tourna sorti : Diriox qué sount daourados !!

(Extrait de la *Vie de Jean Pont Fillol*.)

Le dialecte de la langue usuelle, dans les provinces méridionales, diffère dans toutes les localités, quelque rapprochées qu'elles soient. C'est ce qui explique le manque d'uniformité dans son orthographe comme dans sa prononciation. De là l'impossibilité, pour le grammairien, d'établir pour cet idiome des règles fixes ; les exceptions seraient tellement nombreuses, qu'on peut dire qu'elles absorberaient le précepte lui-même.

Dans le patois, l'article est presque toujours sous-entendu. Les voyelles de la fin des mots s'élident, du moins dans la prononciation, de la même manière qu'en français ; il est même des cas où la suppression d'une consonne devient de rigueur pour faciliter la lecture et éviter certaines consonnances désagréables qui détruiraient complétement le rhythme et l'harmonie.

Ajoutons que les naturels du pays sont seuls capables de saisir parfaitement toutes les nuances dont est susceptible l'idiome languedocien, soit dans l'orthographe, soit dans la prononciation, dans la prose comme dans les vers.

---

(1) *Arrucat* a ici la signification de *blotti dans un coin, en peloton*. On ne saurait trouver en français d'expression équivalente.
(2) *Paret*, du latin *parles*, mur, *muraille*.

(*jj*) La ville d'*Alet* était anciennement une abbaye, fondée, vers l'an 813, par l'épouse de Béra, comte de Barcelone. Elle fut érigée en évêché par le pape Jean XXII, en 1318, et pendant longtemps les églises du Kercorbez furent comprises dans sa juridiction. Alet fut à plusieurs reprises le théâtre de luttes sanglantes pendant les guerres de la Ligue.

On y remarque les ruines d'une ancienne église qu'on prétend avoir été un temple de Diane. On y trouve des restes d'architecture et de sculpture qui ne sont pas dénués d'élégance. L'ancien palais épiscopal était un très-beau bâtiment, avec un jardin assez vaste entouré d'une balustrade en pierre, donnant sur la rivière d'Aude. Tout le monde connaît la renommée des eaux bienfaisantes d'Alet et les nombreux agréments qu'offrent aux étrangers les magnifiques établissements que vient d'y fonder l'administration actuelle.

La petite ville de *Rennes* est renommée par les bains qui portent son nom et qui existent d'un temps immémorial. Ils méritent, sans contredit, le premier rang sur tous ceux de la province du Languedoc, si l'on considère leur antique renommée. Les débris de constructions, les urnes, les médailles qu'on y a trouvés, tout annonce qu'ils ont été fréquentés par les Romains. On prétend que les roues du char de Scipion, qui sont au musée de Toulouse, ont été trouvées aux environs de ces bains.

La tradition ajoute, en ce pays, qu'une reine Blanche se rendit à ces bains pour cause de lèpre. Elle y fit bâtir un château dont les ruines portent encore le nom de Blanchefort, et celui de ces bains qu'on prétend l'avoir guérie s'appelle aussi le Bain de la Reine.

Lors des guerres de la Ligue, *Brugairolles* était une petite ville bien fortifiée. Elle soutint un siége de sept mois contre le grand prieur de Joyeuse et le vicomte de Mirepoix. Les catholiques ne purent s'en emparer qu'en coupant l'eau aux assiégés, qui, réduits à celle d'un mauvais puits, furent obligés de capituler, à cause des maladies qu'elle occasionna. La garnison obtint de sortir avec armes et bagages, enseignes déployées, mèche allumée, emportant tous ses autres effets. Le Villa, gouverneur de la place, alla rejoindre à Castres le duc de Montmorency. Mais, après la sortie de la garnison, le grand prieur de Joyeuse fit mettre le feu à la ville et en fit raser les murailles jusqu'aux fondements.

(*k*) **LETTRES PATENTES**

PORTANT CONFIRMATION DES PRIVILÉGES DES HABITANTS DES CHATEAUX
ET BARONNIES DE LA TERRE PRIVILÉGIÉE

Louis, par la grâce de Dieu, Roi de France et de Navarre, à tous salut. Nos chers et bien-aimés les habitants des baronnie et château de Chalabre, Puivert, Rivel, Nébias et autres de la Terre Privilégiée nous ont fait remontrer très-humblement que, de temps immémorial, les Rois nos prédécesseurs, en considération de ce que les dits lieux sont situés sur la frontière de notre royaume et à deux lieues du Roussillon, près des limites de Catalogne et d'Aragon, et de l'obligation jour et nuit à la garde et conservation des dites places et châteaux en notre obéissance, leur ont accordé plusieurs beaux priviléges, franchises et exemptions, qui leur ont été confirmés par les Rois nos prédécesseurs, Charles VI, 1419, Charles VII, 1442, Louis XI, 1476, François Ier, 1515 et 1516, Henri IV, 1597, Louis XIII, 1611 et 1643, et par feu Roi notre très-honoré seigneur, et ayant par ses lettres patentes du mois d'octobre 1727, et les y ont été maintenus par divers arrêts de notre Conseil et y être à l'avenir maintenus et conservés à perpétuité ; à ces causes, de l'avis de notre Conseil, qui a vu les dits priviléges et lettres patentes de confirmation ci-attachées, sous le contre-scel de notre chancellerie, nous avons de notre grâce spéciale, puissance et autorité royale, confirmé, approuvé et continué, et par ces présentes signées de notre main, confirmons, approuvons et continuons aux exposants, tous et chacun, les priviléges, franchises, exemptions et concessions contenus dans les lettres-patentes des rois nos prédécesseurs, et donnons en mandement aux Conseillers du Parlement de Toulouse, Cour des Comptes, Aides et Finances de Montpellier, Sénéchal de Limoux et autres Officiers et Justiciers qu'il appartiendra, que ces présentes Lettres de confirmation ils ayent à enregistrer, et de leur contenu jouir et user les exposants et leurs successeurs, paisiblement et perpétuellement. Tel est notre plaisir, et afin que ce soit chose ferme et stable à toujours, nous avons fait mettre notre scel à ces dites présentes. Donné à Versailles, mois de juillet, l'an de grâce 1781, et de notre règne huitième.   (*Archives nationales.*)

(1) ## LES ADIOUS AL PAÏS

DÉ MOUSSU CAZINTROS, ARCHIPRESTRÉ DÉ RIBEIL

Lé loung d'achestos mountagnos,
Leng podi fé courré l'eil,
Sou las louentenos campagnos
Qu' arroundissoun jou lé cel.
Sios ün paouc pus maïtiniero
Et béni pus proumptoment,
Albéto, per ta lumièro,
Allaougéris moun tourment !

Jou les sapïns qué courbissoun
La cimo d' aqués penjals,
Das bousquassiés qué dourmissoun
Bési les humblés oustals :
Mouicho, Matalis, Calmèto,
Marsals, Bouichous et Luxaout,
Mouli, bordos et bourdéto
Tout rounco, tout sé ten caout.

Loung d' achesto piboulièro
Ya des aïbrés pla filats ;
Bordoun la berdo rubièro (1)
Qu'abéouro les Couloumats.
A qui la bruto gayéto
Pren soun brillant poulidou,
A qui la steillo (2) rousseto
A l'or raoubis sa coulou.

Aouzissi restrugné l'aïré,
Truquats, brabis esquillés.
Jaqué n'ou durmissets gaïré,
Truquats, fortis sémaliés.
Ribeil tout soumés, aïmablé
Mé semblario pla pu dous,
Si d'ün zèlé tout semblablé
Trucabo su las errous.

(1) La rivière de Lers.
(2) *Steillo*, petit morceau de bois aminci. L'auteur fait ici allusion au morceau d'alizier et de buis que l'on emploie pour faire les peignes.

Aouzissi l'albo qué brillo,
Mouis amics, despertats bous ;
Es tens, ammé la famillo
Dé prégua Dious à génous :
Lé trabail es bido santo,
Mais à Dious lé qual ouffri ?
Aouzi le sénil qué canto
Per loua Dious boun maïti !

Anen, amos égarados,
Rétournats al boun cami,
Et nou siots pas destournados,
Qué fariots maïchanto fi.
Bous aoutros sarets chéridos
Et dé Dious et del pastou,
Coumo dé fédos caousidos
Peichirets al prat millou.

Fillos, qué la moudestio
Sio touchoun bostre ornoment,
Fennos, qué la lenguo embio,
Nou bous troumpets pas soubent,
Hommés, qué la témpérenço
Bous accoumpagné per tout,
Maïnatchous, que l'innoucenço
Nou bous quitté pas surtout ?

M'appelats, costos bésinos,
A l'oumbro dé Plantaoureil,
A l'endreit où tres coulinos
Tachoun d'embrassa Ribeil.
Ribeil a dé founts aïsidos
Où la set pot satura,
Dé lours aïguetos limpidos
Lé cristal fan murmura.

Dé nostro brabo (1) Patrouno
Bési puntégea l' cuclier ;
Prégui santo Cécillouno (2)
Dé mé salba lé darnier.

---

(1) et (2) *Brabo, Cecillouno*, deux termes exprimant une idée d'affection, de tendresse, de familiarité presque.

Escoutats sa campanèto
Qué brounzino sus Ribeil,
Ya millo ans qué sa gleisèto
S'assouleillo sul maoureil.

Dïns la bouco gémissento
La lenguo sé mé glacec,
Et la paraoulo mourento
Al foun del corps s'en tournec.
Ribeil, quand yéou té quittèri,
Mitat mort et mitat biou,
Difficilloment t'enterri
Sans poudé té dire adiou (1) !

(*m*)   LE CHANT DES BARGAÏRÉS

NOEL POPULAIRE
Composé par l'archiprêtre Cazintres.

Bargaïrés. On désigne ainsi, dans nos montagnes, les personnes qui s'occupent à mettre le lin ou le chanvre en filasse, au moyen d'un double ciseau en bois, dont la partie inférieure est fixée sur un trépied, et qui porte le nom de *bargos*, d'où vient *bargaïré*. Le résidu du chanvre, qui n'est propre qu'à allumer le feu, porte, par la même raison, le nom de *barguillos*.

Les bargaïrés ou filassiers se lèvent de très-bonne heure pour exécuter leur travail; aussi l'auteur de ce chant nous les représente sur pied à minuit, se rendant à Bethléem, pour rendre leurs hommages au Sauveur nouveau-né.

La nuit est froide et obscure; et nos braves ne trouvent rien de mieux, pour réchauffer le divin Enfant, que de lui apporter en présent une charge de barguillos, d'où l'auteur a tiré cet inimitable proverbe devenu si populaire dans nos campagnes :

Présent dé la paouriéro
Barguillos baloun d'or !

Présent de la pauvreté,
Barguillos valent de l'or !

---

(1) Cette dernière strophe est empreinte d'une véritable grandeur biblique.

Les bargaïrés, rendus à Bethléem, s'empressent autour de la crèche, et aperçoivent à travers les fentes du mur :

>Sans foc, sans lum, sans candélo
>L'estable és esclaïrat !
>Un rous Souleillet estincélo
>Dïns la gréppio coulcat.
>Uno armado d'Angélous
>Soun rengadis à génous
>Tout à l'entour d'ün maïnatché
>Tant poulit et tant bel,
>Qu'oun récouneigs à soun bisatché
>Qu'és lé grand Dious dal cel !
>
>Uno biergéto, sa maïré,
>Lé courbits dé poutous,
>Un bieillard qu'és pas soun païré
>Y' abriguo les pénous.
>Lé braou tout en halénant
>Bol escaoudura l'Efant ;
>Mais la mulasso qué n'a gaïré
>Dé sens dïns soun capas (1),
>Y mangeo lé fé dount sa maïré
>Y' a feit ün matalas.

(*mm*) Nous citons en entier la strophe de vers patois dans laquelle il est fait mention du fameux Rec de la Pichareillo, uniquement pour montrer que l'idiome de nos contrées, si propre à exprimer les accents de l'âme et du cœur, excelle surtout dans la peinture des travers et du ridicule, et mieux que toute autre langue se prête à l'harmonie imitative :

>Retté coummo uno tino
>Lé général Coudous (2)
>Fasio la tristo mino
>D'entendre aqués poutous
>Lé plumet y trambliabo
>La piquo s'y coupec
>Lé rec d' la Pichareillo
>Aquel joun s'alliarguec !

(1) *Capas*, tête ; se dit en mauvaise part.
(2) *Coudous*, sale, crasseux.

Et cette autre strophe montrant le ridicule d'un repas des habitants de la montagne :

>Al cap d'üno aguillado
>Fliambéoun lé roustit,
>Uno fédo gamado
>Passec per ün crabit :
>La cougo en papilloto
>Pourtéoun al ritou,
>Tout l'oustal en riboto
>Roupillabo al cantou.

(n) LA MORT DEL FILLOL BIEIL (1)

.... Lé Cel éro plié dé granisso !
Dous malaous à l'oustal cougaboun la jaounisso.
L'ün proché dé cent ans s'éro prou plia tengut ;
Parlen del Fillol bieil ! chi l'a pos counégut ?
L'aoutre éro un nouïrigail d'üno maïchanto coupo
Qué tchucabo la car plia millou qué la poupo.
Per mé passa dabant foronisos trop tard,
Diguec al cagonix l'admiraplié bieillard.
Et bous aoutris amics, ja qu'abex lé cor tendré,
Escoutax ün moument si mé poudex entendré :
« Quand l'âche és arribat ia pos dé rémissiou ;
« Ço qué deicho l'hiber sé b'emporto l'éstiou.
« Mé troubabox jasié pu rougé qu'üno guino,
« Cap dé sapïn al bosc n'abio ta bouno mino,
« Et bei mé rencountrax pus jaouné qué l' citroun
« Qu'à la pocho ai tengut jusquot al darrié joun,
« Ia pos à réguinna ! cal parti sans pigréso
« Quand oun a plia biscut et qué rés nou bous péso.
« B'entendés, Fount-d'Amount, tu qu'és lé pus achat ?
« Encaro un pareils d'ans et m'aouras attrapat.
« A forço dé tïnda l'esquillo cascaillégéo,
« Ia quatré bïns sept ans qué l'Fillol roundinégeo.
« Al païs oun m'en baou cadün és plia trattat ;
« En Roulland ba disio, tabés n'és pos tournat.

(1) Extrait de l'*Hist. de Jean Pont Fillol*.

« Mais qu'ün pliasé tendrio, si per fé boun bouyatché,
« Dé bostro déboutiou mé dounabox ün gatché :
« Si la fourtuno un joun bous fasio maïchant eil,
« Si qualqué gros malhur tumbabo sus Ribeil ;
« A la gleiso d'amount anax en diligenço
« Et dé santo Cécillo implourax l'assistenço.
« Soun noum qu'en bénasit les prumiés Ribeillens
« Bous pourtara bounhur à tout âche, à tout temps.
« Un brespé sus la mar, l'aouratché m'assiégeabo,
« Un aoutré cop al bosc ün ours mé flaïrégeabo,
« Sul cami de Limoux ço pus fort m'arribec
« Quand sul pount dé Mirando un boulur m'ajustec,
« Prounouncéï lé noum dé santo Cécillouno,
« Tout s'en fugic dé poou : dempei rés nou m'éstouno.
« Un maïnatche en tournan nésquec à l'Estieinnou,
« I dounéï sul cop lé noum de Cécillou.
« Quittara pos l'oustal : sira dïns la famillo
« Lé noum lé pus poulit qué pot pourtat uno fillo.
« Soubénex-bous ün joun del suprêmé salut
« Qué l' Fillol bous a feit l'Annado dé l' Eichut. »
Jean Pount s'éro calliat ; à peino palsémabo :
Cap à l'Eternitat soun âmo s'en tournabo!
Toutis al pé del lyeit pliouraboun à génous,
La Jeannetto y prenguec les darriéris poutous.

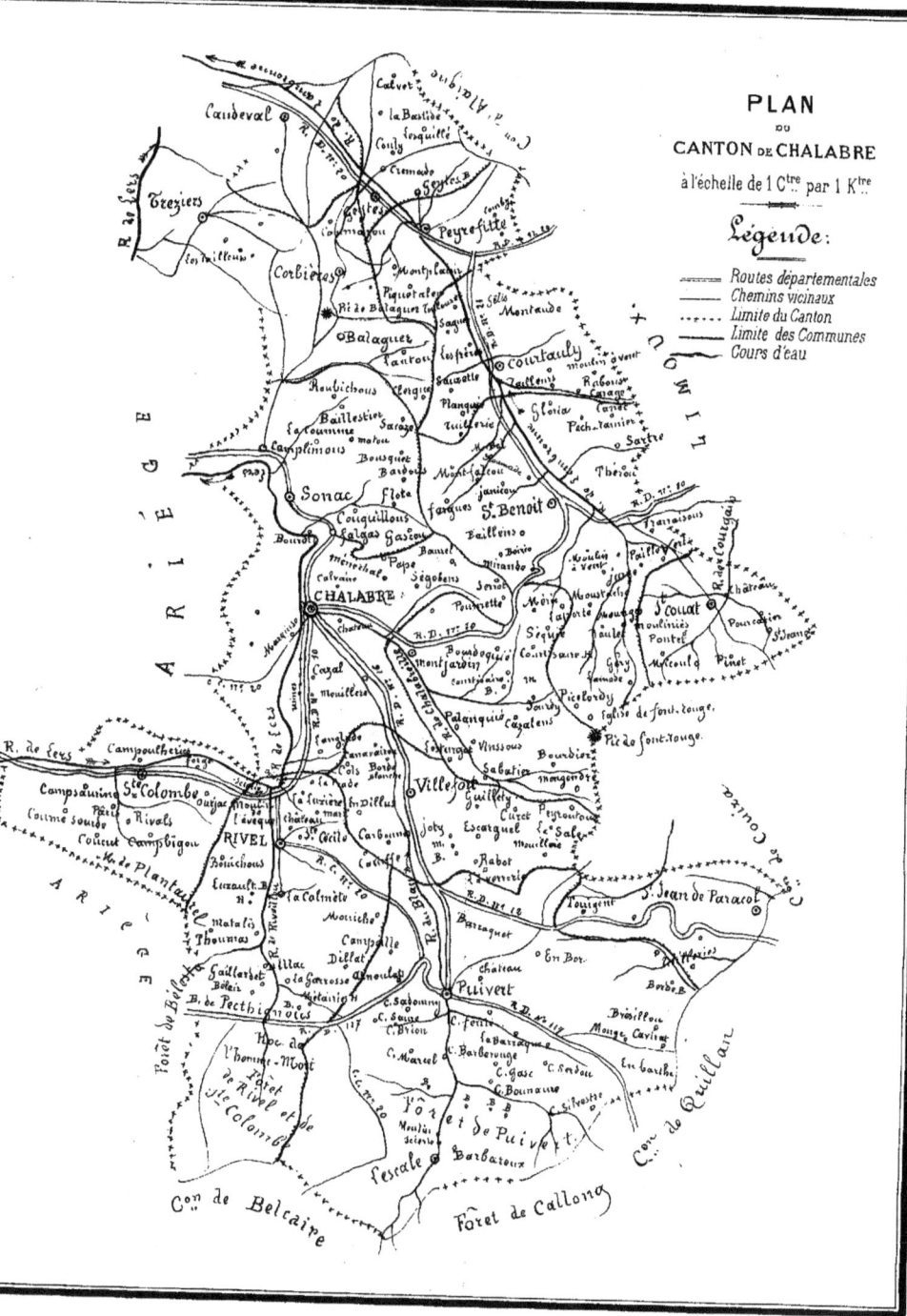

LISTE

PAR ORDRE ALPHABÉTIQUE

DES SOUSCRIPTEURS

À L'HISTOIRE DE LA TERRE PRIVILÉGIÉE

Allouard, sculpteur à Paris.
Amiel, employé à la Banque de France.
Ancelet (Éphèse), professeur à Paris.
Anduze (Antoine), maire de la ville de Chalabre.
Anduze Faris, ancien maire de la ville de Chalabre.
Anduze (Narcisse), banquier à Chalabre
Anduze (Alban), maire de Coursan.
Antony Réal, homme de lettres, à Sérignan.
Astruc (Edouard), maire de Puivert.
Auriac (Eugène d'), homme de lettres (Bibliothèque Richelieu), à Paris.
Avrial (Jean-Baptiste), fondé de pouvoirs de la famille de Puivert, maire de la commune de Rivel.
Azambre (Adolphe), doct. en médecine, à Paris.
Barbes (Jean), à Rivel.
Barbullée, propriétaire à Yvetot.
Bareil (Michel), négociant, commissionaire à Narbonne.
Barnier, représentant de commerce, à Paris.
Basque (Firmin), à Carcassonne.
Bausil, notaire à Carcassonne.
Bérail (Frédéric), ancien capitaine de dragons à La Peyre.
Bérail (Henri), ancien capitaine de dragons à La Peyre.
Bergès, docteur en médecine à Paris.
Bernard (Louis), maître d'hôtel à Elbeuf.
Bés (l'abbé), curé à la Pomarède, ancien curé de Rivel.
Bez père et fils, fabricants de peignes à la Bastide-du-Peyrat.
Bigou jeune, neveu, négociant à Sainte-Colombe-sur-Lers.
Blancard (l'abbé), curé doyen de Chalabre.
Blancard (l'abbé), curé de Rivel.
Blampain, homme de lettres à Paris.
Bocquet (Alfred), professeur à Paris.
Boissieu (Arthur, comte de), rédacteur de la *Gazette de France*.
Bonnail jeune, fabricant de draps à Sainte-Colombe-sur-Lers.
Bonnet, pharmacien à Chalabre.

Bonnet (Zoé), négociant à Rivel.
Bonnechose (S. E. Mgr le cardinal de), archevêque de Rouen, ancien évêque de Carcassonne.
Bouichous (Baptiste), négoc. à Rivel.
Bouix (R. P. Marcel), de la compagnie de Jésus.
Bourguignon (l'abbé), curé de Puivert.
Bourguignon (l'abbé), curé de Villefort.
Boyer-Montégut (Paul de), rentier à Chalabre.
Boyer (Pierre), homme de lettres, Paris.
Brenot, employé à la Banque de France, Paris.
Bruyères (Charles de), à Remiremont.
Burdin (André), prote à Paris.
Cabos (Philippe), négociant à Paris.
Caffe, docteur en médecine, à Paris.
Calas (Henri), négociant à Bordeaux.
Calas, ancien chef d'institution à Toulouse.
Callat, avocat à Limoux.
Capéra (Mlle Louise), à Rivel.
Carles, directeur des frères, à Chalabre.
Carré (l'abbé), professeur au petit séminaire de Carcassonne.
Carretta, négociant à Paris.
Carrière, propriétaire à Comenighean, près Toulouse.
Carrière (l'abbé), président de la Société archéologique du Midi de la France, à Toulouse.
Cassagnavère, sculpteur à Martres-Tolosane.
Cassel (Eugène), à Bapaume.
Castan, peintre à Toulouse.
Catuffe (l'abbé), chanoine de la cathédrale de Carcassonne.
Challamel (Augustin), homme de lettres (Bibliothèque Sainte-Geneviève), Paris.
Chapelon-Grasset, homme de lettres au château des Payraux.
Chasles (l'abbé), directeur au grand séminaire de Rennes.
Chaubet (Etienne), rentier à Chalabre.
Chaubet (Louis), rentier à Chalabre.
Chaumont (Léon), vicaire à Sainte-Colombe-sur-Lers.

CHAUX-VIGNY, professeur à Paris.
CHRESTIA (Mlle Elise), à Pamiers.
COLLAS, homme de lettres à Paris.
COLOMBEL, marchand de tableaux à Paris.
COMBES (l'abbé), professeur au petit séminaire de Carcassonne.
COSTE-REBOULH DE FONTIÉS, conseiller général, membre de la Société des Sciences et des Arts de Carcassonne.
COUCHARIÈRES, négoc. à Carcassonne.
COUTELLE, libraire à Carcassonne.
CRÊTEAUX, maître d'hôtel à Nantes.
CROS (l'abbé), ancien supérieur du petit séminaire de Narbonne, grand vicaire du diocèse de Carcassonne.
CROUX (Auguste), fabricant de draps à Sainte-Colombe-sur-Lers.
CUGUILLÈRES (l'abbé), curé à Vidalbe, près Carcassonne.
CUSSOL (l'abbé), curé d'Armissan.
DAFFIS, libraire-bibliophile à Paris.
DALBOUZE (Valéry), ingénieur mécanicien à Paris.
DANJOU (Lazare), ingénieur à Chalabre.
DANJOU (l'abbé), aumônier du couvent de Notre-Dame, à Narbonne.
DARCHE (Jean), bibliophile à Paris.
DAUTRICOURT, docteur en médecine, à Paris.
DÉDOUIT, libraire à Caen.
DÉEL (Th.), docteur en médecine.
DELON (Eugène), photographe à Toulouse.
DELPECH (Antonin), à Rivel.
DELPECH (Auguste), à Fougax.
DELPECH (Victor), à Fougax.
DENIS, dessinateur à Paris.
DES ESSARTS (Alfred), homme de lettres à Paris (Bibl. Sainte-Geneviève).
DILHAT (Mme Adélaïde), rentière à Rivel.
DOLHATZ, négociant en métaux à Bayonne.
DOMMERGUE, maître d'hôtel à Toulouse.
DOUAY (Edmond), professeur de philosophie à Sainte-Barbe, à Paris.
DOUILLARD frères, libraires à Nantes.
DOUSSE (Michel), direct. de l'Agence de la vente et l'achat des hôtels, à Paris.
DOUSSE, propriétaire à Bareyre-Saint-Paul-les-Dax.
DRUON (Eugène), étudiant en droit à Hirson.
DRUON (Raoul), avocat à Paris.
DUBOUCHER (Emile), professeur de musique à Rouen.
DUMAY (l'abbé), supérieur du grand séminaire de Carcassonne.
DUMAY, négociant à Rivel.
DUMOULIN, libraire-éditeur à Paris.

DUNAC cadet, commerçant à Rivel.
DUNAC (Pierre), maître d'hôtel à Lavelanet.
DUPLA, doct. en médecine à Lavelanet.
DUPRED (Auguste), libraire à Toulouse.
DUROS-VIGNES, représentant de commerce à Paris.
DUBUT (Louis), à S.-Pardoux-la-Rivière
DUROU cadet, meunier à Rivel.
DUROU (Pierre), meunier à Toulouse.
ESPARDELLIER (Gustave), notaire à Chalabre.
FAREU, papetier à Paris.
FAURIE, commerçant à Narbonne.
FERNAND (Charles), ingénieur à Paris.
FIGEAC (l'abbé), chanoine honoraire à Carcassonne.
FONTAS, libraire à Carcassonne.
FONTENIER, au contentieux du chemin de fer du Nord à Paris.
FORT (Léon), à Paris.
FOUCAULT DE L'ESPAGNERY, docteur en médecine à Paris.
FOULHOUZE (l'abbé), professeur au petit séminaire de Carcassonne.
GADRAT, libraire à Carcassonne.
GAUTHIER (Hippolyte), représentant de commerce à Lyon.
GAUTHIER-VILLARS, impr.-libr. à Paris.
GAVET, négociant à Paris.
GAYDA (l'abbé), curé doyen à Trèbes.
GAYRAUD DE SAINT-BENOÎT, propriétaire à Saint-Benoît.
GAYRAUD (comte de), député au Corps législatif.
GÉLIS (Emile), commerçant à Carcassonne.
GÉLIS, propriétaire à La Valette, près Carcassonne.
GÉNIN, officier en retraite à Puivert.
GERMAIN, avoué à Limoux.
GERMOND DE LAVIGNE, homme de lettres à Paris.
GILES (Emile), libraire à Paris.
GILL (André), dessinateur à Paris.
GILLET, commerçant à Paris.
GUÉROULT (Arthur), à Paris.
GUILHABAUD (l'abbé), curé de S.-Benoît.
GUILHABAUD, cafetier à Carcassonne.
GUINOT (Alcide), employé au chemin de fer à Carcassonne.
GUINOT (Gédéon), contre-maître à Sainte-Colombe-sur-Lers.
HADOL, dessinateur à Paris.
HAMEL (Ernest), homme de lettres à Paris.
HERVÉ (Edouard), directeur du *Journal de Paris*.
HUGON, voyageur en librairie à Lyon.
HUILLET (Jeannot), dit Béato, à la Calmète.

LISTE DES SOUSCRIPTEURS.

Huillet (Prosper), à Rivel.
Iverneau, brocheur à Paris.
Jaffus, conservateur de la Bibliothèque de Carcassonne.
Jalabert (l'abbé), professeur au petit séminaire de Narbonne.
Jean Dolland, homme de lettres à Paris.
Jubinal (Achille), ancien député au Corps législatif.
Juteau, avocat à la cour de Paris.
Kirbiller (Henri), sous-prote à Paris.
Labadie (Auguste), bourrelier à Estagel.
Laborgne (l'abbé), curé de Treziers.
La Bouillerie (Mgr de), évêque de Carcassonne.
Lacaille, pharmacien à Yvetot.
Lacoume (Henri), négociant à la Bastide-du-Peyrat.
Lagrange (Casimir), fondeur à Chalabre.
Lagrange (Léon), ferblantier à Chalabre.
Lajoux, libraire à Carcassonne.
Lambert, négociant à Paris.
Lapommeray (de), homme de lettres à Paris.
Laporte (Albin), professeur au petit séminaire de Carcassonne.
Lasalle, du Grand-Opéra, à Paris.
Lassailly (Eugène), négociant à Paris.
Lavallard, négociant à Paris.
Lavoisier, secrétaire de la *France médicale*, à Paris.
Lebaube, ancien avoué au Havre.
Lecarpentier, maître de pension à Yvetot.
Lefournier frères, libraires à Brest.
Leguicheux-Galienne, libr. au Mans.
Léo Lespès (Timothée Trimm), homme de lettres à Paris.
Leprevost (Alexandre), maître d'hôtel à Yvetot.
Liénard (Ernest), typographe à Paris.
Loudun (Eugène), homme de lettres à Paris.
Maillac, libraire à Carcassonne.
Martel, étudiant à Paris.
Masson (Michel), homme de lettres à Paris.
Mauléon (Henri-Alfred de), marquis de Chalabre.
Maurel (Gervais), négociant à Larroque-d'Olmes.
Maynadier (l'abbé), curé doyen de Belcaire, ancien curé de Rivel.
Meurisse (Homère), négociant à Sains-du-Nord.
Meurisse (Ovide), notaire à Avesnes.
Millet, artiste peintre à Paris.
Montagnier (l'abbé), curé à S.-Martin.

Montfumat (de), docteur en médecine à Paris.
Mouveau, brocheur à Paris.
Mouynés, architecte à Carcassonne.
Négrier, receveur des contributions indirectes à Foix.
Nelli (Isidore), sculpt. à Carcassonne.
Nicolet, maître d'hôtel à Bordeaux.
Niort (l'abbé de), chanoine honoraire, ancien professeur de philosophie au petit séminaire de Narbonne.
Niort (de), chan. titul. à Carcassonne.
Olive (Louis), notaire à Rivel.
Olive (Eugène), anc. maire de Rivel.
Olive (Casimir), commandant d'artillerie, à Rivel.
Olive cadet, Font-d'Amont, négociant à Rivel.
Olive (Edouard), fabricant de peignes à Rivel.
Olive (Victor), fabricant de peignes à Rivel.
Olive (Jean-Pierre), intendant de la famille de Mauléon, au château de Chalabre.
Olive cadet (dit Rustand), cafetier à Rivel.
Olive (Siméon), intendant de la famille de Lévis-Mirepoix, au château de Léran.
Olive (Baptiste), instituteur à Sainte-Colombe-sur-Lers.
Olive (Maurice), négociant à Rivel.
Olive (Gédéon), fabricant de drap à Lagarde.
Olivier (Antonin), officier à Chalabre.
Pagès (Alphonse), homme de lettres à Paris.
Pech, bibliophile à Paris.
Pélissier (l'abbé), curé à Penautier.
Pelous (Amand), plâtrier à Rivel.
Peyre (l'abbé), chapelain au château de Céleyran.
Peyre (François), négociant à Rivel.
Peyre, boulanger à Rivel.
Place, conducteur de messageries à Carcassonne.
Plantié (Sébastien), maître charpentier à Rivel.
Planton, commerçant à Narbonne.
Pomiès, impr.-libr. à Carcassonne.
Pons (l'abbé), curé de Coursan.
Pons, du Grand-Théâtre de Bordeaux.
Pont Taïs (Pierre), négociant à Saragosse (Espagne).
Pont (Cyrille) cadet, à Rivel.
Pont (Michel), officier au 79e régiment de ligne, à Reims.
Pont (Pierre, dit Pountet), négociant à Lagos (Mexique).

Pont (Alfred), à Rivel.
Porquier (de), chanoine honoraire, ancien professeur de rhétorique au petit séminaire de Narbonne.
Porret, professeur à Paris.
Prax (Edmond), maître d'hôtel (Saint-Jean-Baptiste), à Carcassonne.
Prax (l'abbé), aumônier à l'hôpital de Narbonne.
Ramel, gantier à Vif.
Ramel, graveur à Paris.
Ramel (Pierre), négociant à Rivel.
Rautureau (Paul), à Paris.
Ravigné, à Limoux.
Raymond-Lasborde (de), à Chalabre.
Regnault fils, libraire à Toulouse.
Régnier (Adolphe), homme de lettres (Bibliothèque Mazarine), à Paris.
Rey, pharmacien à Quillan.
Rheinard (l'abbé), officier d'Académie, à Paris.
Richou, propriétaire à Sonac.
Riquier, de l'Opéra-Comique à Paris.
Rivals, commerçant à Bordeaux.
Rives, ancien maître d'hôtel à Narbonne.
Rives (Abel), avocat à Carcassonne.
Rives (Alexandre), négoc. à Esperaza.
Rives (Basile), taillandier à Rivel.
Rives (Jean), maître esquiller à Rivel.
Rives (Éléazar), représentant de commerce à Rivel.
Rives (Lin), négociant à Rivel.
Rives (Pierre), fondeur à Rivel.
Rives (Pierre), propriétaire à Rivel.
Roger, professeur à Paris.
Rolland (Auguste), ancien maire de Rivel.
Rolland (Joseph), anc. maire de Rivel.
Rolland (Prosper), ancien maire de Rivel.
Rolland (Benjamin), ancien maire de Peyriac-Minervois.
Rolland (Achille), notaire à Lavelanet.
Rolland, maire de Trausse.
Rolland (Mlle Cécile, dite la Perlo), rentière à Rivel.
Rolland (Jean), sémalier à Quillan.
Rossel (l'abbé), directeur au grand séminaire d'Angoulême.
Rouquier, contrôleur, théâtre de la Renaissance à Paris.
Roussel, maître d'hôtel (hôtel Saint-Pierre), à Carcassonne.
Rouvière, maire de Salles-d'Aude.
Roux (Henri de), marquis de Puivert, à Toulouse.
Ruellens, conservateur de la Bibliothèque royale de Bruxelles.

Ruffet (Régis), libraire éditeur à Paris.
Ruffet (Auguste), rentier à Paris.
Sage (Marie), à Larroque-d'Olmes.
Salaum, libraire à Quimper.
Salmon, imprimeur en eaux-fortes à Paris.
Salvagniac (Justin), procureur de la République à Foix.
Salvat (Gilbert), employé des ponts et chaussées à Narbonne.
Salvat (Baptiste), à Rivel.
Salvat (Pierre), entrepreneur à Rivel.
Santerre (Georges), étudiant à Paris.
Saulnier, architecte à Carcassonne.
Sauvat, libraire à Bordeaux.
Ségallas (Mme Anaïs), de la Société des Gens de lettres à Paris.
Séguevesse, directeur du *Courrier de l'Aude*, à Carcassonne.
Serrus, libraire à Chalabre.
Singès (Louis), négociant à Rivel.
Tellier, graveur sur bois à Paris.
Téqui, directeur de la librairie Saint-Michel, à Paris.
Térisse, administrateur des eaux de Vals, à Paris.
Théodore (l'abbé Gabriel), à Paris.
Tiffou, banquier, r. Lafayette, à Paris.
Tiffou, au château du Fort-Castelnaudary.
Tisseyre (Jean), marchand de fer à Chalabre.
Tisseyre (Irénée), à Chalabre.
Uloa (Pierre d'), duc de Lauria, ancien ministre de François II de Naples, à Rome.
Valdet, ancien fabricant de draps à Sainte-Colombe-sur-Lers.
Vaysse (Paul), à Quillan.
Verdier, libraire à Rennes.
Vergès, ancien notaire de Rivel.
Verneuil, administrateur de la *France médicale*, à Paris.
Vidal, avocat à Carcassonne.
Vidal (l'abbé), membre de la Société française d'Archéologie, curé de Notre-Dame, à Camon.
Vidal (Elie), charpentier à Rivel.
Vidal (Pierre), instituteur à Rivel.
Vidal (Raymond), charpentier à Rivel.
Vieillemard, imprimeur lithographe à Paris.
Vieusse, libraire à Toulouse.
Vignes (Mlle Joséphine), à Miehan.
Viguier, juge à Carcassonne.
Vincourt, commissionnaire en diamants à Paris.
Viollet-le-Duc, à Paris.

TABLE ANALYTIQUE

	Pages.
Extrait du Rapport de la Société archéologique du Midi de la France, sur l'*Histoire de la Terre Privilégiée*...............................	V
Compte rendu du *Messager de Toulouse*, etc......................	VI
Préface..	VII

TEMPS PRIMITIFS

Précis historique sur les premiers peuples qui ont habité les rives de la Garonne, de l'Ariége et de l'Aude.............................. 1

PREMIÈRE PARTIE

CHAPITRE PREMIER

I. Recherches historiques et critiques sur le pays et le château de Kercorb. Acte d'engagement de 1167. — Raymond de Trencavel. — Relation de M. Gayraud de Saint-Benoît, sur les anciennes localités du pays. — II. Guerre des Albigeois (1209). — Premiers succès des Croisés. — Le comte Simon de Montfort et le vicomte Roger. — Sire Pons de Bruyères le Châtel entreprend la conquête du Kercorbez. — Siége et prise du château de Puivert; de l'origine de cette forteresse.......... 15

CHAPITRE DEUXIÈME

I. Héroïque résistance des habitants du Kercorbez. — Le combat de Roupudés. — Prise et incendie de Pendels. — Drame du Campo-Beato : supplice des habitants d'Ourjacquet. — Les potences ou fourches patibulaires. — II. Inféodation du pays conquis, à sire de Bruyères. — Baronnies de Puivert et de Chalabre. — Origine de la maison Pons de Bruyères le Châtel. — Dissertation sur le château de Pendels. — Description topographique. 41

CHAPITRE TROISIÈME

I. La revendication : défaite des Croisés. — Insurrection du Kercorbez. — Révolte des habitants de Rivel. — Ruine du château de Pendels. — Nouvelle pacification du Languedoc. — Épisode du siége et de la prise de Monségur. — Les châteaux de Lagarde et de Puylaurens. — II. Antiques traditions. — Légendes et superstitions : le Rec de Tiro-Fennos, le carillon merveilleux, la dame Blanche, la maison de la Peur et l'intrépide aventurier. — Un précieux souvenir de famille.... 65

LA TERRE PRIVILÉGIÉE

CHAPITRE QUATRIÈME

I. Ère nouvelle : la Terre Privilégiée. — Jean Ier de Bruyères ; ses titres et priviléges. — Immunités de ses vassaux. — Rupture du lac de Puivert. — Cataclysme de Mirepoix. — Légende de la reine Blanche. — II. Thomas Ier de Bruyères et ses successeurs. — Le partage. — Préférences de Philippe Ier de Bruyères pour « sa bonne ville de Rivel », chef-lieu de la baronnie et siége de la demeure seigneuriale. — La peste noire et le deuil de Larroque d'Olmes. — III. Documents relatifs à la reconstruction de Rivel : nouveaux quartiers. — Chemins primitifs.. 83

CHAPITRE CINQUIÈME

I. Coup d'œil rétrospectif. — La châtelaine de Balaguer. — Fondation de Sainte-Cécile de Rivel. — L'Oratoire. — Le champ d'asile ; souvenirs et regrets ! — II. L'église Saint-Jean ; agrandissement, transformations successives. — Les chefs-d'œuvre méconnus : le tableau du Christ ; le portrait de saint Dominique ; le vieux tabernacle. — La chapelle Sainte-Anne, etc................................. 113

CHAPITRE SIXIÈME

I. Les successeurs de Philippe de Bruyères à la baronnie de Rivel. — Dame Béatrix de Mauléon. — Roger-Antoine de Bruyères fait restaurer le château de Chalabre, où il établit sa résidence (1450). — Usurpation de Guillaume de Joyeuse. — Aliénation des baronnies de Chalabre et de Rivel. — Construction du moulin de l'Évêque. — Le vieux moulin. — II. L'hôpital de Rivel. — La célèbre foire de Sainte-Cécile. — Les muletiers de l'Aragon. — Disparition mystérieuse. — Un drame au Bois-Noir. — Le doigt de Dieu................................ 135

CHAPITRE SEPTIÈME

I. Guerre de la Ligue. — Rivalité du vicomte Lévis de Mirepoix et du baron de Léran. — Part active que prennent tour à tour, dans la lutte, les villes de nos contrées. — Siéges du château de Léran, etc. — Jean-Antoine de Bruyères et la brave milice chalabroise. — Deuxième aliénation du domaine de Rivel. — Curieux détails sur l'origine et la fortune de Jean de Pressoires. — Démêlés du seigneur de Tournebouys avec le baron de Bruyères-Chalabre. — Ce dernier recouvre le domaine de Chalabre.. 161

CHAPITRE HUITIÈME

I. Messire François de Pressoires. — Ses dernières volontés. — Testament de dame Potier de la Terrasse, veuve de Pressoires, en faveur de François de Roux. — Fatale incurie des de Bruyères-Chalabre. — Abandon des poursuites pour le recouvrement du domaine de Rivel. — II. Illustrations de la maison de Roux de Sainte-Colombe, marquis de Puivert. — Le triomphe de Bernard-Emmanuel de Roux. — Liste des seigneurs de Rivel.................................. 179

DEUXIÈME PARTIE

CHAPITRE PREMIER

I. Transaction de 1616 entre messire François de Pressoires et les habitants de Rivel. — Usage du bois de sapin et autres. — Dépaissances et pâturages. — II. Institutions seigneuriales de la Terre Privilégiée. — Droits d'albergue, etc. — Banalité du four et du moulin. — Droit de péage, leude, taulage ou place. — La corvée. — La censive. — Droits de pêche et de chasse. — Droits de justice. — Le baile, les consuls, le syndic.................................. 195

CHAPITRE DEUXIÈME

I. Dernières illustrations de la maison de Bruyères-Chalabre. — Le vice-amiral. — L'évêque de Saint-Pons. — Le comte Jean-Louis-Félicité de Bruyères. Excentricités de son dernier rejeton. — La branche de Bruyères-Lorraine. — Filiation des seigneurs de Bruyères dans la Terre Privilégiée. — II. Prérogatives de l'antique maison de Mauléon. — Le comte Mathieu-Antoine de Mauléon-Narbonne et son digne héritier. — Le château de Chalabre.................................. 217

CHAPITRE TROISIÈME

I. La grande Révolution. — Révolte des habitants de Rivel. — Officiers et notables de la commune. — L'abolition des droits seigneuriaux. — Confiscation des biens de M. le marquis de Puivert. — Une mission bien remplie. — La fête des censives. — Le tribunal de police municipale. — La garde nationale. — II. La Terreur. — Un mauvais présage. — L'halluciné de Bélesta et l'intrépide villageois. — Les jacobins. — Le premier arbre de la liberté. — Démolition des châteaux de Sainte-Colombe et de Puivert. — Vente du moulin de l'Évêque....... 237

CHAPITRE QUATRIÈME

I. La persécution. — Caillaud le dénonciateur. — L'archiprêtre Cazintres. — Le complot avorté. — Un zélé paroissien. — Le bris des cloches. — L'enlèvement des archives. — L'auto-da-fé du cadastre. — Les fêtes décades et la foi de nos pères. — II. Dévouement de Jean Pont Fillol. — Prodiges d'audace et de sang-froid. — Son arrestation. — Le commissaire dupé. — Le fameux cousin du citoyen Bonnet. — L'escorte républicaine. — L'heureux retour.................................. 261

TABLE ANALYTIQUE.

CHAPITRE CINQUIÈME

Pages.

I. Nos usines sur Riveillou. — Sites pittoresques de la Calmète. — Nos fontaines : la célèbre Font-d'Amont. — II. La Bouiche et les Emprieux ; grand procès de la commune de Rivel avec les héritiers de Roux, marquis de Puivert. — La célèbre grotte du Roc de l'Homme-Mort ; description. — Panorama de Bouichoulet. — III. Un curieux épisode dans le Bois Noir ; l'homme de ressources et le déserteur......... 281

CHAPITRE SIXIÈME

I. Bélesta. — **Fontestorbe.** — Les rives de Lers : Foncirgue. — La Bastide et le Peyrat : leur commerce et leur industrie. — Ruines et vieux souvenirs. — Sainte-Colombe la Belle. — Restes de son antique manoir. — II. Rivalité de Rivel et de Sainte-Colombe. — Portrait des habitants. — La Calmète et nos annexes. — Produits du sol. — Climat. 313

CHAPITRE SEPTIÈME

I. Calamités et désastres : l'orage du 7 juillet 1767. — Inondation de Saint-Jean. — L'année de la sécheresse. — Mort de Jean Pont. — Origine du nom de Fillol. — L'ouragan du 27 mai 1852. — Dévouement maternel. — Prodige de la Fête-Dieu. — Un grand incendie. — Découverte d'un trésor. — II. Foussaries le centenaire et son précieux dépôt. — Histoire des hirondelles. — Joseph Vives et Mme Langlaise. — La maison Garzelles. — Le démolisseur. — Fouilles et précieuses découvertes. — La vérité sur la demeure particulière des barons de Rivel.. 339

CHAPITRE HUITIÈME

I. Rivel de las Sémals : son commerce et son industrie. — Exploitation des bois de sapins. — Les sémaliers. — Les esquillers. — Nos fondeurs. — Le plus grand de nos industriels. — L'âge d'or de la commune. — II. La ville de Chalabre et son ancien commerce de draps. — Antiques et glorieuses prérogatives des habitants. — III. Joyeux parcours de Chalabre à Rivel. — Hameaux, métairies et campagnes. — Les côtes de Riveillou. — Le doyen de la contrée. — La fête au village. — Souvenirs de 1848................................... 369
Notes, Additions, Pièces justificatives............................ 397
Liste des souscripteurs à l'*Histoire de la Terre Privilégiée*.......... 417
Carte géographique du canton de Chalabre.

FIN DE LA TABLE

Paris. — Imp. Gauthier-Villars, quai des Grands-Augustins.

OUVRAGES DU MÊME AUTEUR :

HISTOIRE
DE
JEAN PONT FILLOL
DE RIVEL DE LAS SÉMALS

Canton de Chalabre (Aude)

1 joli volume in-18 raisin

PRIX : 2 FRANCS

En préparation :

LES INDISCRÉTIONS
D'UN
VIEUX PARCHEMIN
OU
RELATION AUTHENTIQUE
SUR
L'ORIGINE ET LA FORTUNE
DES GRANDES FAMILLES DE LA TERRE PRIVILÉGIÉE

1 volume in-8 sur papier glacé

PRIX : 5 FRANCS.

Paris — Imp. Gauthier-Villars, quai des Grands-Augustins, 55.

www.ingramcontent.com/pod-product-compliance
Lightning Source LLC
Chambersburg PA
CBHW071101230426
43666CB00009B/1779